文庫

無量寿経

阿満利麿　注解

筑摩書房

目次

第三講 「四十八願」…… 137

凡例

＊テキストは、真宗大谷派の『真宗聖典』所収の『仏説無量寿経』を使用した。ただし、読み下し文については、読みにくい箇所にかぎって、他の刊行本の読み下し文を使用した。変更箇所には＊印を付した。また、漢文の区切り方については一部、『真宗聖典』にしたがっていない箇所がある。読み下し文については、読みやすくするために、適宜改行している。

＊引用文献については左の略号を使用する。

一　『真宗聖教全書』一、三経七祖部（興教書院、一九四〇年）↓「真聖全」
二　坪井俊映『浄土三部経概説全』（隆文館、一九七六年）↓坪井
三　柏原祐義『浄土三部経講義』改訂新版（平楽寺書店、一九八〇年）↓柏原
四　山口益・桜部建・森三樹三郎訳『大乗仏典6　浄土三部経』（中公文庫、二〇〇二年）↓中公文庫
五　中村元・早島鏡正・紀野一義訳注『浄土三部経』（上）（ワイド版岩波文庫73、二〇〇二年／一九九一年）↓岩波文庫
六　辛嶋静志「『大阿弥陀経』訳注」（一）から（九）まで（『佛教大学総合研究所紀要』第六号以下、一九九九年）↓辛嶋
七　Luis O. Gómez, The LAND OF BLISS. University of Hawaii Press, 1996. ↓ゴメス

無量寿経

第一講　なぜ、今、『無量寿経』なのか

1　よりどころ

なぜ、今、『無量寿経』なのか。私の結論からいえば、そこには悪世のまっただ中を生き抜く「よりどころ」を与えてくれる、いわば希望の物語が説かれているからだ。さらにいえば、経典の説くところの「悪世」の説明がまことに本質を突いており、それゆえに、その「悪世」を生き抜くために、「よりどころ」として説かれる教えにも説得力が増してくるからなのである。

ただ、こうした読み方が可能となるためには、いささかの工夫がいる。というのも、経典の冒頭から順序を追って読み進めると、現代の常識に縛られている私たちは、おそらく反発や疑問が続出して、経典を最後まで読み通せないか、あるいは、経典がいわんとしている肝心な点を見落とす可能性が高くなるからである。

その工夫というのは、まず「三毒五悪段」(「悲化段」、「善悪段」ともよばれる)から読みはじめてはどうか、ということだ(本書、三九四頁)。

『無量寿経』(康僧鎧訳・仏説無量寿経)は上・下二部からなっている。上巻は、阿弥陀仏の誕生の経緯と、阿弥陀仏がつくりあげた国(浄土)の内容が記されており、下巻は、その阿弥陀仏の国にどのようにすれば生まれることができるのか、が説かれている。「三毒五悪段」の説明は、下巻にある。

もっとも、サンスクリット本など、この一段を欠いているテキストもある。「三毒五悪段」が、経典にもともとあったのか、それとも、漢訳の段階で付加されたものなのか、といったことについては、学者たちの議論がほぼ出そろっているので、そちらを見てほしい。

この一段で重要な点は、少なくとも二つある。一つは、私たちの世界に充満する悪の諸相が、きわめて具体的にえがかれていること。二つは、この一段において、新たな釈尊像が出現していることである。つまり、『無量寿経』は、釈尊を歴史的存在として描くのではなく、「悪世」に出現した特別の仏として創作しているのである。

2 「五濁悪世」に出現した釈尊

『無量寿経』は、歴史上のゴータマ・ブッダが亡くなってから、およそ五百年から六百年後に成立した一群の仏教経典(「大乗仏典」という)のなかの一部である。これらの新しい経典類のなかでは、釈尊は、歴史的人物であるゴータマ・ブッダとして描かれずに、ゴータマ・ブッダが説き明かした真理のシンボルとして設定されるのが普通となる。『無量寿経』も例外ではない。

とりわけ、『無量寿経』の釈尊は、「五濁悪世」のまっただ中に生まれてきて、「悪世」のなかで悟りを得て、「悪世」の人々を救おうと艱難辛苦する仏として描かれる点が重要であろう。

「五濁」とは、仏教独自の世界の見方で、社会の腐敗堕落の種々相を示すが、その内容は、およそつぎのとおり。

一つは時代の酷さであり、戦争や飢饉、疫病が絶えないこと(劫濁という)、二つは、思想の貧弱化や思考力の劣化をいう(見濁)。三つは、人の考え方が自己中心となり、自己の価値観だけにこだわって、世界と人間を深く洞察する知恵を欠いた状態にあること、しかもその自覚がない悲劇的な状況をいう(煩悩濁)。四つは、人間自身の身体的資質が低下して、多病となり、精神もまた病む(衆生濁)。五つは、人間の寿命が短くなってくること(命濁)。これは、インドの神話では人の命はもと二万歳もあったが、悪業の連鎖・積集のために、ついに百歳もままならぬようになったということを踏まえている。

こうした劣悪な原因が重なりあう時代に、釈尊が出生したというのである。したがって、悟りへの道も容易なものではなく、ましてや、悟った後の教化がどんなに困難を極めることになったのか、経典はつぎのように記している。

「今我この世間において仏に作りて、五悪・五痛・五焼の中に処すること最も劇苦なりとす。群生を教化して、五悪を捨てしめ五痛を去らしめ五焼を離れしめ」、と。

「劇苦」という表現に注目してほしい。引用にある「五痛」は、「五悪」に対する、世俗の刑法が与える苦痛をいい、「五焼」は、のちにのべるような、悪業によっておもむく「地獄」などの「業火」に焼かれる苦しみをいう。「劇苦」のなかに生きる釈尊のすがたを、他の大乗経典はつぎのように記している。

「いま、五濁のただなかで、いっさいの真実を教える手立ても尽き果てて、世間は諸悪に覆い尽くされている。世間は、たとえば海水が一様に塩の味がするように、煩悩が一様に激しく渦巻いている。そのなかで人間どもは徒党を組んで互いに争い、手には髑髏をとり、その掌を血塗らして殺しあう。このような悪業のかぎりを尽くす世間のまっただなかで、自分(ゴータマ)は、いま菩提樹下で悟りに達したのである」、と。

この一文を記すのは、『大方等大集経』の『月蔵経』だが、この経典は「末法思想」という、仏教の下降史観をのべる経典でもある。親鸞は、この箇所を『教行信証』の「化身土巻」に引用している。

あるいは、『無量寿経』の仲間である『阿弥陀経』では、つぎのようにのべている。

「釈迦牟尼仏、よく娑婆国土の、五濁悪世の劫濁、見濁、煩悩濁、衆生濁、命濁のなかにおいて、阿耨多羅三藐三菩提（仏の悟りの智慧）を得て、もろもろの衆生のために、この一切世間の難信の法（阿弥陀仏の教え）を説きたまえり」、と。

こうした釈尊の描写は、歴史上のゴータマ・ブッダのすがたと大きく異なる。ゴータマ・ブッダは、今のネパールのタライ地方で、シャーキャ族の首長の子として生まれた。幸福な結婚生活を送ったのち、出家して、やがて真理を悟ってブッダ（覚者）になる。その後、ガンガー河中流の地域を中心に伝道を続け、八十歳で亡くなるが、その生涯は、総じて円満でおだやかなものであったという。

また、仏陀が活動した紀元前四百年ころの中インドには、有力な都市国家がいくつも栄えていて、その一国の王はゴータマ・ブッダに深く帰依していたというから、「五濁悪世」のなかで「劇苦」を経験するというのは、あきらかに歴史的事実と異なるであろう。

つまり、釈尊のイメージが静謐な聖者から、「悪世」のただなかで、途方もない苦労を重ねて、人々を救おうとするすがたに変わってゆくことこそ、仏教という宗教の進化を示しているのである。いいかえれば、仏教は、出家者という一部の人々のための宗教から、在家の大衆のための宗教へと変わったのである。一言でいえば、それが「大乗仏教」の誕生ということになろう。

3 「悪世」の原因――「因果の道理」

「三毒五悪段」のなかで、人の犯す悪行の数々がつぎつぎと示される一方、人はなぜ悪行からまぬがれることができないのか、その原因をくり返し説いている。それは、一言でいえば、「因果の道理」を知らないからだとされる。

「因果の道理」とは、「三毒五悪段」によれば、善を成せば幸福が生まれ、悪を成せば苦しい結果が待っているという「因果応報」のことである。しかも、この道理は、現世での行為が現世のみならず、死後のあり方をも決定するという、「三世」や「六道輪廻」の思想をともなっている。

学者によれば、古代中国人は仏教に出遇ったとき、その教理に驚くというより、それに付随してきた「三世」や「六道輪廻」に驚いたという。なぜなら、それまでの中国人は、人は死ねばそれでおしまい、としか考えていなかったからだ。

だから、古代中国人は、仏教を「因果の宗教」として受けとったともいう。「因果」という言葉は、仏教がもたらした新しい言葉なのである。ちなみに「因縁」は仏教渡来以前からあったが、その意味は「つながり」でしかなかったという。つまり、古代中国人は、ものごとを「因果」の関係で見ることに関心がなかった、ということらしい。むしろ、一切は「自然」に生成するという考え方が強かったのである（福永光司「自然と因果」『中国の哲学・宗教・芸術』人文書院）。

もっとも、「因果応報」といっても、現実に目の前でその事実を知らしめられないかぎり、人はそんなに簡単に「因果の道理」を信じることはできまい。だから、古代中国人も、「三世」や「六道輪廻」という理屈に驚いても、そんなに簡単にそれを真理とは認めなかった。

おそらく、古代のインド人もそうであったのであろう。現に悪行のかぎりを尽くす人間が贅沢三昧のうちに生涯を終え、善行を尽くす人が無残な人生を送る。それが、実人生の姿なのであるから。

だからこそ、現世だけで人間の善悪の結果を見るのではなく、その人間の過去にさかのぼり、あるいは未来のあり方に言及するという、時間軸を過去・現在・未来の「三世」に延長することによって、「因果応報」を説明しようとしたのであろう。

さらにいえば、悪行の中身を詳しく吟味して、その内容によって、未来の生存が決まるという考え方も、「因果応報」を受け入れさせる上では、効果のある考え方になる。それが、人は生前の行為によって、死後、「地獄」・「餓鬼」・「畜生」・「修羅」・「人」・「天」のいずれかに生まれ変わるという「六道輪廻」説となったのであろう。

しかし、それでもなお、「六道輪廻」説が、悪行の抑止論になることはむつかしかった。そこで、「三毒五悪段」の説明は、ときに脅迫じみてもくる。たとえば、世に極悪非道の行いをしても、平然としている者がいるが、天地の神々は彼の行動を逐一記録していて、死後、その罪状にしたがって「地獄・餓鬼・畜生」といった世界に赴くことになる。逃れる術はない。「地獄」での苦しみは、想像を絶する。しかも、「地獄」のなかを経巡り続けるだけで、そこから出る機会はないのだ。すぐ目にみえる結果は出なくとも、善行も悪行も、かならずその報いを受けるのだ、だから善行に励め、と。

今ある境遇も、過去世の善悪の行動のもたらしたものであり、現世の善悪次第で来世の行方も決まる、という教えは、たしかに、多くの人々をして善行に向かわせる機縁とはなったであろう。しかし、人は、そんなに簡単に善行には向かわない。

だからこそ経典はいう。

「かくのごとく世人《せにん》、善を作《な》して善を得《え》、道《どう》を為《な》して道を得ることを信ぜず。人、死して更《かえ》りて生まれ、恵施《えせ》して福を得ることを信ぜず。善悪の事、すべてこれを信ぜず。これを然《しか》らずと謂《おも》えり。終《つい》に是《ぜ》とすることあることなし」（本書、四一〇頁）。

その大意は、つぎのようになる。世の人間は、善を行えば善を得て、道を行えば道を得ることを信じない。また、人は死ねば新しく生まれ変わり、恵みを施せば福を得ることを信じない。善因善果、悪因悪果という道理を信じないばかりか、そのようなことはそもそもないのだと、認めるところがまったくない。

4　「おのおの意を快くせんと欲えり」（「各欲快意」）

そこで、「三毒五悪段」は「因果の道理」を無視すると、どのような生き方が生まれてくるのかを、くり返し描いて見せる。たとえば、つぎのような一節だ。

「世間の人民《にんみん》……すべて義理《ぎり》（互いに守るべき筋道）なくして法度《ほうど》（法律制度）に順《じゅん》ぜず。奢婬《しゃいん》（奢はおごる、婬は行き過ぎ）憍縦《きょうじゅ》（憍はおごる、縦はほしいままにする）しておのおの意《こころ》を快くせんと欲《おも》えり。心《しん》に任《まか》せて自《みずか》ら恣《ほしいまま》にかわるがわる相欺惑《あいごわく》（あざむき、まどわす）す。心口《しんく》おのおの異《こと》に、言念《ごんねん》実なし。佞諂《ねいてん》（佞は口がうまい、諂はへつらう）不忠にして巧《ぎょう》言諛媚《ごんゆみ》なり。賢を嫉《そね》み善を謗《そし》りて怨枉《おんおう》（枉はまげる）に陥《おと》し入《い》る」（本書、四四一頁）、と。

だからこそ、また、つぎのようにのべる。

「かくのごときの人、矇冥《もうみょう》（矇は盲目、冥は目を瞑る、無知なこと）抵突《たいとつ》（衝突する）して経《きょう》法《ぼう》（真理の言葉）を信ぜず。心に遠き慮《おもんぱか》りなし。おのおの意《こころ》を快くせんと欲《おも》えり。愛欲に痴《ち》（痴は愚か）惑《わく》せられて道徳を達《さと》らず。瞋怒《しんぬ》に迷没《めいもつ》して財色《ざいしき》に貪狼《とんろう》（狼のように凶悪に貪る）す。これに坐《つみ》して道を得ず」（本書、四一三頁）。

二つの引用文のなかに、奇しくも「おのおの意を快くせんと欲えり」（「各欲快意」）という句がある。「各欲快意」こそ、「因果の道理」を拒絶する原動力なのだ。エゴは、ただひたすら、その欲するところを、快楽として追求するのである。

さきの引用文では、つづいて「心に任せて自ら恣に」（「任心自恣」）とあり、後者の引用では、この語句の前に「心に遠き慮りなし」（「心無遠慮」）とある。

「心に遠き慮りなし」ということは、自分の意識の届く範囲のことしか考えられない、ということであり、ものごとを全体的に客観的に把握することができない、ということでもある。そして、このような視野の短く、狭いこと（文字通り「短慮」）が私たちの本質なのだ。仏教はそのような人間のことを「凡夫」という。「凡夫」は、自らの短慮にみられるように、エゴ中心から離れられない存在であり、その大事なエゴのために、欲望を動員する。その様が「煩悩」とよばれるのである。「煩悩」は、けっして欲望一般に解消される抽象的な言葉ではなく、あくまでも、エゴの要求のために欲望が動員される具体的な様子をさす。

経典の指摘に戻れば、「心に遠き慮りなき」がために、おのおの「意を快くする」ことに集中し、その結果、「心に任せて自ら恣に」生きることになり、それが種々の悪業をもたらす、ということになるのであろう。

ということは、やはり根本の問題は、人間が「因果の道理」という真理を受け入れず、エゴが思う様にふるまうところに、苦しみや悪行の根があるということになろう。

5 新しい「因果の道理」

「三毒五悪段」の文章の運びは、一読しただけでは、悪を成さず、善を成せ、という陳腐な道徳を説く一段でしかないように読める。あるいは、おどろおどろしい「因果応報」がくり返し説かれているだけだ、とも早合点されそうだ。少なくとも、仏教の初歩を知る人にとっては、その「因果応報」は、異質に感じられるであろう。

だからこそ、先学たちも、「三毒五悪段」は、はじめからこの経典に存在したものではなく、「三世」や「輪廻」の思想をもたなかった古代中国人のために、漢訳に際して、「阿弥陀仏の物語」を理解する予備知識として、この一段を新たにつけ加えたのではないか、と推測しているのである（丘山新「『大阿弥陀経』の思想史的意義」などを参照されたい）。

しかし、この一段のねらいは、「因果応報」の強調にあるのではなく、人間の悪行がいかに根深いものであるのかを教える点にあるのだ。

「因果応報」にしたがえば、人間の前途には、「六道」を「輪廻」することしか存在しないことになる。善行から遠い人間には、行く末は「地獄」しかないではないか。しかも、「六道輪廻」には、苦しみからの解放はない。種類の違った苦しみの連鎖があるだけで、およそ希望は生まれない。これでは、人々は絶望するしかない。

くり返せば、「三毒五悪段」は、「六道輪廻」に代表される「因果応報」を説くのが目的なのではなく、あるいは、「上天」や「度世」を勧めるのではなく、自らの悪を知って、「因果応報」に代わる、新しい「因果の道理」を受け容れよ、という点にあるのであろう。あくまでも、人間とその社会を覆いつくしている「悪行」を知らしめることがテーマなのである。

『無量寿経』の上巻では、阿弥陀仏が生まれるにいたる「因」と、その結果として誕生する阿弥陀仏の国という「果」が説かれ、下巻では、その阿弥陀仏の国へ生まれるために、人間がなにをすればよいのか、つまり、人間が阿弥陀仏の国に生まれるための「因」とその「果」が説かれているのである。

まさしく、「六道輪廻」説に代わる、新しい「因果の道理」の提示こそ『無量寿経』の使命であり、その使命を一段と明らかにするために、「三毒五悪段」が設けられている、といえよう。

6　ユートピア

「三毒五悪段」について、もう一点ぜひ触れておきたいことがある。それは、釈尊在世中に確立されたユートピアのことである。

経典のなかで、釈尊はおよそつぎのようにいう。私は五悪に満ちた世間を哀れと思い、特別の力をもって悪を滅ぼし、すべてを善に向かわせた。だから、人々が五悪をつくろうという思いを捨て、私の教えを守り、実践するならば、かならず涅槃の世界に入ることができるようになった。その結果、仏が教化した地域では、「天下はおだやかに治まり、日月の光はさやけく、風雨はほどよいときに訪れ、天災や疫病も起こらず、国は豊かに民は安らけく、兵器を用いることもなく、徳を尊び仁を盛んにし、礼儀に厚く人に譲るという心をつとめて養うようになった」（中公文庫、一六五頁。本書、四六七頁）、と。

しかし、経典は続けて、こうした平安な世界は、やがて釈尊が亡くなるとたちまち消え去ってゆく、というのだ。

「私がこの世を去ったのち、仏道は次第に滅びるようになり、人々は時流におもねり偽りの心をもつようになって、ふたたび多くの悪を犯すようになろう。五痛も五焼も、また前のとおりにあらわれるようになり、ときが久しくたてば、その苦痛はいよいよ激しくなるであろう」（中公文庫、一六七頁）、と。

仏教のユートピアは、現にこの世に仏が存在する間は実現するが、仏が姿を消すと、たちまちユートピアもまた消失する、というわけだ。

しかし、仏教徒のなかには、右に紹介した文中にある、つぎの一節をもって、この世での努力目標とする人たちも少なくない。

「仏《ぶつ》の遊履《ゆうり》したまうところの国邑丘《こくおうく》聚《じゅ》（「丘聚」は人の住む集落）、化《け》を蒙《こうぶ》らざるはなし。天《てん》下《げ》和順《わじゅん》（天下泰平）し日月清明《しょうみょう》（日蝕・月蝕という異変が生まれず、天体が安定していること）にして、風雨時《とき》をもってし（適切なときに雨が降り、風が吹く）災厲《さいれい》（天災や疫病）起こらず。国豊《ゆた》かに民安《やす》し。兵戈《ひょうが》（武器）用《もち》いることなし。徳を崇《あが》め仁《にん》を興し、務礼譲《まつりごとらいじょう》（礼儀と謙譲）を修す」。

だが、くり返すが、この一説にのべられていることは、仏が存在しない世では、夢物語でしかない。「兵戈無用」は、どこまでも願いであって、ついに実現することはないのである。経典は、そのことをはっきりと断言している。

この断言は、仏教徒の社会倫理を考える上で、見過ごすことができない重要性をもっている。なぜならば、中途半端なヒューマニズムでは、「兵戈無用」は実現しないことを示しているからである。

こういえば、多くの良心的な人々から反発を受けるであろう。目覚めた多くの先人たちの努力があって、戦争も抑止され、人権も守られ、現在の福祉があるのだ、と。

だが、一方で、やはり人類の歴史は、今にいたるまで、戦争を放棄することができず、差別と貧困の原因を取り除くことができずにいる。そして、多くの人々が苦難のうちに人生を終えざるをえない、というのも変わらぬ事実なのである。

だからこそ、社会運動家たちをはじめ、心ある人々は、この地上世界に平和をもたらすために奮闘を続けているのであり、また同時に、その実現の難しさに絶望に陥ってもいる。

この点、仏の存在なしに人間世界には絶対平和が生まれない、という『無量寿経』の主張は、だから人は平和への努力を放棄せよ、といっているのではなく、まず人類の悪行の数々の「現実」を見よ、というのである。そして、なにがユートピアの実現を阻んでいるのかをとくと考えよ、と。

そこに見えてくるのは、「三毒五悪」という、人間とその社会の実相なのである。その悪行をどのように乗り越えて、なにを希望として生きてゆくのか、それを考えよ、というのである。

その道は、経典を読み終わったとき、おのずから明らかになる。今は、いわゆるヒューマニズムの無力を自覚しないかぎり、「兵戈無用」への道はいつまでも理想に留まり、現実には絶望と無力感に終わってしまう、という警告を大事にしたい。

7 「悲願」

「三毒五悪段」は、それだけを表面的に読めば、絶望しかない。だが、釈尊は「三毒五悪段」を閉じるにあたって、だからこそ「私が説いた道を歩め」と教えている。その道とはなにか。それは、「阿弥陀仏の物語」をくり返し読み続けることによって、はじめて了解できるものだが、あらかじめいっておけば、「三毒五悪」に満ちた人生を生き抜く希望の教えとは、人類のはるかな昔から、無数の人々が抱いてきた「悲願」を根拠にして生まれている、ということだ。

つまり、「阿弥陀仏の物語」とは、「悲願」の物語にほかならない。「悲願」とは、願っても願っても実現しない、しかし、その願いがなくては、人は生きてゆくこともできない、そういう願いのことである。それは、あたかも、昔の旅人にとって「北極星」が不可欠であった状況に似る。人は「北極星」に到達することはできないが、それがなければ、旅もできない。「悲願」は、人にとっての「北極星」であり、究極の拠りどころなのである。

こうした「悲願」がどうして生まれてきたのか、と考えるとき、私は宮沢賢治の童話を思い出す。それは、「学者アラムハラドの見た着物」という未完に終わった短編のことである。

私はこの物語を読むたびに、「阿弥陀仏の物語」に出てくる、阿弥陀仏の前身である法蔵菩薩のことを思う。法蔵菩薩は、本文に出てくるように、修行時代に四十八にのぼる「願い」を発している。そして、それらの願いを実現するために神話的な時間のなかで修行して、それらの願いをすべて実現し、阿弥陀仏になるのである。

私が注目するのは、この法蔵菩薩の四十八にのぼる願いを発する様が、宮沢賢治の童話に通じている、という点なのである。いってみれば、宮沢賢治のこの童話は、「阿弥陀仏の物語」における、法蔵菩薩の四十八の発願を説明する序文のように感じられる。

もとより、『無量寿経』が書かれた時代と、宮沢賢治の短編が書かれた時代とでは、千九百年ほどの隔たりがある。だが、両者には、強く感応しあうものがあるのだ。

そういえば宮沢賢治は、自らの「童話」について、それらは二十世紀の大乗経典のつもりだ、と話していた。両者には大乗仏教の菩薩魂が躍動している、といってもよいだろう。

「学者アラムハラドの見た着物」は、アラムハラドという学者が王国の有力者たちの子弟を教育しているという、まるでシルクロードのどこかの国にあった話を思わせるような設定になっているが、その中心は二つのエピソードにある。一つは、人間の本質を子どもたちに問うものであり、他は、「願い」が「奇蹟」を生むという話だ。

はじめの話は、アラムハラドが子どもたちに、ものには定まった性質があると説明した後に、つぎのように問いかけることから展開する。「火はあつく、乾かし、照らし騰《のぼ》る、水はつめたく、しめらせ、下る、鳥は飛び、またなく。魚について獣についておまへたちはもうみんなその性質を考へることができる。けれども一体どうだらう、小鳥が啼かないでゐられず魚が泳がないでゐられないやうに人はどういふことがしないでゐられないだらう。人が何としてもさうしないでゐられないことは一体どういふ事だらう。考へてごらん」、と。

一人の子どもは「人は歩いたり物を言ったりいたします」、と答える。そこでアラムハラドは「たしかに人は歩かないではゐられない、また物を言はないでゐられない。けれども人にはそれよりももっと大切なものがないだらうか。足や舌とも取りかへるほどももっと大切なものがないだらうか。むづかしいけれども考へてごらん」とさらなる答えを求める。

そこでその子は「私は飢饉でみんなが死ぬとき若し私の足が無くなることで飢饉がやむ

なら足を切っても口惜しくありません」と答える。アラムハラドはもう少しで涙を落とすところだったが、こらえて、他の子どもに答えを求める。

二番目の子どもは、「人が歩くことよりも言ふことよりももっとしないでゐられないのはい、ことです」と答えた。そこでアラムハラドは「すべて人は善いこと、正しいことをこのむ」とその子どもをほめた。すると、別の子どもが「人はほんたうのい、ことが何だか考へないでゐられないと思ひます」と答えた。

そこでアラムハラドは「うん、さうだ。人はまことを求める。真理を求める。ほんたうの道を求めるのだ……人は善を愛し道を求めないでゐられない。それが人の性質だ」と教える。

第二の話は、アラムハラドが子どもたちを連れて森へ遠足に行ったときのこと。林の奥深くへ分けいったとき、一人の男の子がナツメの木を見つける。子どもたちはそろってナツメの実がほしい、と見上げるが、木が高すぎてとれない。その時アラムハラドは子どもたちにつぎのような話をする。

昔、ある大王がいた。彼は仏教の「布施」の教えを文字通り実践した人物であった。「布施」とは自分の所有物を惜しみなく与えること。大王は、宝石であれ着物であれ、また、食べ物はもちろん大切な家来でさえも、請われるままにすべて施した。そして、ついに国の宝である白い象をも与えてしまった。そこで、かねてこうした国王の行為を我慢していた人民や家臣たちが、このままでは国が滅びると思い詰めて、ついに国王を追放した。

追放された大王は、妻と二人の子どもとともに深い山のなかをさまよう。飢えた子どもが高い木の先になる果物を欲した。とても手が届かない。飢えた子どもの嘆きは深い。すると、高い木の方が自ら枝を子どもたちの前に垂らしてきた。おかげで、子どもたちは果物をとることができたという。

ここまで話したアラムハラドは、大王が長年「布施」を実践してきた功徳によって、こうしたいわば奇蹟が生まれたこと、いずれは、どんなに飢えても、実を付けた木を見上げただけで食欲が満たされることになろう、と子どもたちに教えたのである。

8　本当の生き方

「学者アラムハラドの見た着物」の最初の話は、人間は真実の生き方を求める存在だということを教えているといってよいだろう。問題は、多くの場合、「真実の生き方」とはなにかがはっきりとは分からないことだ。

だが不思議なことに、私たちは「真実の生き方」から遠いとか、あるいは隔たっていると意識することはできる。つまり人間には、どこかに「真実の生き方」を感じる力がそなわっているということだろうか。

それゆえに、「真実の生き方」から遠いと実感するときこそ、人は「真実の生き方」への「願い」をもつ。そうした「願い」を通路として生まれたのが、法蔵菩薩の物語なのだ。

仏教という宗教は、人間が「仏」になることを教えるが、その「仏」とは、今の文脈でいえば、真実のあり方を実現した存在、といってもよい。人間には、本当のあり方とはどういうあり方なのかは、かならずしも、はっきりと意識されているわけではない。しかし、現実のあり方が真実に背いているという思いは、ことあるごとにすがたを見せる。

人は、真実の存在という方向は関知しながら、その方向へ容易に踏み出すことができないというジレンマをもって生きているともいえよう。

その意味では、人間は未完成な存在なのであろう。少なくとも、生まれてからこの方、ほっておいても、その存在が真実のあり方を実現していく、というわけにはいかない生き物なのである。

仏教は、こうした、現実の存在と本当のあり方との隔たりに、きわめて敏感に反応する。世界を「苦」と見るのも、そのあらわれといえよう。「苦」とは、真実のあり方から遠い、という実感から生まれる自覚をさす。

たしかに、生きてゆく上で、不幸ばかりが襲うのではない。ときに、幸福も十分に味わえるであろう。だが、いうところの「幸福」といえども、いつまでも永続できるものではない。私が幸福でも、身の回りの人たちが不幸ならば、その幸福感は半減してしまう。普通の暮らしの中では、幸福を永遠化することはできない。

つまり、仏教は真実のあり方に背いている（個人的な実感から、世界に戦争が絶えないことまで）という悲しみからはじまる宗教だ、ということにもなる。

では、人はどうすれば、真実の存在になりうるのか。かつてゴータマ・ブッダは、人々の苦悩の原因がそれぞれの「煩悩」と「無知」にあるとし、それからの解放の道を教えた。だが、「煩悩」を克服し、「無知」を破る智慧を身につけることは、容易なことではない。とりわけ、在家の人間は、出家者という修行形態を選ぶことができないだけに、いっそう困難を覚える。

さらにいえば、出家者集団では、権力や富をめぐる争いは除外されていることが建前だから、苦しみの原因をもっぱら個人の「煩悩」あるいは「無明」（無知）に絞って、その克服を目指して修行に励むことができる。

しかし、在家の人間にとっては、社会に渦巻く権力と、富をめぐる果てしない争いこそが主たる苦しみの原因なのであり、それを無視して、個人の煩悩や無知の克服を要求されても、実感がわかない。所詮、出家者集団は、社会が生み出す苦しみに対して、無力に終わってきたのである。

ここにいたって、仏教は大きな転換期を迎える。それは、今までのように、世俗から離脱して、特別の環境のなかで、自らの努力、精進によって、「煩悩」を克服し、智慧を獲得するという方法ではなく、人々がいだく「悲願」をたよりに、それを通路として、現実の社会生活のなかで、真実のあり方に目覚める道が開発されてくるのである。

「悲願」は、個人的な祈願からはじまる。それは、しばしば、自分一人の幸福を願う虫のよい祈願の場合もあるが、多くは家族や愛する人々の幸福を願う。あるいは、戦争や天災に苦しむ人々への、心からの同情の場合もあろう。苦境にある人々が一日も早くその苦しみを脱して、平常の暮らしへ戻ることを願うのだ。

だが、願いの多くは無視される。いくら祈願をしても、愛するものの病は癒えず、ついに死を迎えることもまれなことではない。戦争という人災がいつまで経ってもなくならない。ベトナム戦争で戦争に懲りたはずのアメリカが、二十一世紀を戦争から始めた。イラクやアフガニスタンの悲劇、イスラム圏との軋轢、また先進国によって収奪され続けるアフリカの国々、各地で軍事力を背景にした独裁政権の圧政も減りはしない。

日本社会のなかでも、政治の貧困や官僚の独善、異常な権力欲にとりつかれた人々によって、多くの人々が苦境を強いられてきている。原発は再稼働に突入し、アメリカ軍の基地は依然として日本国からなくならない。経済的格差は激しくなる一方であり、経済上の不安から解放される可能性もまた、きわめて小さい。加えて、憲法の平和主義も蹂躙されつつある。

このように、いくら祈っても、願っても、現実は一向に改善されず、人々は文字通り、

「神も仏もないのか！」と絶望せざるをえない。それが現実なのだ。いや、人類はずっとそのような歴史を経てきたともいえる。

もちろん、人々の不屈の努力によって、多くの不幸が克服されてきた一面もあることは、否定できない。また、悲惨をもたらす原因を明らかにする努力もなされてきたし、原因が分かった以上、その克服の方法も見えてもいる。

だが、なのである。にもかかわらず、私たちは現実に厚い壁にぶつかり続け、願いの日々を送っている。こうした願いのなかで、時に私たちは、一切の利害を超えた「純粋な願い」を発することもある。この私にこのような「純粋な願い」があるとは思えないほどに、心底から、眼前の苦境の消滅を願う「純粋な私」がいるのだ。

私は、そのような自覚を「悲願」との出遇い、とよびたい。そのとき、私は、私を超えた「大きな願い」に結びついていることを実感する。いや、私のなかに「大きな願い」がすがたをあらわしたという思い、といった方がよい。それは、私のなかの、いわば深い無意識から呼び起こされてきた願いであり、昔の人々や、今、現に私と人生を共にしている人々がいだいているであろう願いと共通する、広さと深さをもっているのだ。

願いが極まったとき、日常の意識を押しのけて、生きとし生きるものに共通して願ってきた「大きな願い」があらわれる。それはけっして神秘的な出来事ではない。私たちのさまざまな祈願から、エゴイスティックな願いがそぎ落とされると、いつのまにか、「純粋な願い」がすがたをあらわすのである。

もちろん、それはほんの一瞬の出来事に終わる。なんと純粋な願いだろう！　わが命と引き替えることも厭わない、なんと崇高な願いであることか！　と、その時はわれながら驚く。だが、たちまちに日常に戻される。でも、私は「純粋な願い」を知ったのである。くり返すが、これが「悲願」との出遇いなのだ。この「悲願」を手がかりに、人々が真実の存在へ転じる道を作りあげたのが、「阿弥陀仏の物語」であり、具体的には、法蔵菩薩の発心と修行の「物語」なのである。

9　「関係」のなかに生きる

「学者アラムハラドの見た着物」の第二の話は、「功徳」とはなにかを教えている。大王が長年にわたって人々へ「布施」を実行してきた「功徳」が、飢えたわが子に果実を得させる結果を招いたというのだ。

「功徳」とは、辞書的にいえば、善行の結果として得られる果報、一般的には、現在または未来に幸福をもたらす善い行い、をいう。仏教では、功徳を積むことがたえず求められ、人々も仏の教えにしたがって、さまざまな善行を積んで、いつの日か悟りに到達することを願う。では、なぜこうした功徳が恵みをもたらすことになるのか。

それは、人間もふくめて、仏教では、あらゆる存在が「縁起的存在」だと考えられているからだ。「縁起的存在」とは、一切が互いに、相互に関係しあっていることをさす。譬えてみれば、全宇宙を覆う巨大な網があるとすると、その網の結び目が一つ一つの存在なのであり、一つの結び目がゆれると、網全体にもその動きが伝わる。

そのように、一人が慈悲を実践すれば、浅深、強弱のちがいはあっても、その慈悲の実践が他の存在へ喜びや幸福を伝えてゆく。善行に意味があるのは、それが相互に「真実の生き方」を喚起するからであろう。もっといえば、「真実の生き方」とは、関わりあるすべての存在を前提にした生き方ではないか。仏教が「功徳」を強調するのは、まことに縁起的世界観に基づいている。

それにしても、一人の「布施」が、樹木をも動かして、その枝に実る果物を樹木自らが飢えた子どもに与えるにいたるとは！　普通ならば、そのような関係は想像もできない。かりに人間と樹木という二つの存在が感応しあうとすれば、両者の間にどれほどの媒介項を想像すればよいのか、気が遠くなるばかり。文字通り、おとぎ話というしかない。

だが、仏教は、人間と樹木もまた感応しあう関係にある、と考えている。人も植物も、宇宙を覆う網の結び目であることには変わりはないから。

「功徳」の恵みは、網を通じて思わぬ世界にまで通じてゆくのである。そのはたらきは、常識を絶している。宮沢賢治は、「功徳」の価値を、その天才的直観において理解していたからこそ、この話を紡ぎ出したのであろう。ここにも、法蔵菩薩の超人的修行がもたらす、「功徳」の物語と通じるまなざしがある。

「学者アラムハラドの見た着物」では、大王自身の、常識を超えた布施行が、直接、樹木をして感動せしめた。一方、『無量寿経』では、法蔵という人間が、人間の苦しみの一切を救うために、四十八の誓いを発し、神話的な長時間をかけて、数々の修行を実践して、ついにそれらを実現して、阿弥陀仏という仏になるのだが、その功徳は自らのためではなく、一切の衆生を仏とするために施すことにある。

『無量寿経』によれば、布施を行じる力のない者でも、阿弥陀仏の名を称すれば、必ず仏になることができるのであり、一度仏になれば、あらゆる衆生を自在に仏にすることができる。人々は、法蔵菩薩の功徳をわが身に受けて、その成果をさらに伝播することができるのである。

法蔵菩薩の物語は、「悲願」の実現を期しながら、しかも、「功徳」を積むこともままならず、幾度も挫折を経なければならない私たちに、大きな勇気を与えてくれる。

「アラムハラドの物語」の大王のように、献身的で長期にわたる布施を実践できない者でも、法蔵菩薩の「功徳」がわが身にはたらくことによって、「悲願」が実現されるのだ。

その実現は、今生は難しくとも、いつの世においてか、かならず実現が約束されている。その約束を信じれば、今生の挫折にも驚くことはない。私たちの業《ごう》は、今生で片づくほど生やさしいものではない。気の遠くなるような年月が必要なのだ。しかし、くり返すが、法蔵菩薩の物語に出遇った者には、「悲願」の実現は確信されている。

第二講　『無量寿経』上――四十八願の発願まで

I　経典の題名と翻訳者

仏、無量寿経を説きたもう　巻上
曹魏　天竺の三蔵　康僧鎧訳す

仏説無量寿経　巻上　　曹魏天竺三蔵康僧鎧訳

この経典の名称は『仏説無量寿経』（上・下二巻）という。「仏説」はいうまでもなく、仏が説いた、ということである。経典はすべて「仏説」であることはいうまでもない。ただし、その「仏」は、歴史上のゴータマ・シッダールタではなく、彼に仮託されて新しく創作されている。もちろん、ゴータマ・シッダールタの悟った真理と無関係なのではなく、時代の要請に応じて、その真理を新たに象徴するものとして造形されている、といってよいだろう。

この経典を漢文に翻訳したのは、「康僧鎧」という人物で、翻訳の時期は、中国の王朝名でいうと「曹魏」にあたる。西暦では二二〇年ごろになる。

「康僧鎧」の肩書が「天竺三蔵」となっているが、「天竺」はインドのこと、「三蔵」は、仏教に精通した法師のことだが、中国では翻訳に従事した僧に対する敬称として使われることが多い。

「康僧鎧」の「康」は出身地を示していて、今の中央アジアのサマルカンド地方という。「天竺三蔵康僧鎧訳」とは、「インドから来た、三蔵法師で康の国の僧鎧が訳す」ということになる。

しかし、近年の研究では、翻訳したのは「東晋」時代の「仏陀跋陀羅」と、「劉宋」の時代の「宝雲」という人物で、時期は、西暦四二一年ころになるという。

「宝雲」が翻訳に加わっているという指摘は、後の本文の内容の解釈にも関わってくる。それは、その文章が出てきたところで問題にしたい。

この経典の原文は、西北インドの方言(たとえばガンダーラ語)であった可能性が高く、テキスト自体も一種類ではなかったと推測されている。もっとも早く漢訳されたのは、『阿弥陀三耶三仏薩楼仏檀過度人道経』(以下、『大阿弥陀経』と表記する)で、三世紀の前半頃といわれている。ほかに『無量清浄平等覚経』や『無量寿如来会』、『大乗無量寿荘厳経』という題名で訳されているものがある。ちなみに、サンスクリット本は、十二世紀ころに書写されたといわれている（以上に関する詳細は、藤田宏達『大無量寿経講究』真宗大谷派宗務所出版部、一九九〇年など参照）。

経の題名については、サンスクリット本では、「極楽の美しいありさま」（岩波文庫、解説）、「安楽世界のすぐれた特性を美しくそなえたさま」（中公文庫、八頁）と訳されている。このことからも分かるように、『無量寿経』という題名は、原典にあった言葉なのか、訳者が中国人向けにあらたに創作したものなのか不明ではあるが、中国ではもとより、日本では昔からこの経名で多くの人々に親しまれてきている。

とりわけ、法然や親鸞がこの経典をその教説の根本とみなしたので、以後、この経典は浄土仏教を代表する経典として、今日にいたるまで多くの人々によって崇敬されてきた。

ちなみに、『無量寿経』は『大無量寿経』（『大経』と略される）とか『双巻経』ともよばれることがある。

2 「阿弥陀仏の物語」の舞台と登場人物

さて、ここからいよいよ経典の中身に入ることになるが、冒頭に述べられているのは、お芝居でいえばト書きにあたる。「阿弥陀仏の物語」がどのような舞台ではじまるのか、その景色が述べられている。

まず、経典が説かれる場所は、「王舎城」の近くに聳える「耆闍崛山」という山中に設定されている。「王舎城」は、古代インドで栄えたマガタという王国の首都であり、「耆闍崛山」は、その東北に位置していて、「霊鷲山」ともよばれる。こうした歴史的に実在した地名をもって舞台とすることは、新たに説かれる「仏説」が、従来の伝統的な仏教との連続性の上にあることを、強調しているのであろう。

そして、舞台の中央には釈尊が座し、その周囲を聴衆たちが囲んでいる。ただし、その数は厖大である。弟子は二種類に分かれていて、一つは、釈尊の直弟子たちをはじめとする聖者たちであり、二つは、普賢菩薩をはじめとする「菩薩」たちである。

「菩薩」は、歴史的なゴータマ・ブッダの時代には存在しなかった仏弟子のあり方で、仏教がゴータマ・ブッダの死後五百年ほど経て、出家者中心の仏教から、在家の人々を対象とする、新しい仏教（「大乗仏教」という）が誕生するなかで生まれてきた仏教徒のあり方をいう。

「菩薩」は、「菩提薩埵」の略語で、「菩提」は、仏教が目指す特別の智慧のことであり、「薩埵」は衆生を意味する。とくに「菩提」とよばれる智慧は、深い瞑想のなかから生まれてくる、といわれる。そうした智慧を求める求道者たちを「菩薩」と呼んだのである。

それにしても、「菩薩」は、どうしてそのような特別の智慧を求めたのであろうか。それは、人々の苦しみを解決するためである。つまり、「菩薩」の特色は、自分が悟ることよりも、苦しんでいる人々の救済を優先する点にある。もっといえば、自己の救済は、他者の救済のなかにある、と考えられているのだ。そのために、独自の誓い（「誓願」という）をもち、特別の智慧の入手に心を砕くのである。すべては、「慈悲」の実践を容易ならしめるためなのである。

「慈悲」の「慈」は、語源的には「友」であり、「悲」は、他者の苦しみをわが苦しみとする、文字通りの同情を意味する。とりわけ、「悲」が大切とされ、他人の苦しみに対して哀れに思うだけではなく、その苦しみを、自分自身の苦しみや悲しみとすることができる能力を指す。こうした慈悲の実践が「大乗仏教」の目指すところなのである。

「菩薩」の建てる誓いのなかで、もっとも素朴なものは、盗賊がいない社会、欲しい飲食が自由に手に入ること、疫病がないこと、などであった（藤田宏達『原始浄土思想の研究』岩波書店）。このような素朴な誓願から、さまざまな誓願を説く経典類が登場する。『無量寿経』の法蔵菩薩の四十八願は、そのピークだともいえる。

また、「菩薩」の修行の主な内容は、「六波羅蜜」とよばれることが多い。「波羅蜜」は、「度」つまり「渡す」ということで、「彼岸に到達する」という意味だが、「極限」を意味しているともいう。それぞれの修行を極限まで実践して、人々を悟りの世界に渡すことが「菩薩」の修行なのだ。第一は「布施」であり、第二が「持戒」、第三が「忍辱」（耐え忍ぶ、自己犠牲）、第四が「精進」（努力）、第五が「禅定」（瞑想）、そして第六が「般若」。「般若」とは「菩提」と同じで、仏教が目指す最終的な智慧のことであり、右の五つの修行によって到達できるとされる。とりわけ「布施」が重んじられ、所有物はもとより、ときに身体をも人々に与える、壮絶な「布施」が求められた。のちに記す、法然の「布施」についての言及も参考になろう。

ところで、釈尊の説法を聞くために、「聖者」と「菩薩」の二種類の人々が集まったということは、なにを意味しているのだろうか。それは、『無量寿経』の根本的意図に関わることではないだろうか。もう少しさきで、再度考えてみたい。

さて、経典は、尊者・阿難が釈尊に質問するところからはじまる。つまり、「阿弥陀仏の物語」は、阿難の質問に釈尊が答えるという形式のなかで、あたかも劇中劇のように語られはじめる。

さらにいえば、釈尊は深い瞑想に入っておられたが、その瞑想のただならぬ様に気づいた阿難の質問をきっかけに、釈尊自身がその深い瞑想から湧き出てくる「阿弥陀仏の物語」を阿難に語る、という筋立てになっている点も大事なことだろう。

聞き手が阿難という直弟子であったという意味は、きわめて深い。彼はゴータマ・ブッダの弟子であったが、ゴータマ・ブッダが在世中には悟ることができなかった、いわば落ちこぼれの弟子だった。その彼が、『無量寿経』では、重要な聞き手となるのであるから、私たちとしても大いに関心がもてるのである。のちに、もう少しくわしく紹介したい。なお、聞き手は阿難だけでなく、経典の後半には「弥勒菩薩」も加わる。なぜ「弥勒菩薩」が登場するのか、その場面が出てきたところで説明することにする。

3 序

我《われ》聞きたまえき、かくのごとき。一時《ひととき》仏《ぶつ》王舎城《おうしゃじょう》耆闍崛山《ぎしゃくっせん》の中《うち》に住したまいき。

我聞如是。一時仏、住王舎城　耆闍崛山中。

「我」は、釈尊の弟子、阿難のこと。「我聞きたまえき、かくのごとき」は、「私はこのように聞きました」という意味であり、原文では「我聞如是」となっている。「聞きたまえき」の「たまえ」は謙譲語で、「聞き奉った」という意味である。「我聞く、かくのごときを」とよむ人もいる。

『無量寿経』の仲間である『観無量寿経』や『阿弥陀経』の冒頭は、「如是我聞」である。『法華経』も「如是我聞」ではじまる。

これは、仏教経典の冒頭を飾る、一種の型となっている表現といってよい。ゴータマ・ブッダの死後、その教えは文字化されることなく、暗誦によって伝承されたが、伝承の正確を期すために、しばしば、仏弟子たちが集まって、暗誦してきた内容を確かめる作業をくり返したという。のちにそれが文字化されて、今ある経典になるが、阿難が存命中は、暗誦の集会の際に、「私はこのように聞いた」といってから、暗誦をはじめたところから、こうした型が生まれたという。

冒頭の「我聞如是」あるいは「如是我聞」が重要なのは、経典は、釈尊自らが演説した内容をそのまま記しているのではなく、弟子の阿難が釈尊から聞いたこととして、叙述されている、という点にある。つまり、一度、阿難という人物の理解を通して記されているのである。これは仏教経典の一つの大きな特色といってもよい。

平たくいえば、誰かが、自分は真理をのべるといっても、そのままでは、その真理性は担保されない。ほかの人がその内容を聞いて吟味した上で、いうところがもっともだと頷いてはじめて、その人のいうことが真理だということになる。他人の承認がなければ、独善でしかない。

仏教経典が「如是我聞」という言葉で始まるのは、そうした真理の叙述の仕方に工夫がなされているということであり、「如是我聞」以下に記述されていることが真理であることを宣言している、ともいえよう。

さらに補足すれば、「如」は真理をあらわす言葉であり、「是」は正しいということを示す。もっとも、サンスクリット版では、「つぎのように私は聞いた」、「私が聞いたところによると」と、軽くのべられているが。

「一時」とは、あるとき、ということ。「仏」は釈尊。歴史的人物であるゴータマ・シッダールタその人ではない。ゴータマ・ブッダのイメージを色濃く引き継いでいるが、あくまでも『無量寿経』という物語の登場人物の一人。その仏が「王舎城」近くの「耆闍崛山」に滞在されていた時の話、なのである。

4 釈尊の説法を聞くために集まった人々（「聖者」たち）

大比《だいび》丘衆《くしゅ》、万二千人と倶《とも》なりき。一切の大聖《だいしょう》、神通《じんずう》すでに達せりき。

与大比丘衆、万二千人倶。一切大聖、神通已達。

「大比丘衆」の「比丘」とは、男性の修行者のこと、彼らがたくさん集まっているので「大」と形容されている。その数、一万二千人。大乗経典特有の、常識を破る人数の表現の仕方。彼らは、いずれも修行によって、不思議な力を身につけている大聖者たちである。「神通すでに達せりき」が、そのことをあらわしている。

では、どのような聖者たちが集まっていたのか、その主な名前が以下に紹介される。

その名をば、尊者了本際《そんじやりようほんざい》・尊者正願《しようがん》・尊者正語《しようご》・尊者大号《だいごう》・尊者仁賢《にんげん》・尊者離垢《りく》・尊者名聞《みようもん》・尊者善実《ぜんじつ》・尊者具足《ぐそく》・尊者牛王《ごおう》・尊者優楼頻贏迦葉《うるびんらかしよう》・尊者伽耶迦葉《がやかしよう》・尊者那提迦葉《なだいかしよう》・尊者摩訶迦葉《まかかしよう》・尊者舎利弗《しやりほつ》・尊者大目犍連《だいもつけんれん》・尊者劫賓那《こうひんな》・尊者大住《だいじゆう》・尊者大浄志《だいじようし》・尊者摩訶周那《まかしゆうな》・尊者満願子《まんがんし》・尊者離障《りしよう》・尊者流灌《るかん》・尊者堅伏《けんぷく》・尊者面王《めんのう》・尊者異乗《いじよう》・尊者仁性《にんしよう》・尊者嘉楽《からく》・尊者善来《ぜんらい》・尊者羅云《らうん》・尊者阿難《あなん》と曰《い》いき。みな、かくのごとき上首《じようしゆ》たる者《ひと》なり。

其名曰　尊者了本際　尊者正願　尊者正語　尊者大号　尊者仁賢　尊者離垢　尊者名聞　尊者善実　尊者具足　尊者牛王　尊者優楼頻贏迦葉　尊者伽耶迦葉　尊者那提迦葉　尊者摩訶迦葉　尊者舎利弗　尊者大目犍連　尊者劫賓那　尊者大住　尊者大浄志　尊者摩訶周那　尊者満願子　尊者離障　尊者流灌　尊者堅伏　尊者面王　尊者異乗　尊者仁性　尊者嘉楽　尊者善来　尊者羅云　尊者阿難。皆如斯等、上首者也。

「尊者」は、修行僧に対する敬称である。先学によると、ここに挙げられた比丘たちは、ゴータマ・ブッダに師事した、歴史上に実在した弟子たちである。はじめの五人、了本際・正願・正語・大号・仁賢は、ゴータマ・ブッダの最初の弟子であり、つぎの、離垢・名聞・善実・具足・牛王は、彼らに次いで弟子になった人たち。つぎの三人、優楼頻贏（螺）迦葉・伽耶迦葉・那提迦葉は兄弟で、火を崇拝する宗教の信者であったが、ゴータマ・ブッダの教化を受けて、仏弟子となった人たちである。

つぎの十人は「十大弟子」として、その後の仏教徒には親しい聖者たちである。摩訶迦葉（小欲知足で衣食住に着することのない「頭陀第一」とよばれた）・舎利弗（「智慧第一」）・大目犍連（摩訶目犍連のこと。「神通第一」）・劫賓那（摩訶劫賓那とも。天文暦数に通じた「知星宿第一」）・大住（摩訶倶絺羅とも。「問答第一」）・満願子（富楼那とも。「説法第一」）・離障（阿那律とも。「天眼第一」）・仁性（薄拘羅とも。須菩提のこと。「解空第一」）・羅云（羅睺羅とも。「密行第一」。ゴータマ・シッダールタの実子）・阿難（阿難陀とも。「多聞第一」。この経典の聞き手）。

他の聖者たちも、ゴータマ・ブッダの教団で実際に活躍した指導者たちである。それゆえに、「みな、かくのごとき上首（長老のこと）たる者なり」とある。

ついで、経典はこのほかに多数の「菩薩」の参集を記す。

5　釈尊の説法を聞くために集まった人々（「菩薩」たち）

また大乗のもろもろの菩薩《ぼさつ》と倶《とも》なりき。普賢《ふげん》菩薩《ぼさつ》と妙徳《みょうとく》菩薩となり。慈氏《じし》菩薩等のこの賢劫《げんごう》の中の一切の菩薩に、また賢護《げんご》等の十六の正士《しょうじ》ありにき。善思《ぜんし》議《ぎ》菩薩《ぼさつ》・信慧《しんね》

菩薩・空無《くうむ》菩薩・神通華《じんずうけ》菩薩・光英《こうおう》菩薩・慧上《えじょう》菩薩・智幢《ちどう》菩薩・寂根《じゃっこん》菩薩・願慧《がんね》菩薩・香象《こうぞう》菩薩・宝英《ほうおう》菩薩・中住《ちゅうじゅう》菩薩・制行《せいぎょう》菩薩・解脱《げだつ》菩薩なり。
みな普賢大士《ふげんだいじ》の徳に遵《したが》えり。

又与大乗　衆菩薩倶。普賢菩薩　妙徳菩薩。慈氏菩薩等、此賢劫中、一切菩薩、又賢護等十六正士。善思議菩薩　信慧菩薩　空無菩薩　神通華菩薩　光英菩薩　慧上菩薩　智幢菩薩　寂根菩薩　願慧菩薩　香象菩薩　宝英菩薩　中住菩薩　制行菩薩　解脱菩薩。皆遵普賢　大士之徳。

「大乗」は、大きな乗り物、という意味だが、すでにふれたように、仏教がゴータマ・ブッダによって開創されてから五百年近く経った、西暦でいうと紀元前後のころから新しい仏教運動が起こってくる。その眼目は、出家という形式によって、自己の悟りだけを求めるのではなく、在家の大衆の救済をめざすところにある。乗り物でいえば、出家者だけを乗せるのではなく、はるかに多数の人々を乗せる教え、という意味で「大乗」とよばれた。その「大乗仏教」の担い手であり、理想像が「菩薩」とよばれる。

「菩薩」の説明はすでにしておいたが、くり返しておこう。「菩薩」の原語は「ボーディサットヴァ」(bodhisattva) で、「ボーディ」と「サットヴァ」の二語から成る複合語である。「ボーディ」は「さとり」の意味で、「サットヴァ」には「意識のある生きもの」や

「心、志向」の意味があるという。「意識のある生きもの」とすると、「ボーディサットヴァ」は「さとりを得ることの確定した有情」の意味になり、「心、志向」の意味にとると、「ボーディサットヴァ」は、「さとりへの志向をもつもの」という意味になる。いずれも文法上の「格限定複合語」と「所有複合語」のちがいとなるが、「大乗仏教」、とくに『般若経』系統では、「さとりへの志向をもつもの」の意味で使われることが多いという(梶山雄一『般若経』中公新書、一二〇-一二二頁)。

その「菩薩」たちが「倶なりき」、つまり「一緒であった」というのである。では、どのような「菩薩」が参集していたのか。

まず、「普賢」、「妙徳」、「慈氏」の名が挙がっている。「普賢」は、仏像では釈迦像の右の脇士で白象にのる。慈悲のシンボルである。「妙徳」は、文殊菩薩のことで、釈迦像の左の脇士で、智慧のシンボル。「慈氏」は「弥勒」のこと。「弥勒」は、ゴータマ・ブッダのつぎに、この世に仏として出現することになっている。

経典は、彼らを「賢劫」のなかの菩薩だとのべているが、「劫」とは、サンスクリットの「カルパ」の訳語で、途方もない時間の単位を示す。「長時」とも訳される。その「劫」に小・中・大の区別があり、過去の「一大劫」を「荘厳劫」、未来の「一大劫」を「星宿劫」といい、現在の「一大劫」を「賢劫」という。この「賢劫」時代に、仏となる菩薩たちがすべて参集している、というのである。

そのほかに「正士」とあるが、これは在家の「菩薩」といわれる。そのほかに、現世の外の世界に想定されている、諸仏の国から来訪された「菩薩」方も参集している、とする。そして、いずれの「菩薩」(「正士」)も、「普賢大士」を手本に修行を続けている菩薩たちだ、という。

「普賢大士」の「大士」の原語は「マハーサットヴァ」で、「偉大なる利他の完成に対する志向をもつもの」を意味するが、そのような志向をもつものは、仏教徒以外にもいるから、一説には、とくに仏教徒のなかで、利他の活動を重視するものを「菩薩大士」というようになった(梶山雄一、前掲書、一二二頁)。では、菩薩たちの手本とされた「普賢大士」とは、どのような「菩薩」であったのか。

『華厳経』によれば、普賢菩薩には十の大願があるという。①諸仏を礼拝し敬う、②仏を称讃する、③供養を修める、④悪しき行為を懺悔する、⑤他人の善行を喜ぶ、⑥仏に説法を請う、⑦仏が長くこの世に留まることを請う、⑧仏に随って学ぶ、⑨常に衆生の苦しみに添う、⑩善事をすべて人々のために振り向ける、といった内容であるが、実践面でいえば、「慈悲」の行使に尽きるのであろう。

「慈悲」について、くり返せば、「慈」の原語は「友」からつくられており、すべての人々に友情をもつこと、「悲」の原語は「呻き」、つまり人生苦に呻き声をあげるという意味から、人の苦しみに同感する、いわば「同苦」の思いやりを「悲」という、とされる

(中村元『慈悲』)。その意味からは、「普賢大士」は、「同悲同苦」を命とする菩薩ということであろう。

ところで、「菩薩」の説明は、本文の「具諸菩薩」(本書、六一頁)からはじまり、「智慧聖明、不可思議」(本書、七〇頁)にいたる長い文章となるのだが、この部分は、『無量寿経』の漢訳者、宝雲による挿入文ではないかといわれている(坪井、三五頁)。

つまり、こういうことだ。宝雲は、ゴータマ・ブッダの伝記をもとにつくられた『仏本行経』という経典の漢訳も行っているのだが、そのなかで、ゴータマ・ブッダが悟りに到達するまでの八つの行実が、神話的に「八相成道」としてまとめられている。宝雲は、その「八相成道」を『無量寿経』にも採用して、参集した「菩薩」の説明に充てている、それがこの長い文章ではないか、というのである。

たしかに、「阿弥陀仏の物語」の漢訳テキストのなかで、この部分があるのは、『無量寿経』とその異本である『無量寿如来会』だけで、ほかにはない。

ところで、さきにふれておいた問題だが、「菩薩」がこの経典を聞くために参集しているという設定は、なにを意味しているのだろうか。

「菩薩」とは、これから縷々説明されるように、きわめて「仏」に近い存在、あるいは「仏」が「菩薩」になっているという考えもあるくらいである。その「菩薩」たちが、なぜわざわざ、あらためて「阿弥陀仏の物語」を聞くために集まってきているのか、その理由はどこにあるのだろうか。

私の見るところ、その最大の理由は、菩薩における修行の困難さに関係しているのではないか。

「菩薩」の修行には、五十二の段階がある、という。「十信」と「十住」、「十行」、「十廻向」、「十地」。その上に、「等覚」と「妙覚」の二段階を加えて五十二とする。とくに「菩薩」にとっては、「十地」が重要だといわれる。「地」とは修行上の階位をさす。

その内容は、『十地経』によると、第一地で、はじめて「菩提心」を起こして「誓願」を立てて歓喜する。第二地では、心のけがれがなくなり、戒律を守ることができる。第三地では、真理の現前を体得する。第四地では、智慧が煩悩を焼き尽くして輝く。第五地では、「無明」が克服される。第六地では、もっとも奥深い真理を体得する。第七地では、「方便」の智慧が生まれる。第八地では、修行が完成して、菩薩行も自然に行われる。第九地では、十種の智慧を得て、十方に真理を自由自在に説くことができる。第十地は、智慧の雲が甘露の雨を降り注ぐ段階(『大乗仏典8　十地経』。丘山新『菩薩の願い』など)。

内容の説明は著者の能力を超えるが、ともかく、こうした修行上の階位を登ってゆくためには、膨大な時間が必要とされることはよく分かる。なかには、今生だけでは足りず、来世も、そのまたつぎも人間として生まれ変わって修行を続けないと、こうした階梯を登ってゆくことは不可能だという説明もされている。

加えて、「菩薩」は、つぎは「仏」になるというが、「菩薩」の境地と「仏」のそれとの間には、途方もない隔絶があるという。つまり、「菩薩」にとっては、「仏」になるための実践の困難さ、あるいは目標の遠さが、いいしれない不安を呼び起こしてくるのだ。その不安こそが「阿弥陀仏の物語」に耳を傾けるにいたったのではないか。

いいかえれば、菩薩道の実践における不安や挫折を克服して、無事に「仏」の悟りに到達できるために新たな教えを説くこと、それが『無量寿経』の目的ではなかったのか。もし、そうだとすると、『無量寿経』は、菩薩が仏になるための拠りどころとして説かれている、ということになる。たしかに、経典を読み進めてゆくと分かるが、釈尊の説法の対象は、しばしば菩薩たちなのである。

ちなみに、「菩薩」と「仏」の「悟り」の内容の違いについて、ある学者は、つぎのように説明している。「菩薩」が到達した「悟り」は、「みずからの修習の対象と方法及び衆生を教化するための道の種別のすべてに通暁する知恵」のことで「道種智」という。これに対して「仏」の「悟り」は、「人間と世界の絶対的な様相と相対的な様相のすべてに通じる知恵」で「般若」とよばれるという（梶山雄一「大乗仏教と般若思想」）。

これによれば、菩薩が「般若」の智慧を得るためには、どうしても『無量寿経』に説かれる阿弥陀仏の力が不可欠になる、ということだろう。

では、「菩薩」とならんで「聖者」たちが聴衆として参加している理由は、どこにあるのか。それは、私見によれば、「聖者」たちの間で、自分たちの「悟り」が自己完結していて、大衆の苦しみが置き去りにされていることを問うようになったからではないか。

＊

要するに、「聖者」たちは、ゴータマ・ブッダにしたがって、自らの無知や煩悩の克服には成功したが、おびただしい人々は、「苦」の世界に放置されたままであったのだ。この問題を、どのように解決すればよいのか。その答えを求めて、彼らは『無量寿経』の説法の場に登場したのであろう。

あるいは、このようにも考えられる。『無量寿経』がその聴衆として「聖者」と「菩薩」という二類型を設定するのは、仏教そのものの課題を浮き彫りにするためではないだろうか。つまり、前者は、人間という存在が孤立した、自己完結が可能な存在だと考える立場だが、視点を変えれば、それは独善的な人間観ともいえよう。仏教は、はたしてそのような独りよがりな「悟り」を目的とする宗教なのか。

また、後者は、人間は孤立した存在ではなく「関係性」のなかに生きる存在であることを認めている点で、はるかにすぐれた現実認識となっているが、関係の全体が「苦」から解放されるためには、途方もない努力が要求される。それだけに、終わりのない慈悲の実践を支えるものがないと、いかに強靭な求道心といえども後退する。この難題を、どうすれば解決できるのか。

このように考えると、これから読み進める『無量寿経』は、「聖者」的な生き方に疑問を感じて、「菩薩」の生き方を目指す者に、絶対的な励ましを与えようとする経典だともいえよう。では、その励ましはどのようになされるのであろうか。読み進めてみよう。

6　菩薩の活動相①――「八相成道」

もろもろの菩薩の無量の行願《ぎょうがん》を具し一切功徳《くどく》の法に安住せり。十方に遊歩《ゆうぶ》して権方《ごんほう》便《べん》を行じ、仏法の蔵《ぞう》に入《い》りて彼岸を究竟《くきょう》し、無量の世界において現じて等覚《とうがく》を成じたまう。兜率天《とそってん》に処《しょ》して正法《しょうぼう》を弘宣《ぐせん》し、かの天宮を捨てて、神《じん》を母胎《もたい》に降《くだ》す。右脇《うきょう》より生じて現じて七歩《しちぶ》を行ず。光明顕曜《こうみようけんよう》にして普《あまね》く十方無量の仏土を照らしたまう。六種に震動す。声を挙げて自ら称《とな》う。「吾当《われまさ》に世において無上尊《むじょうそん》となるべし」と。釈《しゃく》・梵《ぼん》、奉侍《ぶじ》し、天・人、帰仰《きごう》す、算計《さんげ》・文芸《もんげい》・射《しゃ》・御《ご》を示現して博《ひろ》く道術を綜《なら》い群籍《ぐんじゃく》を貫練《かんれん》したまう。後園《こうえん》に遊んで武を講じ芸を試みる。現じて宮中、色味《しきみ》の間に処《しょ》して、老・病・死を見て世の非常を悟《さと》る。国の財位を棄《す》てて山に入りて道を学したまう。服乗《ぶくじょう》の白馬・宝冠・瓔珞《ようらく》、これを遣《つか》わして還《かえ》さしむ。珍妙《ちんみょう》の衣を捨てて法服《ほうぶく》を着《き》る。鬚髪《しゅほつ》を剃除《たいじょ》したまい、樹下《じゅげ》に端座《たんざ》し勤苦《ごんく》したまうこと六年なり。行、所応のごとくまします。五濁《ごじょく》の刹《くに》に現じて群生《ぐんじょう》に随順す。塵垢《じんく》ありと示して、金流《こんる》に沐浴《もくよく》す。天、樹の枝を按《お》して池より攀出《へんしゅつ》することを得しむ。霊禽《れいきん》、翼従《よくじゅう》して道場に往詣《おうげい》す。吉祥《きちじょう》、感徴《かんちょう》して功祚《くそ》を表章《ひょうしょう》す。哀《あわれ》みて施草《せそう》を受けて仏樹の下《もと》に敷き、跏趺《かふ》してしかも坐《ざ》す。大光明《こうみょう》を奮《ふる》って、魔《ま》をしてこれを知らしむ。魔、官属《かんぞく》を率《ひき》いて、来りて逼《せ》め試みる。制するに智力《ちりき》をもってして、みな降伏《ごうぶく》せしむ。微妙《みみょう》の法を得て最正覚《さいしょうがく》を成る。

釈《しゃく》・梵《ぼん》、祈勧《きかん》して転法輪《てんぼうりん》を請《しょう》じたてまつる。仏の遊歩《ゆうぶ》をもって、仏の吼《く》をして吼す。法鼓《ほっく》を扣《たた》き、法螺《ほうら》を吹く。法剣を執《と》り、法幢《ほうどう》を建て、法雷を震《ふる》い、法電を曜《かがや》かし、法雨を澍《そそ》ぎ、法施《ほうせ》を演《の》ぶ。常に法音をもって、もろもろの世間に覚《さと》らしむ。光明、普《あまね》く無量仏土・一切世界を照らし六種に震動《しんどう》す。すべて魔《ま》界を摂《せつ》して、魔《ま》の宮殿《くでん》を動ず。衆魔、慴怖《じっぷ》して帰伏《きぶく》せざるはなし。邪網《じゃもう》を掴裂《かつれつ》し、諸見を消滅す。もろもろの塵労《じんろう》を散じ、もろもろの欲塹《よくぜん》を壊《え》し、法城を厳護《げんご》して法門を開闡《かいせん》す。垢汚《くわ》を洗濯《せんだく》して清白を顕明《けんみょう》す。仏法を光融して、正化《しょうけ》を宣流《せんる》す。国に入りて分衛《ぶんえ》して、もろもろの豊膳《ぶぜん》を獲《え》、功徳を貯《たくわ》えて福田《ふくでん》を示す。法を宣《の》べんと欲《おぼ》して欣笑《ごんしょう》を現ず。もろもろの法薬をもって三苦を救療《くりよう》す。道意無量の功徳を顕現《けんげん》して、菩薩《ぼさつ》に記を授《さず》け、等正覚《とうしようがく》を成り、滅度《めつど》を示現すれども、拯済《じようさい》すること極《きわ》まりなし。諸漏《しよろ》を消除し、もろもろの徳本《とくほん》を植え、功《く》徳《どく》を具足すること微妙《みみよう》にして量《はか》り難《がた》し。

具諸菩薩　無量行願　安住一切　功徳之法。遊歩十方、行権方便、入仏法蔵、究竟彼岸、於無量世界、現成等覚。処兜率天、弘宣正法、捨彼天宮、降神母胎。従右脇生、現行七歩。光明顕曜、普照十方　無量仏土。六種震動。挙声自称。吾当於世、為無上尊。釈梵奉侍、天人帰仰。示現算計文芸射御、博綜道術、貫練群籍。遊於後園、講武試芸。現処宮中　色味之間、見老病死、悟世非常。棄国財位、入山学道。服乗白馬　宝冠瓔珞、遣之令還。捨珍妙衣、而著法服。剃除鬚髪、端坐樹下、勤苦六年。行如所応。現五濁刹、随順群生。示有塵垢、沐浴金流。天按樹枝、得攀出池。霊禽翼従、往詣道場。吉祥感徴、表章功祚。哀受施草、敷仏樹下、跏趺而坐。奮大光明、使魔知之。魔率官属、而来逼試。制以智力、皆令降伏。得微妙法、成最正覚。釈梵祈勧、請転法輪。以仏遊歩、仏吼而吼。扣法鼓、吹法贏。執法剣、建法幢、震法雷、曜法電、澍法雨、演法施。常以法音、覚諸世間。光明普照無量仏土　一切世界、六種震動。総摂魔界、動魔宮殿。衆魔慴怖、莫不帰伏。摑裂邪網、消滅諸見。散諸塵労、壊諸欲塹、厳護法城、開闡法門。洗濯垢汚、顕明清白。光融仏法、宣流正化。入国分衛、獲諸豊膳、貯功徳、示福田。欲宣法、現欣笑。以諸法薬、救療三苦。顕現道意、無量功徳、授菩薩記、成等正覚、示現滅度、拯済無極。消除諸漏、植衆徳本、具足功徳、微妙難量。

諸々の菩薩たちは、「無量の行願」を具えているという。「行願」とは、菩薩としての願いと、それを実現するための諸々の実践のことであり、それらが実現している状態を「一切功徳の法に安住せり」というのであろう。

そして、現世のみならず、現世の上下をはじめとする十方世界に自由に出かけて(「十方に遊歩して」)、人々を救うために「権方便」を行使する(「権」も「方便」も手だてのこと。とくに「方便」は、その人に一番ふさわしい方法、アプローチの仕方をいう)。そして、菩薩自身は、仏教の説く真理の世界(「仏法の蔵」)に分け入り、「悟りの世界」(「彼岸」)に到達して(「究竟」)、さらに、あらゆる世界に赴いて、自らが悟りの境地にいること(「等覚」)を示す(その示し方は、釈尊の伝記と同じく「八相」による。なお、「八相」の内容には、解釈の違いがある)。

第一に、菩薩たちは「兜率天」に住んでいて、仏教を広めている。そして、人間界に仏教を広めるために、「兜率天」を離れて、母となる女性を求めてその胎内に宿る。

第二に、その女性の右脇から誕生する(古代インドでは階級に応じて、ブラーフマは首から生まれ、クシャトリヤは脇から、ヴァイシャは腰から、シュードラは脚からうまれるという)。生まれて、「七歩」あゆむと(「六道」を「六歩」にたとえて、それを超えていることを示すために「七歩」とする、という)、身から光明が放たれ、あまねく十方世界を照らし、無数の仏の国土が六種に震動する。そして菩薩は、「私はこの世界においてもっとも尊い者(「無上尊」）になるであろう」と宣言し、帝釈天と梵天（「釈梵」、もとはバラモン教の主神、仏教にとりいれられて守護神となる）が菩薩に仕え、天人も人間もともに仰ぎ敬う。

第三に、菩薩は長じて、数学・文芸・弓矢・乗馬に勝れて、仙人の秘術（「道術」）を修め、また多数の書籍に通じる（「貫練」は貫通し練磨すること）。菩薩はまた、王宮の後ろにある御苑で武芸を学び、妃を迎えて愛欲の生活を営む（「色味の間に処す」。「色味」は色・声・香・味・触の五欲を略していう）。

第四に、やがて、「老・病・死」を見て、無常に気づき、国も財産も、王位も捨てて山林に入り道を求める。その際、乗ってきた白馬と身につけていた宝飾類を御者に与えて帰らしめて、修行者の衣（「法服」）に着換えて、髪も髭もそり落とした。そして苦行を重ねること六年。

第五に、菩薩は、人間世界（「五濁」）に生まれたしるしに、塵や垢にまみれた姿を示し、（苦行の後）これらを洗い流そうと清流（「金流」）で沐浴をするが、（衰弱のあまり）岸に上がれず、それを見た天神が堤にある木の枝を垂らして、岸に登る手助けをする。そして、霊鳥類が両脇につきしたがい（「霊禽翼従」）、菩薩は悟りの座（「道場」）にのぼる。吉祥という童子があらわれて、菩薩が悟ること（仏になることを「功祚」という）を讃えて草を施すが、菩薩はそれを菩提樹（「仏樹」）の下に敷き、結跏趺坐する。菩薩は大光明を放ち、魔に知らせる（「魔」は成仏の妨げとなる、欲望、恐怖、名声、飢渇、睡眠、懈怠などのシンボル）。魔は全軍（「官属」は眷属のこと）を率いて来て、菩薩を迷わせようとするが、その智慧にかなわず、すべて降伏する。

第六に、菩薩は、ついに「悟り」（「微妙の法」）を得て、この上ない覚り（「最正覚」）を得る。

第七に、その時、帝釈天や梵天が現れて、悟りの内容を世間の人々に説き示す（「転法輪」）ように願う。仏となった菩薩は、自在に歩を進めて（「遊歩」）、獅子の如くに説法する。その様子は、あたかも鼓をうち、法螺貝を吹き、剣をとり、旗を立てて敵を破るように、邪見を砕き、また、雷鳴をとどろかせ、稲妻を走らせ、雨を降り注いでみなを潤すように、すべての人々に慈悲を垂れて（「法施を演ぶ」）、常に法音をもって、人々を覚醒させる。

またその光明は、あまねくすべての仏の国土を照らして、一切の世界が六種に震動する。そのために、悪魔はすべておそれて帰伏する。また、世間の邪な教え（「邪網」）を裂き、誤った考え（「諸見」）を消し去り、もろもろの煩悩（「塵労」）を払い、欲望という堀（「欲塹」）をうずめて、仏の城を守り、教えの門を開く。煩悩という垢を洗い流して浄め、仏の教えは広く吹き渡り、正しい教化が行われる。諸国に遊行して、供養を受け、それに倍する福（「福田」）を与える。また笑みを浮かべて、人に応じて教えという妙薬を与えて、あらゆる苦しみ（「三苦」のこと。病気などの苦しみと、ものが壊れてゆく苦しみ、無常の苦しみ）から人々を救う。あるいは、ほかの菩薩に、教えには無量の功徳のあることをあらわし、必ず仏になるという予言（「記」）を授けて、悟りを完成させる。

第八に、死ぬ姿（「滅度」）を見せる。そのことによって、人々を救うことはきわまりがない。煩悩を滅して諸々の功徳の本を植えて、功徳を与えること、実に微妙にして計りがたい。

ちなみに、第七に登場する、帝釈天や梵天が釈尊に説法を請う場面は、大乗仏教の成立という点からも重要視される場面である。なぜならば、それまでの仏教は、悟りといえども個人の段階で自己完結しているものであり、自らその成果を享受すればよいのであり、あえて他者に教える必要や、まして義務はなかったからである。自己の救済を求めて修行したのであるから、その成果も自分だけが楽しめばよい、というわけである。

しかし、それでは、悟りに達することができない、膨大な人々はどうなるのか。彼らの苦しみを放置して、自己だけが救済されればよいというのは、あまりにもエゴイスティックな教えではないか。もし、それでよいとするならば、そのような悟りは次元の低いものでしかない。こうして、自己完結にとどまっていた「悟り」は、人々のすべてが苦から解放されないかぎり、個人の本当の解放もありえないという段階に到達する。それが「大乗仏教」の誕生になるのだが、その端緒を象徴的に示すのがこの「梵天勧請」なのである。

7　菩薩の活動相②――「下化衆生」

諸仏《しょぶつ》の国に遊びて、普《あまね》く道教を現ず。その修行《しゅぎょう》するところ、清浄《しょうじょう》にして穢《けが》れなし。たとえば幻師《げんし》の、もろもろの異像《いぞう》を現じて男とならしめ、女とならしめ、変ぜざるところなし、本学明了《みょうりょう》にして意《こころ》の所為《しょい》にあるがごとし。このもろもろの菩薩《ぼさつ》もまたまたかくのごとし。一切の法を学びて、貫綜《かんそう》・縷練《るれん》す。所住、安諦《あんたい》にして、化《け》を無数の仏土に致《いた》さずということなし。みなことごとく普《あまね》く現ず。未《いま》だ曾《かつ》て慢恣《まんし》せず。衆生を愍傷《みんしょう》す。かくのごときの法、一切具足せり。

菩薩《ぼさつ》の経典、要妙《ようみょう》を究暢《くちょう》し、名称《みょうしょう》普《あまね》く至りて、十方を導御《どうご》す。無量の諸仏、みな共に護念したまう。仏の所住の者、みなすでに住することを得たり。大聖の所立《しょりゅう》は、しかもみなすでに立《りゅう》す。如来《にょらい》の導化《どうけ》は、おのおの能《よ》く宣布《せんぷ》して、もろもろの菩薩《ぼさつ》のためにしかも大師《だいし》と作《な》る。甚深《じんじん》の禅慧《ぜんえ》をもって衆人《しゅにん》を開導《かいどう》す。諸法の性《しょう》を通《さと》り、衆生《しゅじょう》の相に達し、諸国を明了《みょうりょう》にす。*

諸仏を供養《くよう》するに、*その身を化現《けげん》すること猶《なお》し電光のごとし。善《よ》く無畏《むい》の網《もう》を学び、暁《あきら》かに幻化《げんけ》の法を了《さと》る。魔網《まもう》を壊裂《えれつ》し、もろもろの纏縛《でんばく》を解《と》く。声聞《しょうもん》・縁覚《えんがく》の地を超越して、空・無相・無願三昧《むがんざんまい》を得たり。善《よ》く方便を立《りゅう》して、三乗《さんじょう》を顕示して、この中《ちゅう》下《げ》において滅度《めつど》を現ず。*

また所作《しょさ》なし、また所有《しょう》なし。起《き》せず滅《めつ》せず、平等の法を得たり。無量の総持《そうじ》・百千の三昧《さんまい》を具足し成就す。諸根《しょこん》・智慧《ちえ》、広普寂定《こうふじゃくじょう》にして深く菩薩《ぼさつ》の法蔵《ほうぞう》に入《い》る。仏の華厳三昧《けごんざんまい》を得《え》、一切の経典を宣暢《せんちょう》し演説す。深定門《じんじょうもん》に住してことごとく現在の無量の諸仏を観《み》たてまつる。一念の頃《あいだ》に周遍《しゅうへん》せざることなし。もろもろの劇難《ぎゃくなん》ともろもろの閑《げん》・不閑《ふげん》とを済《すく》いて、真実の際を分別し顕示す。もろもろの如来の弁才《べんざい》の智《ち》を得《え》たり。*

もろもろの言音《ごんおん》を入《さと》って、一切を開化《かいけ》す。世間のもろもろの所有《しょう》の法に超過《ちょうか》して、心《こころ》常に諦《あきら》かに度世《どせ》の道に住す。一切の万物において意《こころ》に随《したが》いて自在《じざい》なり。もろもろの庶類《しょるい》のために請《しょう》せざる友と作《な》る。群生《ぐんじょう》を荷負《かふ》してこれを重担《じゅうたん》とす。如来の甚深《じんじん》の法《ほう》蔵《ぞう》を受持し、仏の種性《しゅしょう》を護《まも》りて常に絶えざらしむ。大悲を興して衆生を愍《あわ》れみ、慈弁《じべん》を演《の》べ、法眼《ほうげん》を授《さず》く。三趣《さんしゅ》を杜《ふさ》ぎて、善門を開く。請《しょう》せざる法をもってもろもろの黎《れい》庶《しょ》に施《ほどこ》すこと、純孝《じゅんきょう》の子の父母《ぶも》を愛敬《あいきょう》するがごとし。もろもろの衆生において、視《みそな》わすこと自己のごとし。一切の善本《ぜんぽん》みな彼岸《ひがん》に度す。ことごとく諸仏の無量の功徳を獲《え》、智慧《ちえ》聖明《しょうみょう》にして不可思議なり。かくのごときらの菩薩《ぼさつ》・大士《だいじ》、称《あ》げて計《かぞ》うべからず。一時に来会《らいえ》せりき。

遊諸仏国、普現道教。其所修行、清浄無穢。譬如幻師　現衆異像　為男為女　無所不変、本学明了、在意所為。此諸菩薩、亦復如是。学一切法、貫綜縷練。所住安諦、靡不致化無数仏土。皆悉普現。未曾慢恣。愍傷衆生。如是之法、一切具足。菩薩経典、究暢要妙、名称普至、導御十方。無量諸仏、咸共護念。仏所住者、皆已得住。大聖所立、而皆已立。如来導化、各能宣布、為諸菩薩、而作大師。以甚深禅慧、開導衆人。通諸法性、達衆生相。明了諸国、供養諸仏。化現其身、猶如電光。善学無畏之網、暁了幻化之法。壊裂魔網、解諸纏縛。超越声聞　縁覚之地、得空無相　無願三昧。善立方便、顕示三乗、於此中下、而現滅度、亦無所作、亦無所有。不起不滅、得平等法。具足成就　無量総持　百千三昧。諸根智慧、広普寂定、深入菩薩法蔵。得仏華厳三昧、宣暢演説　一切経典。住深定門、悉覩現在　無量諸仏。一念之頃、無不周徧。済諸劇難　諸閑不閑、分別顕示　真実之際。得諸如来　弁才之智、入衆言音、開化一切。超過世間　諸所有法、心常諦住　度世之道。於一切万物、而随意自在。為諸庶類、作不請之友。荷負群生、為之重担。受持如来　甚深法蔵、護仏種性、常使不絶。興大悲愍衆生、演慈弁授法眼。杜三趣開善門。以不請之法、施諸黎庶、如純孝之子　愛敬父母。於諸衆生、視若自己。一切善本、皆度彼岸。悉獲諸仏　無量功徳、智慧聖明、不可思議。如是之等　菩薩大士、不可称計。一時来会。

菩薩たちは、仏の国々を自在にめぐり、仏教（「道教」）を教え、その振る舞いは清浄にして穢れがない。

たとえば幻術師が幻を見せるとき、男女はいうに及ばず、そのほか種々の像を現すことができるように、菩薩は衆生を教化するための教えを学び、それを究めて練り上げ（「貫」はつらぬく、「綜」はすべる、「縷」はいとすじ、「練」はねること）、その教えに住して、教化のいたらぬところはない。そして、無数の国土に現れて、高慢で放恣（「慢恣」）なることはなく、人々を憐れみいたむ（「愍傷」）。彼らは教化のための教えを、まどかに身に具えている。

また、菩薩は経典の要をきわめていて（「究暢」は極めつくすこと）、その名声はあまねく十方世界に聞こえて、衆生を導き教化する（「導御」）。無量の諸仏は、彼らをともに護念する。菩薩は、仏のもっている功徳（「仏の所住」）をすべてもち、仏の悟りの境地（「大聖」は釈尊）に立ち、如来のように法を説き、諸々の菩薩のために大導師となって、甚深の瞑想と智慧（「禅慧」）をもって、人々を教化する。また一切の存在（「諸法」）の本質（「性」）を悟り、人間の真相（衆生の相）を究めて、諸国を明らかにする。

また、諸仏を供養する際に、その身を現すこと電光の如く早い。そして、無畏の教えを学び（「無畏の網」は、畏れることのない智慧を網にたとえて、一切を網で囲むようにすること）、「空」の教え（「幻化の法」）に通じ、悪魔のまどわしの網（「魔網」）を引き裂き、諸々の煩悩の束縛（「纏縛」）を解き、声聞・縁覚の地位を超えて「空・無相・無願」の三三昧に達する（「三三昧」についてはこのあとで説明する）。

しかし、衆生の済度のためには、よく手だて（「方便」）を工夫し、声聞・縁覚・菩薩の「三乗」の差別をあらわして、死ぬときには声聞（「中」）や縁覚（「下」）の様子を示す。だが、まことには因として所作なく、求むべき仏果もなく、起こすべき善もなく、滅ぼすべき煩悩もなく、すべては無差別にして平等であることを悟る。

そして、無量の記憶力（「総持」）を具えて、多くの瞑想を成就し、衆生の性質を知る智慧（「諸根・智慧」）を具えて、説法に先立って特別の禅定（「広普寂定」）に入り、無碍の弁舌の才能を得て、深く大乗の教えの蔵に入り、普賢菩薩の境地（「華厳三昧」）を得て、一切の経典を自由に述べ、説く。

また、深く瞑想に入り、無量の仏を見ることができ、一念の間に、普く諸仏を巡り、三悪道に苦しむもの（「もろもろの劇難」）や、仏道修行に堪えるもの（「閑」）、堪えざるもの（「不閑」）を済度し、真実の極み（「真実の際」）を分別して、如来のもつ四種類の理解力と表現力（「弁才の智」）をもって、真如の道理を説く。

さらに、菩薩は諸々の言語を知って（「もろもろの言音」）、人々を導き済度する。また、世間の法を超えて「悟り」の世界に身をおき、一切を救うことに専念する。一切のものを意のままに自由にして、人々（「庶類」）のために真実の友（「請せざる友」）となり、一切の衆生（「群生」）を救うことを我が重き荷として、常に彼らを肩に荷い背負って、片時も忘れない。如来の教え（「甚深の法蔵」）を受け保ち、衆生の仏性を絶やさぬように護っている。また、慈悲心を起こして衆生を哀れみ、法を見る智慧の目を与え、地獄・餓鬼・畜生（「三趣」）の三悪道を閉ざして善き国への門戸を開き、衆生からは請われないが仏の慈悲から与える教え（「請せざる法」）をもって諸々の衆生（「黎庶」）に施す。あたかも、孝行な子が父母を愛し敬うように、菩薩の衆生を見ること、自己を見るに等しい。自らの善根功徳をもって、人々を悟りの世界（「彼岸」）へ導くのである。このようにして、菩薩は仏と同じように無量の功徳を得るのであり、その得る智慧は、清く明らかなること、量り知ることはできない。このような菩薩方が数えきれないほど、霊鷲山に集まったのである。

＊

この一段を読むと、登場する「菩薩」たちの活動は、仏となんら変わらないように思われる。さきにのべた、「菩薩」特有の挫折感や不安感など、微塵も感じられない。こうした活動を自在に実践できる「菩薩」にどうして、さらに「阿弥陀仏の物語」が必要なのであろうか、と疑問がつきない。しかし、このような「菩薩」たちの活動を円滑ならしめることこそが、『無量寿経』のねらいともいえる。それは、経を最後まで読むと見えてくるように思われる。

なお、文中に、「空・無相・無願」という言葉が出てくるが、これは大乗仏教徒、就中『般若経』を支持した人たちの間で重視された「三昧」（瞑想）の内容であり、のちには「菩薩」の最終の実践内容となる。あるいは菩薩の到達目標といってもよいものとなる。

そのために、この箇所だけでなく、『無量寿経』には、しばしば「空・無相・無願」が登場する。たとえば、この後、法蔵菩薩の修行をのべるくだりでも、「空・無相・無願の法に住して、作なく起なし。法は化のごとしと観ず」（本書、二七九頁）とある。あるいは、「空・無相・無願三昧、不生不滅もろもろの三昧門を修す。声聞・縁覚の地を遠離せり」（本書、三九一頁）とか、浄土の菩薩の智慧に関する叙述のなかでは「もろもろの世界に行じて障碍なきがゆえに。猶し虚空のごとし」（本書、三八七頁）とある。また「夢、幻、響」とか「法、電・影のごとくなり」とも表現されている。

要するに、「空・無相・無願」は、高度の精神集中によって得られる体験であり、言葉で説明してもたいして実感は得られないが、学者たちの見解をまとめると、つぎのようになろうか。

まず「空」とは、なにもない、ということではなく、存在するものはいかなるものでも、固有の本質、実体をもたず、すべては関係性のなかにあることを意味し、「無自性」ともいう。さきに、宮沢賢治の作品の紹介箇所でふれている言葉でいえば、「縁起的世界観」

のことである。

また「無相」とは、ものには固有の実体がない以上、現実の相は仮のものとなり、いかなる特徴を通じても認識されないことになる。

「無願」とは、ものに固有の実体がないとなれば、欲望や執着の対象もないことになり、執着という意味での願いも成立しないことになる。

また、「空三昧」は「空」の存在論的側面をあらわし、「無相三昧」は「空」の認識論的側面を、「無願三昧」は「空」の心理学的側面を表すともいわれている（梶山雄一『空入門』）。

では、なぜ「阿弥陀仏の物語」のなかで、「空・無相・無願」という瞑想が強調されるのか。それは、「阿弥陀仏の物語」は、阿弥陀仏やその国土を、あたかもどこかに実体的に存在するかのような設定をしているために、「空」本来の立場からいえば、仏教といえるのか、という批判を受ける余地は十分にある。そうした批判に堪え、またそうした批判を超えて仏教の新しい姿を示すために、こうした「空・無相・無願」といった、大乗仏教に共通する思想を、要所に使用することになったのであろう。

「空」という仏教の根本思想と、「阿弥陀仏の国」（「浄土」）という、イメージしやすい新しい仏教との関係については、すでに学者の考察があるので、詳細はそれらに譲りたい（たとえば、梶山雄一『輪廻の思想』や『空入門』など）。

また、文中にある「不請友」は、日本の古典『方丈記』に引用されている。その最後の一節で、余命いくばくもないことを知って、「只、かたわらに舌根をやといて、不請阿弥陀仏両三遍申て已みぬ」とある。多くの注は「不請」という言葉について、「方丈記最大の難語」として、「心に請い望まぬ」の意味で、いわば「しぶしぶ」と解している（新日本古典文学大系『方丈記　徒然草』岩波書店、三〇頁）。だが、これは『無量寿経』にいう「不請友」のことであることは明白であろう。「友」が阿弥陀仏となっているだけ、一層切実感が出ている。

8　阿難の問いと釈尊の説法

その時、世尊《せそん》、諸根悦予《しょこんえつよ》し姿色《ししき》清浄《しょうじょう》にして光顔巍巍《こうげんぎぎ》とまします。尊者阿難《そんじゃあなん》、仏の聖旨《しょうし》を承《う》けてすなわち座より起《た》ち、偏《ひと》えに右の肩を袒《かたぬ》ぎ、長跪合掌《ちょうきがっしょう》して仏に白《もう》して言《もう》さく、「今日、世尊、諸根悦予《しょこんえつよ》し姿色《ししき》清浄《しょうじょう》にして、光顔巍巍《こうげんぎぎ》とまします。明《あき》らかなる浄鏡の表裏に影暢《ようちょう》するがごとし。威容顕曜《いようけんよう》にして超絶したまえること無量なり。未《いま》だ曾《かつ》て瞻覩《せんと》せず。殊妙《しゅみょう》なること今《きょう》のごとくましますをば。唯然《ややしか》り。大聖《だいしょう》、我が心《しん》に念《ねん》言《ごん》すらく、今日《こんにち》、世尊、奇特《きどく》の法に住したまえり。今日、世雄《せおう》、仏の所住に住したまえり。今日、世眼《せげん》、導師《どうし》の行に住したまえり。今日、世英《せよう》、最勝の道に住したまえり。今日、天尊《てんそん》、如来の徳を行じたまえり。去《こ》・来《らい》・現《げん》の仏、仏と仏と相念《あいねん》じたまう。今の仏も諸仏を念じたまうことなきことを得んや。何がゆえぞ威神光光《いじんこうこう》たること乃《いま》し爾《しか》る」と。

ここに世尊、阿難《あなん》に告げて曰《のたま》わく、「云何《いかん》ぞ阿難《あなん》、諸天《しよてん》の汝《なんじ》を教えて仏に来《きた》し問わしむるや。自ら慧見《えけん》をもって威顔《いげん》を問いたてまつるや」。阿難、仏に白《もう》さく、「諸天の来りて我《われ》に教うる者、あることなし。自《みずか》ら所見をもってこの義《ぎ》を問いたてまつるのみ」と。

爾時世尊、諸根悦予、姿色清浄、光顔巍巍。尊者阿難、承仏聖旨、即従座起、偏袒右肩、長跪合掌、而白仏言。今日世尊、諸根悦予、姿色清浄、光顔巍巍、如明浄鏡 影暢表裏。威容顕曜、超絶無量。未曾瞻覩。殊妙如今。唯然大聖、我心念言。今日世尊、住奇特法。今日世雄、住仏所住。今日世眼、住導師行。今日世英、住最勝道。今日天尊、行如来徳。去来現仏、仏仏相念。得無今仏 念諸仏耶。何故威神 光光乃爾。於是世尊、告阿難曰。云何阿難、諸天教汝、来問仏耶。自以慧見、問威顔乎。阿難白仏。無有諸天 来教我者。自以所見、問斯義耳。

「阿弥陀仏の物語」は、舞台の中心に座す、釈尊の表情の著しい変化からはじまった。そのとき、釈尊の「諸根」、つまり感覚器官のすべてが「悦予」している状態になっていた、という。「悦予」とは、喜び楽しむことをいう。「予」には、楽しむとか喜ぶという意味がある。

加えて、釈尊の「姿色」は「清浄」であり、「光顔」は「巍巍」としていたのである。「姿色」とは、すがた・かたちのこと。「光顔」の「光」は輝くということ。「巍巍」は山の高さを示す言葉。

そのとき、釈尊の姿は喜びに満ち、清らかで、光り輝く顔は、気高くおごそかであった、ということになろうか。一言でいえば、弟子たちがいまだかつて見たこともない、尋常でない雰囲気にあったということであろう。

そのことに気づいたのが、阿難であった。以下、阿難の釈尊への問いかけと、釈尊の返答がくり返されるが、このような釈尊の尋常でない表情、姿の描写から「阿弥陀仏の物語」がはじまるということは、深い意味をもっている。

というのも、「阿弥陀仏の物語」は、今までの経典類が主張することのなかった、まったく新しい物語であることを、この描写が象徴的に示しているからだ。つまり、このとき釈尊は深い瞑想体験に入っていたのであり、その瞑想のなかから「阿弥陀仏の物語」を語りはじめるという設定になっている、という点が大事なのである。

宗教学からいえば、およそ、宗教的真理や神の意思なるものが人間世界に示されるときには、特定の人が特定の精神的境地に入って、いわば「神がかり」になって、真理が述べられるのが普通である。つまり、真理なるものは、日常的思惟を超えた、非日常的な無意識の深みから発せられるのが人類史では普通なのである。

それゆえに、ある学者は、釈尊の悟りには、「シャーマン」的要素がふくまれている、ともいう。(注) 釈尊を「シャーマン」とよぶのが相応しいかどうかは別にして、真理が発せられるのは特別の精神状況からであり、そのような精神状況に入るには、特別の技術が必要だということは認めてもよいであろう。

ちなみに、私は、宗教を「大きな物語」といいかえるが、その際の「物語」も、古代日本語では、「もの」がかたる、ということで、その「もの」は「霊」を意味した(益田勝実『火山列島の思想』、一八六頁)。つまり、非日常的な霊力のある人間によって、深層の無意識からつむぎだされるのが、「ものがたり」の原義なのである。

大事なことは、日常を超えた深い無意識の世界から、「阿弥陀仏の物語」が姿を見せたという点なのである。だからこそ、私たちもまた、まず素直に、物語の進捗に耳を傾けることからはじめねばならないであろう。

(注) Richard H. Robinson and Willard L. Johnson, THE BUDDHIST RELIGION. Dickeson Publishing Company, 1977, p. 30.

＊

「尊者阿難、仏の聖旨を承けてすなわち座より起ち」とは、阿難尊者が、座から立ち上がり、両膝を地につけて合掌して釈尊に質問した、ということだが、さきに少しふれておいたように、阿難が聞き手になっているということは、きわめて重い意味をもつ。

阿難は、釈尊の従弟だといわれている。釈尊の五十五歳ころから侍者となり、釈尊が亡くなるまで、その身の回りの世話をしてきた人物である。そのために、釈尊の教えを誰よりも耳にする機会が多く、のちに「多聞第一」といわれるようになる。

しかし、釈尊の存命中には悟りに達することができず、釈尊の死後に、先輩の導きによってようやく悟ったという。その様子は、サンスクリット本では、「修行の道においてなおなすべきところが残っていたアーナンダを除いて、みな長老であり、偉大な大弟子たちであった」、と記されている（岩波文庫、一九頁）。

では、なぜ阿難は、釈尊の生前に悟ることができなかったのか。伝えられるところによると、阿難は大変恩愛の情が深く、そのために相手に加担しすぎ、状況を客観視できないことがあったといわれる。その上、美男で優しく、世話好きであったことも、修行の妨げになったのであろうか。

たとえば、釈尊の最晩年に、いよいよ亡くなると分かったとき、釈尊のベッドの背によりかかって泣きながら、「私はまだ学ばねばならないのに、わが師がなくなる」と悲しんでいた。それを聞いた釈尊が「すべて愛するもの・好むものからも別れ、離れ、異なるにいたると教えてきたではないか」、と諭したという。

また、それ以前にも、釈尊が重病に陥ったとき、阿難は、茫然自失して、「まだ教えてもらうことがあるのに」と不安にとりつかれた。それに対して釈尊は、かの有名な言葉を阿難に与えた。「自らを島とし、自らをたよりとして、他人をたよりとせず、法を島とし、法をよりどころとして、他のものをよりどころとせずにあれ」、と（中村元『ブッダ最後の旅』岩波文庫）。阿難には、釈尊への敬愛・崇拝の念が強すぎて、いつもその教えを待つばかりで、自らの力で考えることが少なかったのであろうか。

私が注目するのは、このような恩愛の情に深く、ときに人情に流されがちな阿難が、この経典の聞き手になっているという点なのである。飛躍した言い方を許してもらうなら、阿難こそ、私たち凡夫の代表なのではないだろうか。阿難が聞き手であるからこそ、私たちは、以下の「物語」をわがこととして、理解することができるのではないだろうか。まことに、この経典の作者の深謀遠慮がうかがわれる。

＊

ところで、右の本文にある「仏の聖旨を承けて」（「承仏聖旨」）とは、なにを意味しているのか。

　文字通りにいえば、釈尊の考えや意志を受けて、ということであろう。ある解釈は、「釈尊が誰でも問えばよいがと思われる意にうごかされて」（柏原、九六頁）、としている。だが、のちに叙述されているように、釈尊は、自らの特別の表情や心境について阿難がたずねたとき、それはだれかの示唆によって質問したのか、あるいは、自らが気づいて質問したのか、とただした上で、阿難の自発的な問いであったことを褒めるシーンがある。

　つまり、阿難が自ら、釈尊のただならぬ状態に気づいた、ということが大事だというのだが、もしそうならば、どうして「仏の聖旨を承けて」という必要があったのか。これでは、阿難は釈尊のうながしに応じて質問をしたということになり、阿難がだれの示唆も受けずに自発的に質問したことにはならないではないか。

『無量寿経』以外のテキストには、こうした記述はない。たとえば、もっとも古いテキストといわれる『大阿弥陀経』では、釈尊の顔に九色の光が発せられて、それが数千百変するのを見て、阿難はただちに釈尊に、どうして今日はこのような姿をお見せになるのか、と質問している。

『無量寿経』が、ほかのテキストにはない、「承仏聖旨」の一語をわざわざ挿入したのは、私の見るところ、阿難の心境もまた深まっていて、釈尊の特別の表情やすがたに気づくまでになっていた、ということを示すためではないか。阿難は釈尊の特別の心を推し量るまでになっていた、ということであろう。だからこそ、釈尊は阿難に向かって、新しい「阿弥陀仏の物語」を聞かせようとするのである。「承仏聖旨」は、後に出てくる「今為汝説」と対応している言葉なのであろう。

＊

「偏えに右の肩を袒ぎ、長跪合掌して仏に白して言さく」の、「偏袒右肩」とは右の肩の衣を脱ぐことで、インドの昔からの礼法という。「偏えに」とは真ん中からそれて片方に寄っている様、を示す。「長跪」とは、「尻をかかとのうえにのせて座して拝するのを跪といい、尻を上げ腰をのばして拝するのを長跪という」（中公文庫、一一六頁）、とある。「仏に白して言さく」（「而白仏言」）の「言」は、「曰」と同じく、「念」「白」「対」「報」「問」「語」「説」などと連用されると、単なる引用符号（たとえば「 」の括弧）のような機能をもつといわれる。「白」はまたはっきり言う、という意味があるともいわれる（辛嶋（二））。

つぎの文章は、阿難の質問の前半である。「今日、世尊、諸根悦予し姿色清浄にして、光顔巍巍とましします。明らかなる浄鏡の表裏に影暢するがごとし。威容顕曜にして超絶したまえること無量なり。未だ曾て瞻覩せず。殊妙なること今のごとくましますをば」。「世尊」から「光顔巍巍とまします」まではさきの文の繰り返し。「明らかなる浄鏡」は磨き上げた鏡、「表裏に影暢する」の「影」は鏡に映る形、「暢」は妨げるものがなく、通達していること。磨き上げた鏡に映るものは、鏡の存在を感じさせないほどに、透き通っているように見える、ということ。釈尊の「姿色清浄」と「光顔巍巍」は、あたかも磨き上げられた鏡のように透き通っている、というのであろうか。ちなみに、この一文を「明浄なる鏡の、影の表裏に暢《とお》るがごとし」と読み下している例もある（増谷文雄『無量寿経講話』）。

「威容顕曜」の「威容」は、威徳の優れた様子で、「顕曜」の「顕」は目立つこと、「曜」は輝くこと。「超絶」は常並みでないこと。つまり、釈尊の輝きが尋常でないことを強調しているのであろう。だからこそ、阿難は続けて「未だ曾て瞻覩せず。殊妙なること今のごとくましますをば」と述べるのである。「瞻覩」の「瞻」は目をあげてみること、「覩」は視線を集めてみること。「殊妙」の「殊」は普通と違うこと、「妙」は不思議なはたらき、をいう。

さらに、阿難は言葉を続ける。「唯然り。大聖、我が心に念言すらく」、と。「唯然り」は「さようでございます」という、自分で納得して発する言葉。「大聖」とは釈尊のこと、「念言」の「念」は心中深く思うこと、「言」は言葉をはっきり発音していうこと。つまり、この一文は、「まことにそうです、世尊よ、私の思うところをのべさせていただきます」ということになろう。

＊

では、阿難は思い切ってなにを言ったのか。それは、釈尊が「奇特の法」（尋常でないすがた）、「仏の所住」（仏の安住する境地）、「導師の行」（すべての生きとし生ける者を導く行）、「最勝の道」（もっとも優れた智慧の道）にそれぞれ身をおき、「如来の徳」（自利と利他）を行じておられるとお見受けする、と。

「今日、世尊、奇特の法に住したまえり。今日、世雄、仏の所住に住したまえり。今日、世眼、導師の行に住したまえり。今日、世英、最勝の道に住したまえり。今日、天尊、如来の徳を行じたまえり」。

このなかで、釈尊への呼びかけが、「世雄」、「世眼」、「世英」、「天尊」となっているが、釈尊のはたらきに応じた言葉である。

従来、釈尊が「奇特の法」に身をおくことから、「如来の徳」を実践しているところまでを、「五徳瑞現」という難しい言葉で解説されてきたが、他のテキストではこのような記述は見られない。

たとえば、最古の『大阿弥陀経』では、およそつぎのようにのべている。「今日の仏のお顔の光色が時々刻々変わるのはどうしてなのか。私（阿難のこと）は、仏に長くお仕えしてきたが、このようなことははじめてのことです。なにかお考えがあるに違いない。私はそれを聞きたいのです」（『真聖全』、一三三頁。原漢文。趣意）とあるだけであり、『如来会』では、「世尊、今は大寂定に入りて如来の行を行じ」（『真聖全』、一八六頁。原漢文）、と五種の特別の境地を示すのではなく、「大寂定」という瞑想に限定している。

私がいいたいことは、『無量寿経』という経典には、「五徳瑞現」の箇所に見られるように、いささか衒学的な表現を用いて、文を荘重にする傾向が強く、修飾語が多すぎる、といった特徴がある、ということなのである。もちろん、この「五徳瑞現」に関して、中国の憬興という学者が詳細な解釈を施しており、それを親鸞がその著『教行信証』に引用しているということはある。しかし、入門編としては、そうした修飾過多な表現の解釈に足をとられる必要はないと考える。

＊

「去・来・現の仏、仏と仏と相念じたまえり。今の仏も諸仏を念じたまうことなきことを得んや」。

阿難は、「仏と仏は、互いにその境地を思いあっているといわれるが、今日の釈尊のお姿もそのあらわれではないのか。そうでなくて、今日のようなお姿があらわれるはずがないと思う」と、釈尊にたずねたのである。

つづいて、阿難は「何がゆえぞ威神光光たること乃し爾《しか》る」、と質問を結ぶ。「威神」とは、すばらしい威力のこと。それが輝くさまが「光光」。「乃爾」の「乃」は、すなわち。「爾」は、そのようなこと、すでにのべたこと。したがって、「何故……乃爾」は、「なぜ、光りがこのように輝いてあるのか」、ということになる。

この阿難の質問を受けて、釈尊が答える。「云何ぞ阿難、諸天の汝を教えて仏に来し問わしむるや。自ら慧見をもって威顔を問いたてまつるや」。

「慧見」は、智慧によって裏付けられている見解。この智慧は、仏教の修行のなかで得られる智慧で、世俗の智慧ではない。仏教が目指す智慧の特徴は、あらゆる存在を成り立たしめている、すべての関係を見抜くことができる点にあるという。

これに対して、阿難はつぎのように答える。「誰かに教えられて質問したのではなく、私自らの考えで質問したのです」、と。「諸天の来りて我に教うる者、あることなし。自ら所見をもってこの義を問いたてまつるのみ」。「義」とは、意味ということ。

それにしても、釈尊はどうして阿難に、その質問が自らの内からいわば必然的に生まれたのか、あるいは、誰かの示唆によって生まれたのかについて、きびしく問いただすのであろうか。それは、もし、阿難の本心からなる切実な問いであれば、その問いに答えるために新たな仏教を説くが、そうでなければ新しい仏教を説く必要はないという、釈尊における見極めがあるからなのであろう。

ということは、阿難の質問こそが釈尊の新しい教えを導き出した、ということであろう。

釈尊からいえば、「阿弥陀仏の物語」を聞くにふさわしい人物を目前に得ることができた、ということになる。

そこで、釈尊は阿難を褒めてつぎのようにいう。

仏の言《のたま》わく、「善きかなや。阿難《あなん》。問いたてまつるところ、甚《はなは》だ快し。深き智慧《ちえ》・真妙《しんみょう》の弁才《べんざい》を発《おこ》して衆生を愍念《みんねん》してこの慧義《えぎ》を問えり。如来、無蓋《むがい》の大悲《だいひ》をもって三《さん》界《がい》を矜哀《こうあい》したまう。世に出興《しゅっこう》したまう所以《ゆえ》は、道教を光闡《こうせん》して、群萠《ぐんもう》を拯《すく》い恵むに真実の利をもってせんと欲《おぼ》してなり。無量億劫《おっくう》に値《あ》いたてまつること難《かた》く、見たてまつること難し。霊瑞華《れいずいけ》の、時あって時に乃《いま》し出《い》ずるがごとし。今、問えるところは饒益《にょうやく》するところ多し。一切の諸天・人民《にんみん》を開化《かいけ》す。阿難《あなん》、当《まさ》に知るべし、如来の正覚《しょうがく》、その智量《はか》り難《がた》くして導御《どうご》したまうところ多し。慧見無碍《えけんむげ》にして、能《よ》く遏絶《あつぜつ》することなし。一餐《いちざん》の力をもって、能《よ》く寿命を住《とど》めたまうこと、億百千劫《ごう》無数無量にして、またこれよりも過ぎたり。諸根悦予《えつよ》してもって毀損《きそん》せず。姿色《ししき》変ぜず。光顔《こうげん》異なることなし。所以《ゆえ》は何《いか》んとなれば、如来は定《じょう》・慧《え》、究暢《くちょう》したまえること極まりなし。一切の法において自在を得たまえり。阿難《あなん》、あきらかに聴《き》け。今、汝《なんじ》がために説かん」。対《こた》えて曰《い》わく、「唯然《ややしか》り。願楽《がんぎょう》して聞きたまえんと欲《おも》う」。

　仏言善哉、阿難所問甚快。発深智慧　真妙弁才、愍念衆生、問斯慧義。如来以無蓋大悲、矜哀三界。所以出興於世、光闡道教、欲拯群萌　恵以真実之利。無量億劫、難値難見。猶霊瑞華　時時乃出。今所問者、多所饒益。開化一切　諸天人民。阿難当知、如来正覚、其智難量、多所導御。慧見無礙、無能遏絶。以一餐之力、能住寿命、億百千劫、無数無量、復過於此。諸根悦予、不以毀損。姿色不変。光顔無異。所以者何、如来定慧、究暢無極。於一切法、而得自在。阿難諦聴。今為汝説。対曰唯然。願楽欲聞。


　釈尊の返答を区切って読んでみよう。

内容は、およそつぎの通り。「よきかな、阿難、汝の問いはまことにこころよい。今、汝は、深い智慧をはたらかせ、殊勝な弁舌をふるった。思うに、衆生を哀れむ気持ちから、私の顔色の変化を問うたのであろう」。

「慧義を問えり」の「慧義」は、智慧を働かせて理解できる意義、ということだが、ほかのテキストのこの部分は、「微妙之義」（『無量寿荘厳経』）、「如是之義」（『無量寿如来会』）となっているから、釈尊の顔色の変化を指していると見てよいだろう。

　続けて釈尊は答える。

「如来」の「如」は真理、「如来」は真理の世界から来た人、つまり「仏」のこと。「無蓋の大悲」の「蓋」は「盡」をあてるテキストもある。いずれにしても尽きることのない慈悲、という意味になる。「三界」は、輪廻を免れない三種の世界のことで、その世界にとどまるものを「衆生」という。「矜哀」の「矜」は可哀そうに思うこと、「哀」は胸が詰まるような気持ち。「三界を矜哀したまう」とは、三界を経巡る衆生を哀れに思う、ということ。

「世に出興したまう所以は」とは、仏たちが人間世界に出て盛んに活動される理由は、ということ。

つぎの「道教」は仏の教えのこと。「光闡」の「光」は「広」と同じ、「闡」は開く、はっきりさせること。「道教を光闡して」とは、仏教を広く説き明かす、ということ。

「群萌を拯い恵むに真実の利をもってせん」の「群萌」は群がり萌え出るものたち、衆生のこと。「拯い恵むに」の「拯」は、水中に落ちたり、災難にあったものをすくいあげること。「恵むに真実の利をもってせんと欲してなり」の「真実の利」とは、仏教の真理のこと。

この一文は、仏の本質が衆生に対する慈悲にあり、その慈悲心のゆえに、迷いの世界であるこの世に出現して、仏教の真理を説こうとするのだ、と教えている。ただ、つぎの文にあるように、そのような如来に出遇うことはきわめて難しい、という。

「無量億劫に値いたてまつること難く、見たてまつること難し。霊瑞華の、時あって時に乃し出ずるがごとし」。

「無量億劫」の「億劫」は、一劫の一億倍、それが「無量」というのだから、はかりしれない長い時間のこと。「値う」は、遇うと同じ。まともに真正面から出遇う、ということ。如来と出遇うことはきわめてむつかしく、それは譬えてみれば「霊瑞華」という樹木の花が咲くのと同じくらいだという。「霊瑞華」は「優曇鉢羅」ともいう樹木。その花は三千年に一度咲くといわれる。

「霊瑞華の、時あって時に乃し出ずるがごとし」は、「霊瑞華のときどきにいまし出ずるがごとし」（岩波文庫、一四七頁）と読み下す方が分かりやすいだろう。

だからこそ、と釈尊は続ける。

「今、問えるところは饒益するところ多し。一切の諸天・人民を開化す。阿難、当に知るべし、如来の正覚、その智量り難くして導御したまうところ多し。慧見無碍にして、能く遏絶することなし」。

「今」ということは、如来である私、釈尊が現に目の前にいる、ということを含意する。「饒益」の「饒」は多と同じ。益するところ多大ということ。「私のいる今、阿難よ、汝が私に問いを発したことは、人々を益するところ多大であって、すべての人々を開化することになるのだ」という意味になる。「開化」とは、衆生を悟りの世界に導くこと。

だから、阿難よ、当に知るべきだ。「如来の正覚、その智量り難くして導御したまうところ多し」、と。「正覚」とは悟りの内容、とくに智慧。「導御」とは、世間を導くこと。

つぎの「慧見無碍」は「智慧がなににも妨げられない」ことで、「能く渇絶することなし」の「渇絶」の「渇」はとどめる、さえぎること。「絶」は押しとどめて物事をさせないこと。したがって「渇絶」は、おさえとめるとか、遮るということになる。如来の悟りの力を示す。

その如来の力をつぎに紹介する。

「一餐の力」の「一餐」とは、一度の食事のこと。如来は、一度の食事で計り知れない寿命を保つという。そして、その間、「諸根悦予」、つまり感覚器官は喜びにあふれて、その様が損なわれることなく、しかも、「姿色変ぜず」、すがたが変わることもなく、顔の光は輝き続けている、という。

その理由は、つぎのとおり。「如来は定・慧、究暢したまえること極まりなし。一切の法において自在を得」るからなのである。

「定」は瞑想、「慧」は智慧。「究暢」はきわまりあることなく、通達していること。「一切の法」とは、「あらゆること」。「法」は多義だが、ここでは「事物」をいうのであろう。

＊

一度の食事（「一餐」）で計り知れない寿命を保つ、という一文がここに挿入されている意図は、どこにあるのだろうか。

一つは、如来、つまり仏というものは、もとは人間であったが、あるところから人間を超えた存在になる、ということであろう。加えて、私はこの場面に特有の理由があると思う。それは、釈尊が阿難の質問に応じて、いよいよ「阿弥陀仏の物語」を説き出すにあたって、釈尊が物語の主人公である阿弥陀仏と一体化していることを示しているのではないか。釈尊は阿難に対して、阿弥陀仏として語る、という状況が生まれている、と考えられる。

こうしたことをいうのも、私はかつて沖縄のユタを取材した経験があり、そのユタたちの言説と、この場面とに著しい類似点を感じるからである。

というのも、ユタたちは、自分で意図しない「神がかり」を経て、新たに「神」を見出す。私の印象に残った例でいえば、ある若い女性に、あるとき突如、大きな杖をもった白いひげを生やした老人が現れ、彼女の日常の行動に逐一命令を下すようになった。あるときは、真夜中に海へ行って海中に入ることを指示し、あるときは見知らぬ場所にまで出かけよと要求した。それを拒むと猛烈な苦しみが生まれるために、彼女は、その老人の命じるままに、日々を送ることになる。もはや、彼女の日常は破壊されたも同然であった。時間が経って、老人との和解が進むようになるが、私が注目するのは、釈尊が阿弥陀仏と一体になる過程も、若い女性が老人と一体になることも、同じ原理によるという点にある。

それは、人は危機に面したとき、それを乗り越える新たな智慧を求めて、自らの無意識に降り立つ、ということなのである。

ただし、ユタと『無量寿経』の釈尊との違いは、降り立つ無意識の層の違いにある。つまり、ユタが降り立った無意識から生まれる智慧や教説（白いひげの老人の教説）は、生活を共にする人々にしか了解できないものであるのに対して、釈尊が瞑想によって達した無意識の層は、人類の、類としての願望が蓄積されている層であり、それゆえに、その層に根差した教説（「阿弥陀仏の物語」）は、普遍的な意味をもつことができる、ということだ。

私がわざわざ、このようなことをいうのは、釈尊が語りだそうとしている「阿弥陀仏の物語」は、人間が人間として地球上に誕生して以来、実現することのなかった「悲願」の、気の遠くなるような蓄積に根拠をもつ、ということをいいたいからなのである。つまり、釈尊が瞑想によって到達した無意識の層は、私たちとも共通の無意識の層なのであり、それゆえにこそ、私たちは「阿弥陀仏の物語」に共感するのである。

だからこそ、釈尊は阿難にむかって、「阿難、あきらかに聴け。今、汝がために説かん」と呼びかけるのであり、阿難もまた「唯然り。願楽して聞きたまえんと欲う」と答える。「汝がために」と、説示の対象を阿難に限定していることは、阿難に代表される、今までの仏教では救済されることができなかった人々に向けて、これから新しい仏教を説く、という意味合いが強く表明されていると考えられる。

「唯然り」は前出（本書、八四頁）。「願楽」の「楽」は願うということ。おなじ意味の漢字を重ねている。

「聞きたまえん」は冒頭にでてきたと同じく、謙譲語。

法然は、冒頭より、ここまで（「願楽欲聞」）を、『無量寿経』の「序文」として、新たな教えが説かれるにいたる事情を説明している、と解釈している（「無量寿経釈」）。

いよいよ、釈尊によって「阿弥陀仏の物語」が語られる。

9 法蔵菩薩の発願

仏、阿難《あなん》に告《つ》げたまわく、「乃往《ないおう》過去、久遠《くおん》無量不可思議無央数劫《むおうしゅこう》に、錠光如来《じょうこうにょらい》、世に興出して、無量の衆生を教化《きょうけ》し度脱《どだつ》して、みな道を得せしめて乃《いま》し滅度《めつど》を取りたまいき。

> 仏告阿難。乃往過去、久遠無量　不可思議　無央数劫、錠光如来、興出於世、教化度脱無量衆生、皆令得道、乃取滅度。

釈尊は、「阿弥陀仏の物語」のはじまりを、太古の仏から、「阿弥陀仏」の前身である「法蔵」という修行者の師匠になる「世自在王仏」までの、五十四仏の系譜を紹介することからはじめる。

「乃往過去」の「乃往」とは昔、過去ということ。「乃往過去」はさしずめ「昔々」ということになる。どれくらい昔なのか。その内容が「久遠・無量・不可思議・無央数劫」。「無央数劫」の「央」は「尽」の意味で、尽きる。「無央」は尽きない、ということ。計り知れない時間の単位である「劫」をいくら積み重ねても尽きることがない、という想像を絶する時間。

そういう昔に、「錠光如来」という仏が世にあって、「無量の衆生」を「教化」し、「度脱」して（迷いの世界から悟りの世界に向かわせて）、全員悟らせたのち、「滅度」、つまり涅槃に入った、というのである。

そして、「錠光如来」の後に、「光遠」という名の如来が、ついで「月光」などあわせて「処世」まで、五十二仏の名が列挙され、五十四番目の仏として「世自在王如来」があらわれる。

次に如来ましましき。名をば光遠《こうおん》と曰《い》う。次をば月光《がっこう》と名づく。次をば栴檀香《せんだんこう》と名づく。次をば善山王《ぜんさんのう》と名づく。次をば須弥天冠《しゅみてんがん》と名づく。次をば須弥等曜《しゅみとうよう》と名づく。次をば月色《がっしき》と名づく。次をば正念《しょうねん》と名づく。次をば離垢《りく》と名づく。次をば無着《むじゃく》と名づく。次をば龍天《りゅうてん》と名づく。次をば夜光と名づく。次をば安明頂《あんみょうちょう》と名づく。次をば不動地《じ》と名づく。次をば瑠璃妙華《るりみょうけ》と名づく。次をば瑠璃金色《るりこんじき》と名づく。次をば金蔵《こんぞう》と名づく。次をば焔《えん》光と名づく。次をば焔根と名づく。次をば地《じ》動と名づく。次をば月像《がつぞう》と名づく。次をば日音《にっとん》と名づく。次をば解脱華《げだっけ》と名づく。次をば荘厳《しょうごん》光明と名づく。次をば離塵垢《りじんく》と名づく。次をば海覚神通《じんずう》と名づく。次をば水光と名づく。次をば大香と名づく。次をば離塵垢と名づく。次をば捨厭《しゃえん》意と名づく。次をば宝焔《ほうえん》と名づく。次をば妙頂《みょうちょう》と名づく。次をば勇立《ゆうりゅう》と名づく。次をば功徳持慧《くどくじえ》と名づく。次をば蔽日月光《へいにちがっこう》と名づく。次をば日月瑠璃《にちがつるり》光《こう》と名づく。次をば無上瑠璃光《るりこう》と名づく。次をば最上首と名づく。次をば菩提華《ぼだいけ》と名づく。次をば月明《がつみょう》と名づく。次をば日光と名づく。次をば華色王《けしきおう》と名づく。次をば水月光と名づく。次をば除痴瞑《ちみょう》と名づく。次をば度蓋行《がいぎょう》と名づく。次をば浄信《じょうしん》と名づく。次をば善宿《ぜんしゅく》と名づく。次をば威神《いじん》と名づく。次をば法慧《ほうえ》と名づく。次をば鸞音《らんのん》と名づく。次をば師子音《ししおん》と名づく。次をば龍音《りゅうおん》と名づく。次をば処世と名づく。

次有如来。名曰光遠。次名月光。次名栴檀香。次名善山王。次名須弥天冠。次名須弥等曜。次名月色。次名正念。次名離垢。次名無著。次名龍天。次名夜光。次名安明頂。次名不動地。次名瑠璃妙華。次名瑠璃金色。次名金蔵。次名焔光。次名焔根。次名地動。次名月像。次名日音。次名解脱華。次名荘厳光明。次名海覚神通。次名水光。次名大香。次名離塵垢。次名捨厭意。次名宝焔。次名妙頂。次名勇立。次名功徳持慧。次名蔽日月光。次名日月瑠璃光。次名無上瑠璃光。次名最上首。次名菩提華。次名月明。次名日光。次名華色王。次名水月光。次名除痴瞑。次名度蓋行。次名浄信。次名善宿。次名威神。次名法慧。次名鸞音。次名師子音。次名龍音。次名処世。

錠光如来をふくめて五十三にのぼる仏たちの名前については、ここでは特に説明しない。ところで、「世自在王如来」までの系譜は、『無量寿経』では、「錠光如来」を最古として、順次新しくなり、「処世仏」を経て「世自在王如来」が登場することになっている。そして、その「世自在王仏」のもとで「法蔵」が修行して阿弥陀仏になった、とする。

テキストでいうと、「次に如来ましましき。名をば光遠と曰う。次をば月光と名づく。次をば栴檀香と名づく。次をば善山王と名づく……」と、「次をば……と名づく」と「次名」と記されているが、ほかのテキストでは、たとえば『如来会』では「かの仏の前に」(「於彼仏前」)、あるいは、『荘厳経』では「またかの仏の前に」(「又彼仏前」)と、順々に遡って古仏が列挙されている。またサンスクリット本では、「よりさらに前に」と、これも遡る表現が使われている。

ということは、これらのテキストにしたがうと、「錠光如来」(他のテキストでは「燃燈仏」という)が一番新しい仏で、順次遡って「世自在王如来」(「世間自在王如来」ともいう)が最古の仏と設定されている。したがって、その「世自在王如来」のもとで修行して如来となった「阿弥陀仏」は、きわめて古い仏ということになる。

それゆえに、親鸞は、「阿弥陀仏」を「久遠仏」とも称している。もちろん、『無量寿経』の記す通りに、「現在仏」(現在、説法をしている仏)とも受け取っているが、「久遠仏」として阿弥陀仏を受けとめようとするところに、親鸞独自の阿弥陀仏の理解があるといわねばならないだろう。だが、ここではそれ以上はふれない。

大事なことは、「阿弥陀仏」が、現に今、西方浄土において説法をしている「現在仏」だという点にある。法然は、阿弥陀仏が「現在仏」であることにかぎりない希望を見出している。つまり、阿弥陀仏によって、今生きている私が救われることができるからなのだ。

少し先走った。テキストに戻ろう。

かくのごときの諸仏、みなことごとくすでに過ぎたまいき。その時に次に仏ましましき。世自在王《せじざいおう》、如来《にょらい》・応供《おうぐ》・等正覚《とうしょうがく》・明行足《みょうぎょうそく》・善逝《ぜんせい》・世間解《せけんげ》・無上士《むじょうし》・調御丈《じょうごじょう》夫《ぶ》・天人師《てんにんし》・仏《ぶつ》・世尊《せそん》と名づけたてまつる。

如此諸仏、皆悉已過。爾時次有仏。名世自在王　如来　応供　等正覚　明行足　善逝　世間解　無上士　調御丈夫　天人師　仏　世尊。

「世自在王」について、テキストは「如来・応供・等正覚」など、十一種類の尊称があることをあげている。阿弥陀仏の師匠仏としての重みをあらわしているのであろうか。

それにしても、阿弥陀仏にかかわる直近の「世自在王仏」から「阿弥陀仏の物語」がはじまるのではなく、「世自在王仏」からはるかに遡る、諸仏の系譜を明かしている意味はどこにあるのだろうか。

一つは、これから新たに説き出される「阿弥陀仏の物語」が、仏教の正統に属することを明らかにするためだろう。

歴史上のゴータマ・ブッダも、自分の到達した「悟りの世界」は、自分の創見ではなく、はるかな先人たちの「古道」の発見であったといっているが、仏教という宗教は、人類が蓄積してきた智慧の再発見という性格をもっているのであろう。「阿弥陀仏の物語」も、そうした「古道」に基づくことを象徴的に示しているのが、ここに記されている古仏の系譜ではないだろうか。

二つは、人間のもつ愚かさ、煩悩の根の深さを教えるためではないか。現代人は、自分は決して愚かではなく、愚かなのは「あの人々だ」という予断をもって生きていることが多い。また、「煩悩」についても、欲望の実現こそが人生の意義であり、生きる意味だと勘違いしているふしが強い。「煩悩」は、たんに欲が深いということではなく、自己中心に欲望をはたらかせることをいうが、自己中心から免れる人間はいない。

こうした人間の、いわば闇の部分に気がつくと、その根の深さに慄然とする。そして、あらためて人類の歴史をふりかえると、愚かさと自己中心がおりなす悲劇があとを絶たないことに気づいて、再び慄然とせざるをえないであろう。

かつて仏たちが、つぎつぎとこの世に出現して多くの人々を救済した、という系譜を示すのは、裏を返せば、仏たちの度重なる出現にもかかわらず、いまだ多数の衆生が迷いの世界にとどまっているのはなぜなのか、と問いかけていることになろう。

人間のかかえる深い闇、「煩悩」の深さから、この一節を読み解いたのが法然（一一三三―一二一二）である。法然は、その著『選択本願念仏集』の冒頭に、道綽の言葉を引用する。「一切衆生にはすべて、仏になる可能性があるという。また、はるかな昔から今にいたるまで、私たちは多くの仏に出遇ってきたはずである。にもかかわらず、今にいたるまで、なお輪廻の世界にとどまり続けて、悟りの世界に到達できないのはどうしてなのか」、と。

これは道綽の感慨であると同時に、法然の感慨そのものでもあろう。もとより、こうした思いが生み出されるのには、人は「輪廻」する存在だという前提がある。

「輪廻」とは、古代インド人が信奉し、その後、仏教の広まるなかで、東アジアに行き渡った人生観である。一言でいえば、人の生死は一度限りではなく、幾度もくり返されているということである。では、人は人として生まれる以前は、どういう状態であったのか。また、死ねばどういう状態になるのか。それが「地獄・餓鬼・畜生・修羅・人・天人」の六つのあり方である。人間として生まれる前に、「地獄」などにいたとか、死ねば、「地獄」や「餓鬼」などが待っているというのは、今や迷信もよいところなのであろう。

だが、これは「物語」である。科学的実証の対象となる次元の話なのではない。人生の闇を納得するための「物語」なのである。これ以上の説明は別にゆずるが（拙著『法然を読む』角川書店）、法然にとって、おのれの愚かさと、煩悩の深さに思いいたれば思いいたるほどに、おのれの「輪廻」を思わずにはいられなかったのであろう。

しかも、仏の活動は、「六道輪廻」の世界全体にも及んでいるはずなのであるから、現にいま、こうして愚かさと煩悩の身をさらけ出して苦しんでいるのは、過去の仏たちに会えなかった不運なのか、あるいは、今までの仏では救い切ることができなかった、愚かさと煩悩の深さ故であったのか。これが、法然の自問自答であったと考えられる。

さて、この「世自在王仏」の時代に一人の人間があらわれる。

時に国王ましましき。仏の説法を聞きて心に悦予《えつよ》を懐《いだ》き、尋《すなわ》ち無上正真道《むじょうしょうしんどう》の意《こころ》を発《おこ》しき。国を棄《す》て、王を捐《す》てて、行じて沙門《しゃもん》と作《な》り、号して法蔵《ほうぞう》と曰《い》いき。高才勇哲《こうざいゆうてつ》にして、世と超異《ちょうい》せり。

時有国王。聞仏説法、心懐悦予、尋発無上正真道意。棄国捐王、行作沙門、号曰法蔵。高才勇哲、与世超異。

「世自在王仏」の時代に、一人の国王がいた。彼は、「世自在王仏」の説法を聞いて「心に悦予を懐き」、つまり、深い喜びの心を起こし、「無上正真道の意」を発した、という。「無上正真道の意」は、「無上正真の道意」とも読むことができる。後者にしたがえば、「無上正真」とは仏教における最高の悟りのことであり、「道意」とは道心、求道心のこと。つまり、「無上正真の道意」とは、最高の悟りを目指す求道心のこと。その国王が、そのような無上の求道心を発した、というのである。

その結果、その国王は、国を捨て、王であることを捨て、出家して「沙門」(修行者)になった。そして、「法蔵」と名乗る。彼は、「高才勇哲」で「世と超異」したという。「高才」とは、すぐれた才能のこと。「勇哲」とは、志願がかたいこと。法蔵は「高才勇哲」であることにおいて、世間の人々よりはるかに勝れており、異彩を放っていたという。

それにしても、経典の叙述は簡単に過ぎるともいえる。「国王」とあるだけで、どこの地方の、いつの時代の「国王」なのか、まるで頓着がない。

また、「国を棄て」と一言ですませているが、人が国を捨てて、王位を捨てて、出家となる、ということは、まことに重大な決断であり、きわめてドラマティックな変身を意味する。

思えば、「国王」とは、世俗的生活のなかで、欲望の実現を汲々とはかっている人間には、理想的な存在ではないのか。その、もっとも幸福なシンボルとでもいうべき国王の身分を一蹴りにしても惜しくないとは、なにを意味しているのであろうか。経典はなにも説明しないが、私たちにとっては、よくよく思案しなければならない問いではなかろうか。

10　法蔵、偈をもって誓う

世自在王如来の所《みもと》に詣《もう》でて、仏の足《みあし》を稽首し、右に繞《めぐ》ること三帀《さんぞう》して、長跪《ちょうき》し合掌《がっしょう》して頌《じゅ》をもって讃じて曰《い》わく、

詣世自在王如来所、稽首仏足、右繞三帀、長跪合掌、以頌讃曰。

さて、その「法蔵」が「世自在王仏」をたずねる。「三帀」の「帀」とは、めぐる、ということ。仏に向かって左から右へ三度まわることで、古代インドの礼法という。「頌」は詩の形式で褒め、讃えること。

法蔵は、師の「世自在王仏」にひざまずき合掌して、「世自在王仏」を讃えてつぎのように詠う。

その「頌」は、伝統的に「嘆仏偈」とか「讃仏偈」とよばれ、四言八十句からなる。内

容は、三段に分かれていて、はじめは、師である「世自在王仏」の徳を讃える部分（①から④の半ばまで）。二つ目は、「法蔵」が自らの願いを吐露する部分（④の後半から⑨の前半まで）。最後は、その願いの真実である証明を諸仏に請う箇所（⑨の後半から最後まで）、である。

テキストの偈に便宜上、番号をふった。

①光顔《こうげん》巍巍《ぎぎ》として、威神《いじん》極まりましまさず。かくのごときの焰明《えんみょう》、与《とも》に等しき者なし。
日月・摩尼《まに》珠光《しゅこう》・焰耀《えんよう》もみなことごとく隠蔽《おんぺい》して、猶《なお》し聚墨《じゅもく》のごとし。
②如来の容顔《ようげん》、世に超えて倫《ともがら》なし。正覚《しょうがく》の大音《だいおん》、響き十方に流る。戒聞《かいもん》・精進《しょうじん》・三《ざん》
昧《まい》・智慧《ちえ》、威徳《いとく》侶《ともがら》なし、殊勝希有《しゅしょうけう》なり。
③深く諦《あきら》かに善く、諸仏の法海を念じ、深《じん》を窮《きわ》め奥《おう》を尽《つ》くして、その涯底《がいてい》を究《きわ》む。無《む》
明《みょう》・欲・怒《ぬ》、世尊永くましまさず。人雄《にんのう》・師子《しし》、神徳《じんとく》無量なり。
④功勲《くくん》広大にして、智慧《ちえ》深妙《じんみょう》なり。光明・威相《いそう》、大千に震動《しんどう》す。願わくは我《われ》作仏《さぶつ》して、
聖法《しょうほう》の王と斉《ひと》しからん。生死《しょうじ》を過度《かど》して、解脱《げだつ》せずということなからしむ。
⑤布施《ふせ》・調意《じょうい》・戒《かい》・忍《にん》・精進《しょうじん》、かくのごときの三昧《さんまい》、智慧《ちえ》上《すぐ》れたりとせん。吾《われ》誓《ちか》う、
仏を得んに、普《あまね》くこの願を行《ぎょう》ぜん。一切の恐懼《くく》に、ために大安《だいあん》を作《な》さん。

⑥たとい仏まします。百千億万、無量の大聖《だいしょう》、数《かず》、恒沙《ごうじゃ》のごとくならん。一切の、これらの諸仏を供養《くよう》せんよりは、道《どう》を求めて、堅正《けんしょう》にして却《しりぞ》かざらんには如《し》かじ。

⑦たとえば恒沙《ごうじゃ》のごときの諸仏の世界、また計《かぞ》うべからず。無数の刹土《せつど》、光明ことごとく照らして、このもろもろの国に遍《あまね》くせん。かくのごとく精進《しょうじん》にして、威神《いじん》量《はか》り難《がた》からん。

⑧我《われ》仏に作《な》らん、国土をして第一ならしめん。その衆、奇妙《きみょう》にして、道場《どうじょう》、超絶《ちょうぜつ》ならん。国泥洹《ないおん》のごとくして、等双《とうそう》なけん。我当《われまさ》に哀愍《あいみん》して、一切を度脱《どだつ》せん。

⑨十方より来生《らいしょう》せんもの、心悦《こころよろこ》ばしめて清浄《しょうじょう》ならん。すでに我が国に到《いた》りて、快楽安《けらくあん》穏《のん》ならん。幸《ねが》わくは仏、信明《しんみょう》したまえ、これ我が真証なり。願を発《おこ》して彼《かしこ》において、所欲《しょよく》を力精《りきしょう》せん。

⑩十方の世尊、智慧無碍《ちえむげ》にまします。常にこの尊をして、我が心行《しんぎょう》を知らしめん。たとい、身をもろもろの苦毒の中《うち》に止《おわ》るとも、我が行《ぎょう》、精進《しょうじん》にして忍《しの》びて終《つい》に悔《く》いじ。

①光顔巍巍　威神無極　如是焔明　無与等者
日月摩尼　珠光焔耀　皆悉隠蔽　猶若聚墨
②如来容顔　超世無倫　正覚大音　響流十方

戒聞精進　三昧智慧　威徳無侶　殊勝希有
③深諦善念　諸仏法海　窮深尽奥　究其涯底
無明欲怒　世尊永無　人雄師子　神徳無量
④功勲広大　智慧深妙　光明威相　震動大千
願我作仏　斉聖法王　過度生死　靡不解脱
⑤布施調意　戒忍精進　如是三昧　智慧為上
吾誓得仏　普行此願　一切恐懼　為作大安
⑥仮使有仏　百千億万　無量大聖　数如恒沙
供養一切　斯等諸仏　不如求道　堅正不却
⑦譬如恒沙　諸仏世界　復不可計　無数刹土
光明悉照　徧此諸国　如是精進　威神難量
⑧令我作仏　国土第一　其衆奇妙　道場超絶
国如泥洹　而無等双　我当哀愍　度脱一切
⑨十方来生　心悦清浄　已到我国　快楽安穏
幸仏信明　是我真証　発願於彼　力精所欲
⑩十方世尊　智慧無礙　常令此尊　知我心行
仮令身止　諸苦毒中　我行精進　忍終不悔

（一）

光顔巍巍として、威神極まりましまさず。

「光顔」は、仏の顔が光り輝いていること。「巍巍」の「巍」は「高い」「高大なさま」、「巍巍」は「富貴で勢力の強いさま」をしめす、という。「威神」の「威」は「威厳」「威光」で、「神」は「神々しい」ということ。

かくのごときの焰明、与に等しき者なし。

「焰明」の「焰」は炎、火の光のこと。「与に等しき者なし」は、並ぶものがいない、ということ。

日月・摩尼珠光・焰耀もみなことごとく隠蔽して、猶し聚墨のごとし。

「日月」は日光と月光。「摩尼珠」は、「如意珠」とも訳されるが、特別の宝石のこと。「焰耀」は光の輝き。こうした世俗では最高の光も、世自在王仏の前では、ことごとくその光明に蔽われて、あたかも「聚墨」、墨の塊のようにみえる、というのである。

如来の容顔、世に超えて倫なし。

「容」は「かたち」。「世自在王如来」のすがたやかたちは、世に超えて比べるものはない。

「倫」は「類」、「比」。

正覚の大音、響き十方に流る。

「正覚」は「悟り」。「正覚の大音」は「悟りをのべる音声の大なること」。「十方」は仏教における「方角」で、「東西南北」と「東南・西南・西北・東北」の「四維」と、さらに「上・下」を加えて「十方」とする。教えを説く「世自在王仏」の大音声は十方に響き渡っている、ということ。

今までは、仏の「光明」の素晴らしさをのべているが、ここでその「声」を褒めているのは、後の伏線になろうか。というのも、後出の「重誓偈」（「三誓偈」）に「名声（阿弥陀仏の名）が十方に超え、すべての人々に聞こえるようにしたい」という趣旨の誓いがのべられているからだ。

このことは、さらにつぎの四十八願中の第十七願にも関係する。

戒聞・精進・三昧・智慧、威徳侶なし、殊勝希有なり。

「戒」は「戒律」、「聞」は「多聞」で、説法をたくさん聞くこと。「精進」は「善を行い、悪を断つ努力を継続的に行うこと」（中村『新・仏教辞典』）。「三昧」は精神を集中して安定した状態になること。「智慧」は、「煩悩」を断ずる智慧。

こうした修行のもたらす「威徳」（おごそかでおかしがたい徳）は、「侶」（なかま、ともなし、つまり並ぶものなく、ことのほか「稀有」（めずらしい、めったにない）である。

深く諦かに善く、諸仏の法海を念じ、深を窮め奥を尽くして、その涯底を究む。

「諦」は「つまびらかにする」。「法海」は悟りの世界を海に譬える。「（世自在王仏は）深く、はっきりと、諸仏の悟りの世界をわがこころに思い浮かべて」ということ。つぎの「深」は、究極の真理。人間の力ではかれないから「深」という。その「深」を突き詰めて、「奥を尽くす」、つまり「真理」の奥義を尽くし、さらに、「涯底を究む」。「涯」は、きわみ、かぎり。奥底を追究する、ということ。

無明・欲・怒、世尊永くましまさず。

また、「世自在王仏」には、「無明」という人間の根本を支配する無知はもとより、貪欲や瞋恚といった煩悩はまったく存在しない。

人雄・師子、神徳無量なり。

「人雄・師子」は仏のこと。人間の中の最高の存在を獅子にたとえる。「神徳」は、仏のもつ不可思議の功徳。それが「無量」だという。仏のもつ功徳は、はかることもできない。

功勲広大にして、智慧深妙なり。

「功勲」の「功」は積善の力、「勲」は悪を破るはたらき。「功勲広大にして」とは、「大きな功徳の蓄積をもって」ということ。「智慧深妙なり」の「妙」は、細かくて見分けられない不思議なはたらきをいう。「深く、卓越した不思議な智慧をもって」。

光明・威相、大千に震動す。

「光明・威相」の「光明」は世自在王仏の荘厳な容姿。「威」はいかめしくて、人をしたがわせる力。その「威相」が、右の「功勲広大」と「智慧深妙」をもって、「大千世界」をゆりうごかす、という。

仏教では、須弥山を中心としてその周囲に九山八海があり、垂直軸として上は「色界」から下は大地の下の「風輪」にいたる範囲を「一小世界」とし、それが千個集まって「一小千界」、それが千個集まって「一中千世界」、「一中千世界」が千個集まって「一大千世界」という。それは、小・中・大から成るので「三千大千世界」ともいう。「三千大世界」は「十億小世界」で、それが一仏の教化の範囲となる（『新・仏教辞典』等）。

（二）

願わくは我作仏して、聖法の王と斉しからん。

「作」は「なる」ということ。願わくば、私は仏となって、「世自在王仏」と同じ「聖なる法王」として、すべての人々を「生死」、つまり迷いの世界、「輪廻」から救い出したい。「法王」は現在ではローマ教皇を意味することが多いが、もとは仏教の語彙であった。

生死を過度して、解脱せずということなからしむ。

「生死」は、「輪廻の世界」のこと。「過度」の「過」は渡ること、「度」も渡ること。「過度」のように、同じ意味の言葉を重ねるのは経典によくある表現。「過度」は仏教が入ってくる以前から中国にある古語だという。ただし、仏教では「六道輪廻の世界」から抜け出る、という意味（「過度」については、辛嶋（六））。「生死を過度」することは「解脱」することと同じ。「解脱」は、迷いの世界から悟りの世界へ転じること。

布施・調意・戒・忍・精進、かくのごときの三昧、智慧上れたりとせん。

「布施」は困っている人に衣食などを与えること、教えを説くこと、恐れを取り除くこと。「調意」はほかのテキストでは「調伏意」とあるように、意識を整えること。「戒」は「戒律」を守ること。「忍」は苦難に堪え忍ぶこと。「精進」はたゆまず仏道に励むこと。

「如是三昧」の「如是」は、「さらに加えて」という意味。こうしたもろもろの実践に加えて、「三昧」と「智慧」をも「上れたりとせん」、つまり完璧なものとする、ということ。「三昧」は心を集中する修練の意。

吾誓う、仏を得んに、普くこの願を行ぜん。

「吾誓う」から「行ぜん」までは、「このような実践をあらゆる方法で実現することによって仏になることを誓う」ということ。それはなんのためか。

一切の恐懼に、ために大安を作さん。

それは、「一切の人々の恐れ（「恐懼」の「懼」も恐れ）を取り除く大安心をもたらすため」、なのである。

たとい仏まします。百千億万、無量の大聖、数、恒沙のごとくならん。一切の、これらの諸仏を供養せんよりは、道を求めて、堅正にして却かざらんには如かじ。

たとえ、百千億万の仏がいますとしても、また、その数が「恒沙」、つまり、ガンジス河の沙粒ほどの無量の「大聖」（仏）がいますとしても、これらの仏たちを供養するよりも、悟りを求めて「堅正」にして、修行が後戻りしないように努める方が素晴らしい。

「堅正」の「堅」は、意志の堅固さ、「正」は進むべき方向が正しいこと。

ここで諸仏への「供養」が否定されていることが注目される。「供養」とは、もともとインドでは、「尊敬」や「尊重」を意味していたという（早島鏡正『大無量寿経の現代的意義』）が、諸仏への「供養」は、そのことによって仏たちの教えを聞き、学ぶという意味があり、その意味では仏教徒の基本的な行儀作法なのである。それがここでは否定されている。それは、なにを意味しているのであろうか。

別のテキストでも、「一切供養せんよりは道を求めんにはしかず」（「一切皆供養、不如求道」、『平等覚経』）、とある。もっとも、『如来会』や『荘厳経』では「供養」を認めている。だが、『無量寿経』が「嘆仏偈」のなかでは、「供養」を否定していることは、おそらく、法蔵が目指す仏教が、今までの仏教を超えようとしていることを示唆しているからではないか。

では、のちの「重誓偈」（「三誓偈」）で「供養」が肯定されているのはどうしてか、ということになるが、それは、法蔵の新しい仏教のすがたが鮮明になったからであろう。「供養」の内容も、諸仏に「阿弥陀仏」のメッセージを伝える役割となったのではないか。

たとえば恒沙のごときの諸仏の世界、また計うべからず。

「恒沙」はガンジス河の沙粒。諸仏の世界は、無数であるという。

無数の刹土、光明ことごとく照らして、このもろもろの国に遍くせん。かくのごとく精進にして、威神量り難からん。

そして、諸仏にはそれぞれ「刹土」（国土のこと）があり、それもまた無数である。その国土をことごとく、私の輝く光が完全に照らし出すようにしたい。それも（「かくのごとく」）、私の「精進」と「威神」、つまり神々しい威厳ある力が計り知れないからだ。

我仏に作らん、国土をして第一ならしめん。その衆、奇妙にして、道場、超絶ならん。

「ひとたび、私が仏になったならば、私の国土を第一にしたい」。「その衆」とはその国土に住む人たち。「奇妙」は「六神通」を身につけることなどをいう。

「道場」は悟りの場のことで、それが「超絶」、ほかよりはるかにすぐれているようにしたい。

国泥洹のごとくして、等双なけん。

私の設ける「国」は、「泥洹」、つまり、悟りが実現した世界にちかく、「等双」、ならぶものはない。

「国泥洹のごとくして」は、漢文でいうと「国如泥洹」だが、その「如」は、英語でいえば like で、「似ている」、「ようだ」ということ。

法蔵が設けようとする国は、一般に「極楽浄土」といわれてきたが、そこは、悟りを達成するのに一切の妨げになるものがない、ということが第一の意味で、そこに生まれた者は、安んじて修行に励むことができ、目指す悟りを容易に得ることができる、と考えられている。「極楽浄土」に生まれたら、ただちに「仏」になる、というのは、日本の浄土教の考え方。さらに親鸞は、後に述べるように、生きている間に信心を得れば、「仏」と等しい、という。ただし、この場合の「等」は、「同」の意味ではない。

我当に哀愍して、一切を度脱せん。

私（法蔵）がこのような「国」を設けたいと考えているのは、すべての生命あるものに対する「哀愍」（哀れみ、いつくしむこと）にあるのであり、だからこそ、すべての生命あるものを、迷いの世界から悟りの世界へ（「度脱」）、渡したいのである。

十方より来生せんもの、心悦ばしめて清浄ならん。すでに我が国に到りて、快楽安穏ならん。

法蔵が設けようとしている「国」（浄土）には、この世のみならず、「十方」の世界からも生まれてくるものがあるが、彼らは心から喜び（「心悦」）、また煩悩を免れた清らかな存在（「清浄」）となろう。そして、一たび、我が国に到着したものは、「快楽安穏」（幸福と平和）につつまれるだろう。

（三）

幸わくは仏、信明したまえ、これ我が真証なり。

世自在王仏よ、どうか私を信じてほしい。「信明」の「明」は見分けること。私がいかなる人間であるかを見分けよ、ということ。また、仏よ、私の真実の証人であれ！「真証」の「証」は証人。

願を発して彼において、所欲を力精せん。

私は、世自在王仏の前で、私のもてる力のすべて（「力精」）を欲するところ（「所欲」）にふりむけることを誓う。

十方の世尊、智慧無碍にましします。常にこの尊をして、我が心行を知らしめん。

「十方」の仏土にいます仏たちは、その智慧に妨げとなるものはない。その尊い仏たちに、私の志（「心行」）を知ってもらいたい。

たとい、身をもろもろの苦毒の中に止るとも、我が行、精進にして忍びて終に悔いじ。

たとえ、私の肉体があらゆる苦しみ（「苦毒」、三悪道のこと）のただなかに堕ちることがあっても（「止」は、とどまること）、私は精進を続け、すべてを目標に向けて忍耐強く受け入れて、ついに後悔することがないようにする。

11 「五劫思惟」

仏、阿難《あなん》に告《つ》げたまわく、「法蔵比丘《ほうぞうびく》、この頌《じゅ》を説き已《おわ》りて、仏に白《もう》して言《もう》さく、「唯然《ややしか》り。世尊《せそん》、我《われ》無上正覚《しょうがく》の心を発《おこ》せり。願わくは、仏、我《わ》がために広く経法《きょうぼう》を宣《の》べたまえ。我当《われまさ》に修行して仏国を摂取《せっしゅ》し、清浄《しょうじょう》に無量の妙土《みょうど》を荘厳《しょうごん》すべし。我《われ》世において速《すみ》やかに正覚《しょうがく》を成らしめて、もろもろの生死《しょうじ》・勤苦《ごんく》の本《もと》を抜かしめん」」。

仏告阿難。法蔵比丘、説此頌已、而白仏言。唯然世尊、我発無上正覚之心。願仏為我　広宣経法。我当修行、摂取仏国、清浄荘厳　無量妙土。令我於世　速成正覚、抜諸生死　勤苦之本。

釈尊は、阿難にいわれた。「法蔵菩薩は、この偈を世自在王仏に捧げた後、さらにつぎのように申した」、と。「唯然り」は、さきに紹介しておいたように、目上の人のいうことを聞いて「さようでございます」、と答える言葉。

「釈尊、私は「無上正覚の心」をおこしました」、と。「無上正覚の心」は、さきの「無上正真の道意」と同じで、仏が目標とする「悟りの世界」を求める心。

そして続けていう。「願わくば、釈尊、私のために広く教えをお説き下さい。私は、（その教えにしたがって）修行し、（示された）仏たちの国の中から選択して、清浄な、はかりしれないすぐれた国土を建立したい、と思います」、と。

「仏国を摂取し」とある「摂取」は、『大阿弥陀経』のテキストにより、あるいは法然の『選択本願念仏集』の解釈から、「選択」の意味とする。ほかにも、『如来会』では「摂受」となっている。

「荘厳」は、経典に頻繁に用いられる言葉。原語は「飾る」こと。また、「建立する」とか、「見事に配置されている」と訳されることが多い。真理が具体的な形にしめされることを示しており、その形は象徴的な意味をもつ。

法蔵の「仏国を摂取」する行為は、のちの「五劫思惟」という時間をかけて「四十八願」を生み出す行為のことであり、「清浄に無量の妙土を荘厳すべし」は、「四十八願」の実現のために「兆載永劫」の修行を実践することを意味している（曽我量深『大無量寿経聴記』、九一頁）。

さらに、法蔵は言葉を続ける。「私はこの世において速やかに悟りを得て、（生きとし生けるものたちの受ける）生死の勤苦の根本を抜きたい」、と。

「生死」は「輪廻の世界」のことで、そこで受ける「勤苦」を根こそぎ抜き取り除きたい、というのであるが、これこそ、これからのべられる「四十八願」を支える根本動機といえるであろう。

「勤苦」の「勤」は、辞書によれば、「細かいところまで力を出し尽くして余力がないこと」で、ゴメスの英訳ではhardshipsとなっている。「勤苦」はhardships and pains。あるいは、「勤苦」とは、「苦しみ」または「苦しみを受けること」ともいう（辛嶋（二））。

この箇所の読み下しは、「われをして、世において、速やかに正覚を成じ、もろもろの生死の勤苦の本を抜かしめたまえ」（岩波文庫）となっているものもある。この方が分かりやすいであろう。

仏語阿難。時世饒王仏、告法蔵比丘。如所修行　荘厳仏土、汝自当知。

仏、阿難《あなん》に語りたまわく、「時に世饒王仏《せにようおうぶつ》、法蔵比丘《びく》に告げたまわく、「修行せんところのごとく、荘厳《しようごん》の仏土、汝自《なんじみずか》ら当《まさ》に知るべし」。

この法蔵の求めに対して、世自在王仏がどのように答えられたか、釈尊は続けられる。

「時に世饒王仏、法蔵比丘に告げたまわく、「修行せんところのごとく、荘厳の仏土、汝自ら当に知るべし」」。

ここでは、「世自在王仏」が、突然「世饒王仏」となっているが、『平等覚経』では「世饒王仏」となっている。ちなみに、『如来会』では、「世間自在王如来」。また「法蔵」についても、『如来会』では「法処比丘」となっているなど、漢訳にあたって違いがある。

この答で注目すべき点は、法蔵に対して「世饒王仏」が、「あなたが修行して建立しようとしている国土のことについては、あなた自身の意志にしたがってなすべきだ」、と答えている箇所である。原文でいうと、「汝自当知」の四文字であるが、「世自在王仏」は、法蔵の切なる願いにもかかわらず、なぜ、自ら教えを説かずに、自分で考えよ、といったのか。

それは、法蔵がつくろうとする「仏土」は、いまだどこにも実現したことがない、まったく新しいものであるから、それは法蔵自身の考えと努力によってつくるしかないものだ、ということを暗に示しているのではなかろうか。

そして、法蔵自身、まだそのことに気づいていないのであろう。つぎの、「私にはとても考えも及ばないことだ」という言葉にもそれがあらわれている。しかし、世自在王仏は、そのことが分かっている故に、ここで「汝自ら当に知るべし」と返答をしたのであろう。

要は、それほどに、今までの仏教には説かれたことがない、まったく新しい教えが法蔵によってもたらされる、ということを暗示しているのである。

比丘《びく》、仏に白《もう》さく、「この義弘深《ぐじん》にして我《わ》が境界《きょうがい》にあらず。唯《ただし》願わくは世尊、広くために諸仏・如来の浄土の行を敷演《ふえん》したまえ。我《われ》これを聞き已《おわ》りて当《まさ》に説のごとく修行して所願を成満《じょうまん》すべし」。

比丘白仏。斯義弘深、非我境界。唯願世尊、広為敷演　諸仏如来　浄土之行。我聞此已、当如説修行、成満所願。

そこで法蔵は、世自在王仏に申しあげた。「この義」とは、法蔵が建立しようとする「国土」の意味、ということか。「その意味がきわめて深いので、私の分限ではとても理解することはむつかしい。だから、私のために、諸仏・如来の浄土がどのような修行によって生まれたのかを詳しく話してほしい。それを聞いて、私は教えの通りに実践して、願うところを完全に実現したい」、と返答したのである。

テキストにある「非我境界」は、さきの「汝自当知」と対応しているのであろう。世自在王仏は、法蔵に、これから建立しようとする「国土」については、自分で考えよ、と返答したが、法蔵は、「非我境界」と答えている。「境界」は自分の程度のこと。したがって、「非我境界」は、自分の能力を超えている、という意味であろう。

法蔵は、自らが発願して、これから実現しようとする「国土」が、仏教の歴史においてはじめて生まれるものであることを、まだ自覚できていない。あくまでも、師である世自在王仏の教えを聞くことが第一だ、と考えているのである。

このような法蔵に対して、世自在王仏は、教えを詳細に説く、という方法ではなく、一挙に、諸仏の「国土」を法蔵に見せるという方策に出る。それがつぎの文章である。

*

ところでこの一節にある「諸仏・如来の浄土の行を敷演したまえ」という文中の「浄土」は、『無量寿経』のなかで一度だけ登場する語彙である。いうまでもなく、『無量寿経』は、浄土仏教の要にある経典である。だが、「浄土」という語彙はこの箇所だけなのである。ほかにも、「東方偈」とも「往覲偈」とよばれる一段に、「見彼厳浄土」と「志求厳浄土」という一文があり「浄土」という文字があるが、これは「彼の厳浄の土を見る」、「厳浄の土を志求す」とよんで、「浄土」の意味ではない。

『無量寿経』自身は、阿弥陀仏の国を「安楽」と称していて、「浄土」とは称していない。にもかかわらず、阿弥陀仏の国のことを「浄土」というのが、中国でこの経典が流布するころから普通となっている。つまり、「浄土」という語彙は、中国製なのだ。サンスクリットなどインド語には、「浄土」に該当する言葉はないという。

「浄土」という語彙が広まったのは、仏の国土を浄化する、という思想が広まったことと関係しているともいう。煩悩が浄化された場所として阿弥陀仏の国がある以上、そこを「浄土」というのは、不自然なことではない。そもそも、阿弥陀仏が、人々のために「安楽」を設置するのは、そこにいたると、仏道の妨げとなる煩悩などが一切なく、安心して仏道修行ができるからにほかならない。

なお、本書では、この経典の用語法にしたがって、「浄土」ではなく「安楽」を使用する。

その時に世自在王仏《せじざいおうぶつ》、その高明《こうみょう》の志願の深広《じんこう》なるを知ろしめして、すなわち法蔵比《び》丘《く》のために、しかも経《きょう》を説きて言《のたま》わく、「たとえば大海を一人升量《しょうりょう》せんに、劫数《こうしゅ》を経歴《きょうりゃく》して、尚《なお》底を窮めてその妙宝を得べきがごとし。人、心を至し精進《しょうじん》にして道を求めて止《や》まざることあれば、みな当《まさ》に剋果《こっか》すべし。何《いず》れの願いをか得ざらん」。

爾時世自在王仏、知其高明　志願深広、即為法蔵比丘、而説経言。譬如大海　一人升量、経歴劫数、尚可窮底、得其妙宝。人有至心　精進求道不止、会当剋果。何願不得。

その時、「世自在王仏」は、法蔵の崇高な、また聡明な志（「高明の志願」）が、いかに深く、また広大であるかを知って、法蔵のために教えを説いて、つぎのようにいわれた。この「経」は経典のことではなく「教え」のこと（辛嶋（二））。

「たとえば、大海をたった一人で、升を使って量ろうとするとせよ。おびただしい時間をかければ、底をきわめて、そこにある珍宝を手に入れることができよう。同じように、懸命に努力して悟りを求めてやむことがなければ、その人はかならず悟りを遂げるであろう、いずれの願いであっても実現しないということはない。すべて実現する」、と。

「剋果」は、遂げる、手に入れる、という意味。「みな当に剋果すべし」の原文は、「会当剋果」であるが、「会」も「当」も同じ意味の漢字で、類義語を重ねている。訓としては、両者ともに「べし」となる。

そして、世自在王仏は、法蔵のために諸仏の国を一挙に見せる。

ここに世自在王仏、すなわちために広く二百一十億の諸仏刹土《せつど》の天人の善悪、国土の麁妙《そみよう》を説きて、その心願に応じてことごとく現じてこれを与えたまう。

於是世自在王仏、即為広説　二百一十億　諸仏刹土、天人之善悪　国土之麁妙、応其心願、悉現与之。

「刹土」は仏の国のこと。「二百一十億」という数字は、全宇宙を指すともいわれる。つまり、全宇宙にある仏たちの国土のすべてをとりあげて、その住人たちの善悪のすがた、その国土の粗悪と精妙を説いて、彼の願いに応じて、そのすべての国土を目の前に現出させて見せた、というのである。「麁妙」の「麁」は、粗い、雑、きめがあらい、といった意味。「妙」は、言いあらわしようがないほど優れていること。

諸仏の国に「天人」と「人間」がいるという表現は、のちに出てくるが、人間に理解しやすいように、人間の考え方にしたがって、仮にのべられているにすぎない。また、諸仏の国土に住む住民や国土について、善悪や粗妙の違いがあるというのも、同じ発想にもとづく。

くり返すが、世自在王仏が法蔵に対して、理想的な仏土を得るための手段、方法(「行」)を説くのではなく、諸仏のすべての浄土を実際に法蔵に見せた、という点が大事だろう。

それは、さきに、法蔵が建立しようとする仏土は、彼自身の選択と意志によってなされるべきだと、世自在王仏が答えたことに対応している。法蔵が、諸仏の国土を見て、自分が理想とする国土の作り方を自ら考えよ、ということである。

時にかの比丘《びく》、仏の所説の厳浄《ごんじょう》の国土を聞きて、みなことごとく覩見《とけん》して、無上殊《しゅ》勝《しょう》の願を超発《ちょうほつ》せり。その心寂静《じゃくじょう》にして、志着《こころざしじゃく》するところなし。一切の世間に能《よ》く及《およ》ぶ者なけん。五劫《こう》を具足して、荘厳仏国《しょうごんぶっこく》の清浄《しょうじょう》の行を思惟《しゆい》し摂取《せっしゅ》す」。阿難《あなん》、仏に白《もう》さく、「かの仏の国土の寿量《じゆりよう》、幾何《いくばく》ぞ」。仏の言《のたま》わく、「その仏の寿命は、四十二劫《こう》なりき」。時に法蔵比丘《びく》、二百一十億の諸仏妙土《みようど》の清浄《しようじよう》の行を摂取《せつしゆ》しき。

時彼比丘、聞仏所説　厳浄国土、皆悉覩見、超発無上殊勝之願。其心寂静、志無所著。一切世間、無能及者。具足五劫、思惟摂取　荘厳仏国　清浄之行。阿難白仏。彼仏国土寿量幾何。仏言其仏寿命四十二劫。時法蔵比丘、摂取二百一十億　諸仏妙土　清浄之行。

そこで法蔵は、世自在王仏が説くところの「厳浄の国土」、つまり、「厳」（おごそか）にして「浄」（きよらか）なる仏たちの国土の様を聞き、またそれらをことごとく「覩見」して、このうえなき願を発したのである。「覩」も「見」も、ともに見るという意味。類義語を重ねているのは、この経典の文章の特色。

「無上殊勝の願を超発せり」の「無上殊勝」は、この上なくすぐれていること。「超発」の「超」には、障害をこえる、という意味がある。つまり、法蔵が新しい仏教を説くにあたって障害となるような、伝統的な教えや行を超える、という意味がふくまれている。

だからこそ、「その心寂静にして、志着するところなし」という文章が挿入されているのであろう。普通に読めば、なぜここで、こうした法蔵の心境を、とくに加える必要があるのか、理解しがたいといわねばならない。つまり、「無上殊勝の願」を「超発」するほどの偉業をなしとげれば、普通ならば、それを誇りに思う心が生まれても不思議ではない。あるいは、功名心といってもよい。

しかし、菩薩においては、このような功名心や、ましてや、その功名心に執着することはあってはならない、とされている。さきに、縷々説かれていた「菩薩」の心境は、「空・無相・無願」なのであるから。「無願」とは、願いがないということではなく、願求の思いに執着することを捨てる、ということ。そうした菩薩のあり方を踏まえて、この一文が挿入されているのではないだろうか。

こうして、法蔵はいよいよ、「無上殊勝の願」を具体化する作業に入る。それが「五劫を具足」する作業なのである。

「五劫」は「一劫」の五倍だが、常識ではきわめて長い時間というしかない。「具足」は完全に備える、ということだから、「五劫」という時間を完全に満たして、という意味であろう。「荘厳仏国の清浄の行」は、これからつくりあげる「仏国土の配置(デザイン)」(「荘厳仏国」)を完成するための「清浄な行」ということであり、その「清浄な行」を「五劫」をかけて「思惟し摂取」した、というのである。

「思惟」は考えること、「摂取」は「選択摂取」、つまり、諸行を取捨選択する、という意味。法然が『選択本願念仏集』のなかで、ここにいう「摂取」が「選択」の意味であることを強調して、これからのべられる四十八願がすべて、法蔵の「選択」を経て生まれていることに注目している。

余談だが、仏像のなかに「五劫思惟阿弥陀仏坐像」とよばれるものがある（写真参照）。その髪が普通よりもはるかに多くて、まるでお椀をかぶったようになっている。それは、法蔵が「五劫」という長い間思惟して、髪が伸び放題になった、ということをあらわしているらしい。その意味では、法蔵菩薩像、というべきであろうが、右のような呼び方が一般的である。法然の浄土教が広まるなかで、人々が法蔵の「五劫思惟」のおかげで、自分たちでも歩むことができる仏道が生まれたことを、深く謝したからなのであろう。

五劫思惟阿弥陀仏坐像（十輪院所蔵）

ここで、阿難が世自在王仏とその国土の寿命について質問するが、この問いは、ちょっと理解しがたいようにみえる。なぜ、わざわざここで、師仏とその国土の寿命をたずねる必要があるのか。
それは、弟子の法蔵が「五劫」という長時間をかけて、自らが実践すべき願の内容を検討・選択している、という説明がなされたことに関係している。「五劫」の間に、師の世自在王仏が亡くなってしまっていては、法蔵がせっかく新しく選択した願の適否も、判断してもらえなくなるではないか、という老婆心からなのであろうか。

これに対して、釈尊は答える。「世自在王仏の寿命は四十二劫である」、と。こうして、法蔵は、「二百一十億の諸仏妙土」のなかから、「清浄の行」を選択しおわったのである。「五劫の思惟」の内容や、選択する際の苦労など、経典ではいっさいが省かれている。この点は、のちにもう一度とりあげたい。

そして、つぎに、「五劫」を経た法蔵が、師の世自在王仏のもとに詣でて、「清浄の行」を「摂取」したことを報告する場面に変わる。

12 「清浄の行」を選択する

かくのごとく修し已《おわ》りてかの仏の所《みもと》に詣《もう》でて、稽首《けいしゅ》し足《みあし》を礼《らい》して、仏を繞《めぐ》ること三《さん》帀《ぞう》して、合掌《がっしょう》して住して、仏に白《もう》して言《もう》さく、「世尊、我《われ》すでに荘厳《しょうごん》仏土の清浄《しょうじょう》の行《ぎょう》を摂取《せっしゅ》しつ」と。仏、比丘《びく》に告げたまわく、「汝《なんじ》、今説くべし。宜《よろ》しく知るべし。これ時なり。一切の大衆《だいしゅう》を発起《ほっき》し悦可《えっか》せしめよ。菩薩《ぼさつ》聞き已《おわ》りてこの法を修行して、縁として無量の大願を満足することを致《いた》さん」。

如是修已、詣彼仏所、稽首礼足、繞仏三帀、合掌而住、白仏言世尊、我已摂取　荘厳仏土清浄之行。仏告比丘。汝今可説。宜知是時。発起悦可 一切大衆。菩薩聞已、修行此法、縁致満足 無量大願。

師の仏をたずねる作法は、さきに紹介したことと同じ。ただし、「合掌して住して」とある「住して」の意味がよく分からない。「住」には、とどまるという意味があるから、合掌したあと、師の仏の前に、普通以上にながくとどまって報告した、というニュアンスを伝えようとしているのか。ゴメスの英訳では、「起立した」と解釈している。

法蔵は、「仏よ、私はわが国土を建立する（あるいは、配置する）ための、清らかな行を選択し、手に入れた」と報告した、というのである。「荘厳」は、さきにものべたように、「仏土」を「配置する」とか「建立する」という意味。

そこで世自在王仏は、法蔵比丘に対して、このように告げられた。「汝、今こそ（「五劫」をかけて選択した「清浄の行」の中身を）説くべきである」、と。

つぎの「宜しく知るべし」の「宜」は、「よろしく……すべし」という意味で、「……するのがよい」ということ。今がその時であることを知るのがよい、となる。それによって、「一切の大衆」を「発起し悦可せしめよ」、と。

「一切の大衆」は、つぎの「菩薩」と対応しているのであろう。『無量寿経』の冒頭にあったように、「阿弥陀仏の物語」を聞くために、釈尊のもとに集まったものも、「大衆」と

「菩薩」の二種であった。「発起」するとは、人々の仏道を求める心、志を呼び起こす、ということか。「悦可」の「可」は、うなずくこと、喜び頷く。

一方、菩薩たちに対しては、法蔵の「清浄の行」の内容を聞くならば、それを実践しようとするであろうし（「この法を修行して」）、それによって（「縁として」）、計り知れない願いを実現することができるであろう（「無量の大願を満足することを致さん」）、とする。

ここで大事なことは、それぞれの「菩薩」が法蔵の実践しようとする願を、わが行としてとりこむだけではなく、それぞれがもっている願いの実現が容易になる、とのべている点だ。さきにのべておいた「菩薩」たちの不安が払拭されて、菩薩たちは、それぞれの願いの実現に邁進できるようになる、というのである。

ここまでが世自在王仏の、法蔵に対する返答である。

13 法蔵菩薩の四十八願

いよいよ、ここから、法蔵が「五劫」というとてつもない時間をかけて考え出した、「清浄の行」が開陳される。のちに判明する「阿弥陀仏の国」の、いわば「設計図」（真野正順・佐藤密雄『無量寿経講話』）の公表といってよいだろう。

その設計図、つまり、四十八願をどのように読めばよいのかについては、いろいろの考え方がある。一つには、経典に列挙されている順序にこだわらず、いくつかの願をひとまとめにして読む方法だ。

たとえば、法蔵が仏になったとき、どんな仏になろうとしたのか、という点から四十八願を見てみると、第十二願と第十三願、それに第十七願がひとまとめになるだろうし、法蔵がデザインしようとしていた国土の内容については、第十四、第三十一、第三十二の三つの願で尽くされているといえる。また私たち、凡夫が法蔵のつくる仏土に生まれるために直接関わる願は、第十八、第十九、第二十の三願だと考えられる。

このように、四十八願の理解については、様々な立場があるが、「入門編」としては、とりあえず、経典の示している順序に従って、その内容を一通り理解する道を選んでみたい。

なお、『無量寿経』は上・下二巻からなるが、四十八願の列挙は上巻の前半においてなされていて、それ以後に、それぞれの願がどのように完成されたかについて叙述されている。

従来の解説書では、四十八願の、願それ自体の解説が中心となっていて、その願の実現の部分は、必ずしも丁寧に説明されることは少なかった。この点、今回は、それぞれの願の実現の内容(「成就文」といわれる)も紹介しながら読んでみたい。

四十八願の個々の願は、いわばマニフェストに相当するが、その実際の成果もできるだけ対照してみたい、と考えている。もちろん、すべての願に対応する「成就文」があるとはいえないので、分かる範囲で、ということにしておく。

また、「成就文」の解説は、それが登場する場面で解説することにして、願との対応では、大意を紹介するにとどめておく。詳細は、頁数を添えておくので、読者各位で当該の「成就文」にあたっていただきたい。

さて、今回、私は四十八願を三つのグループに分けて読み進めるつもりである。最初のグループは、第一願から第十六願まで。これらは、阿弥陀仏が私たちを迎えるために、事前にどのような準備をしていたのか、いわば私たちを迎えるための環境整備にあたる内容といえる。

とくに、法蔵の考えている仏土では、①人間の苦しみや悪業が一切存在しないこと。②この世にあるような差別が一切否定されていること、つまり絶対平等であること。③自己の悟りの完成はもちろん、他を救うための身体的能力が保証（「六神通力」）されていること。④浄土に生まれるならば、かならず仏になることが定まっていること。⑤阿弥陀仏自身が衆生を救うために、無量の光明（智慧）と無限の寿命（慈悲）を完成していること。

これらの点が強調されている。

第二のグループは、第十七願から第三十二願まで。これらの願は、私たちが浄土に生まれるための条件、方法を明らかにし、仏になるならば、どのようなはたらきができるのかを示している。このなかには、法然以来重視されてきた第十八願のほか、親鸞が重視する第十七願、また死の恐怖から解放するための第十九願や、わが力で往生を勝ち取ろうとするもののための第二十願がある。

このほか、第二十一願以後には、仏になるとはどういうことか、その仏の居所とされる「安楽」（浄土）とはいかなる世界のことなのかが詳述されている。

第三のグループは、第三十三願から第四十八願まで。その多くは、それまでの諸願をさらにくわしく、あるいは特殊化して、願の実現が容易になるように目指しているもので、主要な願の「別願」とも、「別益」とも考えられる。

なお、個々の願について、法蔵が二百一十億の諸仏の国に住む住人たちの「善悪」、それに国土の「麁妙」を、「五劫」という途方もない時間をかけて選択した結果、明らかにされた願であることを忘れてはならない。つまり、法蔵によって表明された願いの背後には、選択されなかった状況があるのであり、願ごとに、どうしてこのような誓いがなされているのか、不可解に思われるときは、もしその願がなければ、どのような人々が困窮するのかを想像して読んでいただきたい。

では、一つ一つを読んでみよう。なお四十八願の現代語訳らしきものは、先人諸氏の注釈を参考にして著者が試みたものであり、あくまでも参考に過ぎない。

比丘《びく》、仏に白《もう》さく、「唯《ただ》聴察《ちょうさつ》を垂《た》れたまえ。我《わ》が所願のごとく当《まさ》に具《つぶさ》にこれを説くべし。

比丘白仏。唯垂聴察。如我所願、当具説之。

まず、法蔵が師の世自在王仏にむかって、「唯聴察を垂れたまえ」と語りはじめる。「聴察」の「聴」はのべるところを聞くこと、「察」は思うところを察する、ということで、「どうか私のいうところをよくお聴き下さい」ということになろう。そして、「私が願ったところをそのまま、まさにつぶさに述べてみたい」と続けた。

「如我所願」の「如」は、そのまま、という意味。あるいは、「如」は、文頭にあって、「……にいたっては」という、話題をあらたに提示する役割があるから、その場合は、「わが所願にいたっては」ということになるだろう。

第三講　「四十八願」

Ⅰ　第一願から第十六願まで

一　たとい我《われ》、仏を得んに、国に地獄《じごく》・餓鬼《がき》・畜生《ちくしょう》あらば、正覚を取らじ。

設我得仏、国有地獄餓鬼畜生者、不取正覚。

第一願「もし私が仏になったとき、私の浄土に地獄、餓鬼、畜生という三悪道がないようにしたい。そうでなければ私は仏にはなりません」。

仏になるということは、「輪廻」（地獄、餓鬼、畜生、修羅、人間、天人の六つの世界をはてしなく経めぐる）から解放されることなのだから、「安楽」（浄土）に生まれてもなお、地獄、餓鬼、畜生の世界を想定しなければならないのは、不思議な話に思われる。「安楽」

に生まれたものは、すべてが仏になるのであるから、このような心配は不要のはずなのに、あえて四十八願の冒頭に、そのことを誓っているのはなぜなのか。

それは、人間の苦しみは深く、その背負っている悪業は重く、阿弥陀仏の国に生まれたくらいでは、その悪業の報いが消滅することはない、という痛切な自覚に対応しているからではないだろうか。法蔵は、そのような人間の思いを知っていたのではないか。

悪業に怯え、悪業の報いから逃れたいと痛切に願っている、その願いに応じるのが、この第一の誓いではないか。つまり、悪業に怯え、不安におののく人間の哀しみに応えるために、この第一願が起こされたのであろう。

この点、思い起こすのは『観無量寿経』の主人公、王妃・イダイケ夫人のことである。イダイケの息子のアジャセが、こともあろうに父王のビンバシャラを殺害するために、城の一角に幽閉して、王位を簒奪しようとする。イダイケはその不幸に出遇って、かねて崇敬していた釈尊に、このような苦しみは堪えがたい、どうか苦しみのない世界へ私を連れて行ってほしい、と懇願する。

「ただ、願わくは、世尊よ、わがために広く憂悩なき処を説きたまえ。われ、まさに（その処に）往生すべし。閻浮提の濁悪の世を楽わざればなり。この濁悪処には、地獄・餓鬼・畜生、盈満し、不善の聚多し。願わくば、われ、未来、（かかる）悪声を聞かず、悪人を見ざらんことを」（岩波文庫（下）、四七頁）、と。

イダイケ夫人ほど劇的でなくとも、私たちは折りにふれて、「憂悩」のない世界にあこがれる。「憂悩」をもたらす苦しみのない世界への願望！　それがこの第一願が生まれる根拠なのであろう。つまり、「地獄・餓鬼・畜生」を恐れる人の心と対応しているのが第一願なのだろう。ちなみに、『観無量寿経』は、『無量寿経』の応用編だという解釈も昔からなされてきた。

たしかに、私たちは、この世でどのような振る舞いをしてきたにせよ、死後に地獄に堕ちることなど、ほとんど信じてはいない。人生は一度きりで、死ねばすべては「無」に帰す、というのが現代の私たちの多くの心情といえよう。そういう立場からすれば、第一願に共感をもつことは、ほとんどないといってよいのかもしれない。

だが、人生を終えるときに、この人生でよかったのか、と思わない人はまことにかぎられているのではないか。もちろん、もはや、やり直すことができない以上、そのような感慨をもっても、たんなる感傷に終わるしかない。

しかし、どんな人生であっても、それに納得できる「意味」を見出すことができなかった場合には、程度の差はあっても、不安に襲われるものではないか。そうした不安をかかえたまま、力尽きて死んでゆくのであろう。

なかには、自己の生き方に、強い自責の念をもち続けざるをえない場合もある。また、後悔を押し隠すために、わざと忘却にゆだねる場合もあろう。そうした場合には、肉体的には死んでゆけるとしても、心は納得して死を迎えることはできない。

つまり、「地獄・餓鬼・畜生」に敏感に反応するのは、「悪人」なのである。この場合の「悪人」は、自己認識の言葉である。他人を指して呼ばわる言葉ではない。「私は、どう考えても悪い人間であった、だれからも許されることはない人間なのだ」と痛切に悔やむ。多くの場合、その悔やむ心を人に話すこともできない。死とともに葬り去るしかない思い、なのであろう。

このような「悪人」には、第一願が安心を与える。「地獄・餓鬼・畜生」というシンボルに強く反応する人間のために、第一願はあるともいえよう。「地獄・餓鬼・畜生」とは無縁だと思う人間には、第一願はもとより、法蔵がつくろうとする「安楽」は、当面、遠い話なのであろう。

「成就文」では、浄土には「三塗(地獄・餓鬼・畜生)」は存在せず、「苦難の名」すらない、と断言する。また、浄土には、住人の移動を困難ならしめる山や海、河も存在せず、四季もない。気候も、寒暑はほどほどで、常に穏やかであり、ただ自然の妙なる安楽の声のみが聞かれる。だから「安楽」というのだ、と説明している。

とくに「苦難の名」すらない、とのべている点は、第十六願においてふたたびとりあげられるが、名・実ともに「悪」を完全に否定する点こそ、四十八願を貫く強烈な意志といえよう。

＊

なお、四十八願を表明する、それぞれの漢文の構文上の特徴にふれておきたい。それはどの願文も、冒頭は「設我得仏」で、文末は「不取正覚」である。願い事は、その二つの文の間にはさまれている。つまり、「もし私が仏になることができたら、しかじかのことができなければ、私は悟り（「正覚」）を手にすることはない」という構造になっているのだが、大事なことは「しかじか」にある。

第一願でいえば、「私の国に地獄や餓鬼、畜生がないこと」が願いの中身なのである。冒頭の「我」が主語なのではない。主語というのならば、「しかじか」という願い事が主語なのである。

このことは、法蔵菩薩が仏になることを望んだのは、願い事の実現のためなのだ、ということをよく示しているといえよう。自分が仏になるのが目的なのではなく、願い事を実現するために仏になる、という点が大切だろう。

＊

以下は「成就文」の読み下しである。

第一願の成就文
「その国土には、須弥山および金剛鉄囲・一切の諸山なし。また大海・小海・谿渠・井谷なし。仏神力のゆえに、見んと欲えばすなわち現ず。また地獄・餓鬼・畜生、諸難の趣なし。また四時、春秋冬夏なし。寒からず熱からず。常に和かにして調適なり。〔中略〕三塗苦難の名あることなし。但自然快楽の音あり。このゆえにその国を名づけて安楽と曰う」（本書、二九一・三一八頁）。

なお第一願の成就文に関連して一言。文のなかで、浄土では山がなく海もなく谷などもなく、平板だと記述されているが、「見たい」と思えば、たちまち山や海などが現れる、とある。なかには、いかにも幼稚な感じをいだく読者もおられるであろうが、これは仏教特有の真理の表現だといえよう。

なぜならば、仏教の真理は、元来は、人間の思惟や、まして感覚を超越したものなのだが、もしそれに留まるならば、仏教は人間とは没交渉なものとなる。その真理は人間を超越しているが、しかし、人間に深く関わるところに仏教の教えがある。だから、「安楽」の記述も、人間の感覚や想像力に訴える方法でなされているのだ。

つまり、感覚的快楽を追求して生きている人間には、理想的世界は感覚的叙述によって示すのが早道というもの。ただ、それで終わっては、人間の凡情に妥協したことになってしまう。そこで、人間が実在すると考えていることがら自体が虚妄で、いわば意識の産物に過ぎないことを示唆するために、このような超越的な記述がなされているのであろう。仏教の真理には、真理そのものの姿（それを見るのは仏のみ）と、それが人間に働きかけている姿（人間に理解できる真理）の二面があるのであり、経典には、その二面性がたえず表われていることに注意する必要がある。

二　たとい我、仏を得んに、国の中の人天、寿《いのち》終わりての後《のち》、また三悪道に更《かえ》らば、正覚を取らじ。

設我得仏、国中人天、寿終之後、復更三悪道者、不取正覚。

第二願「もし私が仏になったとき、私の浄土の住人たちが命終わってから、再び地獄、餓鬼、畜生という三悪道に落ちることがないようにしたい。そうでなければ私は仏にはなりません」。

第一願に続いて、浄土に生まれた後も、永遠に「三悪道」に帰ることはないことを、誓う。なぜ、第一願と一見、同じ内容のことを、第二願として表明するのであろうか。

そもそも、阿弥陀仏の国に生まれたものが、どうして命終わることがあるのか。第十五願にしめされているように、「安楽に生まれたものは、無限の生命を与えられる」はずではないのか。にもかかわらず、ふたたび地獄や餓鬼、畜生という悪道に落ちることがないように、と誓うのは、なにを意味しているのであろうか。この第二願は、なんのために発せられたのであろうか。

思うに、この願が起こされた背景には、少なくとも二つの理由が考えられるのではないか。一つは、「無常観」にもとづく配慮。つまり、仏教ではいかなる存在でも必ず滅ぶ、と教える。例外はない。阿弥陀仏といえども、『大阿弥陀経』では「涅槃」に入る、つまり亡くなるとのべられている。そうである以上、浄土の住人もまた、浄土を去らねばならないことが起きる。だが、そのようなときでも、もはや三悪道に落ちることはないと誓って、安心を保障しているのではないか。

その二は、第二願が第十五願や第二十二願と深い関係にある、という点だ。つまり、「安楽」に生まれたもののなかには、他国で苦しみに陥っている人々を「安楽」に迎えるために、わざわざ「阿弥陀仏の国」を去って、苦しんでいる人々がいる国に赴こうとするものがいる。彼らは、そのために、「安楽」での寿命をわざと短くする、という。

ただ、その際、他国へ救済に赴くことが目的であることを明確にして、まちがっても三悪道へ逆戻りすることがないことを約束する。それが、第二願の設けられた意図なのではないだろうか。

なお、第二願のなかで、「国の中の人天」とあるが、浄土において「人」と「天人」という、世俗的な区別が継続していることは、おかしい現象といわねばなるまい。しかし、こうした用語が使われるのは、この経典が生まれた、当時の社会的通念の反映でもある。

つまり、古代インドでは、人は天上界に生まれて修行を続けると、ふたたび人間界に戻ることがないと信じられていたから、まず、天上界に生まれてから、つぎに輪廻を脱する道を選べばよい、と考えられていたのである。

もちろん、「人」にせよ「天」にせよ、こうした呼称は、経典制作者が、世俗の概念を用いて、人々を誘導しようとしたところから生まれているのは、いうまでもない。

ほかのテキスト、たとえば『如来会』では、「国中の有情」となっている。「有情」は「衆生」のことだが、玄奘以後の漢訳で使われる語彙である。サンスクリット本では、「私の仏国土に生まれた生ける者ども」となっている。

成就文には、「安楽」に生まれたものは、仏になるという目的を実現するまでは、絶対に地獄などの悪道に戻ることはない、とのべている。

第二願の成就文

「またかの菩薩、乃至成仏まで悪趣に更らず。神通自在にして常に宿命を識らん」（本書、三七五頁）。

三　たとい我、仏を得んに、国の中の人天、ことごとく真金色《しんこんじき》ならずんば、正覚を取らじ。

設我得仏、国中人天、不悉真金色者、不取正覚。

第三願「もし私が仏になったとき、私の浄土の住人たちを、ことごとく真金色にしたい。そうでなければ、私は仏にはなりません」。

「真金色」は、阿弥陀仏の色といわれる。浄土に生まれてくるものはすべて、阿弥陀仏と同じ色になる、というのである。

この願は、浄土に生まれるものが、平等であることを保障する。それは、幾重もの差別、区別から成り立っている現実世界の反映、というべきであろう。とくに、第三願は、インドのカースト制度を反映する悲願だ、といわれている。

すべての人々が金色一色であるのは、画一的で面白くないと思うのは、差別の苦しみを経ていない人々の感想であろう。差別に苦しめられてきた経験のある者には、一切が平等だという世界があることこそ、限りない希望となる。その希望が、この第三願なのである。

余談だが、私はかつて、ハワイの日系仏教徒を取材したことがあった。その際、何人かの方に、仏教徒であってよかった点はどこにあるのか、と聞いたところ、ある人は、「平等」を保障してくれている点が一番支えになった、と話された。日本からの移民が多かったとはいえ、やはり厳然とした人種差別がある社会で生きてきた人々であったからこそ、このような感想をもたれたのであろう。もとにもどる。この願は、つぎの第四願と対になっている。

第三願は、色彩上の平等を説くが、第四願は、形の上での平等を説く。

第三願の成就文

「そのもろもろの声聞・菩薩・天・人、智慧高明にして、神通洞達せり。ことごとく同じく一類にして、形異状なし」(本書、三三二頁)。

四　たとい我、仏を得んに、国の中の人天、形色《ぎようしき》不同にして、好醜《こうしゆう》あらば、正覚を取らじ。

設我得仏、国中人天、形色不同、有好醜者、不取正覚。

第四願「もし私が仏になったとき、私の浄土の住人たちの姿、形に、好いと醜いとの差別がないようにしたい。そうでなければ私は仏にはなりません」。

容貌の美醜、姿態の美醜は、人々の欲望をかきたて、優越感や、劣等感、憎しみや嫉妬、高慢の心を生む。美醜の区別があるが故に、どれほどの悲惨と滑稽が、人生には渦巻いていることか。

第四願は、そうした差別のないことを願って、建立されている。見よきものよりも、醜いものとして差別されるものに、この願は希望を与えるであろう。

この願に「民芸の美」の原理を見出したのが、柳宗悦（一八八九―一九六一）であった。彼は、無名の職人がつくる工芸品がどれも美しいのはなぜなのかを問うて、この第四願に出遇った。

彼は願文中の「好醜」を「美醜」に置きかえた上で、この願こそが、民芸の美を保証していると感得したのだ。ここに、阿弥陀仏の本願は、人間だけではなく「物」にまで及んでいることが発見された（詳細は柳宗悦『美の法門』など）。

第四願の成就文

「顔貌端正にして、世を超えて希有なり。容色微妙にして、天にあらず人にあらず。みな、自然虚無の身、無極の体を受けたり」（本書、三三二頁）。

「成就文」によると、浄土に生まれたものは、「形色」が同じであり、「顔貌端正」であるばかりか、「自然虚無の身、無極の体」を得る、とあるが、これはどういう意味か。

「自然」、「虚無」、「無極」は、いずれももとは中国の老荘の用語で、老荘が説く「道」（真理）の大系を示す言葉である。真理は「虚」であり、「無」であるがゆえに、万物を包含できる、ということ。仏教経典が中国語に翻訳されるに際しては、老荘の用語が多く用いられたが、こうした言葉もその典型的な例で、仏教における意味は、それぞれ「涅槃」、つまり悟りの世界をさす。

そして、経典では、悟りに到達した人間の姿形の美しさは、世俗にいう美醜をはるかに超越したもので、乞食よりも帝王の端正さ、その帝王よりもはるかに端正な仏教の理想王、さらにその理想王を凌ぐ美しさを有する天人たち、という譬喩を使って、「安楽」の住人は、その天人たちよりも、はるかに「顔貌端正」だと説明している。美醜を超越した美しさ、端正さが、悟りを得た仏たちの姿なのであろう。

五　たとい我、仏を得んに、国の中の人天、宿命《しゆくみよう》を識《し》らず、下《しも》、百千億那由他《なゆた》の諸《しよ》劫《こう》の事《じ》を知らざるに至らば、正覚を取らじ。

設我得仏、国中人天、不識宿命、下至不知百千億那由他　諸劫事者、不取正覚。

第五願「もし私が仏になったとき、私の浄土の住人たちが前世のことを知る智慧を得て、はるかな過去のことを知るようにしたい。そうでなければ私は仏にはなりません」。

人は多くの場合、自己の生前のことを知らないばかりに、現在の自己を絶対視して、それに縛られて暮らす。そこに動かし難い思いこみが生まれ、また思いもかけない悪や罪を犯し、苦しみや悲しみが生まれる。過去が分かれば、なぜ、このような生き方になっているのかも分かり、現在の自分の存在も納得できるであろうし、また、そこからの脱却の道筋も了解されるであろう。

このような、過去を知ることができない人間の苦しみを救うために、この願が起こされたのではないか。

「成就文」には、浄土に生まれたものは、自在に過去世の生存を知る智慧が得られる、と記されている。

なお、第五願から第十願までの六願を、「六神通」の願という。いわば超人的能力の賦与が願われるが、根本は、自己の有限性のために生じる悪業からの解放のためなのである。ちなみに、「六神通」という超人の相を説くことは、現実の人間の有限性を教えると共に、慈悲の実践のためには、いかなる能力が不可欠であるか、を教えるねらいもある。

また、この「六神通」は、仏になるとはどういうことか、をも教えている。普通の暮らしでは、仏とはどのような存在であるかは、理解できない。実際に仏を見ることもないから、いたずらに神秘的に想像するしかないが、四十八願を読むことによって、はじめて、仏とはいかなる存在であるかが、具体的に了解されるようになる。「六神通」もその一つであろう。

第五願の成就文

「またかの菩薩、乃至成仏まで悪趣に更らず。神通自在にして常に宿命を識らん」（本書、三七五頁）。

これは第二願の「成就文」と共通する。

六　たとい我、仏を得んに、国の中の人天、天眼《てんげん》を得ずして、下《しも》、百千億那由他《なゆた》の諸仏の国を見ざるに至らば、正覚を取らじ。

設我得仏、国中人天、不得天眼、下至不見百千億那由他　諸仏国者、不取正覚。

第六願「もし私が仏になったとき、私の浄土の住人たちが、一切のものを自在に見る智慧を得て、無量の諸仏の国を見ることができるようにしたい。そうでなければ私は仏にはなりません」。

「天眼」は自在に一切のものを見る力、瞑想（禅定）によって得られる智慧でもある。この神通力は、諸仏の国々を見るためだが、諸仏の国を見るとはどういうことなのか。おそらくは、諸仏の国から、仏道修行を学ぶことによって、一層の精進に努めるためであろうか。

あるいは、「六道」の様子を知ることによって、救うべき対象をはっきりと知ることであろうか。

第六願の成就文

「肉眼清徹にして分了せざることなし。天眼通達して無量無限なり。法眼観察して諸道に究竟せり。慧眼真を見て能く彼岸に度す。仏眼具足して法性を覚了す」（本書、三八四頁）。

七　たとい我、仏を得んに、国の中の人天、天耳《てんに》を得ずして、下《しも》、百千億那由他《なゆた》の

諸仏の所説を聞きて、ことごとく受持せざるに至らば、正覚を取らじ。

設我得仏、国中人天、不得天耳、下至聞百千億那由他　諸仏所説、不悉受持者、不取正覚。

第七願「もし私が仏になったとき、私の浄土の住人たちが坐しながら、世間のすべての声を聞くことができる智慧を得て、無数の諸仏の説法を同時に聞いて、ことごとくこれを忘れずに、記憶できるようにしたい。そうでなければ私は仏になりません」。

この願は、仏から遠く隔たっているために、仏の説法を聞くことができずに、苦界に沈む衆生をあわれんで起こされたのであろうか。

「天耳」について、サンスクリット本では、「正しい理法を聞くだけの超人的な聴覚」（岩波文庫、三五頁）とある。

第七願の成就文

「甚深の法を聞き心に疑懼せず。常に能くその大悲を修行せる者なり」（本書、三八五頁）。

八　たとい我、仏を得んに、国の中の人天、他心を見る智《ち》を得ずして、下《しも》、百千億那由他《なゆた》の諸仏の国の中の衆生の心念を知らざるに至らば、正覚を取らじ。

設我得仏、国中人天、不得見他心智、下至不知百千億那由他　諸仏国中　衆生心念者、不取正覚。

第八願「もし私が仏になったとき、私の浄土の住人たちが、自由に他人の心のなかを見通す智慧を得て、無数の国々にいる人々の思いを知るようにしたい。そうでなければ私は仏にはなりません」。

私たちは、人の心を見通せないために、いたずらに恐怖心をいだき、善心を悪心と、あるいは悪心を善心と、混同する。その結果、思いもかけない苦しみや、嘆きに襲われる。まことに、人々からこのような苦しみや嘆きを解放するために、この願は発せられたのであろう。

「衆生心念」は、『平等覚経』では「他人の心中の所念」となっている。また『如来会』では「有情の心行」になっている。ゴメスの英訳では、「他人の心のなかにある考え」となっている。

この願もまた、慈悲の実践を容易にするための準備なのであろう。

第八願の成就文

「深禅定・もろもろの通・明・慧を得て、志を七覚に遊ばしめ、心に仏法を修す」(本書、三八三頁)。

九　たとい我、仏を得んに、国の中の人天、神足《じんそく》を得ずして、一念の頃《あいだ》において、下《しも》、百千億那由他《なゆた》の諸仏の国を超過《ちょうか》すること能《あた》わざるに至らば、正覚を取らじ。

設我得仏、国中人天、不得神足、於一念頃、下至不能超過百千億那由他諸仏国者、不取正覚。

第九願「もし私が仏になったとき、私の浄土の住人たちが、自由自在に往来できる智慧を得て、瞬間に、無数の諸仏の国を行き来できるようにしたい。そうでなければ私は仏になりません」。

虚空のなかを自由自在に往来して、十方諸仏の国に赴くのはなんのためなのか。成就文によると、諸仏の供養のためであることが分かる。

では、なぜ供養がそれほどに尊重されるのか。供養は、もともと古代インドのバラモンの教えに発するという。バラモンでは神への供え物として生け贄を捧げるが、仏教では、殺生を禁じるために、指導者に対して精神的な崇敬を表す方法が採用された、という。供養については、第二講第十節の解説を参照（本書、一一四頁）。

第九願の成就文
「かの国の菩薩は、仏の威神を承けて、一食の頃に十方無量の世界に往詣して、諸仏世尊を恭敬し供養せん」（本書、三七八頁）。

一〇　たとい我、仏を得んに、国の中の人天、もし想念《そうねん》を起こして、身を貪計《とんげ》せば、正覚を取らじ。

設我得仏、国中人天、若起想念、貪計身者、不取正覚。

第十願「もし私が仏になったとき、私の浄土の住人たちが妄念を起こし、因果の複合によってできている、わが身に執着することがないようにしたい。もし、この妄念を断つ智慧が得られないならば、私は仏にはなりません」。

「貪計」とは、わが身に執着して、自らに都合がよくなるように計らうこと。「計」は計度。「想念」の「想」は想像によって妄念を起こすこと。

このようにいうと、もっともらしいが、日常の私たちの振る舞いは、ほぼこれに尽きていよう。わが身可愛さのあまり、思いもかけない行動をし、欲望を総動員する。その様子を先人は、煩悩にとらわれた生き方とよんだ。

くり返しのべているように、煩悩とは、たんなる欲望ではない。欲望が自己中心に動員されるのが煩悩なのだ。そうなれば、この願は、煩悩を断じ尽くすことを願っていることになる。先人たちは、第十願を「漏尽通の願」とよびならわしてきたが、「漏」とは煩悩のこと、「尽」は尽きること。だから、煩悩がまったく尽きた状態をめざす願、ということになる。

こうした願いの実現する世界があると聞くだけで、私たちは心が穏やかになる。『如来会』では、「国中の有情、小分も我、我所の想を起こさば、菩提を取らない」とある。「小分」は、少しでも、の意。「我」は、「私という観念」、「我所」は「我の所有」。「菩提」は「悟り」。

第十願の成就文

「その国土の所有の万物において、我所の心なし。染著の心なし。去来進止、情に係くるところなし。意に随いて自在なり。適莫するところなし。彼なく我なし。競なく訟なし。もろもろの衆生において大慈悲・饒益の心を得たり。柔軟・調伏にして、忿恨の心なし。離蓋清浄にして厭怠の心なし。等心、勝心、深心、定心、愛法・楽法・喜法の心のみなり。もろもろの煩悩を滅し、悪趣を離るる心のみなり」(本書、三八二頁)。

一一　たとい我、仏を得んに、国の中の人天、定聚《じょうじゅ》に住し必ず滅度《めつど》に至らずんば、正覚を取らじ。

設我得仏、国中人天、不住定聚　必至滅度者、不取正覚。

第十一願「もし私が仏になれば、私の国の住人たちが、次は、仏になることが定まっている位に就いて、必ず「悟り」（「滅度」）を得るようにしたい。そうでなければ私は仏にはなりません」。

「定聚」とは、「正定聚」の略。「聚」とは輩、仲間。「定聚」は、サンスクリット本では、「いつかは正しく目覚める（仏となる）に決まっている状態」（岩波文庫、三五頁）とある。

仏道修行には、さきにみたように、五十二段階があるといわれるが、その第四十一番目が「（正）定聚」とよばれる。修行者はこの位に就くと、「聖者」とよばれる。また、この位に就くと、将来、必ず仏になることが定まっているから、「定」という漢字が使用されており、またこの位にいたると、喜びが生まれるので「歓喜地」ともいう。「地」は修行の階位を示す。

そもそも、五十二段階の修行のすべてを完成して悟りを得るには、一〇の五六乗の、その三倍の時間を要するといわれてきた。つまり、一度の人生で到達できるものではなく、それ故、修行者たちは、なんども生まれ変わって、修行を継続してゆくことを願ったという。だからこそ、中国の浄土教思想家たちによって「難行道」（実践がきわめて困難な仏道）

とも称されたのである。しかし、第四十一番目の「(正)定聚」に達すると、もはや修行は後退せず、あとは「悟り」が手に入るだけ、となる。

ところで、この願文を普通に読めば、「正定聚」になるのは、浄土に生まれてからのことと理解される。阿弥陀仏の国で仏になるのは、「正定聚」という修行上の位を経てから、ということである。

さきにも紹介しておいたが、阿弥陀仏の国は、仏道修行において、妨げになるものがなにもない環境のことであり、そこに生まれた者は、安んじて仏道に励むことができて、やがて悟りに達する、というのが普通の解釈である。

だが、親鸞は「正定聚」に入るのは、死後、浄土に生まれてからのことではなく、この世で、凡夫が手にすることができる境涯であることを強調した。親鸞がなぜそのような解釈をしたのか。

一つは、第十一願のなかにある、「定聚に住す」という条件と「必ず滅度にいたる」という二つの条件のうち、親鸞は「滅度にいたる」という点を重視したからだ、と考えられる。

「滅度」は、原語では「吹き消す」あるいは「吹き消された状態」という意味で、煩悩を火に譬えて、それが消滅した状態が「悟り」だとされてきた。つまり、親鸞は第十一願の眼目は「必至滅度」にあると解釈したから、本願を信じると、「必至滅度」への道がはじまる、と解したのであろう。

ちなみに、『平等覚経』の第十一願では、つぎのように、「涅槃に入る」ことが強調されている。「我、仏となるとき、我が国中の人民、ことごとく般泥洹に住止せん。しからずんば作仏せず」、と。「住止般泥洹」とは「必至滅度」と同じ意味。

二つ目の理由は、第十一願の「成就文」にある。「成就文」を読んでみよう。

第十一願の成就文

「それ衆生ありてかの国に生ずれば、みなことごとく正定の聚に住す。所以は何ん。かの仏国の中には、もろもろの邪聚および不定聚なければばなり」（本書、三三七頁）。

漢文でいうと、「其有衆生、生彼国者、皆悉住於正定之聚」になるが、親鸞が注目したのは、「生彼国者」の読み方であった。

右の傍線の部分について、親鸞はつぎのように読む。「それ衆生ありてかの国に生れんとする者はみなことごとく正定の聚に住す」（『一念多念証文』）。つまり、「この世から浄土に生まれようとするものは」の意味となり、「正定聚」に住するのは現世でのことになる。

もっとも、漢文の「生彼国者」の「生」は、サンスクリット本では、「かの〈幸あるところ〉という世界に、すでに生まれ、（現に生まれ、）（未来）に生まれるであろう一切の生ける者どもは」（岩波文庫、七一頁）とあるように、過去・現在・未来のいずれをもふくむことが分かるから、親鸞の読み方が間違いだということにはならない。

ただ、「正定聚」という、仏道修行上の高い位が、生きている間に、しかも凡夫にも手にできるという主張は、きわめて鮮烈であったと思われる。

なお、『如来会』によると、「正定聚」と「邪聚」と「不定聚」の区別が生じるのは、阿弥陀仏の浄土の浄土が建立された原因を、正しく了解しているかどうか、にあるとされる。阿弥陀仏がなぜ浄土を建立せざるをえなかったのか、その理由を正しく理解した者は、浄土に往生して仏となるが、そのいわれを理解できない者は、浄土に生まれることもない。だからこそ、浄土には「正定聚」しか存在しない、という「成就文」になるのであろう。

一二　たとい我、仏を得んに、光明能《よ》く限量《げんりょう》ありて、下《しも》、百千億那由他《なゆた》の諸仏の国を照らさざるに至らば、正覚を取らじ。

設我得仏、光明有能限量、下至不照百千億那由他　諸仏国者、不取正覚。

第十二願「もし私が仏になったならば、無限の光明をもって無数の国々を照らすようにしたい。そうでなければ私は仏になりません」。

法蔵菩薩は成仏して阿弥陀仏となるとき、限りない「光明」を自らの象徴とすることを誓った。その「光明」は、普通の光のように、遮られたり、かならず影の部分ができるものではなく、なににも妨げられず、一切を平等に貫いて照射してやまない。

諸宗教には、光明を本尊とする教えも少なくない。たとえば、有名なところでは、コーランには「神は天と地との光である」とうたわれているし、ヨハネ福音書第九章には「わたしは世にいる間、世のひかりである」と記されている。宗教的真理は、人間の世俗的知識とはるかに隔たったところに根拠をもつ、と教えるためであろうか。

仏教の場合、もともと、人間の根本的な無知（「無明」）を打ち破る、「智慧」の獲得が目標である。法蔵の願いもまた、その点にあったから、自らが仏となった暁には、自らを「智慧」の象徴としたのは、自然の成り行きであろう。「無明」という暗黒を破る「智慧」は、まさしく光に譬えるのが一番分かりやすい。悟りの世界にみなぎる「智慧」のシンボルが、「光明」なのである。しかも、その「光明」は届かざるところなく、照らさざるところがない。

こうした「光明」への強い志向を、もっと端的に表現しているのは、『大阿弥陀経』の第二十四願である。

『大阿弥陀経』は、「阿弥陀仏の物語」の最古のすがたを伝える経典であり、法蔵（「曇摩迦」という）の願いも二十四しかない。しかし、文面が未整理で洗練されていないだけに、かえって「阿弥陀仏の物語」の本質がよく伝えられている、といえる。

その第二十四願は、つぎのようにのべられている。「もし私が仏になったなら、私の頭の頂の光はとてもすばらしく、太陽や月の光より百千億万倍もすぐれていて、他の仏をはるかに凌駕していますように。（私の）光明は無数の世界を輝き照らし、暗闇のところは常にすっかり明るくなります（ように）。神々や人々や飛ぶ虫・這う虫などは私の光明を見て、みな慈しみの心をいだいて正しい行いをなし、みな私の国に生まれますように。この願が成就すれば、そのとき（私は）仏になりましょう。もし成就しなければ、決して仏にはなりません」（辛嶋（二））。

あるいは、「阿弥陀仏の光明は、最尊第一にして無比、諸仏の光明の、みな及ばざるところなり」とか「阿弥陀仏光明極善」とある（『真聖全』、一四〇－一四一頁）。

ここでは、「光明」を見よ、と教えている。原文でいうと「見我光明」が、もっとも強調されているメッセージなのである。いささか先走るが、『大阿弥陀経』では、「光明」を見る「見光」と、阿弥陀仏の名を聞く「聞名」が、阿弥陀仏の国に生まれるための「行」なのである。

「聞名」については、これから四十八願のなかでもしばしば登場するので、その際にふれるとして、ここでは、四十八願のなかで、阿弥陀仏の本質として「光明」が挙げられていることに注意しておきたい。

ちなみに、『阿弥陀経』では、なぜ阿弥陀仏を「阿弥陀」というのかを説明して、その仏の光明が無量にして十方の国を照らすが故だ、とのべている。「かの仏の光明、無量にして、十方の国を照らすに、障碍するところなし。このゆえに号して阿弥陀とす」(『真宗聖典』、一二八頁。岩波文庫(下)、一三九頁)、と。

＊

ところで、「見光」といっても、私たちに果たして阿弥陀仏の「光明」を見ることができるのであろうか。「光明」が象徴的な表現だとしても、やはり「光明」を見る、ということが具体的に納得できないと、阿弥陀仏は遠い存在になってしまうであろう。

この点、法然の第十二願の理解は、私にはとてもよく理解できるので、そのことにふれておきたい。少し長くなるが許してほしい。

法然は、万人が例外なく、「一人も漏らさず」、容易に救済に与《あずか》る仏教を求めて、苦心の解釈を重ねた。その結論は、救済に必要な「因」(直接的原因)も「縁」(間接的原因)も、ともに阿弥陀仏の側で完成しており、人はただその「因」(「南無阿弥陀仏」と称える)を信じて実践しさえすればよい、という簡単明瞭なものとなっている。

この結論において注目すべきは、「因」もさることながら、「縁」もまた、阿弥陀仏の側で用意していたとする解釈であろう。

常識では、ものごとの流れは、原因と結果の連鎖(「因・果」)として理解される。しかし、仏教では、ものごとが生まれるためには直接的な原因のほかに、その原因を結果に向けて発動させる間接的な原因が不可欠だと考える。その間接的な原因が「縁」にほかならない。つまり、ものごとが生じるためには、「因」だけでは不十分であり、その「因」に「縁」がはたらいてはじめて「果」が生じると考える。

したがって、仏教における救済論も、「因」だけでは不十分であり、「因」を発動させる「縁」が不可欠となる。法然以前の仏教では、「因」は戒律の遵守や厳格な修行の実践、学問による智慧の獲得等であった。しかも、そうした「因」が十分に発揮されるように、師匠を選び、人里離れた山奥が修行の場として選ばれた。いわば「縁」をも整えようとしたのである。

法然の最大の苦心は、私たちが浄土に生まれて仏になるための「因」がなんであるのかを、「阿弥陀仏の物語」から新たに選び出すことにあったが、あわせて、「縁」についても、従来の解釈を超える必要にせまられていた。

というのも、仏教には「縁なき衆生は度しがたし」という言葉があったからだ。どんなにすぐれた教えでも、その教えに「縁」がなければ、その教えから取り残される人間が絶えないということになる。それでは、法然が求める、「一人も漏らさない」教えとはいえない。かくして、法然の苦心の解釈がはじまる。その手がかりこそ、阿弥陀仏を「光明」とみなす『無量寿経』の記述にあった。

「浄土三部経」（『無量寿経』『観無量寿経』『阿弥陀経』）によれば、阿弥陀仏は「無量の光明」だという。とりわけ、『観無量寿経』では、「阿弥陀仏の光明はあまねくすべての世界を照らし、念仏する人たちをおさめとって捨てることはない」と約束している。だが、私たちが阿弥陀仏の光明を見ることはない。では、阿弥陀仏の「光明」とはなにを意味しているのか。

法然の解釈は、こうだ。

たしかに、経典では阿弥陀仏は平等に一切衆生を仏にしたい、と願っている。その願いを貫くのは、いうまでもなく、徹底した平等の慈悲にほかならない。しかし、「縁なき衆生」という言葉もある。人それぞれが背負う「業」は異なるのだから、阿弥陀仏を近しいと感じる人もいれば、遠いと思う人もいるだろう。阿弥陀仏の慈悲心がいかに平等であっても、衆生の方に手づるがなければ、せっかくの阿弥陀仏の慈悲に浴することもできないではないか。だからこそ、阿弥陀仏は、あらかじめ、全世界のすみずみにいたるまで光明を放ち、それをもって、一切衆生にことごとく縁を与えようとしているのだ、と。

慈悲はいかなる人間も排除せず、あらゆる人々に平等にはたらいてこそ、はじめて慈悲の名に値する。それが仏教というもの。だからこそ、法然は、「縁」の有無によって、仏になる機会が左右されることがあってはならない、と考えたのである。その結論が、「光明」をもって「縁」とする、という破天荒な解釈なのである。

というのも、従来の解釈は、さきに紹介したように、光明を仏の「智慧」とするのが常であったからだ。それでは、「智慧」とはなんぞや、という説明が必要になり、「光明」の説明は遠のく。

「光明」に関する法然の遺文はつぎの通り。

「〔『観無量寿経』に〕光明は遍く十方の世界を照らし、念仏の衆生を摂取して捨てたまわず」という文あり、済度衆生の願は平等にしてあることなれども、縁なき衆生は利益《りやく》を蒙ることあたわず。このゆえに、弥陀善逝《ぜんせい》（善逝は仏の別名――阿満注）、平等の慈悲にもよおされて、十方世界にあまねく光明をてらして、転《うたた》（慈悲心がますます強まり――阿満注）、一切衆生にことごとく縁をむすばしめんがために、光明無量の願をたてたまえり。第十二の願これなり」（「三部経大意」）。

私は、法然の、この苦心の解釈に感動する。私たちが阿弥陀仏の国に生まれるための直接的原因（阿弥陀仏の名を称すること）と、その因を発動させる間接的原因の両者を、阿弥陀仏の側で用意している、とは。だからこそ法然は、私たちに「ただ念仏せよ」と説き続けることができたのであろう。法然の「念仏為先（本）」という教えの根拠が、後の第十八願とともに、この第十二願にもあったことに驚くのである。

第十二願の成就文

「無量寿仏の威神光明、最尊第一にして、諸仏の光明及ぶこと能わざるところなり。〔中略〕このゆえに無量寿仏を、無量光（量ることができない光）仏・無辺光（限ることができない光）仏・無碍光（遮ることができない光）仏・無対光（比べるもののない光）仏・焔王光（すべての光の最上の光）仏・清浄光（清らかな光）仏・歓喜光（喜びを与える光）仏・智慧光（智慧を与える光）仏・不断光（いつも絶えることがない光）仏・難思光（思い尽くすことができない光）仏・無称光（説き尽くすことができない光）仏・超日月光（日月よりもすぐれた光）仏と号す。それ衆生ありて、この光に遇えば、三垢（貪欲など煩悩のこと）消滅し、身意柔軟にして、歓喜踊躍し善心（法を喜ぶ心）を焉に生ず。もし三途（三悪道）・勤苦の処にありてこの光明を見たてまつれば、みな休息することを得て、また苦悩なけん。寿終わりて後、みな解脱を蒙る。無量寿仏の光明顕赫にして、十方諸仏の国土を照耀したまうに、（光明の偉大なる特性の）聞こえざることなし。但我が今、その光明を称するのみにあらず。一切の諸仏・声聞・縁覚・もろもろの菩薩衆もことごとく共に歎誉したまうこと、またかくのごとし。もし衆生ありて、その光明威神功徳を聞きて、日夜に称説して心を至して断えざれば、意の所願に随いて、その国に生まるることを得て、もろもろの菩薩・声聞・大衆のために、共に歎誉しその功徳を称せられん。〔中略〕仏の言わく、「我無量寿仏の光明威神、巍巍殊妙なるを説かんに、昼夜一劫すとも尚未だ尽くること能わじ」」(本書、二九五-三〇〇頁)。

右の成就文中の傍線を付した「その光明威神功徳を聞きて」という表現には、注意しなければならない。「光を聞く」とはどういうことか。結論からいえば、阿弥陀仏の「光明」は「名号」(阿弥陀仏の名前)となって、人間に届くからだ。「名号」はまず「聞く」のであり、ついで「称える」ものなのだ。

ちなみに親鸞は、成就文にいうところの、阿弥陀仏の「光明」の十二の異名のなかで、一切に妨げられずに万物を照らすという「無碍光」という表現を重用した。なぜならば、凡夫の煩悩は、「光明」の妨げとはならないからだ。

さらにいえば、親鸞の残された筆跡の最後は、阿弥陀仏の十二の異名を写した「弥陀如来名号徳」であった。

一三 たとい我、仏を得んに、寿命能《よ》く限量《げんりよう》ありて、下《しも》、百千億那由他《なゆた》の劫《こう》に至らば、正覚を取らじ。

設我得仏、寿命有能限量、下至百千億那由他劫者、不取正覚。

第十三願「もし私が仏になったとき、寿命に限りがあって、はるかな時を経て尽きるようなことがあれば、私は仏になりません」。

阿弥陀仏は、さきの光明無量とあわせて、寿命無量をシンボルとして選んでいる。阿弥陀仏が無量の光明と無限の寿命を本体とするのは、すべて、数限りのない衆生の救済のためなのである。

この点、法然は、つぎのように解釈している。「惣じては光明無量の願は、横に一切衆生をひろく摂取せんがためなり。寿命無量の願は、竪に十方世界をひさしく利益せんがためなり」(『和語灯録』巻第一)、と。つまり空間と時間のすべてにわたって、衆生を救済するのがねらいなのである。

とりわけ法然は、四十八願の眼目は、第十八願にあるけれども、それも、阿弥陀仏の寿命が無量であるからこそ、意味があるのであり、もし、阿弥陀仏の寿命に限りがあるなら、第十八願の恩恵に与ることができない衆生が生じることになるとして、四十八願の根本に第十三願がある、と強調している。

そして、長寿こそ一切衆生の願うところであり、その願望に応じて、阿弥陀仏の救済へ人々を導くのが『無量寿経』なのだ、と解説している。だからこそ、経典の名称も、「無量光経」ではなく「無量寿経」となっているのだ、と(「法然聖人御説法事」『昭和新修法然上人全集』、一九二－一九五頁）。

第十三願の成就文

「仏、阿難に語りたまわく、「無量寿仏は寿命長久にして称計すべからず。汝むしろ知らんや。たとい十方世界の無量の衆生、みな人身を得てことごとく声聞・縁覚を成就せしめて、すべて共に集会して、思いを禅かにし心を一つにして、その智力を竭して百千万劫において、ことごとく共に推算してその寿命の長遠の数を計えんに、窮め尽くしてその限極を知ること能わじ」」（本書、三〇二頁）。

加えていっておけば、浄土の主である阿弥陀仏が光明無量で、寿命無量であるだけではなく、以下の第十五願に明らかなように、「安楽」に生まれてくるものはすべて、阿弥陀仏と同じ無限の寿命を、身につけることが約束されている。それもまた、まだ仏になる縁のない人々を、阿弥陀仏の国に誘うための手段なのだ。

一四　たとい我、仏を得んに、国の中の声聞《しょうもん》、能《よ》く計量《けりょう》ありて、下《しも》、三千大千世界の声聞《しょうもん》・縁覚《えんがく》、百千劫《ごう》において、ことごとく共に計校《けきょう》して、その数を知るに至らば、正覚を取らじ。

設我得仏、国中声聞、有能計量、下至三千大千世界声聞縁覚、於百千劫、悉共計挍、知其数者、不取正覚。

第十四願「もし私が仏になったとき、私の浄土に住む、大乗仏教以前の聖者たちの数に限りがないように。かりにすべての世界にいる衆生をことごとく聖者とならせて、それらの聖者たちに気の遠くなるような時間をかけて浄土の聖者たちを数えさせても数え尽くすことができないようにしたい。そうでなければ私は仏になりません」。

この願は、なにを目的としているのだろうか。「成就文」によると、法蔵菩薩が阿弥陀仏になった、最初の説法の場に参集した聖者たちの数は、数え切れないほどであったが、それでもそれらは、全体のほんの一部にしかすぎず、たとえてみれば、その数は、一筋の髪の毛にしたたる一滴の水であるのに対して、本当は、大海ほどの聖者が参集していたのだ、と説明している。

この説明から推測するに、第十四願は、阿弥陀仏の教えが、大乗仏教以前の、無数の修行者たちに及ぶことを示す以上に、彼らが到達したと思っていた悟りの世界が、まだ途上でしかなかったことを教えて、さらに、あらたに、仏道を歩むように促すためではなかろうか。

このような私の推測を、後押ししてくれる解釈がある。それは、中国の浄土教思想家・曇鸞の解釈である。

それによると、「声聞」とは、「輪廻」を解脱することはできても、仏教の「悟り」を手にすることができない聖者とされている。つまり、聖者であっても「悟り」に達する「根芽」をもたないもの、と考えられている。だが、このような「声聞」であっても、阿弥陀仏は、彼らをその浄土に迎えて「悟り」へ導くことができる。つまり、「悟り」の「根芽」がなくとも、阿弥陀仏の浄土に生まれれば、「悟り」を手にできるのである。それは、ないはずの「根芽」が息吹く、ということであろう。

だからこそ、親鸞が『教行信証』のなかで、『大般涅槃経』の「阿闍世王」のことを引用して、極悪人であった「阿闍世」が「悟り」に達することができたのは、「無根の信」のためだ、とのべることができたのであろう。「悟り」の可能性をあらわす「根芽」が断たれた人間でも、阿弥陀仏の力によって、「根芽」が復活して、「悟り」を手にできたのであるから（早島鏡正・大谷光真『浄土論注』、一五三頁）。

第十四願の成就文

「仏、阿難に語りたまわく、「かの仏の初会の声聞衆の数、称計すべからず。菩薩もまた然なり〔以下略〕」」（本書、三〇三頁）。

一五　たとい我、仏を得んに、国の中の人天、寿命能く限量《げんりよう》なけん。その本願、修短《しゆうたん》自在ならんをば除く。もし爾《しか》らずんば、正覚を取らじ。

設我得仏、国中人天、寿命無能限量。除其本願　修短自在。若不爾者、不取正覚。

第十五願「もし私が仏になったとき、私の浄土の住人たちが無限の寿命を保つようにしたい。ただし、他国の人々を救うという願いを起こして、その国へ生まれるために、浄土での寿命を縮めるものは例外とする。そうでなければ私は仏になりません」。

さきにのべたように、「安楽」に生まれるものは、すべて無限の寿命を得る。ただし、他国の、いまだ仏になる縁のないものを救うために、その国々へ赴くことを願っているものは、「安楽」での寿命を短縮する自由を認めるという。

この点は、第二十二願とも関連して、大乗仏教の本質を表現している箇所であり、また『無量寿経』の根本的な立場を示している、といえよう。

つまり、阿弥陀仏の国に生まれる目的は仏になることだが、それ以上に、一切衆生を救わんとする「菩薩」を全面的に肯定する点にこそ、この経典の目的がある、といえる。だからこそ、無量の寿命がそのために用意されているのであろう。詳しくは、第二十二願のところで再度考えてみたい。なお、「修短自在」の「修」は長と同じ。「長短自在」のこと。

第十五願の成就文

「声聞・菩薩・天・人の衆の寿命の長短も、またまたかくのごとし。算数・譬喩の能く知るところにあらずとなり」(本書、三〇二頁)。

一六　たとい我、仏を得んに、国の中の人天、乃至不善《ないしふぜん》の名ありと聞かば、正覚を取らじ。

設我得仏、国中人天、乃至聞有　不善名者、不取正覚。

第十六願「もし私が仏になったとき、私の浄土の住人たちが、少なくとも不善(悪)の名すら聞くことがないようにしたい。そうでなければ私は仏にはなりません」。

漢文の「乃至」は、最大から最小にいたるまで、あるいは最大も最小もふくむ、ということ。最大と最小の間を省略している言葉。この場合、実際に「不善」そのものがある場合はもちろん、「不善」の名があるだけでも、という意味になる。

第一願では、地獄や餓鬼、畜生といった、現実の「悪」の存在が否定されていたが、第十六願では、「不善名」、つまり「悪」の名の存在さえもが否定されている。名実ともに、「悪」の否定の上に、阿弥陀仏の国・「安楽」が成立しているのである。

では、なぜ実体の否定で足らずに、名の否定にまでいたることが必要なのだろうか。一つの解釈は、「名と実体」との乖離がないことが浄土のあり方だ、と考えられるからなのであろう。

つまり、人間の世界では、名は、いつもその実体をともなっているとはかぎらない。実体のない名だけが飛び交うところに、人間の苦しみや悲惨が生じるのではないか。だからこそ、浄土においては、名と実体の乖離は存在しないのである。悪は、名実ともに存在しないからこそ、その乖離に苦しんできた人間には、「安楽」が救いになるのであろう。

念仏をしても、その功徳が身に満ちてこないという不満について、それは、念仏という名だけにとらわれていて、念仏の実体（念仏が生まれてくるいわれ）に思いがいたらないからだ、という曇鸞の批判も、もっともなのである。

そもそも人は、言葉によって生きている。言葉なしには意味も生まれず、人は生きてゆくことができない。そういう人間にとって、名実ともに一致した真実の言葉に対する熾烈な希求がある。それに応えるのが、いずれ後に説明するように、『無量寿経』による「名の仏教」なのである。

第十六願の成就文

「三塗苦難の名あることなし。但自然快楽の音あり。このゆえにその国を名づけて安楽と曰う」(本書、三一八頁)。

2 第十七願から第三十二願まで

私がいう第二グループの十六の願は、この世の私たちを「安楽」に招くための方法と、「安楽」に生まれたならば、どのようなはたらきができるのか、を示している。第一グループが、私たちを迎えるための準備だとしたら、第二グループは、私たちにもっとも密接な諸願だといえる。中国の浄土教思想家や法然、親鸞の思惟も、ほとんど、この第二グループをめぐってなされている。とりわけ法然は、第十八願を最重要視した。それに比べると、親鸞は第十七願をあらためて重要視し、第十九願や第二十願の対象となる人々が、どうして第十八願の対象へと転じてゆくか、という問題を考察して、第十九願、第二十願、第十八願を使って、いわば私たちの宗教意識の展開・深まりを模式化した。

ここでは、こうした考察は最小限にして、それぞれの願のもつ意味を簡明にのべることにしたい。

(1) 第十七願について

一七　たとい我、仏を得んに、十方世界の無量の諸仏、ことごとく咨嗟《ししゃ》して、我《わ》が名を称せずんば、正覚を取らじ。

設我得仏、十方世界　無量諸仏、不悉咨嗟　称我名者、不取正覚。

第十七願「もし私が仏になったとき、十方世界の諸仏に、ことごとく私の名が称讃されるようにしたい。そうでなければ、私は仏になりません」。

「咨嗟」の「咨」は「讃」、「嗟」は「嘆」。「称」には、「称揚」(ほめる)、あるいは「称《たた》える」の意味があるが、ここでは「称揚」の意。「称我名」は、ほかのテキストでは「南無阿弥陀三耶三仏檀」(『大阿弥陀経』)となっている。「南無」は帰依する、という意味。

第十七願は、法蔵菩薩が仏になった暁には、自分が仏になったその名、つまり阿弥陀仏の名が、諸仏によって称讃されることを願う内容だが、この願はなにを意味しているのであろうか。

一つは、一切衆生を救うための方法が完成し、しかも、その方法が普遍的であることを、諸仏による称讃という形式であらわしている、と考えられる。

この点、法然はつぎのように説明している。「その名（阿弥陀仏の名）を往生の因としたまえることを、一切衆生にあまねく聞かしめんがために、諸仏称揚の願をたてたまえり。第十七の願これなり」（『三部経大意』）、と。

「その名（阿弥陀仏の名）を往生の因としたまえる」とは、のちの第十八願の説明で明らかになるが、「南無阿弥陀仏」と口で称えることが、「安楽」に生まれる唯一の方法である、ということであり、名が「往生の因」だとのべている点が大事なのである。口に「南無阿弥陀仏」と称えることだけが、「安楽」に生まれる「直接の原因」になる、ということである。

「直接の」といったのは、仏教では、原因に直接の原因と、間接の原因を区別するからである。くり返しになるが、間接的原因は、「縁」とよばれる。法然の場合、往生という結果を招くのは、個々人の「称名」という行為（直接的原因）と、阿弥陀仏の光明（「縁」と解釈される）のはたらきによる（第十二願の解説参照）。

「称名」が普遍的で、唯一の方法であることを証明するために、諸仏が阿弥陀仏の名を褒め称える、というのである。人間からすれば、諸仏が褒め称えている方法であるから、安心してそれを真似ればよい。その保証がなければ、「南無阿弥陀仏」と口に称えることが、あまりに簡単であるから、その有効性をめぐって、人はかえって迷ってしまうであろう。そうした迷いを起こさせないためにも、諸仏の称讃が不可欠なのである。

二つは、阿弥陀仏の名を称することは、もともと、諸仏の行為なのであり、私たちが念仏をすることは、諸仏の行為を真似て、その行為に参加することを示している、と考えられる。

だからこそ、親鸞は、私たちが称える念仏の根拠が第十七願にあり、したがって、念仏は阿弥陀仏の行為であることを強調したのである。親鸞が念仏を「大行」とよぶ所以である。「大」とは、阿弥陀仏の行為を示している。

こうしてみると、私たちは、念仏をする人のすがたを実際に見る必要がある、ということになるだろう。もちろん、この世には仏はいない。しかし、仏たちが阿弥陀仏を褒め称えていることを、かつて見聞きし、そのことを伝承してきた人々がいたのである。そうした人々の伝承の上に、私たちの念仏が生まれるのであろう。

それにしても、阿弥陀仏の名を称する（名号を称する）ということが、どうして私たちを「安楽」に迎える、最高にして最適の方法なのか。

このことについて、法然は「聖意（阿弥陀仏の意図）はかりがたし」（『選択本願念仏集』）とした上で、「勝劣」と「難易」という対比を使って、法蔵がなぜ「わが名を称する」方法を案じ出だしたのかを説明している。

加えて、愚かな推測をすることを許していただくと、私は、仏教が「進化」したのだと思う。仏教は、はじめは、戒律や瞑想、知的訓練などの方法によって、「悟り」の世界に到達できると教えてきたが、時代と人間の衰えによって、そうした方法が無力化したとき、「名」による成仏、という方法が発見されてきたのではないか。

ここでは詳説はしないが、中国の浄土思想家・曇鸞は『浄土論註』のなかで、「名が衆生を悟らせる」(「名悟物」、「物」は人間のこと)とのべているし、のちの元照律師は、「阿弥陀仏は名を以て人を救う」(「以名接物」)と記している。親鸞は、この元照律師の言葉を、早くから手元に置いていたという。

では、「名」がどうして救済の機能をもつのか。『選択本願念仏集』は、つぎのようにいう。「名号はこれ万徳の帰する所なり。……一切の内証の功徳、……一切の外用の功徳、皆ことごとく阿弥陀仏の名号の中に摂在せり」、と(角川ソフィア文庫、一八二頁)。

それは、あらためて論じなければならない問題だが、仏教だけではなく、二十世紀以来、世界的規模で宗教界や思想界が当面している問題でもある。「意味」に生きる人間には、「意味」のシンボルである「名」(言葉)の作用には、看過できない、深いものがある。浄土仏教は、そうした人間の根源的な要求に応える宗教でもあるのだ。

第十七願の成就文

「十方恒沙の諸仏如来、みな共に無量寿仏の威神功徳の不可思議なることを讃歎したまう」(本書、三三九頁)。

(2) 第十八願について

一八　たとい我、仏を得んに、十方衆生、心を至し信楽《しんぎょう》して我が国に生まれんと欲《おも》うて、乃至《ないし》十念せん。もし生まれずは、正覚を取らじ。唯五逆《ただごぎゃく》と正法《しょうぼう》を誹謗《ひほう》せんをば除く。

設我得仏、十方衆生、至心信楽、欲生我国、乃至十念。若不生者、不取正覚。唯除五逆誹謗正法。

第十八願「もし、私が仏になったとき、十方世界のあらゆる衆生が、まことの心をこめて、信じ願い、私の国に生まれたいと欲することが少なくとも十回に及べば、かならず浄土に生まれるようにしたい。そうでなければ私は仏にはなりません。ただし、五逆罪と仏法を誹謗するものとは除く」。

第十八願は、法然からはじまる「浄土宗」（宗派名ではない）においては、もっとも重視されている願である。だが、そこには、法然が主張したように、「念仏せよ」という言葉は見当たらない。願文を素直に読む限り、右の読み方となる。

だが、「浄土宗」では、この願文をつぎのように読み替えている。「私が仏となる以上、

（誰であれ）あらゆる世界に住むすべての人々がまことの心をもって、深く私の誓いを信じ、私の国土に往生しようと願って、少なくとも十遍、私の名を称えたにもかかわらず、（万が一にも）往生しないというようなことがあるならば、（その間、）私は仏となるわけにはいかない。ただし五逆罪を犯す者と、仏法を誹る者は除くこととする」（『現代語訳浄土三部経』浄土宗総合研究所編）。

このような読み替えは、どうして生まれてきたのか。以下、少し長くなるが検討しておきたい。

(3)「乃至十念」から「下至十声」へ

まず、「少なくとも十遍、私の名を称える」という解釈がどのようにして生まれてきたのか、から考えてみよう。

それには、いささか浄土教の歴史にさかのぼる必要がある。もともと、中国の仏教学者たちは、第十八願にある「乃至十念」の「念」について、さまざまに議論を重ねてきた。「念」は、辞典にあるように、「対象を記憶して忘れないはたらき」、「専念」（意識を集中する）、あるいは「心の中でおもう」等、いろいろの意味がある。そうしたなかで、浄土教思想家たちは、「念」を「阿弥陀仏を思い続けること」と解釈するようになる。なかでも、善導は、「阿弥陀仏を思い続ける」ことの具体的な方法として、『観無量寿経』にある「南無阿弥陀仏」という言葉に注目した。
『観無量寿経』には、二度「南無阿弥陀仏」という文字が出てくる（ちなみに、『無量寿経』にはこの言葉はない）。ただし、いずれの場合も、臨終にある極悪人が浄土に生まれることを願って、いわば最後の手段として称える言葉とされている（岩波文庫（下）、七五・七八頁）。つまり、『観無量寿経』の「南無阿弥陀仏」は、平生の、普通の善良な暮らしをしている人間のために説かれている言葉なのではない。

善導は、このような、いわば非常時の言葉である「南無阿弥陀仏」を称えることをもって、普通の人間の日常的な行為として、しかも、浄土に生まれるための唯一の方法としたのである。その根拠は、人はすべて例外なく「凡夫」である点に求められている。

「凡夫」とは、「仏」になることができない「愚かな人間」ということであり、その意味では、「仏」から見れば、人はおしなべて「凡夫」＝「悪人」ということになる。そして、人が例外なく「悪人」であるとすれば、『観無量寿経』に「悪人」のための非常手段として説かれている念仏は、すべての人々（凡夫）の救済手段として意味をもつようになる。

加えて、『観無量寿経』を説いた釈尊の眼目は、経の終わりに記された「無量寿仏の名《みな》を持《たも》て」（同右、八〇頁）にある。つまり、「南無阿弥陀仏」と称えることは、瀕死の極悪人に対する非常手段にとどまるのではなく、すべての「凡夫」＝「悪人」のための仏道を意味しているのである。

こうして、善導は、「南無阿弥陀仏」と称することが「凡夫」(=「悪人」)の仏道として成立することを確信した上で、あらためて『無量寿経』の第十八願にある「乃至十念」の「十念」を、「南無阿弥陀仏」と口に少なくとも十回称えることだ、と理解する。その結果、善導は第十八願の文をつぎのように読み替えることになる。

「もし私が仏になったとき、十方の衆生が私の国へ生まれたいと願って、私の名前を称えること、たとえ十声であっても、私の願いの力によって、もし生まれることができなければ、私は仏になることはない」。

「若我成仏、十方衆生、願生我国、称我名字、下至十声、乗我願力、若不生者、不取正覚」(『観念法門』)。

あるいは、つぎのように。

「もし私が仏となったとき、十方の衆生が、私の名前を称すること、十声であっても、もしわが国に生まれることがなければ、私は仏にはならない。その仏は、今現にましまして、すでに仏となっておられる。このことによって、私たちはまさしく知らねばならない。阿弥陀仏の前身である法蔵菩薩が誓われた、重大な願いがけっして虚しくはないことを。したがって、衆生は阿弥陀仏の名を称すれば、かならず往生することができるのである」。

「若我成仏、十方衆生、称我名号、下至十声、若不生者、不取正覚。彼仏今現在成仏。当知、本誓重願不虚。衆生称念、必得往生」（「往生礼讃」）。

引用した善導の文では、いずれも、『無量寿経』にある「乃至十念」が「下至十声」となっている。では、善導はどうしてこのような大胆な読み替えを行ったのであろうか。

その一つの理由は、当時の中国仏教界における、浄土教蔑視（「凡夫」という劣った人間のための、慰めの教え）の風潮に対して、浄土教こそが仏教の主流であることを示そうとして、阿弥陀仏の名を称える行為（念仏）が、仏道修行の新しい「行」として完全であることを示そうとした点に求められる。

つまり、善導によれば、第十八願の意義は、「念仏」（「乃至十念」）という新しい「行」の確立を告げるところにある、と考えられたのである。

なお、阿弥陀仏の名を称するという行為については、すでに「阿弥陀仏の物語」の最古の漢訳である『大阿弥陀経』には、「阿弥陀仏の声を聞きて、光明を称誉し朝暮に常にその光明の好を称誉して、心を至して断絶せざれば、心の所願にありて、阿弥陀仏国に往生し、衆の菩薩・阿羅漢のために尊敬せらるることを得べし」（『真聖全』、一四二頁）とある。そしてその「声」に親鸞は「ミナ」と振り仮名をつけている（『真仏土巻』）。声を聞くとは、名を聞くことであり、名を称することにほかならない。

(4)「至心・信楽・欲生我国」

ところで、善導が変更した第十八願の文章で気づくことは、第十八願にあった「至心・信楽・欲生我国」の「三心」が消えていることである。「三心」の「至心」はまことの心であり、「信楽」の「楽」は「願」と同じ意味とされているから、信じ願うということ、「欲生我国」は阿弥陀仏の国に生まれたいと欲すること、である（この「三心」については、親鸞の第十八願理解に関する説明のなかで再度とりあげる）。

もともと中国では、仏教の修行を実践する場合、その「行」の内容を明らかにすると同時に、その「行」を実践してゆく上での心構え（伝統的に「安心《あんじん》」という）をはっきりさせることが必要とされてきた。なぜならば、「行」を実践する上で大事なことは、その目的を明らかにし、その「行」を持続する意志力を確保することである。もし、そうした目的意識や持続精神がないと、つまり、心構えがはっきりしていないと、いくら修行を積み重ねても、迷路に入り、修行の目的を達成することができなくなるからである（法然もまた、そのことを『往生大要抄』のなかで紹介している）。

第十八願についても、「乃至十念」の内容をどのように見るかは、立場によって異なるが、それが「行」である、という点では共通していた。したがって、「至心・信楽・欲生我国」は、その行を実践する上で、不可欠の心構えだと考えられていた。平たくいえば、ただ念仏をするのではなく、本願を信じて阿弥陀仏の国に生まれたい、と真心をこめて欲するという心構えが、念仏をする際に求められる、ということであろう。

善導も、そのことは十分に理解していた。だから、別の著書では、第十八願の趣意をつぎのように記している。「一心に信楽して往生を求願するに、上は一形を尽くし(生涯にわたって)下は十念(短くは十回の念仏)を収む。仏願力に乗じて皆往かずということなし」(『観経疏』玄義分)、と。ここでは「一心に」、「信じ願い」、「往生を求願する」という三種の心をもって、「十念」(念仏)すれば、皆、浄土に生まれる、とある。

だが、第十八願に即した解釈では、「乃至十念」を「下至十声」に読み替える点に力点があり、とくに「至心・信楽・欲生我国」に言及したわけではなかった。

では、善導は、念仏という「行」の実践に当たって、特別の心構えを必要としなかったのであろうか。いや、そうではない。善導は、第十八願の「至心・信楽・欲生我国」は用いなかったが、かわりに『観無量寿経』に説かれている三つの心構え(同じく「三心」という)を、念仏という新しい「行」を実践する上での不可欠の心構えだ、と主張したのである。

『観無量寿経』にいう三つの心構え（「三心」）とは、「至誠心《しじょうしん》、深心《じんしん》、回向発願心《えこうほつがんしん》」のことであり、経典にはつぎのように記されている。

「仏、阿難および韋提希に告げたもう、「……もし、衆生ありて、かの国に生まれんと願う者、三種の心を発さば、すなわち往生す。なにをか三とす。一には、至誠心、二には、深心、三には、廻向発願心なり。（この）三心を具うれば、必ずかの国に生まる」（同、六八－六九頁）。

つまり、『観無量寿経』は「三心」のうち、一つを欠いても浄土に生まれることはできない、と断言しているのである。そして、善導はその教えに忠実にしたがう。

このように、善導は、第十八願からは、「至心・信楽・欲生我国」という三つの心構えを無視して、念仏（「乃至十念」）という「行」だけを取り出して、阿弥陀仏の国に生まれるための必須の「行」とし、『観無量寿経』からは、「三心」を不可欠の心構えとして、念仏者に完全履行を求めたのである。

それは、第十八願にある「至心・信楽・欲生我国」のかわりに、『観無量寿経』の「至誠心、深心、回向発願心」の「三心」を採用したともいえる。

(5) 法然の苦心

だが、第十八願に即していえば、やはり、「至心・信楽・欲生我国」と「乃至十念」（念仏）はワンセットになっているのであり、「至心・信楽・欲生我国」という心構えをもって念仏という行を実践する、ということになろう。この点に注目して、第十八願を解釈したのが法然である。

法然は、『無量寿経』と『観無量寿経』の両経にまたがって、念仏という新しい行を実践する心構えを論じるよりは、第十八願の文章だけで完結した理解ができると考えた。

つまり、法然は第十八願にある「至心・信楽・欲生我国」と、『観無量寿経』にある「至誠心・深心・回向発願心」を同じ内容と見る（「観無量寿経釈」『昭和新修法然上人全集』、一二六頁）。その上で、こういう心構えは、一切衆生に与えるために、法蔵菩薩がすでに自らの修行のなかで完成しているものだ、とする。法然のいうところは、およそつぎのとおり。

「阿弥陀仏は法蔵であった昔、きわめて長い時間をかけて、夜となく昼となく心を砕いて、（この「三心」を）成就された。（その意図は）無知な人間でも、およそ「三心」という言葉も知らない人間であっても、（念仏すれば）自然に「三心」を具えることができるように、というところにある」（「七箇条起請文」『和語灯録』巻第二）、と。

だから、人が第十八願にもとづいて、阿弥陀仏の国に生まれたいと願うときには、もっぱら「念仏」だけで十分だ、というのである。

法然がこのような結論にいたったのは、第十八願が要求している「至心・信楽・欲生我国」は、人が起こすことのきわめてむつかしい心だからだ。だからこそ、このような「三心」は、法蔵が与えてくれているのだ、と解釈したのである。

そもそも仏教では、「心の師となるとも心を師とすることなかれ」(『発心集』)というほどに、人間の心は移ろいやすく、頼りないものだという認識がある。その心で、いかに「まごころをこめる」(「至心」)といっても、仏が要求しているほどの「至心」は生まれようがないし、かりに生まれたとしても、持続することはむつかしい。

こうして、法然は、そもそも、念仏をして阿弥陀仏の国に生まれたいと願うほどの人間には、「至心・信楽・欲生我国」の三つの心も自然に具わるものだ、と教えるにいたったのである。たとえば、つぎのとおり。

「たとい三心をしらずとも、念仏だにもうさば、そらに(自然に)三心は具足して極楽に生ずべし」(「隆寛律師聴聞の御詞」)、あるいは、「ただ名号をとなうる、三心おのずから具足するなり」(「十七条御法語」)など、同じ趣旨の語録は多数にのぼる。

法然は、本願念仏が広まるなかで、念仏する際の不可欠の条件として「三心」という心構えが議論されるようになったとき、「三心」は法蔵菩薩がその修行のなかで獲得して、一切衆生に与えているのだから、私たちは安心して、念仏だけをひたすら称せばよい、と教えたのである。

つまり、法然によれば、第十八願にある「三心」という心構えは、「念仏」とともに、法蔵菩薩があらかじめ工夫しておいてくれたのだから、浄土に生まれたいと願う人間は、ただ「念仏」だけを称えればよい、ということになったのである。

このことは、浄土仏教における大きな展開といわねばならないだろう。なぜならば、今までは、「凡夫」といえども、「まことの心を起こして念仏する」ことが求められていたのに、そうした心構えが不必要となり、「ただ念仏をする」という「行」だけで、阿弥陀仏の国に生まれるためには必要にして十分だ、となったのであるから。

しかも、そこでは「行」が「心構え」を生む、という逆転現象が生まれているのだ。この逆転現象について、明確な論理づけを行ったのが親鸞にほかならない。のちにあらためてふれたい。

(6)「唯除五逆誹謗正法」

第十八願には、「唯五逆と正法を誹謗せんをば除く」という、ほかの願にはない除外規定がある。「五逆」とは、母を殺す、父を殺す、聖者を殺す、仏身を傷つけて出血させる、僧侶たちの教団を破壊する、ということであり、「誹謗正法」とは、仏教をそしり、否定することである。だが、第十八願では、阿弥陀仏は念仏によって、十方世界の一切の衆生を救うと約束しているではないか。どうしてこのような例外を認めるのであろうか。

それは、明らかに矛盾に見える。そのために、善導も、法然も、第十八願を引用する際には、この除外規定を無視している。

しかし、願文にある以上、その意味を明らかにする必要があろう。この点をめぐっては、すでに中国の浄土教思想家たちの間で議論があり、曇鸞によると、二つを同時に犯すものは「除外する」が、単独では（五逆だけ、あるいは誹謗正法だけ）救われる（「摂取する」）とし、善導はすでに起こした罪であっても、回心すれば救われる、とする。

いずれにしても、第十八願の除外規定は、二つの罪の深いことを予め人々に教えて、そうした罪を犯さないように、という親切心を示すところに意図があり、阿弥陀仏の救済に例外はない、と解釈している。

この点、法然は、もう少し違った解釈をしていると思われる。というのも、法然は、願文にいう「十方衆生」とは、「諸仏の教化にもれたる常没の衆生也」（「四か条問答」『昭和新修法然上人全集』、六九九頁）と解釈しているからである。

つまり、法然にとって、「十方衆生」は、多数を示す抽象名詞ではなく、法然自身をふくむ人間のあり方を指している。具体的にいえば、過去世や現世での諸仏の教化に漏れ、その結果、常に六道に没して今にいたっているのが、「十方衆生」の中身なのである。

しかも、「諸仏の教化にもれたる常没の衆生」とは、要するに「五逆」と「誹謗正法」を犯した人間ということではないのか。事実、法然の語録には、第十八願の対象になる人間のあり方について、つぎのように記している。「その機（人間のこと）をいえば、十悪、五逆、四重謗法、闡提、破見、破戒等の罪人……十方衆生のうちには、有智無智、有罪無罪、凡夫聖人、持戒破戒、若男若女、老少善悪の人、乃至三宝滅尽の時（仏教が滅びた後）の機までみなこもれり」（「耳四郎を教化したる御詞」『昭和新修法然上人全集』、七七七頁）。

ということは、法然にとって、第十八願の対象となる「十方世界の衆生」と、除外例としてあげられている「五逆と誹謗正法」の人間とは同じなのだ。もっといえば、「十方衆生」のなかでも、とくに第十八願の対象として特定できる人間が、「唯除」以下で示されている、ということであろう。

そうとなれば、わざわざ、第十八願の対象から除外例を取り出す必要はない。「十方世界の衆生」で十分となる。だから、法然は、わざわざ「五逆」や「誹謗正法」という、経典が除外すると指定した人々には言及しなかったのであろう。

法然の後に、この除外規定に、ふたたび真正面から取り組む人物があらわれる。それが親鸞である。

(7) 親鸞の第十八願の理解

善導や法然は、今までの仏教とは異なる、新しい仏教を樹立するにあたって、称名という新しい「行」を旗印として掲げた。その行の根拠として用いられたのが第十八願であり、その願文でいえば「乃至十念」が中心となった。

だが、時代がすすみ、念仏が一般的になってきた段階で、称名がなぜ仏になることを保証する行為なのかが、あらためて問われるようになる。そうした問いを正面から引き受けて、念仏がまちがいなく阿弥陀仏の国に生まれて仏となる、唯一の道であることを論証したのが親鸞であった。

その過程で、親鸞は第十八願を、善導や法然とは異なる視点から再論することになる。それは、一言でいえば、願文にある「至心・信楽・欲生我国」の「三心」の再考であった。さきにみたように、法然は「三心」を、ある意味では無視して、もっぱら「乃至十念」の称名に力点をおいた。

しかし、念仏をするようになると、いかに念仏という行為が本願に裏付けられた行であるとしても、仏になるためにはそれで十分なのかどうか、といった疑問や逡巡が生まれてくる。親鸞もまた、そうした経験をもったが（詳しくは第十九願と第二十願の説明のあとでふれてみたい）、それだけに、念仏が仏道として完璧である根拠を、再度求めるにいたったのである。

親鸞は考える。どうして第十八願に「三心」が説かれ、また『観無量寿経』にも「三心」が説かれているのか。師の法然は、浄土に生まれることを願うほどの人間には、「乃至十念」（念仏）だけで十分だと教えた。また、念仏をすると自然に「三心」が身につくとも教えたが、それはなぜなのか。

親鸞は法然の教え通りに、第十八願にもとづいて念仏を選択した。そして再度、念仏の根拠を尋ねると、すでに第十七願のあったことに気づく。諸仏が阿弥陀仏を讃えてその名を賞賛している、その称讃に加わればいいのだ。念仏の根拠は、第十七願にあるではないか。

となると、第十八願はなんのための願になるのか。すると、「三心」に今までには気づかなかった新しい意味があらわれてきたのである。一言でいえば、念仏をするものに、「真実心」が与えられることを保証するのが第十八願の役割だ、ということである。

もう少し説明しよう。「三心」は「至心・信楽・欲生我国」だが、中心は「信楽」にある。「信楽」をもって阿弥陀仏の国に生まれることを欲するのである。では、「信楽」とはなにか。

「信楽」の意味を正確に理解するには、いくつかの文献学的な検討を経る必要があり、簡単ではない。たとえば、「信楽」の「信」は、世間でいう「信仰」とか「信心」ではなく「まこと」を意味する。「信楽」の「楽」は「願う」という意味だとされるが、そう言い切っていいのか。「信」は「まこと」であり、人は「まこと」に住していると楽しくなり、ほかの人々にも「まこと」が宿ることを願う。故に「楽」には「願う」という意味があるのであろう。またそれ故にこそ、中国人は経典の漢訳に際して、「まこと」のあり方を「信」一語にとどめずに、「信楽」と二字で表現したのではないか。

親鸞も『教行信証』のなかで、漢字を別の漢字に置き換えて、その漢字の本来の意味を探ろうとする、伝統的な「字訓釈」をしばしば行使しているが、「信楽」についてもいろいろと字訓を施している。「楽」についても、「願」と置き換える以外に、「悦」、「歓」、「喜」などをあげていることは注意されてよい。

それはそうとして、法然は「三心」のなかでは「信楽」が中心であり、「信楽」が特別の心であるとして「真実の心」としているが、親鸞は「真心」、あるいは「大信心」と読み替えている。現代の仏教学では、「信楽」は、サンスクリット本によって「澄浄心」とされている。また、「至心」は中国人が漢訳に際して付加した修飾語だともいわれており（藤田宏達『大無量寿経講究』）、「三心」のなかでは、「信楽」が要の言葉だという点では、現代の仏教学も法然・親鸞と変わらない。

要は、「信楽」が「真心」であり「澄浄心」なのだが、親鸞はそれを阿弥陀仏から与えられる心、と見たのである。つまり、法然の教えの通り、第十八願にしたがって、称名をするようになると、称名と同時に、阿弥陀仏の心が念仏者に届く、ということになる。念仏は阿弥陀仏がはたらくすがた、なのである。だからこそ、安心して、ひたすら念仏だけを称えればよい。念仏こそ、仏道そのものなのである。

そうなると、第十八願はどのように読めるのか。親鸞はその試みをしていないが、あえていえば、つぎのようになろうか。「十方の衆生は、（阿弥陀仏の名を聞けば）真実の心によって阿弥陀仏の国に生まれたいという心が継続して、かならず往生することができる」、と。ここでの「乃至十念」は、「真実心」（「真心」）のはたらきかけが「継続」することを意味する。

そうなれば、念仏をするようになって、疑いや逡巡を経験しても、動揺することはない。念仏とともに、阿弥陀仏の心が届いているのであるから。そのことを、親鸞は「真実信心」ともいっている。

このように、親鸞においては、第十八願は、念仏者に「真実心」を保証する願となった。そうなると、除外規定も違った意味をもってくるであろう。つまり、除外されている「五逆」や「誹謗正法」を犯す者は、「真実心」が自らに届いていることを疑ったり、否定するものにほかならない。「除外」は、阿弥陀仏によって除外されているのではなく、自らが除外していることになる。だから、自らが念仏によって「真実心」が届いていることを自覚すれば、ただちに阿弥陀仏の国への道を歩み出すことになろう。

自らが自らの道を閉ざす、という愚かさに、気づくように促しているのが、「唯除」以下の文言だということになる。そうなれば、「唯除」で指摘されている状況は、自分のあり方を指していることになる。だからこそ、親鸞は、この除外規定にこだわったのであろう。

まさしく善導のいうように、この規定は、私たちの罪の深さを、とくに自覚させるための手段であって、実際は、このような人間こそが第十八願の対象だ、ということになる。

親鸞もまた、つぎのようにのべている。「唯除はただのぞくということばなり。五逆のつみびとをきらい、謗法のおもきとがをしらせんとなり。このふたつのつみのおもきことをしめして、十方一切の衆生みなもれず往生すべしとしらせんとなり」(『尊号真像銘文』)、と。

罪とい咎というのも、「真実心」が届いていることを否定する愚かさ、高慢心がその背景にあるのである。

さらに、私見を加えることを許していただくと、「謗法」をとくに問題とするのは、仏教が一人一人の実情に応じて教えを説くという、「対機説法」という「説法」の仕方を重視していることと関係が深いと考えられる。「対機」の「機」は人のこと。

つまり、ある人に説いた教えと、別の人に説いた教えとは、矛盾することが生じる。そのために、自分に説かれた教えを絶対視すると、別の人に説かれた教えを、場合によれば、間違っていると受けとめることも出てくる。そうした際に、自分の受けた教えだけが正しくて、他人の受けた教えは間違っている、と非難しがちとなるが、それは「対機説法」を知らない議論となる。こうした点から、とくに「誹謗正法」が問題となったのではなかろうか。

(8) 第十八願の成就文

「諸有衆生、聞其名号、信心歓喜、乃至一念。至心回向、願生彼国、即得往生、住不退転。唯除五逆　誹謗正法」（本書、三四一頁）。

この漢文について、親鸞は独自の読み方をしているから、真宗の関係者はその読み方が当然で、それ以外は間違った読み方だと思いこんでいる人が少なくない。それで、まず普通の読み方をさきに紹介して、つぎに親鸞の読み方を紹介しよう。その上で、どうして親鸞がそのような独自な読み方をしたのか、あわせて紹介しておく。

「あらゆる衆生その名号を聞いて、信心歓喜して乃至一念至心に回向して、彼の国に生ぜんと願ぜば即ち往生を得て不退転に住す、ただ五逆と正法を誹謗するとを除く」（坪井、二三〇頁）。

現代語訳は、つぎのようになろう。「あらゆる衆生は阿弥陀仏の名号を聞いて、信心を起こし、喜びがあふれる。そして少なくとも、一声の念仏を、心を込めて振り向け、阿弥陀仏の国に生まれたいと願えば、たちまち往生を得て、もはや地獄などの悪道に戻ることはない。ただし、五逆と仏教を誹謗する者は除く」、と。

これに対して、親鸞はつぎのように読む。「あらゆる衆生、その名号を聞きて、信心歓喜せんこと、乃至一念せん。至心に回向せしめたまえり。かの国に生まれんと願ぜば、すなわち往生を得、不退転に住せん。唯五逆と誹謗正法とをば除く」（『定本親鸞聖人全集』第一巻、九七 - 九八頁、ただし新かなを使用）。

現代語訳は、つぎのとおり。「諸仏が誉め称えている名号（第十七願の名号のこと）を聞いて、（そのいわれを知り、）信心を起こして、歓喜する（死後の成仏を知って安心して喜ぶ）。それがひとおもいの信心であっても、それは阿弥陀仏が真心から衆生に振り向けてくださった信心だから、その信心をもって浄土に生まれたいと願えば、ただちに不退転の位につく。ただし五逆と仏教を誹謗する者は除く」、と。

読み下し文のちがいの一つは、漢文でいえば「乃至一念」の「一念」の解釈にある。親鸞は、「一念」は「一声の念仏」ではなく、「信心」だと解釈する。その根拠は『無量寿経』の異訳である『如来会』のなかで、同じ箇所が「一念の浄信」と記されている点にある。

参考までにいっておくと、法然は、この「一念」を「一声の念仏」として、第十八願との整合性を保っている。そのために、現在の「浄土宗」諸派もそれに準じている。したがって「乃至一念」も、「生涯にわたって続けられる念仏」を最大として、最小は「臨終の一声の念仏」をさす、と解釈している。

読み下し文のちがいの二つ目は、「至心回向」とある「回向」の主語を、親鸞は阿弥陀仏とする。阿弥陀仏が心を込めて（「至心」）「一念」（信心）を衆生に回向する、と解釈する。法然は、「至心回向」の主語は行者である。浄土往生を願う行者が心を込めて、最低でも「一声の念仏」を手向けるならば、という意味になる。しかし、親鸞は、行者には清浄な願心などあろうはずはないから、それがあるとすれば、阿弥陀仏から差し向けられたものだ、と考えたのである。

したがって、「至心回向」の読み下しは、浄土宗では「至心に回向して」と読み、親鸞とその門流は、「至心に回向せしめたまえり」と読む。

親鸞は、そのことをつぎのように説明している。「「至心回向」というは、至心は真実ということばなり。真実は阿弥陀仏の御こころなり。回向は本願の名号をもって十方の衆生にあたえたもう御《み》のりなり」(「一念多念文意」『真宗聖典』、五三五頁)、と。

このように説明すると、法然は称名という「行」を強調し、親鸞は「信心」を強調している、と早合点されがちだが、それはちがう。第十八願には、あくまでも、「真実心」をもって念仏を実践せよ、とある。法然はさきにみたように、念仏が「三心」をもたらす、といっている。念仏によって「真実心」という仏の心が、念仏者に生まれることを含意していたといってよい。親鸞は、その含意を論理的に明らかにしたのである。

親鸞は、「真実心」が行者に生まれるのは、諸仏が褒め称えている名号を聞くことによってだという。そして、その「真実心」(親鸞は「真心」と略しているが)こそが、念仏者を成仏させる種になると考えたのである。つまり、念仏がどうして行者を「悟り」にいたらしめるのか、それは念仏を聞くこと、つまり念仏を称えることによってだと、説明をし直した、ということなのである。

名号を「聞く」ことは、同時に「称える」ことでもある。この意味で、親鸞においては、法然の教え通りに、まず念仏することが第一なのである。念仏を第一とする点では、法然も親鸞も変わるところはない。

ただ、ここで注意を要するのは、親鸞の場合、本願念仏を信じるという「信心」と、念仏によって、あらたにもたらされる阿弥陀仏の心、つまり、親鸞の言葉でいえば「(金剛の)真心」とか「大信心」を、同じ「信心」という言葉を使って表現することがあるという点だ。この区別をしっかりしておかないと、念仏と信心の関係が分からなくなる。

法然は、念仏だけを強調しているように見えるが、その念仏には「真実心」が含まれているのである。つまり、念仏が親鸞のいう「真心」をもたらすことは当然だ、としていたのである。この点、親鸞は、念仏がどうして仏教の本道にある行為なのかを説明する必要に迫られて、あらためて、念仏が「仏心」、つまり「真心」をもたらすことを、詳細に論じたのである。

もう一度くり返すが、法然はすでに、第十八願で求められている心構え、とくに「真実心」は、「生まれながら」に存在する、とのべている。その理由は、法蔵が阿弥陀仏になるための修行の過程で実現して、衆生に与えてくれているからであった。親鸞は、そのことを元照律師などの論を引用して、学問的にはっきりさせているのである。法然と親鸞の違いを強調しすぎることは、宗派根性を強化するだけである。慎みたい。

なお、第十七願と第十八願は、より古い訳本では、一つの願として記述されている。現行の『無量寿経』は、それらを新たに分離して独立した願としたのであろう。そのために、「成就文」は『無量寿経』でも、一続きの文章になっている。右では、第十七願と第十八願の成就文を分離して紹介したが、一続きのものとして読むことが大事なのである。念のために、『大阿弥陀経』における第四願を紹介しておこう。

「第四願、使某作仏時、令我名字、皆聞八方上下無央数仏国、皆令諸仏各於比丘僧大坐中、説我功徳国土之善。諸天人民蜎飛蠕動之類、聞我名字、莫不慈心、歓喜踊躍者、皆令来生我国。得是願乃作仏。不得是願、終不作仏」。

読み下し文「第四に願ずらく、某作仏せしめんとき、我が名字をして、皆八方・上下の無央数の仏国に聞こえしめん。皆諸仏をして各々比丘僧大坐の中において、わが功徳国土の善を説かしめん。諸天・人民・蜎飛・蠕動之類、わが名字を聞きて、慈心せざるはなけん。歓喜踊躍せんもの、皆我国に来生せしめん。この願を得ていまし作仏せん。この願を得ざればついに作仏せじ」(「真聖全」、一三七頁)。

現代語訳「もし私が仏になったなら、私の名前が八方上下の無数の仏国のどこでも知れわたりますように。仏たちがみなそれぞれに比丘たちの大会座において、私の功徳と国土の素晴らしさを説き、神々や人々や飛ぶ虫・這う虫などが、私の名前を聞いて、みな慈しみの心をいだき、飛び上がるほど喜びますように。（そして）みな私の国に生まれますように。この願が成就すれば、そのとき（私は）仏になりましょう。もし成就しなければ、決して仏にはなりません」（辛嶋（一））。

(9) 第十九願と第二十願について

一九　たとい我、仏を得んに、十方衆生、菩提心《ぼだいしん》を発《おこ》し、もろもろの功徳《くどく》を修して、心を至し願を発《おこ》して我が国に生まれんと欲《おも》わん。寿《いのち》終わる時に臨《のぞ》んで、たとい大《だい》衆と囲繞《いにょう》してその人の前に現ぜずんば、正覚を取らじ。

設我得仏、十方衆生、発菩提心、修諸功徳、至心発願、欲生我国。臨寿終時、仮令不与大衆囲繞　現其人前者、不取正覚。

第十九願「もし私が仏になったとき、十方世界にいる人々が「悟り」を得ようと心を決めて（「発菩提心」）、多くの功徳のある諸行を修行する（「修諸功徳」）。そして、願うところがあって（「発願」）こころをこめて（「至心」）浄土に往生したいと欲すれば、その人の命終わろうとする時に、（私は）浄土の菩薩たちにとりかこまれて、行者の前にすがたを現して、浄土に迎えとるであろう。もしそれができなければ、私は仏になりません」。

二〇　たとい我、仏を得んに、十方の衆生、我《わ》が名号《みようごう》を聞きて、念を我《わ》が国に係《か》けて、もろもろの徳本《とくほん》を植えて、心を至し回向《えこう》して我が国に生まれんと欲《おも》わんに、果《か》遂《すい》せずんば、正覚を取らじ。

設我得仏、十方衆生、聞我名号、係念我国、植諸徳本、至心回向、欲生我国、不果遂者、不取正覚。

第二十願「もし私が仏になったとき、十方世界にいる人々が阿弥陀仏の名を聞いて、阿弥陀仏の国を慕い（「係念我国」）、阿弥陀仏の国に生まれるために功徳のある種々の行を実践し（「植諸徳本」）、これらの功徳を心をこめて振り向けて（「回向」）、阿弥陀仏の国に往生したいと願えば、必ずその目的を果たし遂げさすであろう。それができなければ、私は仏になりません」。

ここで、第十八願と第十九願、第二十願という、私たちに向かって阿弥陀仏が、直接手を差し伸べている約束について、その真意を明らかにするために、三願を比較して考えてみたい。そのために、漢文を並べてみるから、読者は、それらをよく見比べていただきたい。

第十八願
設我得仏、十方衆生、至心信楽、欲生我国、乃至十念。若不生者、不取正覚。唯除五逆 誹謗正法。

第十九願
設我得仏、十方衆生、発菩提心、修諸功徳、至心発願、欲生我国。臨寿終時、仮令不与大衆囲繞 現其人前者、不取正覚。

第二十願

設我得仏、十方衆生、聞我名号、係念我国、植諸徳本、至心回向、欲生我国、不果遂者、不取正覚。

右の三願のうち、傍点をふった箇所、「乃至十念」と「発菩提心修諸功徳」、それに「係念我国植諸徳本」は、それぞれ、人間の側に求められる行為（「行」）を示している。つまり、「乃至十念」は「念仏を称えること」。「発菩提心修諸功徳」は、「悟りを求める心を起こして（「発菩提心」）諸々の功徳になる行（「諸功徳」）を実践する（「修」）」こと。「係念我国植諸徳本」の「係念」は「思いを寄せて」、したがって「係念我国」は「阿弥陀仏の国に思いを寄せて」ということ。「植」は実践すること、「修」と同じ。「諸徳本」は、「諸々の功徳の本になる行」のこと。したがって、「植諸徳本」は「諸々の功徳の本になる行を実践する」こと。

このように、「念仏」や「諸功徳」、「諸徳本」を実践することが、阿弥陀仏の国に生まれるために求められている。「諸功徳」と「諸徳本」の違いは、今のところない、ということにしておきたい。

つぎに、傍線を付した箇所は、右に要求されているそれぞれの行為を実践する際に求められる心構えを示している。「三心」とよばれる。内容は、三願とも一部の言葉を除いて同じである。つまり「至心」と「欲生我国」は共通で、その間に、第十八願では「信楽」、第十九願では「発願」、第二十願では「回向」という文字が入っている。

「信楽」は「真実心」のこと。その詳細は、すでに第十八願の解説でふれたのでここでは省略する。

「発願」は人間の苦しみを除きたいと願うこと、人によって内容は異なる。自分の欲望の実現を願うことはふくまれない。というのも、冒頭に「発菩提心」をすでに起こして、諸々の行を実践するなかで生まれてくる願いであるから。「菩提心」は人々の苦しみを救いたいという、他人に働きかける精神のことである。そこでは自己のことは後回しになっている。

「回向」は、自分の積み行った善行と引き換えに、阿弥陀仏にその国への往生を実現してもらうように頼むこと。平たくいえば、ギブ・アンド・テイクの精神を「回向」という。

三願は、このような心をそれぞれ起こして、阿弥陀仏の国に生まれたいと欲して（「欲生我国」）、それぞれの行を実践せよ、というのである。「至心」は「心をこめて」ということ。

この一連の傍線を付した心構えは、法然によれば、人によってその強弱は異なるもので、阿弥陀仏が人に求めている行為と混同してはならない、という。法然の言葉でいえば、「三心とは（中略）往生の安心（心構えのこと）なり、起行（「行」のこと）にはあらざるなり」（「逆修説法」、「法然聖人御説法事」）。あるいは「三心につきて、こわ（強）きも、よわ（弱）きもあるべしとこそ、こころえられたれ」（「往生大要抄」）、とある。

三願において大事なことは、それぞれの行を実践することであり、その実践に当たっての心構えには違いがあり、またその心構えのもち方にも、人による強弱がある、ということなのである。

ところで、さきに、第十九願と第二十願では、それぞれ求められている行は同じだといっておいた。つまり、「諸功徳」でも「諸徳本」でも、修行上の内容に違いはない。

もし、そうだとすると、第十九願と第二十願のちがいはどこにあるのか。それは阿弥陀仏の対応が違うということになる。第十九願では、その実践者に対して、臨終に阿弥陀仏が迎えに来るといい、第二十願では、その実践者に、阿弥陀仏の国に生まれたいという願いを必ず果たし遂げる、と約束している。願文でいえば、「現」と「果遂」の違いだ。

だが、もし、「諸功徳」と「諸徳本」に違いを認めるとすると、どうなるか。それが親鸞の立場なのである。つまり、「諸功徳」は、仏教で説く一般的な修行の項目をあてはめ、「諸徳本」は、「諸徳」の「本」とみなして、阿弥陀仏の名を称えること、と解釈する。

そうすると、第十九願は、念仏以外の修行を実践することになり、第二十願は、念仏を称えることに限定されるから、「行」の上で違いがはっきりすることになる。しかし、そうなると、念仏をすることに関しては、第二十願も第十八願も同じことになる。両者の区別をどのように考えるのか。

その鍵は、「回向」にある。第二十願に求められている「行」が「念仏」だとしても、その念仏者は、念仏をギブ・アンド・テイクの材料として用いる。つまり、自分の称える念仏と引き換えに、阿弥陀仏の国に生まれようとする。それに比べると、第十八願の念仏は、ただ念仏をするだけで、取引の材料とは意識されていない。

同じ念仏を実践していながら、なぜ、そのような違いが生まれるのか。それは、念仏を自己の行為とみなすか、阿弥陀仏の行為とみなすか、の違いによる。

念仏をする際の心構えでいえば、第十八願では「信楽」が、第二十願では「回向」が中心となっている。「信楽」とは「真実心」あるいは「澄浄心」のことである。「真実心」をもって念仏せよ、となるが、その「真実心」は法蔵がすでに準備していて（凡夫には起こせない心だから）、念仏とともに念仏する人に与えられる。ということは、ただ念仏するだけで、それ以上の心構えは不要なのである。だが、第二十願では、念仏をいわば阿弥陀仏に差し出して、その代わりに阿弥陀仏の国に生まれようとしている。

少なくとも親鸞は、自己の経験から、法然に出遇って、念仏一行の実践に努めるようになっても、それまでの比叡山での修行の習性で、念仏を自己の行とみなして、それと引き換えに阿弥陀仏の国への往生を願っていたことに気づくのである。そして、そのときはじめて、第二十願と第十八願の違いが明白となる。こうした経緯について、親鸞は、『教行信証』のなかで、「三願転入」の一節を設けて詳細に記述している（後述）。

なお、第十九願について、補足をしておく。というのも、この願には「聞我名号」という言葉がないことからも分かるように（第二十願にはある。また第十八願には省略されていると考えられる）、仏道の一般的な修行者を対象とする。

それは「発菩提心」と「修諸功徳」の言葉に示されている。つまり、仏教徒として、とくに宗派的な意識とは別に、仏教一般の出発点である「菩提心」（他の苦しみを抜く）を起こして、その実現のために「諸功徳」、つまり仏教が教える種々の修行を実践する、ということが出発点になっている。

しかし、そうした崇高な思いをもって修行に励んでいても、その成果は容易に得られず、また修行者自身が歳を取ることもあり、「発菩提心」して「修諸功徳」する道に挫折する。そうなったとき、はじめて阿弥陀仏の国のあることに気づいて、そこに生まれることを願うにいたる。

つまり、第十九願の願文の、「発菩提心修諸功徳」と「至心発願欲生我国」の間には、深い切れ目が存在するのである。「菩提心を起こしてもろもろの功徳を修める」という行に挫折した経験があってはじめて、「至心に発願して阿弥陀仏の国に生まれたいと欲する」という願いが生まれるのであろう。

この修行者にとっては、はじめに起こした「菩提心」や、その挫折の後に生まれる「願い」(「発願」の対象)の実現こそが目的なのであり、そのことを知っている阿弥陀仏が、わざわざ命終の時にその修行者の前に姿を現して、その人を阿弥陀仏の国に連れてゆくのである。なんのために連れてゆくのか。それは、修行者の願いが実現できるだけの修行を、阿弥陀仏の国で継続するためであろう。

第十九願は法然以前からも、多くの仏教者の心をとらえてきた。そして、俗に「臨終来迎の願」として、死ぬ瞬間の苦しみから免れるための願のように喧伝されてきたが、修行者からいえば、修行の継続を保証する願であった、というべきではないだろうか。

そして、親鸞が二十九歳で法然のもとをたずねる以前は、この第十九願の前半の道(「発菩提心修諸功徳」)を歩んでいたのであり、その道への疑問、挫折のなかで、「至心発願欲生我国」を経験して、その実証を求めて法然のもとへ向かったのであろう。その意味では、親鸞の場合も、第十九願が出発点であったといえる。

第十九願の成就文

下巻の「三輩」(三種類の人々)の段(本書、三四六―三五〇頁)がそれに相当する。ここでは省略するので、直接テキストをお読みいただきたい。

要点は、行者が浄土に生まれるために実践する内容によって、命を終えるときに、どのような迎え方があるのかを、上・中・下の三種類に分かって説明している。上輩の者は、臨終には阿弥陀仏が自ら浄土の聖者たちと、直々に迎えに来て、浄土にたちまち生まれる。中輩は、阿弥陀仏の化身が迎えに来る。下輩の場合は、夢のなかで阿弥陀仏を見る、と。

第二十願の成就文

「(阿弥陀仏の智慧に) 疑惑して信ぜず。しかるに猶し罪福を信じ善本を修習してその国に生ぜんと願ぜん。このもろもろの衆生、かの宮殿に生まれて寿五百歳、常に仏を見たてまつらず。経法を聞かず。菩薩・声聞聖衆を見ず。このゆえにかの国土においてこれを胎生と謂う」(本書、四八〇頁)。

訳しておこう。「この人は(阿弥陀仏の不思議な智慧を)信ぜず、仏の智慧を疑うが、なお、罪を犯せば悪道に堕し、善根を積めば善処に生じると信じており、その意味で浄土に往生したいと願っている。したがって、これらの人々は、浄土に生まれても蓮華に包まれて華はすぐには開かず、蓮華に包まれている状態を浄土の宮殿に生じたと思う。このようにして五百年もの間、阿弥陀仏を見奉らず、仏の教えを聞くことができず、また浄土の菩薩や声聞等の聖者たちを見ることができない。このように蓮華に包まれて阿弥陀仏を見ることができないから、その往生を胎生往生という」。

この「成就文」によると、第二十願によって浄土に生まれるものは、五百年間、あたかも子宮内の胎児のように、浄土の蓮のなかに閉じこめられたままにすごす、とされる。ちなみに、第十八願にしたがった念仏者は、浄土に生まれればただちに阿弥陀仏を見ることができ、仏への道を歩むことができる、とする。

このような違いが生じる原因は、阿弥陀仏の誓いの不思議を信じるかどうかにある。第二十願では、浄土の快楽だけが信じられて、法蔵菩薩がどうして浄土を建立しようとしたのか、そのいわれを知ることがない。本願を信じる程度、その信心の内容によって、第十八願、第十九願、第二十願という三願が別々に生まれてきた、と了解することもできる。

＊

親鸞は、第十八、第十九、第二十の三願の間に特別の関係を認める。それは「三願転入」とよばれるが、要するに、本願念仏をめぐる宗教意識の三段階のあらわれと見るのである。

一つは、本願に根拠をもつ念仏ではなく、世間で広く認められている仏教的善行を種々に実践し、その成果によって浄土に生まれようとする意識をいう。

二つは諸善の実践のなかで、実践の困難に出遇い、念仏が唯一有効であることを知って、念仏の力によって浄土に生まれようとする意識。ただし、この場合の念仏は、阿弥陀仏の本願に基づくのではなく、自分の業績として称えるのである。

三つは、阿弥陀仏の誓願を信じて、その要請通りに念仏する立場である。願でいえば、はじめが第十九願、二つ目が第二十願、最後が第十八願となる（詳細は『教行信証』化身土巻を参照されたい）。

つまり、第十八願に基づく念仏への道は、かならずしも容易ではなく、人間の自己中心の意識のあり方に応じて、最低、三段階を経る必要がある、というのである。親鸞自身の経験が背後にあるのであろう（詳細は拙著『親鸞・普遍への道』ちくま学芸文庫など）。

⑽　第二十一願について

二一　たとい我、仏を得んに、国の中の人天、ことごとく三十二大人《だいにん》の相を成満《じょうまん》せずんば、正覚を取らじ。

設我得仏、国中人天、不悉成満　三十二大人相者、不取正覚。

第二十一願「もし私が仏になったとき、私の浄土の住人たちがすべて仏のもつ三十二の瑞相を具えるようにしたい。そうでなければ私は仏になりません」。

浄土に生まれると、例外なく、すべての人々が仏の具える三十二の身体的特徴を具えるという。たとえば、手足の指の真ん中に網のようなものがあるとか、手が長いこと、青色の毛があること、身体から光明が二メートル弱ほど発していること、皮膚がきわめて滑らかであること、眉間に白い巻き毛があって光を発していること、などである。

第十七願から第二十願までは、この世の私たちが、どうすれば浄土に生まれる条件を満たすのかが問題となっている。だが、第二十一願にいたって、そうした願いとは異質な、超人的な身体を得るという、まるで神話的な願いが発せられているのは、どうしてなのか。

今まで詳しく説明してきた、第十七願、第十八願、第十九願、第二十願に比べると、第二十一願の意味もけっして浅くないように思われる。というのは、この願によって、三十二相という仏の身体を得ることがはっきりし、仏のイメージが定まるからだ。

そしてつぎは、その仏のはたらきが具体的に求められるようになる。事実、第二十二願以後、仏のはたらきがどのようなものなのか、つまり、どのようなはたらきができるようになれば、仏とよんでもよいのか、ということが説かれてくる。

第二十一願の成就文

「阿難、それ衆生ありてかの国に生まるれば、みなことごとく三十二相を具足す」（本書、三七五頁）。

⑾ 第二十二願について

二二 たとい、われ仏となるをえんとき、他方の仏土のもろもろの菩薩衆《ぼさつしゅ》、わが国に来生《らいしょう》せば、究竟《くきょう》して必ず、一生補処《ふしょ》に至らしめん。ただしその本願、自在《じざい》に化益せんとするところの、衆生のためのゆえに、弘誓《ぐぜい》の鎧《よろい》をかぶり、徳本を積累《しゃくるい》し、一切を度脱《どだつ》し、諸仏の国に遊んで、菩薩の行を修し、十方のもろもろの仏・如来を供養し、恒沙《ごうじゃ》の無量の衆生を開化《かいけ》して、無上正真《しょうしん》の道を立《た》てしめんをばのぞく。常倫《じょうりん》の諸地の行を超出し、現前に普賢《ふげん》の徳を修習せん。もし、しからずんば、正覚をとらじ（以上の読み下し文は、坪井を参照した。理由は以下に記す）。

設我得仏、他方仏土、諸菩薩衆、来生我国、究竟必至、一生補処。除其本願　自在所化、為衆生故、被弘誓鎧、積累徳本、度脱一切、遊諸仏国、修菩薩行、供養十方　諸仏如来、開化恒沙　無量衆生、使立無上正真之道。超出常倫、諸地之行現前、修習普賢之徳。若不爾者、不取正覚。

内容を現代語で検討する前に、この漢文の読み方に二通りがあることをまず紹介しておこう。なお、以下の漢文の区切り方は、坪井による。右のテキストの区切り方とは異なるので留意されたい。一つは以下の①から④まで、四つに分ける読み方である。

①設我得仏、他方仏土、諸菩薩衆、来生我国、究竟必至、一生補処。

②除其本願、自在所化、為衆生故、被弘誓鎧、積累徳本、度脱一切、遊諸仏国、修菩薩行、

供養十方、諸仏如来、開化恒沙無量衆生、使立無上正真之道。

③超出常倫諸地之行、現前修習普賢之徳。

④若不爾者、不取正覚。

もう一つは、以下の①から③の三つに分ける。

①設我得仏、他方仏土、諸菩薩衆、来生我国、究竟必至、一生補処。

②除其本願、自在所化、為衆生故、被弘誓鎧、積累徳本、度脱一切、遊諸仏国、修菩薩行、供養十方、諸仏如来、開化恒沙無量衆生、使立無上正真之道。超出常倫諸地之行、現前修習普賢之徳。

③若不爾者、不取正覚。

この違いは、それぞれの②の文頭にある「除」の範囲をどこまでとするかによる。前者では、「無上正真之道」までの文章を「除く」とするが、後者は、「普賢之徳」までとする。

後者の読み方は、『無量寿経』より遅れて成立したといわれる『如来会』にもある。『如来会』の語彙は、『無量寿経』とは異なっているが、「唯除……行普賢道而得出離」(「普賢の道を行じ、出離を得んをば除く」、「真聖全」、一九一頁)となっており、『無量寿経』の「普賢之徳」に通じている。また、「除」の範囲を「普賢之徳」にまで及ぼして読むのは、サンスクリット本でも行われている(岩波文庫、三一五頁)。

内容的にいえば、前者の読み方では、「もし私が仏になったとき、他方の仏国に住む菩薩たちが、私の国に生まれてくるならば、かならず菩薩の最高位である「一生補処」という階位に入るようにしたい」、と誓った上で、以下のような例外を積極的に認める。

その前に、「一生補処」について説明をしておこう。「一生補処」とは、今回の生を終ると（六道を輪廻することなく）、ただちに「仏」となることが決まっている位《くらい》のこと。「補処」の「処」は仏の居所で、「補」は「仏」が不在となった後を補う、という意味。釈尊が亡くなったあと、久しい時間をおいて弥勒菩薩が仏になる、というケースを念頭においた言葉。弥勒のことを「一生補処」の菩薩というのは、その意味からである。

さて、願文で例外とされる菩薩のあり方は、つぎのとおり。「特別ののぞみ（「その本願」）があって、自由に人々を救いたいという思いから、堅い誓いを立てて、多くの功徳を積み、一切の衆生を助け、また、諸仏の国に遊んで菩薩の修行を積み、十方の諸仏を供養し、無量の衆生を教化して、悟りを求めしめる者」のことである。そうした菩薩は、かねてからもっていた、おのれの願いの実現に励めばよいのであり、必ずしも「一生補処」の位に入ることはない、というのである。

そして、このような例外の者もふくめて、「安楽」に生まれた菩薩が、すべて「世間の常人が菩薩の「十地」の諸行を、段階を踏んでつぎつぎと実践するようなことはせずに、一挙に段階を超えて、ただちに普賢菩薩の徳である慈悲の実践が、目の前で自在となるようにしたい」、というのである。

一方、後者の読み方では、「安楽」に生まれる菩薩は、すべて「一生補処」という菩薩の最高位に到達することをまず約束する。その上で、あえて最高位に入ることを拒み、六道の世界に戻って、苦しむ衆生を仏道に向かわせようとする菩薩たちに対して、彼らは「普賢之徳」の実践者だ、と励ますのである。

私は、二つの読み方のなかでは、後者に随いたい。というのも、『無量寿経』の冒頭で、多くの菩薩たちが参集したことが記されているが、それらの菩薩の特徴は、みな「普賢大士の徳に遵う」人たちだ、と記されていたからだ。

つまり、「普賢菩薩之徳」は、あくまでも菩薩の活動源であって、仏の徳とはいえない。「普賢之徳」に随っていても、なおかつ不十分であるところに、菩薩たちが、釈尊から阿弥陀仏の物語を聞こうとしている理由があるのであろう。となれば、「安楽」に迎える菩薩たちに、「普賢之徳」の修習を約束するのは場違いではないか。彼らは菩薩として、すでに「普賢之徳」を実践しているのであるから。

また、「超出常倫諸地之行現前修習普賢之徳」について、親鸞は独自の読み方をしている。すなわち、「常倫に超出し、諸地の行現前し、普賢の徳を修習せん」、と。一般には、「常倫の諸地の行を超出し、現前に普賢の徳を修習せん」となっている。

「諸地」とは「十地」の諸段階をいう。その内容についてはすでに説明したので（本書、五八頁）、ここでは念のために、術語だけあげておく。①歓喜地、②離垢地、③発光地、

④焔慧地、⑤難勝地、⑥現前地、⑦遠行地、⑧不動地、⑨善慧地、⑩法雲地の十段階であり、菩薩の修行は、①から⑩へと段階を踏んで遂行される。

「常倫」の「常」は「つねなみ」、「倫」は「ともがら」。したがって、この一文は、私たちのごとき常人が志を起こして、菩薩の修行を段階を追って実践してゆくのだが、「安楽」に生まれると、修行の段階を一挙に飛び越えて、ただちに普賢菩薩のはたらきを手に入れる、ということ。

＊

さて、この願が生まれた理由はどこにあるのか。中国の曇鸞や、その思想を受けついだ親鸞によれば、菩薩の仏道が長い階梯を踏むことによってしか完成しないことに関わる、という。すでに紹介したが、菩薩の修行のカリキュラムは、五十二の段階を経る必要があるとされている。

くり返すが、五十二段階とは、「十信」という十段階、「十住」の十段階、「十行」の十段階、「十回向」の十段階、「十地」の十段階の合計五十段階に、「等覚」、「妙覚」の二段階を加えたものだが、その完成のためには、幾度も「人」や「天」に生まれ変わって、修行を継続せねばならないとされているほどの難行なのである。

だからこそ、菩薩たちの間には、修行の完成の困難と、脱落の不安がつきまとうのであり、こうした不安から菩薩たちを解放するために、この願が生まれた、とする。

菩薩たちは、どの世界で活動していても、この五十二段階のいずれかの階位に身をおいており、さらに上の階位を目指して修行をしている。したがって、普通に考えれば、他方仏国から「阿弥陀仏の国」に生まれてきても、菩薩としての、さらに上の階位をめざして修行を継続しなければならない。しかし、第二十二願は、「阿弥陀仏の国」に生まれてきた菩薩は、今までの修行の階梯をそのまま踏襲、継続するのではなく、すぐさま「一生補処」、つまり菩薩としての最高位に就くことができる、と約束する。

＊

では、わざわざ、菩薩の最高位に就くことを拒む菩薩に言及しているのはなぜなのか。そのヒントは、彼らが自ら建てた「本願」にこだわっている点にある（「其本願自在所化為衆生故」）。それは、法蔵の立てた四十八の願とは異なるのであろう。しかし、無量の衆生をして仏道を求めさせたいと願う点では、同じといえる。

仏は、菩薩に比べれば、教化の対象には自由自在に接することができるに違いない。しかし、菩薩は、教化の対象となる凡夫のために、長い時間をかけて接近する術を見出し、縁を熟させようと努力している。大事なことは、その縁を継続することではないか。そのためには、従来の菩薩の階位にとどまることも、辞さないのであろう。あえて「一生補処」の位に登らずに、六道輪廻の世界のただなかに留まり続けることこそ、縁を完成する重要な手立てなのである。そうとなれば、どうして、わざわざ「一生補処」に登る必要があろうか。

むしろ、こうした教化の対象に密着する活動こそが、衆生を仏道に導く重要な方法なのであり、大事なことは、こうした活動にたずさわっている菩薩たちに、安心して、その活動を継続してもらうことなのであろう。それこそが、「安楽」にひとまず生まれてもらうことではないのか。

菩薩道は、そのカリキュラムの困難さのために、その実践者に絶えざる不安を与えてきた。しかし、その不安は、「安楽」に生まれることによって解消する。「安楽」に生まれた上で、従来通りの階位において、自由に活動できれば、それが一番の自然ではないのか。だからこそ、この除外例への言及がなされたのではないだろうか。

こうした菩薩たちを、親鸞は「還相の菩薩」とよんだ。「還相」とは、「安楽」に生まれるという意味の「往相」に対する言葉で、「安楽」で仏となった後、ふたたび娑婆世界に戻ってきて、慈悲行を実践する菩薩をさす。

浄土仏教の慈悲は、どうしても、一度「安楽」に生まれるという経験を必要とすることなのであろう。だが、「安楽」に生まれるとは、死ぬことではない。第十八願に根拠をもつ念仏行によって、阿弥陀仏の智慧のはたらきを手にした者は、「安楽」の世界にふれたものなのであり、それぞれが背負っている業に応じて、慈悲の実践ができるのである。そうした業の多様性に応じた、慈悲の多様な実践が、第二十二願において、例外として扱われている菩薩の活動にほかならない。

つまり、菩薩という言葉はたいそうだが、苦しむ人々と同じ環境に立ち、その苦しみを共有して、その苦しみを取り除くために精進する、それが菩薩の実践なのである。

世には、「菩薩」や、ましてや「還相」などという言葉とは無関係に、こうした実践に取り組む人がいかに多いことか。第二十二願を知った者には、そうした菩薩の姿がはっきりと見えるのではないか。

そして、そうした人々に助けられて、私も非力を承知の上で、慈悲の実践に乗り出してゆくのである。大げさにいえば、こうした社会活動のもとを提供するのが、第二十二願だともいえる。

加えて強調しておきたいことは、第二十二願において明らかになったことは、仏教徒の最終目的は「悟り」を手にすることだが、それは「涅槃」に入ることと同義なのではない、ということだ。むしろ、「涅槃」に入るよりも、「菩薩」として、慈悲の実践に終始することこそが仏教徒の最終目的だ、と教えているのが『無量寿経』なのであろう。

その意味でも、この経典を聞くために多数の菩薩たちが参集し、また、菩薩の活動を支える願が少なくとも第十五願と、第二十二願にある所以であろう。

＊

曇鸞は、「阿弥陀仏の国」に生まれると、菩薩たちがそれまでの修行の階梯を踏むことなく、一挙に菩薩の最高位に就くことについて、旧来の仏教徒たちが激しい疑問を寄せるのに対して、願文の価値は「非常の言葉」にこそあるのであり、こうした「不思議」が耳に入らないのは驚くに値しない、と一蹴している（『浄土論註』）。親鸞もまたその主著に第二十二願とともに、この曇鸞の言葉を引用している（「証」巻）。

第二十二願の成就文

「かの国の菩薩は、みな当に一生補処を究竟すべし。その本願、衆生のためのゆえに、弘誓の功徳をもって自ら荘厳し、普く一切衆生を度脱せんと欲わんをば除く」（本書、三七四頁）。

二三　たとい我、仏を得んに、国の中の菩薩《ぼさつ》、仏の神力《しんりき》を承《う》けて、諸仏を供養《くよう》し、一《いち》食《じき》の頃《あいだ》に遍《あまね》く無数《むしゅ》無量那由他《なゆた》の諸仏の国に至ること能《あた》わずんば、正覚を取らじ。

設我得仏、国中菩薩、承仏神力、供養諸仏、一食之頃、不能徧至　無数無量那由他　諸仏国者、不取正覚。

第二十三願「もし私が仏になれば、私の浄土にいる菩薩が仏の不思議な威神力を得て、諸仏に供養したいと思い、ごく短い時間の間に、無数の諸仏の国々に行くことができるようにしたい。そうでなければ仏になりません」。

この願をたてた理由は、ある仏国の菩薩は、自由に十方世界にいる仏たちを供養できるが、別の仏国の菩薩にはそれができない、という不自由さを哀れんでのこと、とする（坪井、一七五頁）。

第二十三願とつぎの第二十四願は、前の第二十二願のなかにあった「供養諸仏」をとくに別に取り出して、願文としたともいわれるが、すでに、第九願においても、「諸仏供養」のための願があるから、「諸仏供養」は、当時の仏教徒にとっては、不可欠の重大な徳目であったといえる。

すでにふれておいたが、「供養」とは、もとは「尊重」とか「尊敬」を意味するが、さらに深い意味があると考えられる。それは、菩薩たちは、仏から直接教えを受けるだけにとどまらず、仏を前にして仏を褒め称えて、仏から必ず仏になるという予言（「授記」）を受けるという、特別の宗教体験を得ることが求められていたからである（荒牧典俊『ブッダのことばから浄土真宗へ』)。
今日では、「供養」は、死者のための追善としてしか意味をなしていない。しかし、人が真理に近づくためには、真理への道を歩む人々への崇敬の心は、不可欠といわなくてはならないだろう。

第二十三願の成就文
「かの国の菩薩は、仏の威神を承けて、一食の頃に十方無量の世界に往詣して、諸仏世尊を恭敬し供養せん。心の所念に随いて、華香・伎楽・繒蓋・幢幡・無数無量の供養の具、自然に化生して念に応じてすなわち至らん。珍妙・殊特にして、世のあるところにあらず。〔中略〕仏を供養すること已りて未だ食せざる前に、忽念として軽挙してその本国に還る」(本書、三七八頁)。

二四　たとい我、仏を得んに、国の中の菩薩《ぼさつ》、諸仏の前《みまえ》にありて、その徳本を現じ、もろもろの欲求《よくぐ》せんところの供養《くよう》の具、もし意《こころ》のごとくならずんば、正覚を取らじ。
設我得仏、国中菩薩、在諸仏前、現其徳本、諸所欲求　供養之具、若不如意者、不取正覚。

第二十四願「もし私が仏になったとき、私の浄土にいる菩薩が諸仏の前で、功徳をもたらす衣服や飲食、臥具（寝具）、医薬を供養したいと思えば、思いのままに得られるようにしたい。そうでなければ私は仏になりません」。

この願は、諸仏を供養する物品がなくて、心よりの願いを果たすことができないものを哀れんで、建てられたという（坪井、一七五頁）。「徳本」は諸々の善根。善根は、将来の安楽を生みだすための行為。仏教の初期教団では、衣服、飲食、臥具、医薬の四種が僧侶に対する捧げものとされていた。この願は、その伝統を受け継いでいるのであろうか。

第二十四願の成就文

第二十三願のそれと同じ。とくに「供養の具、自然に化生して念に応じてすなわち至らん」（本書、三七八頁）。

二五　たとい我、仏を得んに、国の中の菩薩《ぼさつ》、一切の智《ち》を演説すること能《あた》わずんば、
　　正覚を取らじ。

設我得仏、国中菩薩、不能演説一切智者、不取正覚。

第二十五願「もし私が仏になったとき、私の浄土にいる菩薩が一切のものを知り尽くす智慧を得て、自由に教えを説くことができるようにしたい。そうでなければ私は仏になりません」。

この願は、浅い智慧しか持ち合わせていない菩薩たちを哀れんで、建てられたという。また、第二十二願の「恒沙の無量の衆生を開化する」をとくに強調して、願として独立させたともいわれている。「一切智」（すべてを知り尽くす智慧）がなければ、無量の衆生を教え導くことは不可能であろう。教化の重要な条件である。

第二十五願の成就文

「かの仏国に生ずるもろもろの菩薩等は、講説すべきところには常に正法を宣べ、智慧に随順して違なく失なし。〔中略〕仏眼具足して法性を覚了す。無碍の智をもって人のために演説す」（本書、三八二・三八四頁）。

二六　たとい我、仏を得んに、国の中の菩薩《ぼさつ》、金剛那羅延《こんごうならえん》の身を得ずんば、正覚を取らじ。

設我得仏、国中菩薩、不得金剛那羅延身者、不取正覚。

第二十六願「もし私が仏になったとき、私の浄土にいる菩薩が天の金剛力士といわれる那羅延天のような力をもつようにしたい。そうでなければ私は仏になりません」。

この願は、もとは、身体の弱い菩薩を哀れんで建てられたという。煩悩具足の衆生の教化のためには、金剛のごとき身体力が必須であろう。慈悲行の達成のためになにが必要か、をあらわす。

第二十六願の成就文

「金剛山のごとし、衆魔外道動ずること能わざるがゆえに……猶し象王のごとし、善く調伏するがゆえに〔中略〕法のごとくもろもろの衆生を調伏する力、かくのごときらの力、一切具足せり」（本書、三八七・三九〇頁）。

二七　たとい我、仏を得んに、国の中の人天、一切万物《まんもつ》厳浄《ごんじょう》光麗《こうれい》にして、形色殊特《ぎょうしきしゅどく》ならん。窮微極妙《ぐみごくみよう》にして、能《よ》く称量《しようりよう》することなけん。そのもろもろの衆生、乃《ない》至天眼《してんげん》を逮得《たいとく》せん。能《よ》く明了《みようりよう》にその名数《みようしゆ》を弁《わきま》うることあらば、正覚を取らじ。

設我得仏、国中人天、一切万物、厳浄光麗、形色殊特。窮微極妙、無能称量。其諸衆生、乃至逮得天眼。有能明了　弁其名数者、不取正覚。

第二十七願「もし私が仏になったとき、私の浄土にいる人々が用いる一切の品物が美しく、艶があり、その形がことのほか優れて精巧であり、その数も無量としたい。その数は、たとえすべての者が天眼通を得ても、知り尽くすことができないようにしたい。そうでなければ私は仏になりません」。

この願は第二十四願の、供養の道具類が自在に入手できるという願いを、さらに開いた願ともいわれる。もっともであるが、さらにいえば、浄土の品物は一切が清らかで精巧で、数え切れないというのは、浄土の相が名実ともに、清浄と無量を本質としていることを示す願ではなかろうか。

加えていえば、第四願に誓われていた、「好（美）醜」のない世界の、具体的な姿のようにも思われる。柳宗悦がどうしてこの願に着目しなかったのか、不思議でもある。

第二十七願の成就文

「恢廓曠蕩として限極すべからず。ことごとく相雑廁して転た相入間せり。光赫焜耀にして、微妙奇麗なり。清浄に荘厳して、十方一切の世界に超踰せり」（本書、二九一頁）。

二八　たとい我、仏を得んに、国の中の菩薩《ぼさつ》、乃至《ないし》少功徳《しょうくどく》の者、その道場樹《どうじょうじゅ》の無量の光色《こうしき》あって、高さ四百万里なるを知見すること能《あた》わずんば、正覚を取らじ。

設我得仏、国中菩薩、乃至少功徳者、不能知見　其道場樹　無量光色、高四百万里者、不取正覚。

第二十八願「もし私が仏になったとき、私の浄土に住む菩薩や功徳の少ない凡夫でも、「道場樹」が無数の光で輝き、高さが四百万里であることを知見できるようにしたい。そうでなければ私は仏になりません」。

神話や宗教の世界では、世界の中心軸が樹木で表現されることが多い。「安楽」の描写にもその伝統が受け継がれていて、その中心には、釈尊が悟りをひらいた菩提樹になぞらえて、阿弥陀仏の「道場樹」がある。

しかも、その樹の高さは、見るものの境涯によって異なるという。この願では、菩薩はもちろん、功徳が少ない凡夫であっても、浄土に生まれたかぎりは、「道場樹」の無量の輝きと、四百万里の高さを見ることができると約束している。

どうして、この願が建てられたのか。法蔵が選択の対象とした仏国のなかには、道場樹を見るものが限られているところがあり、法蔵はそれを哀れんで、聖者も凡夫も等しく道場樹をみて、勝れた利益《りやく》を蒙るように、とこの願を建てたという（坪井、一七七頁）。

親鸞は「少功徳」という文字に着目して、この願は、のちに出てくる阿弥陀仏の国にあっても、周辺に位置する「化土」に往生するもの、と解釈する。理由は、「安楽」ではすべてが無量であるのに、ここでは「道場樹」の高さに四百万里という限定がなされているからであり、そのような限定つきの「安楽」は、「化土」（浄土の周辺地）だと説明する。

しかし、私は、親鸞の教学とは別に、「安楽」では、少功徳者と、大功徳者とでは、「道場樹」の見え方が違うことはあっても、根本的な差別はありえないのだから、この願はやはり、少功徳者を励ます願と見たい。

「化土」という、「阿弥陀仏の国」の周辺に位置づけられる場所に生まれるのは、あくまでも、法蔵の本願を疑う者にかぎられる、としておきたい。

第二十八願の成就文

「また無量寿仏のその道場樹は、高さ四百万里なり。その本、周囲五十由旬なり。枝葉四に布けること二十万里なり（中略）もしかの国の人天、この樹を見るもの、三法忍を得。一つには音響忍、二つには柔順忍、三つには無生法忍なり。これみな無量寿仏の威神力のゆえに、本願力のゆえに、満足願のゆえに、明了願のゆえに、堅固願のゆえに、究竟願のゆえなり」（本書、三〇九・三一三頁）。

二九　たとい我、仏を得んに、国の中の菩薩《ぼさつ》、もし経法《きょうぼう》を受読し、諷誦《ふうじゅ》持説して、弁《べん》才智慧《さいちえ》を得ずんば、正覚を取らじ。

設我得仏、国中菩薩、若受読経法、諷誦持説、而不得弁才智慧者、不取正覚。

第二十九願「もし私が仏になったとき、私の浄土の菩薩が経典を読んで味わい、節をつけて暗誦し、内容を理解して人に説き聞かせる、仏のような四無碍弁を得るようにしたい。そうでなければ私は仏になりません」。

漢文の「諷誦持説」の「諷誦」は譜をつけて暗誦すること、「持説」は人のために説くこと。菩薩が、経法を受持し、讃歎し、読誦し、人に解説する力をもつことを願う。そうした力を「四無碍弁」というが、それはものをわきまえる智慧で、四種ある。一切の法の名に通じること（法無碍弁）、一切の法の義に通じること（義無碍弁）、一切の言語に通達すること（詞無碍弁）、自在に法を説くこと（楽説無碍弁）、である。

一説に、この願は経典の読誦に疲れて、智慧弁説を得ることができない菩薩を哀れんで建てられたという（坪井、一七八頁）。疲れる菩薩がいることに、ほっとする。

この成就文はつぎの第三十願の成就文と共通。

三〇　たとい我、仏を得んに、国の中の菩薩《ぼさつ》、智慧弁才《ちえべんさい》、もし限量《げんりょう》すべくんば、正覚を取らじ。

設我得仏、国中菩薩、智慧弁才、若可限量者、不取正覚。

第三十願「もし私が仏になったとき、私の浄土の菩薩たちが智慧と弁才にかぎりがないようにしたい。そうでなければ私は仏になりません」。

ここでいう「智慧」とは一切を知る智慧、「弁才」は第二十九願にある「四無碍弁」のこと。いずれも、衆生の煩悩を除滅するために、必須の条件なのであろう。利他と教化が無窮であることを願う。

第二十九願と第三十願の成就文

「無碍の智をもって人のために演説す。等しく三界を観わして、空にして所有なし。仏法を志求し、もろもろの弁才を具し、衆生の煩悩の患えを除滅す。如より来生して法の如如を解り、善く習滅の音声の方便を知りて、世語を欣ばず。楽いて正論にあり」（本書、三八四－三八五頁）。

三一　たとい我、仏を得んに、国土清浄《しょうじょう》にして、みなことごとく十方一切の無量無《む》数《しゅ》不可思議の諸仏世界を照見《しょうけん》せんこと、猶《なお》し明鏡《みょうきょう》にその面像を観《み》るがごとくならん。もし爾《しか》らずんば、正覚を取らじ。

設我得仏、国土清浄、皆悉照見、十方一切　無量無数　不可思議　諸仏世界、猶如明鏡　観其面像。若不爾者、不取正覚。

第三十一願「もし私が仏になったとき、私の浄土が清浄にして、十方世界にある、量り知ることができない不可思議な諸仏の世界を照らすようにしたい。たとえば、鏡に自分の顔がはっきりと映るように。そうでなければ私は仏になりません」。

この願から、「清浄」とは、たんに清潔で穢れがないという静的な状態ではなく、一切の世界を映し出すという能動的なはたらきがあることが分かる。世界の様子が分かるから、菩薩はその救済のために、自ら動いてやまないのだ。「安楽」とは、住人をして、そのようなはたらきに駆り立てる作用がそなわっている場所なのであろう。

それだけではない。あらゆる存在は相互に依存しあい、関係しあっているという事実は、清浄な場においてはじめて姿を見せる、ということでもあるのであろうか。

第三十一願の成就文（第二十七願と同じ）

「恢廓曠蕩として限極すべからず。ことごとく相雑廁して転た相入間せり。光赫焜耀にして、微妙奇麗なり。清浄に荘厳して、十方一切の世界に超踰せり」（本書、二九一頁）。

三二　たとい我、仏を得んに、地より已上《いじょう》、虚空に至るまで、宮殿《くでん》・楼観《ろうかん》・池流《ちる》・華《け》樹《じゅ》、国の中のあらゆる一切万物《まんもつ》、みな、無量の雑宝《ざつぽう》百千種の香をもって、しかも共に合成《ごうじょう》せん。厳飾奇妙《ごんじききみょう》にして、もろもろの人天に超《こ》えん。その香、普《あまね》く十方世界に薫《くん》ぜん。菩薩《ぼさつ》、聞かん者、みな仏行《ぶつぎょう》を修せん。もしかくのごとくならずんば、正覚を取らじ。

設我得仏、自地已上、至于虚空、宮殿楼観　池流華樹、国中所有　一切万物、皆以無量雑

宝　百千種香、而共合成。厳飾奇妙、超諸人天。其香普薫　十方世界。菩薩聞者、皆修仏行。若不如是者、不取正覚。

第三十二願「もし私が仏になったとき、地面から虚空にいたるまで、宮殿や楼観（物見のたかどの）、水の流れ、樹木など、国中の一切の万物が、みな、無量の珍宝と百千種類の妙なる香とからなり、その荘重、妙なる様子は、人間や天の世界に類ないものとしたい。そして、この妙なる香りがあまねく十方世界に薫じて、これを感じる者はすべて仏道を修めるようにしたい。そうでなければ私は仏になりません」。

今までは「名を聞く」ことによって、人々に仏道を歩ませる、という願いが主であったが、この願では、「香を聞く」という新しい方法が提案されている。

インドでは、昔から「香」は、宗教儀式において重要な役割を担ってきた。僧院の本堂には炉がきってあり、経を誦し、マントラ（「真言」）を称えた後に、かならず香をつまんで炉の火に投げ入れる、という。香は、人と神々を結ぶコミュニケーションの役割を果たしているのであろう。

第三十二願の成就文

「またその国土に七宝のもろもろの樹、世界に周満せり」（本書、三〇六頁）。
「また講堂・精舎・宮殿・楼観、みな七宝荘厳して〔以下略〕」（本書、三一五頁）。
「もろもろの羅網およびもろもろの宝樹を吹くに、無量微妙の法音を演発し、万種温雅の徳香を流布す。それ聞《か》ぐことあれば、塵労垢習、自然に起らず、風その身に触るるに、みな快楽を得」（本書、三三一頁）。

3　第三十三願から第四十八願まで

最後のグループは、今までの諸願をさらに特殊化し、あるいは対象を限定して、その願いを鮮明ならしめようとしている。ただ、注意を要するのは、あとでもふれるが、このグループの願の対象者が、多くの場合、「他方仏国土」にいる者たちであることだ。すでに、仏の教化のもとにある修行たちなのである。

しかも、願の多くは、阿弥陀仏の浄土に生まれることをすすめるよりは、阿弥陀仏の「名号」を聞けば、かぎりない功徳を得て、目下の仏道が充実するようになる、と教えている。

つまり、第三グループの諸願は、「安楽」への往生を勧めるよりは、「名号」の価値や絶対性を主張しているのである。それは、四十八願全体の目的が「名号」の価値を鮮明にすることにある、ということに関わるのであろう。

また、「聞名」のもとに、それぞれの仏道の価値を認める多様性を示している点は、看過できない。経典の終わりに、仏弟子たちが阿弥陀仏の説法を聞いた今、それぞれの仏道において、新たな目覚めを得るであろう、と結んでいることを思い起こさせる諸願である。

三三　たとい我、仏を得んに、十方無量不可思議の諸仏世界の衆生の類《るい》、我《わ》が光明《こうみょう》を蒙《こうぶ》りてその身に触《ふ》れん者、身心柔軟《しんじんにゅうなん》にして、人天に超過《ちょうか》せん。もし爾《しか》らずんば、正覚を取らじ。

設我得仏、十方無量　不可思議　諸仏世界　衆生之類、蒙我光明、触其身者、身心柔軟、超過人天。若不爾者、不取正覚。

第三十三願「もし私が仏になったとき、十方にある無量にして不可思議の諸仏世界にいる人々が、私の光明に照らされて、身も柔らかく、心も優しくなり、人や天人にも超えた存在になるようにしたい。そうでなければ私は仏になりません」。

第十二願において、阿弥陀仏は「光明無量」であることを誓っているが、この願は、そのはたらきの一つを明らかに示している。「身心柔軟」とは身心安楽のこと。

「身心柔軟」について、先輩はおよそつぎのように解説している。仏教入門の第一は、教えを素直に受け入れることだが、その素直さを「身心柔軟」という、と。そして、法然がもっとも嫌ったのが学者ぶった高慢さだが、その反対が「身心柔軟」であり、法然はそれを「一文不知」ともいった（真野正順・佐藤密雄『無量寿経講話』）、とある。

「成就文」には、「身心柔軟」になると、歓喜踊躍して「善心生ず」とある。

第三十三願の成就文

「無量寿仏を、無量光仏・無辺光仏・無碍光仏・無対光仏・焔王光仏・清浄光仏・歓喜光仏・智慧光仏・不断光仏・難思光仏・無称光仏・超日月光仏と号す。それ衆生ありて、この光に遇えば、三垢消滅し、身意柔軟にして、歓喜踊躍し善心を焉に生ず。もし、三塗・勤苦の処にありてこの光明を見たてまつれば、みな休息すること得て、また苦悩なけん。寿終りて後、みな解脱を蒙る」（本書、二九六頁）。

三四　たとい我、仏を得んに、十方無量不可思議の諸仏世界の衆生の類《るい》、我が名字《みょうじ》を聞きて、菩薩《ぼさつ》の無生法忍《むしょうぼうにん》、もろもろの深総持《じんそうじ》を得ずんば、正覚を取らじ。

設我得仏、十方無量　不可思議　諸仏世界　衆生之類、聞我名字、不得菩薩　無生法忍諸深総持者、不取正覚。

第三十四願「もし私が仏になったとき、十方世界の無量不可思議の諸仏世界の人々が、私の名号を聞いて、菩薩の無生法忍やもろもろのわけを記憶して忘れない、という智慧を得るようにしたい。そうでなければ私は仏になりません」。

「無生法忍」とは、「無生法」、つまり真理の道理を「忍」、悟ること。「忍」は、辞書によると、認める作用、特殊な智慧のはたらきを示す。智慧をもって、真如の道理を覚えること。「総持」とは、「陀羅尼」とか「呪」とも訳すが、忘失しない智慧をいう。

先輩たちは、この願を第十七願の別益とする。親鸞は、さきの第三十三願とあわせて、「入正定聚」の利益とする。

第三十四願の成就文

「それ心を至して安楽国に生まれんと願ずることある者は智慧明達し功徳殊勝なることを得べし」（本書、四一八頁）。

三五　たとい我、仏を得んに、十方無量不可思議の諸仏世界に、それ女人《にょにん》あって、我が名字《みようじ》を聞きて、歓喜《かんぎ》信楽《しんぎよう》し、菩提心《ぼだいしん》を発《おこ》して、女身《によしん》を厭悪《えんお》せん。寿《いのち》終りての後、また女像《によぞう》とならば、正覚を取らじ。

設我得仏、十方無量 不可思議 諸仏世界、其有女人、聞我名字、歓喜信楽、発菩提心、厭悪女身。寿終之後、復為女像者、不取正覚。

第三十五願「もし私が仏になったとき、十方世界の無数の不可思議の諸仏世界にいる女性たちが、仏の名号を聞いてよろこんで仏を信じ、浄土に往生したいと願って、女性の身を厭い嫌う。この人々が命終わり、浄土に生まれて、再び女性の身を受けることがないようにしたい。そうでなければ私は仏になりません」。

この願は、古来、「女人成仏の願」として有名である。文体は第十八願に似て、また第十八願の別益といわれる。

経典の作成者たちは、社会的に差別されてきた女性に対して特別の願を起こし、その成仏を強く願ったと考えられる。研究者のなかには、この願文を名指して、浄土仏教では、依然として女性差別が持続している証拠だ、と批判する向きもあるが、はたしてそうだろうか。

ちなみに、法然は四十八願の解説のなかで、とくに第三十五願に力を注いで説明している。法然はのべる。第十八願があるのだから、とくに女性を対象と限定する第三十五願の意味はどこにあるのか、と自問自答して、女性差別が染みついている社会では、女性たちは第十八願を聞いても、自分たちとは関係のない教えだとあきらめてしまうからだ、と。「明らかに女人に約せずは、即ち疑心を生ずむ」。「約す」とは即するということ。

加えて、法然は、日本の霊場・名刹が「女人禁制」となっていることに深い悲しみを示し、この願を「女人の苦を抜いて、女人に楽を与へる慈悲の御意の誓願」としている（『無量寿経釈』）。また、室津の遊女に示した言葉として、「女人はこれ本願の正機也」ともある。

およそ、大乗仏教の経典には、「女人成仏」は説かれても「女身成仏」は説かれていないという。法然が引用する善導も、女性の往生は、臨終に際して称名することにより、「女身を転じて男子となる」ことができるからだとのべて、「女身」のままの往生までは説いていない。この点、法然の第三十五願の理解は、そうした「変成男子」の思想を否定して、一歩踏み込んでいる、といえるのではないか。

第三十五願の「成就文」としてはすでに記した、浄土の聖衆は「非天非人」であり、「虚無の身、無極の体」であるという箇所（本書、三三二頁）などがあげられよう。

三六　たとい我、仏を得んに、十方無量不可思議の諸仏世界のもろもろの菩薩衆《ぼさつじゅ》、我《わ》が名字《みょうじ》を聞きて、寿《いのち》終わりての後、常に梵行《ぼんぎょう》を修して、仏道を成るに至らん。もし爾《しか》らずんば、正覚を取らじ。

設我得仏、十方無量　不可思議　諸仏世界　諸菩薩衆、聞我名字、寿終之後、常修梵行、至成仏道。若不爾者、不取正覚。

第三十六願「もし私が仏になったとき、十方世界にある無量の不可思議な諸仏世界のもろもろの菩薩たちが、私の名を聞いて命終われば、つねに清浄な戒法を修行して仏になるようにすすめたい。そうでなければ私は仏になりません」。

他国の菩薩は、清らかな行（戒律など）をいくら実践しても、生まれ変われば、修行が退歩することもある。こうした、前世の功徳を持続できない菩薩のために、阿弥陀仏の名号を聞くことによって、菩薩の修行が退歩せずに続き、ついに、成仏にいたることを約束するのが、この願である。

またこの願は、第二十二願によって生じる利益ともいわれる。

第三十六願の成就文

「もろもろの煩悩を滅し、悪趣を離るる心のみなり。一切の菩薩の所行を究竟せり。無量の功徳を具足し成就せり。〔中略〕常に能くその大悲を修行せる者なり。深遠微妙にして覆載せざることなし。一乗を究竟して彼岸に至る」（本書、三八二―三八七頁）。

三七　たとい我、仏を得んに、十方無量不可思議の諸仏世界の諸天人民《しょてんじんみん》、我《わ》が名字《みようじ》を聞きて、五体を地に投げて、稽首作礼《けいしゅさらい》し、歓喜信楽《かんぎしんぎよう》して、菩薩《ぼさつ》の行を修せん。諸天世人、敬《うやま》いを致《いた》さずということなけん。もし爾《しか》らずんば、正覚を取らじ。

設我得仏、十方無量　不可思議　諸仏世界　諸天人民、聞我名字、五体投地、稽首作礼、歓喜信楽、修菩薩行。諸天世人、莫不致敬。若不爾者、不取正覚。

第三十七願「もし私が仏になったとき、十方にある無量の不可思議の諸仏の世界にいる天人や人間が、私の名を聞いて、五体投地という最上の礼拝をして仏を喜んで信じ、菩薩の行を修するに、梵天や帝釈天など諸天や国王、大臣など世の人々の尊敬を得るようにしたい。そうでなければ私は仏になりません」。

この願は、修行の最中に人々に軽蔑されて、修行を途中で放棄する菩薩を哀れんで建てられたという（坪井、一八三頁）。

だからこそ、この願は、名号を信じる者は、神々をはじめ世の人々から敬われることを示す。そうした尊敬を得ることによって、菩薩行が深まるのであろう。

また、この願は第十一願の別願といわれる。

三八　たとい我、仏を得んに、国の中の人天、衣服《えぶく》を得んと欲《おも》わば、念に随《したが》いてすなわち至らん。仏の所讃《しょさん》の応法《おうほう》の妙服《みょうぶく》のごとく、自然《じねん》に身にあらん。もし裁縫《さいふ》・擣染《とうぜん》・浣濯《かんだく》することあらば、正覚を取らじ。

設我得仏、国中人天、欲得衣服、随念即至。如仏所讃　応法妙服、自然在身。若有裁縫擣染浣濯者、不取正覚。


第三十八願「もし私が仏になったとき、私の国にいる人々が衣服を欲すれば、心の思いのままにすぐあらわれ、法にかなった衣服が自然に着られる。そしてこれらは裁縫、晒し、染め、洗濯をする必要がないようにしたい。そうでなければ私は仏になりません」。

この願は、衣服のために心身を悩まして、はては罪を造るにいたる菩薩たちを哀れんで、建てられたという（坪井、一八三頁）。

第二十七願の、とくに衣服に絞った願であろうか。「応法妙服」は袈裟のこと。「応法」

は仏法の通りに仕立てた、という意味。仏教では、袈裟は、形・色・量を釈尊の定められた作法によってつくる。「応法の妙服」が得られるのは仏教徒として大きな喜びであろう。

第三十八願の成就文

「無量寿国のそのもろもろの天人、衣服・飲食・華香・瓔珞・繒蓋・幢旛・微妙の音声・所居の舎宅・宮殿・楼閣、その形色に称う。高下大小なり。あるいは一宝・二宝、乃至、無量の衆宝、意の所欲に随いて、念に応じてすなわち至る」（本書、三三〇頁）。

三九　たとい我、仏を得んに、国の中の人天、受けんところの快楽《けらく》、漏尽比丘《ろじんびく》のごとくならずんば、正覚を取らじ。

設我得仏、国中人天、所受快楽、不如漏尽比丘者、不取正覚。

第三十九願「もし私が仏になったとき、私の国にいる人々が受ける快楽は、あたかも煩悩を断じ尽くした阿羅漢（漏尽比丘）のようにしたい。そうでなければ私は仏になりません」。

この願は、刹那の快楽にとらわれる人々を哀れんで、建てられたという。「安楽」（浄土）で受けるところの快楽は、執着を生ぜず、心、常に安楽を得るという。第二十七願の別益ともいわれる。

さきにものべておいたように、阿弥陀仏がその国を設けるのは、仏道修行の環境を整えて、修行を容易ならしめるためであり、世俗の欲望を実現するためではない。だからこそ、中国の浄土教思想家・曇鸞は、「安楽」に記述されている快楽を、あたかも現世の快楽のように誤解して、それゆえに「安楽」に生まれようと願うことを批判している。

第三十九願の成就文

「塵労垢習、自然に起こらず、風その身に触るるに、みな快楽を得。たとえば比丘の滅尽三昧を得るがごとし」（本書、三三二頁）。

四〇　たとい我、仏を得んに、国の中の菩薩《ぼさつ》、意《こころ》に随《したが》いて十方無量の厳浄《ごんじょう》の仏土を見んと欲《おも》わん。時に応じて願のごとく、宝樹《ほうじゅ》の中《うち》にして、みなことごとく照見せんこと、猶《なお》し明鏡《みようきよう》にその面像を観《み》るがごとくならん。もし爾《しか》らずんば、正覚を取らじ。

設我得仏、国中菩薩、随意欲見　十方無量　厳浄仏土。応時如願、於宝樹中、皆悉照見、

猶如明鏡　覩其面像。若不爾者、不取正覚。

第四十願「もし私が仏になったとき、私の国にいる菩薩が自由に十方世界の、無量の清らかな仏土を見たいと思えば、のぞみ通りに、ただちに極楽の宝樹のなかに、明らかに見ることができるようにしたい。たとえば、鏡に自分の顔を映してみるように。そうでなければ私は仏になりません」。

ある仏国では、他の仏土を思いのままに見ることができない、という。法蔵はそのことを哀れんで、この願を建てたという（坪井、一八五頁）。随意に、十方国土を照見せしめんとする願いで、第三十一願の別益といわれる。

第四十願の成就文は第四十二願の成就文と同じ。

四一　たとい我、仏を得んに、他方国土のもろもろの菩薩衆《ぼさつしゅ》、我《わ》が名字《みょうじ》を聞きて、仏を得んに至るまで、諸根闕陋《しょこんけつる》して具足《ぐそく》せずんば、正覚を取らじ。

設我得仏、他方国土　諸菩薩衆、聞我名字、至于得仏、諸根闕陋、不具足者、不取正覚。

第四十一願「わたしが仏になったとき、他方国土にいる菩薩たちが、私の名を聞いて仏道を修行し、悟りにいたるまで、眼・耳・鼻・舌・身・意の六根が欠けないようにしたい。そうでなければ私は仏になりません」。

すでに、菩薩道を歩んでいる人々への励ましなのであろうか。悟りにいたるまでの間、菩薩の感覚器官の具備を保証するという。『倶舎論』によると、仏道の修業期間は、きわめて長期にわたるとされており、その間、病などによって目的を達成できない修行者もあるため、こうした願が設けられたのではないか、という解説もある（松原祐善『無量寿経に聞く』）。

第十七願の別益ともいう。

四二　たとい我、仏を得んに、他方国土のもろもろの菩薩衆《ぼさつしゅ》、我《わ》が名字《みょうじ》を聞きて、みなことごとく清浄《しょうじょう》解脱《げだつ》三昧《さんまい》を逮得《たいとく》せん。この三昧に住して、一意《ひとたびこころ》を発《おこ》さん頃《あいだ》に、無量不可思議の諸仏世尊《せそん》を供養《くよう》したてまつりて、しかも定意《じょうい》を失せじ。もし爾《しか》らずんば、正覚を取らじ。

設我得仏、他方国土　諸菩薩衆、聞我名字、皆悉逮得　清浄解脱三昧。住是三昧、一発意頃、供養無量　不可思議　諸仏世尊、而不失定意。若不爾者、不取正覚。

第四十二願「もし私が仏になったとき、他方国土のもろもろの菩薩衆が、私の名を聞いて、清浄な悟りの境地に入る瞑想を得て、その瞑想のなかで、きわめて短時間に、十方の無量の仏たちに供養を捧げても、瞑想の心が散乱することのないようにしたい。そうでなければ私は仏になりません」。

この願は、ある仏土では、「事」（現象、現実）と「理」（本体、本質）が融合せずに、苦しむ菩薩がいるので、そうした菩薩を救うために建てられたという（坪井、一八六頁）。「清浄解脱三昧」とは、清浄なる「定心」。「定」には「浄定」と「味定」の別があり、後者は「定」に執着する煩悩をふくむ。ここでは、「浄定」の意味。したがって、諸仏を「供養」しても、その「定」が失われない。つまり、瞑想（「定」）という「静」と、供養という「動」が相反せずに両立するということか。「事」と「理」の融合ということにもなろう。

「定」中の「供養」、つまり、身体は瞑想にあって、そのなかで身体を動かさずに、諸仏を供養するということが、同時に成立すること、それが菩薩の修行では求められているのであろう。

後の第四十五願の「普等三昧」と対照的な願である。

第四十二願の成就文

「かの国の菩薩は、仏の威神を承けて、一食の頃に十方無量の世界に往詣して、諸仏世尊を恭敬し供養せん」（本書、三七八頁）。

四三　たとい我、仏を得んに、他方国土のもろもろの菩薩衆《ぼさつしゅ》、我《わ》が名字《みょうじ》を聞きて、寿《いのち》終わりての後、尊貴《そんき》の家に生まれん。もし爾《しか》らずんば、正覚を取らじ。

設我得仏、他方国土　諸菩薩衆、聞我名字、寿終之後、生尊貴家。若不爾者、不取正覚。

第四十三願「もし私が仏になったとき、他方国土の菩薩たちが、私の名を聞いて、命終わって後に、身分の高い家や、財産のある家に生まれ変わるようにしたい。そうでなければ私は仏になりません」。

この願はもと、生まれ変わりの過程で、いつも下賤な身に生まれる菩薩を哀れんで、建てられたという（坪井、一八六頁）。

現代の視点からいえば、カーストによる精神的束縛を除く、宗教的手段として生まれた願であろうか。利他の活動に役立つ配慮ともいえる。世間的に恵まれた立場の方が、教化活動がしやすいということなのであろうか。古代インドの社会的風潮が反映されているのであろう。

四四　たとい我、仏を得んに、他方国土のもろもろの菩薩衆《ぼさつしゅ》、我《わ》が名字《みょうじ》を聞きて、歓喜踊躍《ゆやく》して、菩薩《ぼさつ》の行を修し、徳本《とくほん》を具足せん。もし爾《しか》らずんば、正覚を取らじ。

設我得仏、他方国土　諸菩薩衆、聞我名字、歓喜踊躍、修菩薩行、具足徳本。若不爾者、不取正覚。

第四十四願「もし私が仏になったとき、他方の国々にいる菩薩たちが、私の名を聞いて、歓喜して躍り上がり、菩薩の行を修して、功徳のもとを円満に具足するようにしたい。そうでなければ私は仏になりません」。

菩薩が「六波羅蜜」や「十波羅蜜」の行を実践するとき、それらが難行であるために怠惰の心がおこりやすいから、阿弥陀仏の名号を聞かせて、その利益により、「悟り」まで無事に修行を続行させせようという願いか。

四五　たとい我、仏を得んに、他方国土のもろもろの菩薩衆《ぼさつしゅ》、我《わ》が名字《みようじ》を聞きて、みなことごとく普等三昧《ふとうさんまい》を逮得《たいとく》せん。この三昧《さんまい》に住して、成仏《じようぶつ》に至るまで、常に無量不可思議の一切の諸仏を見たてまつらん。もし爾《しか》らずんば、正覚を取らじ。

設我得仏、他方国土　諸菩薩衆、聞我名字、皆悉逮得　普等三昧。住是三昧、至于成仏、
常見無量　不可思議　一切諸仏。若不爾者、不取正覚。

第四十五願「もし私が仏になったとき、他方の国々にいる菩薩たちが、わたしの名を聞いて、みな、無量の諸仏を等しく見るという瞑想に入り、この瞑想のなかにあって悟りを得るまで、つねに無量の諸仏を見るようにしたい。そうでなければ私は仏になりません」。

名号を聞いた菩薩が、無量の諸仏を等しく見る「三昧」（瞑想）に入り、悟りを得るまで、それが持続するための願い。第四十二願の「分別三昧」に対応する。

四六　たとい我、仏を得んに、国の中の菩薩《ぼさつ》、その志願に随《したが》いて、聞かんと欲《おも》わんところの法、自然《じねん》に聞くことを得ん。もし爾《しか》らずんば、正覚を取らじ。

設我得仏、国中菩薩、随其志願、所欲聞法、自然得聞。若不爾者、不取正覚。

第四十六願「もし私が仏になったとき、私の国にいる菩薩たちが、その願いにしたがって、聞きたいと思う教えを、自由に聞くことができるようにしたい。そうでなければ私は仏になりません」。

ある仏土の菩薩は、仏法を聞く機会がきわめて少なく、ある仏土では、意のままに教えを聞くことができる。そこで、法蔵は、自由に教えを聞くことができないものを哀れんで、この願を建てたという（坪井、一八八頁）。

第四十六願の成就文

「波揚がりて無量なり。自然の妙声、その所応に随いて聞えざる者なけん。〔以下略〕」（本書、三一七頁）。

四七　たとい我、仏を得んに、他方国土のもろもろの菩薩衆《ぼさつしゅ》、我《わ》が名字《みょうじ》を聞きて、すなわち不退転に至ることを得ずんば、正覚を取らじ。

設我得仏、他方国土　諸菩薩衆、聞我名字、不即得至　不退転者、不取正覚。

第四十七願「もし私が仏になったとき、他方の国々にいる菩薩たちが、わたしの名を聞いて、不退転の位に入るようにしたい。そうでなければ私は仏になりません」。

この願は、ある仏土の菩薩のなかには、修行を途中で廃するものがいるので、彼らのために、修行から退失しないように、と願って建てられたという（坪井、一八八頁）。

四八　たとい我、仏を得んに、他方国土のもろもろの菩薩衆《ぼさつしゅ》、我《わ》が名字《みようじ》を聞きて、すなわち第一・第二・第三法忍《だいさんぼうにん》に至ることを得ず、諸仏の法において、すなわち不退転を得ること能《あた》わずんば、正覚を取らじ」。

設我得仏、他方国土　諸菩薩衆、聞我名字、不即得至　第一第二第三法忍、於諸仏法、不能即得　不退転者、不取正覚。

第四十八願「もし私が仏になったとき、他方の国々にいる菩薩たちが、わたしの名を聞いて、音響忍や柔順忍、無生法忍を悟り、仏たちが得られた真理の道から退失することがないようにしたい。そうでなければ私は仏になりません」。

「聞名」の菩薩が「三法忍」を得ることができるように、との願。「忍」は「確かに思い定めたこと」で、「音響忍」は仏や菩薩の声によって悟ること、「柔順忍」は真理にしたがって逆らわないこと。「無生法忍」は真理を悟って心に動揺のないこと。いずれも菩薩の修行の位に応じて生まれる智慧で、「音響忍」から「柔順忍」へ、さらに「無生法忍」へと進むという（柏原、一八九頁）。

第四十八願の成就文
「阿難、もしかの国の人天、この樹を見るもの、三法忍を得。一つには音響忍、二つには柔順忍、三つには無生法忍なり」（本書、三一三頁）。

4　「四十八願」のまとめ

四十八願の対象となるものは、願文からすると、つぎの十種になる。
①国中（阿弥陀仏の浄土）の人天（二、三、四、五、六、七、八、九、十、十一、十五、十六、二十一、二十七、三十八、三十九の各願）
②国中の菩薩（二十三、二十四、二十五、二十六、二十八、二十九、三十、三十六、四十、四十

六の各願）
③国中の声聞（十四願）
④十方の衆生（十八、十九、二十の各願）
⑤他方国土の菩薩（四十一、四十二、四十三、四十四、四十五、四十七、四十八の各願）
⑥諸仏世界の諸天・人民（三十三、三十四、三十五、三十七の各願）
⑦他方仏土の諸菩薩（二十二願）
⑧十方世界の諸仏（十七願）
⑨阿弥陀仏本人（十二、十三の各願）
⑩阿弥陀仏の国土（一、三十一、三十二の各願）

阿弥陀仏が自らの国土（「安楽」）や自分のあり方を誓っている願（一、十二、十三、三十一、三十二）を別にすると、対象の種別は、「人・天」、「声聞」、「菩薩」、「諸仏」になる。そしてそれらの所在地として、(a)阿弥陀仏の国土のなかにすでに住むもの、(b)この世で、「安楽」を願っているもの（これから浄土に生まれようとするもの）、(c)この世ではない他方の国土にいるもの、(d)阿弥陀仏以外の仏たちの国土にいるもの、の四種類に分かれる。もう少し整理すると、現世（この世と他方国土をふくめて）か、阿弥陀仏の国か、諸仏の国か、の三種となろう。

私たちを直接対象としている願は、④の「十方世界の衆生」である。私たちが「安楽」

に生まれたいと思うのであれば、この三願がたよりとなる。法然以来、第十八願が中心となってきたのも当然であろう。

阿弥陀仏の国土である「安楽」にすでにいるもの（①）、あるいは生まれんとしているもの（②）は、将来の私たちである。一方、「他方国土の菩薩」や「諸仏世界の諸天・人民」は、かならずしも阿弥陀仏の国に生まれることは要求されていない。むしろ彼らは、「名号を聞く」ことによって、種々の功徳が得られる、とのべられている。

なぜならば、彼らは、すでに「菩薩」の修行の途上にある人々であり、また、すでに「諸仏」の存在する世界に住んでいるからだ。もちろん、阿弥陀仏の国に生まれてくることは歓迎されている。第二十二願では、そうした菩薩は、必ず悟りに到達できると約束されている。

ということは、私たちとしては、まず三つの願をわがものとすることが先決だということになろう。その上で、私たちが赴く阿弥陀仏の国土がどのような性格の世界か、また、仏としての活動がどのようなものであるのかを知って、安心することになる。

あるいは、阿弥陀仏の国に生まれる確信を得ると、現世での仏教徒としての活動に目が開かれてくるが、そのとき、「他方国土の菩薩」や「諸仏世界の諸天・人民」に願われている名号の功徳、名号の絶対的価値がその活動の源となるであろう。

要するに、四十八願の目的は、阿弥陀仏の名＝「名号」のもつ絶対的価値を示す点にあるのであるから、その「名号」に生きる念仏者は、最終的に阿弥陀仏の願いを、暮らしの基準として生きることになる。

歴史的にいえば、「他方国土の菩薩」や「諸仏世界の諸天・人民」は、大乗仏教、とくに浄土仏教に対立する、あるいは、それを求めない仏教徒たちの存在を念頭においているのであろう。そうした、考えの違う仏教徒たちに対して、阿弥陀仏を信じる人々が、阿弥陀仏の誓願の普遍性、包容性を知らしめるために、私がいう第三グループの諸願を発したのではなかろうか。

5 「三誓偈」(「重誓偈」)

仏、阿難に告《つ》げたまわく、「その時に法蔵比丘《ほうぞうびく》、この願を説き已《おわ》りて頌《じゅ》を説きて曰《い》わく、

仏告阿難。爾時法蔵比丘、説此願已、而説頌曰。

釈尊は阿難にお話になった。「世自在王仏の前で、四十八にのぼる誓願をのべ終わった法蔵は、詩句をもってつぎのように詠った」、と。

詩句は、四十八願を総括する内容なので、昔から以下の偈文を「重誓偈」とか「三誓

偈」、あるいは「四誓偈」とよばれている。

経典では、散文で述べられた内容のなかで、とくに重要な点を詩句の形式でくり返すのが定型である。現在の浄土宗や真宗では、『無量寿経』中にある、こうした「偈」だけを取り出して、日常の勤行としている。

なお、解説の便宜上、偈の詩句の冒頭に数字をふる。まず「三誓偈」全体を記す。

①我、超世《ちょうせ》の願を建《た》つ、必ず無上道に至らん、この願満足せずは、誓う、正覚を成らじ。
②我、無量劫《こう》において、大施主《だいせしゅ》となりて普《あまね》くもろもろの貧苦《びんぐ》を済《すく》わずは、誓う、正覚を成らじ。
③我、仏道を成るに至りて、名声《みょうしょう》十方に超《こ》えん。究竟《くきょう》して聞ゆるところなくは、誓う、正覚を成らじ。
④離欲《りよく》と深正念《じんしょうねん》と、浄慧《じょうえ》と梵行《ぼんぎょう》を修して、無上道を志求《しぐ》して、もろもろの天人の師《し》とならん。
⑤神力《じんりき》、大光を演《の》べて、普《あまね》く無際の土《ど》を照らし、三垢《さんく》の冥《みょう》を消除して、広くもろもろの厄難《やくなん》を済《すく》わん。

⑥かの智慧《ちえ》の眼《まなこ》を開きて、この昏盲《こんもう》の闇《あん》を滅《めつ》せん。もろもろの悪道を閉塞《へいそく》して、善趣《ぜんしゅ》の門を通達《つうだつ》せん。

⑦功祚《こうそ》、成満足《じょうまんぞく》して、威曜《いよう》十方に朗《ほが》らかならん。日月重暉《にちがつじゅうき》を戢《おさ》めて、天の光も隠《かく》れて現ぜじ。

⑧衆《しゅう》のために法蔵《ほうぞう》を開きて、広く功徳《くどく》の宝を施《せ》せん。常に大《だい》衆の中にして、法を説きて師子吼《ししく》せん。

⑨一切の仏を供養《くよう》したてまつり、もろもろの徳本を具足せん。願慧《がんね》ことごとく成満《じょうまん》して、三界《さんがい》の雄《おう》たることを得たまえり。

⑩仏の無碍《むげ》の智《ち》のごとく、通達《つうだつ》して照らさざることなからん。願わくは我《わ》が功慧《くえ》の力、この最勝の尊《そん》に等しからん。

⑪この願、もし剋果《こっか》すべくは、大千感動すべし。虚空のもろもろの天人、当《まさ》に珍妙《ちんみょう》の華《はな》を雨《ふ》らすべし」。

①我建超世願　必至無上道　斯願不満足　誓不成正覚
②我於無量劫　不為大施主　普済諸貧苦　誓不成正覚
③我至成仏道　名声超十方　究竟靡所聞　誓不成正覚

④離欲深正念　浄慧修梵行　志求無上道　為諸天人師
⑤神力演大光　普照無際土　消除三垢冥　広済衆厄難
⑥開彼智慧眼　滅此昏盲闇　閉塞諸悪道　通達善趣門
⑦功祚成満足　威曜朗十方　日月戢重暉　天光隠不現
⑧為衆開法蔵　広施功徳宝　常於大衆中　説法師子吼
⑨供養一切仏　具足衆徳本　願慧悉成満　得為三界雄
⑩如仏無礙智　通達靡不照　願我功慧力　等此最勝尊
⑪斯願若剋果　大千応感動　虚空諸天人　当雨珍妙華

（一）四十八願の要約として「三誓」がなされる（①から③まで）
①我、超世の願を建つ、必ず無上道に至らん、この願満足せずは、誓う、正覚を成らじ。
②我、無量劫において、大施主となりて普くもろもろの貧苦を済わずは、誓う、正覚を成らじ。
③我、仏道を成るに至りて、名声十方に超えん。究竟して聞ゆるところなくは、誓う、正覚を成らじ。

「三誓偈」（「重誓偈」）は、四十八願をあらためて三か条に要約する。数字でいうと、①から③までである。

①は、今までにない、世に超えた願いを建てて、必ず「無上道」（悟り）にいたる、という覚悟を示し、②は、いつ果てるともわからない、はるかな未来にいたるまで、大施主（恵みをもたらす人）となって、一切の「貧苦」（「貧窮」とするテキストもある）を救う、という誓いであり、③は、仏になった暁には、わが名が十方に響き渡り、聞こえないところがないようにしたい、という誓いである。

第一の「超世の願を建つ」という誓いは、それまでの仏教とまったく異なる、新しい仏教の樹立を宣言している箇所とも解釈できよう。「超世」とは、世に超えて勝れた、という意味であろう。そのために、「無上道」に達することが不可欠だとのべる。「無上」は文字通り、この上のない、ということ。「道」は、ここでは、「菩提」、つまり仏の悟りをいう。

なぜ誓いを実現するために、「無上道」が必要なのか。それは、「仏の悟り」のみが、一切の世界のあり方を知る智慧をもたらすからである。誓いを「因」とすると、それを「果」にまでもたらすには、「縁」が不可欠である。その「縁」の最大が仏道修行にほかならない。

「行」が「縁」を生み、それが他の「縁」に影響を及ぼす。その無数の相互関係のなかで諸条件が熟して、誓いは成就されてゆくのである。誓いの成就は、同時に、一切の存在のあり方を知る智慧の獲得をも意味する。つまり、「仏」になることと、誓いが成就することは同時なのである。古来、およそ菩薩の「願」は、「行」によってのみ成し遂げられるといわれる所以であろう。以下の④の詩句において、それが具体的に強調されている。そして、「無上道」に達した結果生まれる、新しい仏教の中身が、つぎの二つの誓いとなる。

とくに、第二の「為大施主普済諸貧苦」は、大事な点である。今までは、「もろもろの貧苦」を、智慧の貧しき者、能力の弱い者が招く苦しみ、という精神的な意味に限定して解釈されることが普通であった。だが、果たしてそれでいいのだろうか。

というのも、「貧苦」の最大は、経済的な貧しさだからである。その経済的貧しさに目をつぶって、「貧苦」を精神的な内容に限定するのは、あきらかに、現実と向き合うことを拒む、あるいは、現実と意図的に遊離しようとする解釈になるのではないか。

そもそも、歴史的人物であるゴータマ・ブッダは、空腹に苦しむ者には、教えは説かなかったという。そこには、釈尊の話を聞く余裕がないからだ。つまり、人が求道心を起こすには、一定の経済的条件が整っていることが不可欠なのである。こうした、経済的条件への配慮を無視するかのような風潮が広がったのは、仏教が出家者中心となって発展したからであろう。

在家の人間を主とする仏教が興ってくるにつれて、経済の問題は、仏教の大きなテーマになるはずであった。「三誓偈」(「重誓偈」)の冒頭にある第二の文章は、仏教が出家者のための教えから、在家の人々のための教えに転換したことを、よく示しているのではないか。

サンスクリット本では、「多くの貧しい者に、多くの尊い麗しきもの（＝財）が存在しないならば」（岩波文庫、五〇頁）、とある。また、『如来会』の、「三誓偈」に相当する偈文には、「常行の施に堪え、広く貧窮を済いて、諸の苦を免れしめて、世間を利益して安楽ならしめずば、救世の法王と成らず」（『真聖全』、一九四頁）、とある。ここにははっきりと、困窮する経済状況の打破が明記されている。

また、近年の念仏者も、菩薩の役割として「社会的障害の除去」に努める必要を力説している。「社会悪が人々の心を汚濁している時はその浄化につとめねばなりません」（真野正順・佐藤密雄『無量寿経講話』、一八頁）、と。

第三に、阿弥陀仏の「名」が、全世界の果てにまで聞こえることを誓っている点も、重要だ。「名声《みょうしょう》」は、世俗的に読めば「名誉」になるが、ここでは、阿弥陀仏の「名」そのものをあらわす。「超十方」の「超」は、「超越」ではなく、「超過」の意味で、十方をはるかに過ぎてひろがる、ということである。

なぜ、「名」が重要なのか。それは、阿弥陀仏が、その「大きな物語」のはじめから、「光明」と「名」となって、全世界の人々を救済すると誓っている仏だからである。『大阿弥陀経』では、「名」は「声」とも示されており、親鸞は、その「声」に「ミナ」と振り仮名をつけていることは、さきに紹介した。以下、大切な点なのでくり返しておきたい。
曇鸞は、阿弥陀仏の国（浄土）の特性の一つとして、「妙声」がそなわっていることをあげる。「妙声」の「妙」はすぐれたという意味で、「声」は「名」であるが、「妙声」によって、人々が悟りへいたることができる、と強調している。曇鸞のこの一文のなかに、「名悟物」という句があるが、「名」が「物」（衆生のこと）をして「悟らしめる」という（『浄土論註』『浄土真宗聖典』七祖篇、六九頁）。

「名」が私たちを「悟りの世界」へ導くということは、法然や親鸞においては、きわめて重要な考え方で、いわば、その念仏至上主義を生み出している根拠となっている。

親鸞の場合、『教行信証』の行巻において、「以名接物」（「名を以て物を接す」）という元照律師の文章が引用されるが、それは、曇鸞の右の一句を引き継ぐ内容であろう。

要は、阿弥陀仏は「名」となって、私たちにあらわれる仏だという点にある。それゆえに法然は、阿弥陀仏は、その名を称（唱）えるときにだけ存在する、と教えるのである。

（二）そのための修行を確認する

④離欲と深正念と、浄慧と梵行を修して、無上道を志求して、もろもろの天人の師とならん。

「離欲」は、欲を離れること、「深正念」は、深い精神の集中のこと、「浄慧」は、智慧を浄化すること、「梵行」は、いわば清純な暮らしのこと。これらを修して、「無上道」（悟り）を「志求」（志して求める）して、もろもろの天人の師となりたい、という。

ここでも、ふたたび、「無上道」にいたる修行への強い意志が繰り返されている。のちの⑨の詩句と一対をなしている。

（三）以下の⑤から⑧までの詩句は、法蔵が仏となったとき、どのような働きをしたいと願っているかが、表明されている

一つは「大光明」となること、他は「名」（名号）になること、である。

⑤神力、大光を演べて、普く無際の土を照らし、三垢の冥を消除して、広くもろもろの厄難を済わん。

「神力」は、仏の不思議な力のこと、「大光」は、大光明のこと。「演べる」とは、放つこと。「無際の土」とは、果てしない仏たちの世界、それを照らし、「三垢の冥」を消除する。「三垢」は、三毒、つまり、貪り・瞋り・迷妄のことで、それらを「冥」（くらさ）にたとえる。そのことによって、「広くもろもろの厄難を済わん」という。

⑥かの智慧の眼を開きて、この昏盲の闇を滅せん。もろもろの悪道を閉塞して、善趣の門

を通達せん。

「かの智慧の眼を開きて」、この「昏盲」（愚かさのたとえ）の闇を滅す。もろもろの「悪道」（地獄、餓鬼、畜生の三悪道）を閉じて、「善趣」（修羅、人、天人を六道のなかの三善道という）の門を開こう。

ここにいう「悪道」も「善趣」も、ともに「六道」であり、「輪廻」の世界であることには変わりはない。にもかかわらず、両者を区別して「善趣」を評価するのはなぜか。それは、「阿修羅、人、天」のいずれかに生まれたならば、仏になるための修行の継続が可能だと考えられていたからである。

「閉塞諸悪道通達善趣門」の英訳はつぎのようになっている。

I will close down the paths leading to unfortunate rebirths. I will help others pass through this gate which opens to the approaches to fortunate rebirths.（ゴメス、一七三頁）

⑦功祚、成満足して、威曜十方に朗かならん。日月重暉を戢めて、天の光も隠れて現ぜじ。

「功祚」の「功」は、法蔵の菩薩としての修行の成果のこと、「祚」は、もとは天子の位のことだが、ここでは仏になること。「功祚」が「成満する」とは、法蔵時代の修行が完成して仏としての智慧と慈悲が満ちること。

「威曜」は、仏の不思議な威力の輝きのこと。「朗か」は、くもりがなく、すがすがしいこと。「日月重暉を戢めて」の「重暉」は、「日・月の光」、「暉」は「ひかり」、「かがやき」。

「戢」は、「やめる」、「しまう」の意味。日月の光も暗くなること。「天の光」は、天の神々の光のこと、それらも隠れてあらわれない、という。
⑧衆のために法蔵を開きて、広く功徳の宝を施せん。常に大衆の中にして、法を説きて師子吼せん。
「法蔵」は、ここでは菩薩の名前ではなく、教えを収める蔵《くら》のことで、真宗系統の解釈では、一切の徳を包蔵している名号を指すとする。衆生のために、その蔵を開いて、中にある勝れた教えを人々に施す、というのが素直な読み方であろう。

「功徳の宝」も、一般には、功徳をもたらす教え、という意味だが、真宗系統では、「名号」に限定する。その教えを人々のために施して、「常に大衆の中にして、法を説きて師子吼せん」と願う。「師子吼」は、仏の説法の様子。百獣の王である獅子が吼えると他の動物が従うさまに譬える。
(四) そのための修行の確認
⑨一切の仏を供養したてまつり、もろもろの徳本を具足せん。願慧ことごとく成満して、

三界の雄たることを得たまえり。

一切の仏を供養する、という「供養」は、もとは「奉仕する」という意味であったが、ここでは、一切の仏を礼拝し、その教えを聞くことをいう。「徳本」は、「徳」のもと、善根功徳のことで、「具足」は、それらを積み行うこと。

「願慧」の「願」は、法蔵菩薩の「願い」、「慧」は、仏になったときの智慧のことで、「成満する」とは、それらを完全に成就すること。「三界」は、「欲界・色界・無色界」のことで、その「雄」とは、仏のこと。誓願と智慧を完全に成就して、全世界の雄者たろうとする。

④の詩句において、法蔵菩薩の修行への強固な意志が表明されたが、ここで、再度、「三界の雄」となるための修行とその決意がのべられている。④と⑨は対になっている。

(五) 以下は、師の世自在王仏と等しくなることの証明を請う

⑩仏の無碍の智のごとく、通達して照らさざることなからん。願わくは我が功慧の力、この最勝の尊に等しからん。

「仏」とは、「世自在王仏」のこと。「無碍の智」とは、四種の自由自在な智慧のこと。「通達して照らさざることなからん」とは、十方に通って照らさないところがないようにしたい、ということ。「功慧」は、功徳と智慧のこと。「最勝の尊」は、「世自在王仏」の

こと。

師匠の「世自在王仏」のように、無碍自在の智慧を得て、一切のものに通達して、広く世界を照らしたい、というのである。

(六) 誓願実現の証を請う

⑪この願、もし剋果すべくは、大千感動すべし。虚空のもろもろの天人、当に珍妙の華を雨らすべし」。

「剋果」は、結果を得ること、「剋」は刻み付けること。「大千」は、「三千世界」のことで、仏教がいう全宇宙のこと。「感動」は、震動すること。「珍妙の華」とは、「曼荼羅華」や「曼珠沙華」のこと。この華は、見るだけで悪業から離れられるという。

四十八願が成就されるならば、世界は感動して、虚空の天人たちは「珍妙の華」を雨のごとく降らして、願が成就したことを証明してほしい、というのである。

第四講　「四十八願」の実現

1　法蔵の修行とその成果

仏、阿難《あなん》に告《つ》げたまわく、「法蔵比丘《ほうぞうびく》、この頌《じゅ》を説き已《おわ》るに、時に応じて普《あまね》く、地、六種に震動《しんどう》す。天より妙華《みょうけ》を雨《ふ》りて、もってその上に散ず。自然《じねん》の音楽、空《そら》の中にして讃《ほ》めて言《い》わく、「決定《けつじょう》して必ず無上正覚《しょうがく》を成るべし」と。

ここに法蔵比丘《ほうぞうびく》、かくのごときの大願を具足し修満し、誠諦《じょうたい》にして虚《むな》しからず。世間に超出して深く寂滅《じゃくめつ》を楽《ねが》う。

仏告阿難。法蔵比丘　説此頌已、応時普地　六種震動。天雨妙華、以散其上。自然音楽、空中讃言。決定必成　無上正覚。於是法蔵比丘、具足修満　如是大願、誠諦不虚。超出世間、深楽寂滅。

釈尊は、阿難につぎのように言われた。「法蔵比丘が偈を説き終わるや、時をおかずに、大地は六種に震動し、天からは蓮華の花が降り注いだ。音楽が自然に響き、空中から、法蔵よ、かならず悟りに到達するであろう、と褒め称える声が聞かれた」、と。

つぎの一文、「ここに法蔵比丘、かくのごときの大願を具足し修満し、誠諦にして虚しからず。世間に超出して深く寂滅を楽う」については、二様の解釈が可能であろう。

一つは、この読み下しの通りに解釈する。つまり、法蔵は、四十八願を身に引き受けて(「具足」)、それらの実現のために修行し、やり遂げる(「修満」)。その心は真実にして(「誠諦」)偽りもない。そして、世間の人々をはるかに超えて、深く悟り(「寂滅」)を願い求めた(「楽」は願う)、となる。

もう一つは、ゴメスの英訳(注)に見られるように、「具足修満」の主語は法蔵比丘だが、その目的語を「如是大願」とし、その「大願」を形容する言葉が「誠諦不虚」と「超出世間、深楽寂滅」とする。

つまり、ここにおいて、法蔵比丘は、「誠諦」(真実)にして「不虚」(虚妄でない)であるところの、かくの如き「大願」(四十八願のこと)を、「具足」(身につけること)し、「修満」(実践して実現)することになる。そして、その「大願」は、世間のことがらをはるかに超えるものであり、深い喜び(「深楽」)と静けさと落ち着き(「寂滅」)をもたらす、と。

「修満」については、「修」には「形を整える」という意味があり、「満」には「充実させる」という意味があるから、四十八願のそれぞれの願文に手を入れて整え、充実した表現とする、とも解されよう。

（注） Then, the monk... adopted, practiced and fulfilled these great vows—vows that were true, not false, surpassing things of the world, bringing deep joy, calm, serenity. （ゴメス、一七四頁）

阿難《あなん》、時にかの比丘《びく》、その仏の所《みもと》、諸天・魔《ま》・梵・龍神八部《りゅうじんはちぶ》、大衆の中にして、この弘誓《ぐぜい》を発《おこ》し、この願を建て已《おわ》りて、一向に志を専らにして、妙土を荘厳《しょうごん》す。修するところの仏国、恢廓《かいかく》広大にして、超勝独妙《ちょうしょうどくみょう》なり。建立常然《こんりゅうじょうねん》にして、衰《すい》なく変なし。不可思議の兆載永劫《ちょうさいえいごう》において、菩薩《ぼさつ》の無量の徳行を積植《しゃくじき》す＊。

> 阿難時彼比丘、於其仏所、諸天魔梵　龍神八部、大衆之中、発斯弘誓、建此願已、一向専志、荘厳妙土。所修仏国、恢廓広大、超勝独妙。建立常然、無衰無変。於不可思議　兆載永劫、積植菩薩　無量徳行。

法蔵は、世自在王仏のもとで、「諸天」以下の神々、人々に見守られて、「弘誓」、つまり四十八願を発した、というのである。「弘」は、外枠を十分に張り広げる、ということがもとの意味であるから、隅々にまで行き渡る誓い、ということであろう。

「諸天」は「欲界・色界・無色界」の住人。「魔」は「欲界」を支配し、人間の善事を妨げ、修行者を誘惑、堕落させるもの、と考えられてきた（『岩波仏教辞典』）。「梵」は宇宙の究極的原理と見なされたブラフマンのこと。「龍神八部」は仏教を守る存在で、「天・龍・夜叉・乾闥婆《けんだつば》・阿修羅・迦楼羅《かるら》・緊那羅《きんなら》・摩睺羅迦《まこらか》」をいう。「妙土」は、法蔵が四十八願によってつくる世界（「安楽」）のこと。「荘厳」は日常語と異なる意味で、もとは「飾り」だが、今日風にいえば、デザインをする、といった意味になる。

法蔵によってデザインされた「妙土」は、「恢廓」（大きくて広やか）「広大」であって、「超勝」（世に優れて）「独妙」（類がない）であり、建立された国土は堅固で（「建立常然」）、衰えることなく、変わることもない（「衰なく変なし」）。「不可思議の兆載永劫」の「兆載」は数字の単位で、「兆」は「億」と「京」の間、「載」は最大の単位。百万を「兆」、十万兆を「載」という。「考えも及ばない、無限の時間」のこと。「菩薩の無量の徳行」とは、菩薩の「六波羅蜜」を実践したことをさす。「積植」は「重ねて植える」、つまり実践をくり返したこと。

ここでの叙述の眼目は、法蔵が「不可思議の兆載永劫」という間、「菩薩の無量の徳行を積植」した、という点にある。法然、親鸞の門流は、法蔵が「不可思議の兆載永劫」の間、苦行に苦行を重ねて、私たちが助かる道を発見したのだ、とくり返し伝承してきている。

以下は、「不可思議の兆載永劫」の「修行」の中身を示す。

欲覚《よっかく》・瞋覚《しんかく》・害覚《がいかく》を生ぜず。欲想《よくそう》・瞋想《しんそう》・害想《がいそう》を起《お》こさず。色《しき》・声《しょう》・香《こう》・味《み》・触《そく》・法《ほう》に着《じゃく》せず。忍力成就《にんりきじょうじゅ》して衆苦《しゅく》を計《はか》らず。少欲知足にして、染《ぜん》・恚《い》・痴《ち》なし。三昧《さんまい》常寂《じょうじゃく》にして、智慧無碍《ちえむげ》なり。虚偽《こぎ》・諂曲《てんごく》の心《しん》あることなし。和顔《わげん》愛語にして、意《こころ》を先《さき》にして承問《じょうもん》す。勇猛精進《ゆみょうしょうじん》にして、志願倦《う》むことなし。専ら清白《しょうびゃく》の法を求めて、もって群生《ぐんしょう》を恵利《えり》しき。三宝《さんぼう》を恭敬《くぎょう》し、師長《しちょう》に奉事《ぶじ》す。大荘厳《だいしょうごん》をもって衆行《しゅぎょう》を具足し、もろもろの衆生をして功徳《くどく》を成就せしむ。空・無相・無願の法に住して、作《さ》なく起なし。法は化《け》のごとしと観《かん》ず。麁言《そごん》の自害と害彼《がいひ》と彼此《ひし》倶《とも》に害するを遠離《おんり》して、善語《ぜんご》の自利・利人と人我兼利《にんがけんり》するを修習しき。国を棄《す》て王を捐《す》てて、財色《ざいしき》を絶ち去《さ》け、自《みずか》ら六《ろく》波羅蜜《はらみつ》を行じ、人を教えて行ぜしむ。無央数劫《むおうしゅこう》に功を積《つ》み徳を累《かさ》ぬ。*

不生欲覚　瞋覚害覚。不起欲想　瞋想害想。不著色声香味触法。忍力成就、不計衆苦。少欲知足、無染恚痴。三昧常寂、智慧無礙。無有虚偽諂曲之心。和顔愛語、先意承問。勇猛精進、志願無倦。専求清白之法、以恵利群生。恭敬三宝、奉事師長。以大荘厳、具足衆行、令諸衆生　功徳成就。住空無相　無願之法、無作無起。観法如化。遠離麁言　自害害彼彼此俱害、修習善語　自利利人　人我兼利。棄国捐王、絶去財色、自行六波羅蜜、教人令行。無央数劫、積功累徳。

「欲覚・瞋覚・害覚」と「欲想・瞋想・害想」は対になっている表現で、前者は「覚」、後者は「想」のはたらきを示す。「覚」は「知覚」の「覚」で、感じ、フィーリングのこと。「想」は「想念」の「想」で、観念、考え、という意味（ゴメスは feeling と notion と英訳している。ゴメス、一七四頁）。「欲」は財を欲して物を惜しむこと、「瞋」は人に怒り、憎むこと。「害」は人に危害を加えること。

「色・声・香・味・触・法」は「六根」の対象で、それに執着しないこと。「六根」は、「眼・耳・鼻・舌・身・意」。

「忍力」は忍ぶ力。「忍」は、仏教徒の重要な徳目でもある。自らの欲望の発動からはじまり、他者への寛容など、「忍力」があってはじめて修行が可能となる。「堪忍」の力といってもよい。

このような「忍力」を完成した法蔵は、もろもろの苦しみ（「衆苦」）に心を奪われずに（「計らず」）、無欲で足ることを知り（「少欲知足」）、「染・恚・痴」、つまり「三毒」（貪欲・瞋恚・愚痴）も見られない。

そして、つねに精神を統一する「三昧」（禅定）に入って、心は寂静で、その智慧は無碍にして自在である。また、「虚偽・諂曲」の心、つまり偽りと疑い、曲がった心がまったくない。

人には、穏やかな顔色と言葉遣いで応じて、人々の心を先立って知り、その意図に添って求めに応じる。

「勇猛」にして「精進」（努力する）、「志願無倦」（志願を実現することに倦み疲れることはなく）、もっぱら「清白之法」（清浄潔白なことがら（岩波文庫註））を求め、以て、人々に真の利益を恵むのである。

また、「仏・法・僧」の「三宝」を敬い、「師長」（師匠と先輩）に仕える。「大荘厳」は、「師長」に仕えることによって、教えを受けて智慧が得られることと、「三宝」を敬うことによって福徳を得ることをいう（柏原、坪井）。このように「大荘厳」を解釈すると、「大荘厳をもって衆行を具足し」とは、「三宝を恭敬し、師長に奉事す」ということのくり返しになろう。そして、そうした営みによって、あらたに智慧と福徳を得て、もろもろの修行に励み、衆生に功徳を与える、ということになる。

「空・無相・無願」は、すでに述べておいたが、くり返すと、いずれも「禅定」（瞑想）の内容で、「空」はすべての事柄に実体がないこと、「無相」は差別の相を離れること、「無願」は願いへの執着を捨てることをいう。ゴメスは、「空」を awareness of the reality of emptiness、「無相」を detachment from distinction and preferences、「無願」を free from desire と訳している(ゴメス、一七四頁)。

したがって、「空・無相・無願の法に住して、作なく起なし。法は化のごとしと観ず」とは、「一切は空であり、無相であり、無願であると悟ると、すべては、結果を求めてなすべきことがらでもなく(「作なく」)、なんらかの原因を意識して行うべきことでもない(「起なし」)」ということになり、つぎの、「すべて(「法」)は、夢幻(「化」)だと悟る」という一文と同じ意味となろう。

「作なく起なし」について、ゴメスは、はっきりと概念化を確立することが「作」で、概念そのものを生じさせることが「起」だ、と訳している。それにしたがえば、この箇所は、概念、あるいは、観念を優先させる意識のあり方を否定している、と読むことができよう。

どうしてこの箇所に、「空」の実践が挿入されているのかについては、すでにのべておいたので、ここではくり返さない。

つぎの「麁言」は、悪口雑言のこと。「自害」は、言葉によって自ら毀損すること、「害彼」は、言葉によって他に害を加えること、「彼此倶害」は、言葉によって、自他ともに害せられること。つまり、「麁言」の害を避けて、「善い言葉」を修習して、自分も利し、他人も利し、自他ともに利することをめざした、という。

こうして、振り返ると、法蔵菩薩は、国をすて王位をすて、財宝と色情から身を放ち、自ら「六波羅蜜」を実践して、また人にも教えて実践させる、という道を歩むことになったのである。そして、無量の時の流れのなかで、功徳を積み重ねることになる。「六波羅蜜」は、さきにもふれたように、大乗仏教の菩薩の目標となる実践徳目で、「布施・持戒・忍辱・精進・禅定・智慧」をいう。

法然は、法蔵の「六波羅蜜」の修行のなかでも、とくに「布施」の実践に注目している。たとえば、「布施行」として、国城・妻子から田地・舎宅・園林・象馬・車・珍宝など、諸々の身体以外の財物を施与するのはもちろん、眼・耳・鼻・舌・身・頭目・髄脳一切の諸器官も捨与した、とする。すなわち、与えた眼はガンジス河の砂ほどに、血液を必要とする者に与えた生血は四大海のごとく、肉を食べるものに与えた脂肉は千の須弥山のごとく、与えた舌は大鉄囲山のごとく、施した耳は純陀羅山のごとく、与えた鼻は毘布羅山のごとく、施した歯は嗜闍崛山のごとく、与えた身皮は三千大千世界の所有の地のごとしであった、と。

そして、法蔵は、血を流し、肉を割く布施行をつとめたがために、仏となったとき「紫磨金」の膚を得、禽への慈しみのゆえに、仏になったとき、手足の指に膜を得て、衆生を自在に救うことができるようになり、燈火を施すこと限りなかったがために、「光明無量」の仏となり、殺生を断つこと久しきゆえに、「寿命無量」の仏となったのだ、等々と記している（『無量寿経釈』）。

法然の、法蔵の「布施行」への特別の言及は、「称名」が、あまりにも簡単な行であるがゆえに、ややもすれば、その価値が低く受け止められる傾向が生じることに対する配慮からではないだろうか。

その生処《しょうしょ》に随《したが》いて意《こころ》の所欲《しょよく》にあり。無量の宝蔵《ほうぞう》、自然《じねん》に発応《ほっとう》す。無数《むしゅ》の衆生を教化《きょうけ》し安立《あんりゅう》して、無上正真《しょうしん》の道に住せしむ。
あるいは長者《ちょうじゃ》・居士《こじ》・豪姓《ごうしょう》・尊貴《そんき》となり、あるいは刹利《せつり》国君・転輪聖帝《てんりんじょうてい》となり、あるいは六欲天主《ろくよくてんしゅ》、乃至《ないし》、梵《ぼん》王となりて、常に四事《しじ》をもって一切の諸仏を供養し恭敬《くぎょう》したてまつる。かくのごときの功徳、称説すべからず。
口《くち》の気《いき》、香潔にして優鉢羅華《うはつらけ》のごとし。身のもろもろの毛孔《もうく》より、梅檀香《せんだんこう》を出《い》だす。その香、普《あまね》く無量の世界に薫《くん》ず。容色端正《ようしきたんじょう》にして、相好殊妙《そうごうしゅみょう》なり。その手より常に無《む》尽《じん》の宝を出《い》だす。衣服《えぶく》・飲食《おんじき》・珍妙《ちんみょう》の華香《けこう》・繒蓋《ぞうがい》・幢幡《どうばん》・荘厳《しょうごん》の具、かくのごときらの事《じ》、もろもろの天人に超《こ》えて、一切の法において自在を得たりき」。

随其生処、在意所欲。無量宝蔵、自然発応。教化安立　無数衆生、住於無上正真之道。或為長者居士　豪姓尊貴、或為刹利国君　転輪聖帝、或為六欲天主　乃至梵王、常以四事、供養恭敬　一切諸仏。如是功徳、不可称説。口気香潔、如優鉢羅華。身諸毛孔、出梅檀香。其香普薫　無量世界。容色端正、相好殊妙。其手常出　無尽之宝。衣服飲食　珍妙華香

繒蓋幢旛　荘厳之具、如是等事、超諸天人、於一切法、而得自在。

「生処」は、生まれるところ。法蔵は、永劫の修行の過程で、「六道」のいたるところに生まれ変わっているので、この言葉がある。そして、その生まれたところがどこであれ、そこでは意にまかせて、かぎりのない教え（「無量の宝蔵」）が自然に湧いて出た（「自然に発応す」）、という。

その結果、無数の衆生を教化し、安心立命の境地に導き、「悟り」の世界に住せしめたのである。「無上正真」は「悟りの世界」。

法蔵は、「六道」のいたるところに生まれ変わったというが、ここでは、当時の社会で高い身分とされた境遇に生まれた、とする。

はじめの「長者」は、金持ちであるだけではなく、有徳の人でもある。「居士」は、出家せず在家のままで、仏道を歩む人のこと。「豪姓」はインドの四姓の一つ、婆羅門のこと。「尊貴」は、大臣のこと（柏原）。「刹利国君」は、四姓のうちの第二、クシャトリヤで武士階級。「転輪聖帝」は、仏教の世界観のうち、「須弥山」の「四州」を治める王のことで、武力を使用せず正義のみにしたがうという。「六欲天主」は、「欲界」に住む「天人」をいう。「欲界」は、迷いの世界の一つで、淫欲と食欲の二欲をもつものが住む。具体的には「地獄・餓鬼・畜生・修羅・人・天」の「六道」があり、そのなかの「天」をいう。「梵王」は、「色界」（「欲界」の二欲を離れたものが住む世界）中の王の一人。

法蔵は、以上のような境遇に生まれ変わって、常に「四事」（仏の供養のために用いる四種の物で「飲食・衣服・臥具・湯薬」をいう）をもって、すべての諸仏を供養した。その功徳の大きさは、ここでは述べきれないほどだ、という。

ついでテキストは、法蔵の身体自身にも大きな変化が生じたという。ついに、法蔵菩薩は仏になったのだ。

つまり、その身体のあり方は、常並みの考えを超える。まず、「口気」（口の息）は香り清く、「優鉢羅華」（「青蓮華」のこと）のようであった。その身体の毛孔からは栴檀の香りが発せられ、その香りは、全世界に満ちる。

その容姿は、端正で、仏陀としての相は、大きな特徴（「相」）、小さなしるし（「好」）の、いずれもすぐれていて、その手からは、尽きることのない宝の数々や、衣服、飲食、珍妙なる華や香り、そして、日傘（「繒蓋」）や幟《のぼり》や旗（幢旛《はたほこ》）にいたる装飾品の数々までが流れ出てくる。これらすべては、天人たちのそれよりも優れたもので、しかも、法蔵はこれらのもの（「一切の法」）を自由自在に扱うことができたのである。

「法」は、今までにも出てきたが、五つの意味がある。①法則、正義、規範、②仏陀の教法、③徳、属性、④因、⑤事物、である（『岩波仏教辞典』）。ここでは、⑤の意味である。

くり返すが、「口の気、香潔にして」以後、法蔵は仏になったのである。これによって、経典は、ここまでで、法蔵菩薩が発願し、その実現のために修行をくり返し、ついに仏になったことを説き終わったのである。

2　法蔵が仏になる

阿難《あなん》、仏に白《もう》さく、「法蔵菩薩《ほうぞうぼさつ》、すでに成仏《じょうぶつ》して滅度《めつど》を取りたまえりとやせん。未《いま》だ成仏したまわずとやせん。今、現にましますとやせん」と。仏、阿難《あなん》に告《つ》げたまわく、「法蔵菩薩《ほうぞうぼさつ》、今すでに成仏して、現に西方《さいほう》にまします。此《ここ》を去ること十万億の刹《せつ》なり。その仏の世界を名づけて安楽《あんらく》と曰《い》う」。阿難、また問いたてまつる。「その仏、成道したまいてより已来《このかた》、幾《いくばく》の時を経《へ》たまえりとかせん」と。仏の言《のたま》わく、「成仏より已来《このかた》、おおよそ十劫《じっこう》を歴《へ》たまえり。

阿難白仏。法蔵菩薩、為已成仏　而取滅度。為未成仏。為今現在。仏告阿難。法蔵菩薩、今已成仏、現在西方。去此十万億刹。其仏世界、名曰安楽。阿難又問。其仏成道已来、為逕幾時。仏言成仏已来、凡歴十劫。

法蔵は、かくして「滅度」にいたって仏となり、すでに「十劫」を経ている、という。

「滅度」は「涅槃」(悟りの世界)のこと。生死の苦しみが滅して、煩悩の流れを度《わた》るから、「滅度」という。「滅度」の内容は、私たちには分からない。ただ、煩悩に苦しめられることがない世界があることは、私たちには救いとなる。

また、四十八願によってつくられた国(「刹」)は、私たちから見れば、西の方角、十万億の仏土を越えたところにあり、「安楽」と名づけられている、という。

経典によれば、法蔵は仏となって、「現に西方にまします」と記すが、それは、仏が現在、説法中であることを意味する。もし、この仏がさきの五十三仏のように、過去に活動した仏だとすれば、私たちには縁のない仏になってしまう。善導や法然が、法蔵が仏になって、現在、説法中であるという「現在仏」であることに、いたく感激したのも、理由のあることであった。

また、仏の国が西方、十万億土にある、という表現も、かつての多くの日本人には親しかったが、現代では、科学的知識の普及とともに、おとぎ話の類と同じように受けとめられている。だが、そうした解釈で済むのかどうか。

経典の作者は、もともと、科学的知識の普及を図ろうとしたのではない。人間であることの苦しみや悲しみを超える道を示そうとしているのであり、そのための方策として、人間の凡情に応じて、理想の国のあることを、指し示しているに過ぎない。「安楽」と名づけられた仏国土は、法蔵の四十八願によって生まれたのであり、「安楽」

がどこにあるかを詮索するよりは、なぜ、法蔵が四十八にのぼる誓願を建てたのかを、わが身にひきあてて、理解することが大事なのであろう。

あるいは、「安楽」が西の方角、はるか彼方に存在するという表現が、科学的常識とは別に、私たちには受け入れられやすい一面があることも、人間という存在を考える点で、見落としてはならないであろう。

要は、こうした私たちの凡情に応じた経典の表現は、あくまでも「方便」(私たちを「真理」に導くための方策)であり、その「方便」に導かれて、やがて、経典が私たちに伝えようとしている真理に、生きることができるようになるのである。

「方便」を軽んじてはならない。仏教では、「方便」は、その人が真理に到達できる唯一の方法だと、定義しているほどなのだから。つまり、私たちが「真理」にいたることができるのは、「方便」を通してのみだ、ということなのである。

なお、すでに幾度もふれているが、阿弥陀仏の国を経典自身は「安楽」とよんでいて、「極楽浄土」とか「極楽」とはよんでいない。学者によると、「浄土」は中国人の造語だといわれている(詳細は辛嶋静志「阿弥陀浄土の原風景」『佛教大学総合研究所紀要』第一七号、二〇一〇年三月)。

「安楽」は、「阿弥陀仏の物語」の古い形では、「須摩題」とか「須呵提」の文字であらわされている。これは原語の音写語であり、原語は、ガンダーラ語か、もしくはこれに近い俗語だといわれている。意訳の場合も、「安楽」のほかに「安養」も用いられている。『無量寿経』の場合、「安楽」と「安養」が使用されている。私たちに親しい「極楽」は、今読んでいる『無量寿経』には、一度しか使用されていないし、また「阿弥陀仏」という言葉もない。用いられているのは「無量寿仏」である。

ついでにいっておけば、「西方」という方位については、仏教の世界観では、東西南北のほかに十の方位をたてて、そこに諸仏を配置する習慣があり、たとえば、「妙喜世界」は東方にあるとされ、そこには「阿閦仏」がいるとされている（以上の諸点については、藤田宏達『大無量寿経講究』を参照されたい）。

テキストに戻ると、つづけて阿難は釈尊に問う。法蔵は仏になってからどのくらいの時間が経つのか、と。釈尊が答える。成仏してからすでに「十劫」が過ぎた、と。

法蔵が、仏になってからの時間を問題とするのは、やはり、「現在仏」であることとの確認のためであろう。

もっとも、親鸞は、法蔵が仏になってから「十劫」が過ぎたという、この箇所の説明と合わせて、さきの過去五十三仏のところでふれたように、仏のなかの最古の仏、久遠の仏だとも理解している。その解釈にしたがえば、久遠の仏にして最古の仏が、幾度も仏となってこの世にあらわれたばかりか、歴史的ゴータマ・ブッダも、久遠の仏の生まれ変わりであり、『無量寿経』のなかの法蔵もまた、その生まれ変わりだと解釈されている。その詳細はふれないが、法然にはそのような解釈はなく、この経典の通り、「十劫」の昔に仏になった、とのみ理解されている。法然にとって、阿弥陀仏が尊いのは、「現在仏」として、今の私に手を差し伸べてくれているからであった。

3 「安楽」のすがた

その仏国土には、自然《じねん》の七宝、金《こん》・銀《ごん》・瑠璃《るり》・珊瑚《さんご》・琥珀《こはく》・硨磲《しゃこ》・碼碯《めのう》、合成《ごうじょう》して地とせり。恢廓曠蕩《かいかくこうとう》として限極《げんごく》すべからず。ことごとく相雑廁《あいざつし》して転《うた》た相入間《あいにゅうけん》せり。光赫焜耀《こうかくこんよう》にして、微妙奇麗《みみょうきれい》なり。清浄《しょうじょう》に荘厳《しょうごん》して、十方一切の世界に超踰《ちょうゆ》せり。衆宝《しゅほう》の中の精《しょう》なり。その宝《たから》、猶《なお》し第六天の宝のごとし。

またその国土には、須弥山《しゅみせん》および金剛鉄囲《こんごうてっち》・一切の諸山《しょせん》なし。また大海・小海・谿《けい》渠《こ》・井谷《しょうこく》なし。仏神力《ぶつじんりき》のゆえに、見んと欲《おも》えばすなわち現ず。また地獄《じごく》・餓鬼《がき》・畜《ちく》生《しょう》、諸難《しょなん》の趣《しゅ》なし。また四時、春秋冬夏《とうげ》なし。寒からず熱からず。常に和《やわら》かにして調《じょう》適《ちゃく》なり」。

其仏国土、自然七宝、金銀瑠璃　珊瑚琥珀　硨磲碼碯、合成為地。恢廓曠蕩、不可限極。悉相雑廁、転相入間。光赫焜耀、微妙奇麗。清浄荘厳、超踰十方　一切世界。衆宝中精。其宝猶如　第六天宝。又其国土、無須弥山　及金剛鉄囲　一切諸山。亦無大海小海　谿渠井谷。仏神力故、欲見則現。亦無地獄　餓鬼畜生、諸難之趣。亦無四時　春秋冬夏。不寒不熱。常和調適。

法蔵が仏となってつくった国は、「安楽」と名づけられたが、その大地は、「七宝」(「金・銀・瑠璃・珊瑚・琥珀・硨磲・碼碯」)によってできており、「恢廓曠蕩」(「恢」も「廓」も広くて大きいこと、「曠」は遠いこと、「蕩」は大きなこと)にして、際限がない。しかも、「七宝」は互いに交じり合い(「相雑廁」、「廁」は、まじわること)、ますます(「転」)入りまじっている(「相入間」)。光明はまばゆく輝き(「光赫焜耀」)、言葉で表現できない綾のように美しい(「微妙奇麗」)。加えて清浄に飾られていて(「清浄荘厳」)、十方の諸仏の世界よりもはるかに勝れている。その「七宝」は多くの宝のなかの最上の物であり、たとえば、「第六天」の宝に似ている。

また「安楽」には、いわば地球上の地理的景観に似た景色は一切存在しないという。「須弥山および金剛鉄囲・一切の諸山」は、仏教が想定してきた地球図、あるいは宇宙図で、世界の中心には巨大な「須弥山」が聳えていて、そのまわりに山脈が取り囲んでいる、という。「須弥山」の原語は「スメール」。「妙高」と訳す。仏教の世界観で、「一小世界」

の中心に聳える。高さ八百由旬。日月がこの山をめぐる、という。「金剛鉄囲」は、「チャクラバーダ」の訳で、「須弥山」をめぐる山の中でもっとも高いという。

また、大海をはじめ井谷の類もない。「谿渠井谷」の「谿」は水がある谷、「渠」は小溝、「井」は井戸。

ただし、そうした景色を見たいと思えば、ただちに現れる。それは仏の不思議な力による。

あるいは、地獄や餓鬼、畜生といった場所もない。また四季もない。寒からず暑からず、常に温和にして、身体に適した気持ちのよいところ、という。「調適」は調っていてほどほどであること。

その時に阿難《あなん》、仏に白《もう》して言《もう》さく、「世尊《せそん》、もしかの国土に須弥山《しゅみせん》なくは、その四天王および忉利天《とうりてん》、何に依《よ》りてか住せん」と。仏、阿難に語りたまわく、「第三の焔天、乃至《ないし》、色究竟天《しきくきょうてん》、みな何に依《よ》りてか住せん」と。阿難、仏に白《もう》さく、「行業果報《ぎょうごうかほう》不可思議なればなり」と。仏、阿難に語りたまわく、「行業果報《ぎょうごうかほう》不可思議ならば、諸仏世界もまた不可思議なり。そのもろもろの衆生、功徳善力《くどくぜんりき》をもって行業《ぎょうごう》の地に住す。かるがゆえによく爾《しか》るまくのみ」と。阿難、仏に白《もう》さく、「我《われ》この法を疑わず。但《ただ》将来の衆生の、その疑惑《ぎわく》を除かんと欲《おも》うがためのゆえに、この義を問たてまつる」と。

爾時阿難、白仏言世尊、若彼国土　無須弥山、其四天王　及忉利天、依何而住。仏語阿難。第三焔天　乃至色究竟天、皆依何住。阿難白仏。行業果報、不可思議。仏語阿難。行業果報　不可思議、諸仏世界、亦不可思議。其諸衆生、功徳善力、住行業之地。故能爾耳。阿難白仏。我不疑此法。但為将来衆生　欲除其疑惑　故問斯義。

つづいて、阿難が釈尊に質問した内容と釈尊の答えは、ほぼつぎのとおり。

阿難が質問する。「安楽」に「須弥山」がなければ、「須弥山」を住所とする四天王や忉利天王はどうしているのか、と。釈尊の反論。では、虚空に住む第三夜摩天などはどうしていると思うか、と。阿難、答える。虚空に住む天たちは、「業力不思議」のはたらきによって住している、と。そこで、釈尊が教える。天人や人々が住む場所は、それぞれの「業力」によるのであり、「安楽」に生まれる人も、その業力（功徳善根の力）に報われて住むのであるから、須弥山などはなくともよいのだ、と。

ここでのべられているポイントは、「行業果報不可思議」、つまり「業力不思議」にある。「行業」は行為ということで、ある行為を原因として生じる結果が「果報」である。

原因と果報を結ぶ関係は、人間に理解できることもあれば、まったく理解できないこともある。しかし、理解できないからといって、原因と結果の間に関係がないわけではない。

ただ人間にはその関係がすべて見通せない、というまでで、その場合には「不思議な力がはたらく」というのである。

そこで、阿難は釈尊に申し上げる。「私は、業力不思議の道理を信じて疑わないが、ただ、未来の人がこうした疑問をもつのでは、と心配して、その疑いを除くために、あえて質問した」、と。

この一節は、四十八願において明らかにされた、「安楽」への往生をもたらす行為についての疑いが、私たちの間に生じることを、予め察知して設けられた、とも考えられよう。先走るが、本願に基づく念仏によって、かならず「安楽」に往生できる、と教えられても、念仏と往生との関係について、私たちは不安を覚える。というのも、私たちはなにごとにつけても、私たちに分かる範囲の理性や常識でもって、理解しようとするからであり、逆にいえば、「業力不思議」を認めてしまえば、そうした不安もなくなるのである。

4 仏の光明

仏、阿難《あなん》に告《つ》げたまわく、「無量寿仏《むりょうじゅぶつ》の威神《いじん》光明、最尊第一にして、諸仏の光明及《およ》ぶこと能《あた》わざるところなり。あるいは仏の光《ひかり》の百仏世界を照らすあり。あるいは千仏世界なり。要を取りてこれを言わば、すなわち東方恒沙《とうほうごうじゃ》の仏刹《ぶっせつ》を照らす。南西北方《なんざいほっぽう》・四維《しゆい》・上下も、またまたかくのごとし。あるいは仏の七尺《しゃく》を照らすあり。あるいは一由旬《いちゆじゅん》・二・三・四・五由旬《ゆじゅん》を照らす。かくのごとく転《うた》た倍《ばい》して、乃至《ないし》、一仏刹土《いちぶつせつど》を照らす。

このゆえに無量寿仏《むりょうじゅぶつ》を、無量光仏・無辺光仏・無碍光仏・無対光仏・焔王《えんのう》光仏・清《しょう》浄《じょう》光仏・歓喜《かんぎ》光仏・智慧《ちえ》光仏・不断光仏・難思光仏・無称光仏・超日月光仏《ちょうにちがっこうぶつ》と号す。それ衆生ありて、この光に遇《もうあ》えば、三垢《さんく》消滅し、身意柔軟《しんいにゅうなん》にして、歓喜踊躍《かんぎゆやく》し善心《ぜんしん》を焉《ここ》に生ず。もし三塗《さんず》・勤苦《ごんく》の処《ところ》にありてこの光明《こうみょう》を見たてまつれば、みな休息《くそく》することを得て、また苦悩なけん。寿《いのち》終わりて後、みな解脱《げだつ》を蒙《こうぶ》る。

仏告阿難。無量寿仏　威神光明、最尊第一、諸仏光明　所不能及。或有仏光照百仏世界。或千仏世界。取要言之、乃照東方　恒沙仏刹。南西北方　四維上下、亦復如是。或有仏光照于七尺。或照一由旬　二三四五由旬。如是転倍、乃至照於一仏刹土。是故無量寿仏、号無量光仏　無辺光仏　無礙光仏　無対光仏　焔王光仏　清浄光仏　歓喜光仏　智慧光仏　不断光仏　難思光仏　無称光仏　超日月光仏。其有衆生、遇斯光者、三垢消滅、身意柔軟、歓喜踊躍、善心生焉。若在三塗　勤苦之処、見此光明、皆得休息、無復苦悩。寿終之後、皆蒙解脱。

ここではじめて、法蔵が仏になって「無量寿仏」と名乗っていることが明らかになる。もちろん、経題に『無量寿経』とあるから、主人公が「無量寿仏」であることは明らかだが、名乗りとしてはこれがはじめてである。不思議なことに、「阿弥陀仏」という名乗りはまだ出てこない。

「無量寿」は「無量光」とならんで、アミダの漢訳語である。アミダの原語はAmitābha(無量光)で、そこから語尾変化が生じてAmitāyus(無量寿)になったという(辛嶋〔一〕)。以下、慣用にしたがって、法蔵の仏としての名乗りは、「阿弥陀仏」とする。

釈尊が、阿弥陀仏について阿難に語った第一は、その光明の卓越性について、である。それはすでに、法蔵が四十八願を発する際にも願われていたことであるが、ここでは、その様子が具体的に記されている。

阿弥陀仏の「威徳神力」のある光明は、諸仏のいかなる光明も及ぶことができないとし、その光明の活動をさまざまに記す。あるときは、百の諸仏世界を照らし、また、千の仏国土を照らす。要約すれば、東方にある、恒河の砂の数にも比すべき仏国を照らし、南西北、ないし四隅、上下など十方の無数の国々を照らす。また、あるときは七尺を照らし、一由旬、あるいは五百由旬、さらに一仏土にいたる、と。

阿弥陀仏の特性を最強の「光明」に求めることは、『無量寿経』をふくむ「阿弥陀仏の物語」に一貫している。そのなかでも、最古の『大阿弥陀経』では、「阿弥陀仏の光明は最尊第一にして無比」として、その光明が届く範囲について、『無量寿経』よりもはるかに詳細に説き、釈尊は、その光明の素晴らしさを褒めちぎっている。

このために「無量寿仏」、つまり阿弥陀仏のことを、十二の光明の異称で示すのがこの一節であり、四十八願との対応でいえば、第十二願の「成就文」といえる。阿弥陀仏の光明を、受けとめる側から見た異称ともいえる。あなたは、この異称のなかから、自分に一番ふさわしい呼称としてどれを選ぶか。

法然は、十二の光明について、およそつぎのような解説を施している。淫貪財貪の人は「清浄光」に遇ってその罪が滅び、持戒清浄の人と等しくなることができる。また「歓喜光」は、久しく不瞋恚戒を保つ修行によって法蔵が手にした徳であり、この光に遇うものは、瞋恚の罪が滅びる。「智慧光」は、法蔵が久しく一切の智慧を学び、愚痴の煩悩を断ちつくした結果、得られた徳であり、その故に、無知の念仏者でも、この光に遇うと愚痴の罪が滅びるのだ（「法然聖人御説法事」『昭和新修法然上人全集』、一八八頁）、と。

親鸞が最晩年に遺した文章は、この十二の異称についての解説である。詳しくは、「弥陀如来名号徳」を見てほしい。そのなかで、親鸞は「無礙（碍）光」に注目して、つぎのように記している。「この弥陀の御ひかりはものにさえられずして、よろずの有情をてらしたまうゆえに、無礙光仏とまうすなり。有情の煩悩悪業のこころにさ（障）えられずましますによりて、無礙光仏とまうすなり。無礙光の徳ましまさざらましかばいかがし候わまし（以下略）」（『定本親鸞聖人全集』第三巻、二三六頁）、とある。親鸞が「帰命盡十方無碍光如来」を名号としたのは、有名なことである。

言葉だけの説明を加えておくと、「無碍光」は、遮ることがない光。現実の光は、透過できないものがあったり、影ができるが、「無碍光」は、一切に妨げられずに、万物を照らすことができるという。「無対光」の「対」は、対比のことで、比べることができない光。「焰王光」は、火炎の盛んな様子のように、すべての光のなかで、もっともすぐれている光をいう。「不断光」は、三世にわたって断絶することがない光。「難思光」は、今までの仏教徒の智慧をもってしては、思いはかることができない光。「無称光」は、言語をもって説くことができない光。「超日月光」は、日月を超えること無数億倍の光。「三垢」は、「貪欲、瞋恚、愚痴」の「三毒」のこと。「三垢」を免れない凡夫でも、阿弥陀仏の光に遇えば、「三垢」が消滅して、身も心も和らぎ、歓喜が生まれて躍り上がり、善い心が生まれてくる。また、もし地獄・餓鬼・畜生の世界にいるときには、この光に遇えば苦しみがなくなり、命が終わると、阿弥陀仏の国に生まれて、悟ることができる。

法蔵の、第三十三願に基づいて生まれた恩恵である。

無量寿仏の光明顕赫《けんかく》にして、十方諸仏の国土を照耀《しようよう》したまうに、聞《き》こえざることなし。但我《ただわ》が今、その光明を称するのみにあらず。一切の諸仏・声聞《しょうもん》・縁覚《えんがく》・もろもろの菩薩衆《ぼさつしゅ》もことごとく共《とも》に歎誉《たんよ》したまうこと、またまたかくのごとし。

もし衆生ありて、その光明威神功徳《いじんくどく》を聞きて、日夜に称説して心を至して断えざれば、意《こころ》の所願に随《したが》いて、その国に生《う》まるることを得て、もろもろの菩薩《ぼさつ》・声聞《しょうもん》・大衆のために、共に歎誉《たんよ》しその功徳《くどく》を称せられん。それ然《しか》うして後、仏道を得ん時に至りて、普《あまね》く十方の諸仏《しょぶつ》・菩薩《ぼさつ》のために、その光明を歎《ほ》められんこと、また今のごとくならん」。

仏の言《のたま》わく、「我《われ》無量寿仏の光明威神《こうみょういじん》、巍巍殊妙《ぎぎしゅみょう》なるを説かんに、昼夜一劫《いっこう》すとも尚未《なおいま》だ尽《つ》くること能《あた》わじ」。

無量寿仏　光明顕赫、照耀十方　諸仏国土、莫不聞焉。不但我今　称其光明。一切諸仏
声聞縁覚　諸菩薩衆、咸共歎誉、亦復如是。若有衆生、聞其光明　威神功徳、日夜称説、
至心不断、随意所願、得生其国、為諸菩薩　声聞大衆、所共歎誉　称其功徳。至其然後
得仏道時、普為十方　諸仏菩薩、歎其光明、亦如今也。仏言我説　無量寿仏　光明威神
巍巍殊妙、昼夜一劫、尚未能尽。

無量寿仏の光明の輝きが、十方の諸仏の国を照らしていることを、知らないものはいない。その評判は行き渡っているから、「聞こえざることなし」という。しかもその評判は、

諸仏はもとより、声聞や縁覚といった仏弟子たち、さらには菩薩衆の間にも広がっていて、褒めないものはいない。

注意を要するのは、ここでは、無量寿仏の光明を見る、とはのべていない点であろう。あくまでも光明を「聞く」といい、「歎誉」する、とのべている。つまり、その評判を耳にしないものはいなくて、すべてが褒め称えている、というところに力点がある。

そして、その評判を聞いて日夜、心をこめて「称説」することが絶えねば、願いどおりに、無量寿仏の国である「安楽」に生まれることができる、という。

ここで「称説」とあるが、ゴメスは「讃える」と訳している（ゴメス、一七八頁）。ある解釈には、「讃嘆して称名念仏する」（坪井、二〇三頁）とあるが、無量寿仏の光明の素晴らしさを聞いて、それを褒め称えるときに、仏の名を称えることはあるだろうが、それを、「南無阿弥陀仏」という形式に固定するのは、後世の考え方であろう。ゴメスの解釈の方が自然だと考えられる。

また「心を至して」（「至心」）についても、「真実の信心を起こして」（坪井、二〇四頁）と訳す例があるが、これは、第十八願にある「至心信楽欲生我国」の「至心」を念頭においているのであろう。だが、心をこめて、とか、一生懸命に、という程度でよいのではないか。中国人の好む修辞のようである（藤田宏達『大無量寿経講究』、一五四頁）。

そして、「安楽」に生まれると、もろもろの菩薩、声聞といった人々（「大衆」）によって、光明を称賛した功徳を、ともに褒め称えられるのである。

　さらに釈尊は、続けていわれた。「私が無量寿仏の光明の素晴らしさと、高くそびえて勝れている（「巍巍殊妙」）ことを、たとえ一劫の間、昼夜を問わずに説いたとしても、説き尽くすことはできない」と。

5　仏の寿命

仏、阿難《あなん》に語りたまわく、「無量寿仏は寿命長久にして称計すべからず。汝《なんじ》むしろ知らんや。たとい十方世界の無量の衆生、みな人身《じんしん》を得てことごとく声聞《しょうもん》・縁覚《えんがく》を成就せしめて、すべて共に集会《しゅうえ》して、思いを禅《しず》かにし心を一つにして、その智力《ちりき》を竭《つく》して百千万劫《ごう》において、ことごとく共に推算してその寿命の長遠《じょうおん》の数を計《かぞ》えんに、窮《きわ》め尽《つ》くしてその限極《げんごく》を知ること能《あた》わじ。声聞《しょうもん》・菩薩《ぼさつ》・天・人の衆《しゅう》の寿命の長短も、またまたかくのごとし。算数《さんじゅ》・譬喩《ひゆ》の能《よ》く知るところにあらずとなり。

仏語阿難。無量寿仏　寿命長久、不可称計。汝寧知乎。仮使十方世界　無量衆生、皆得人身、悉令成就　声聞縁覚、都共集会、禅思一心、竭其智力、於百千万劫、悉共推算、計其

寿命　長遠之数、不能窮尽　知其限極。声聞菩薩　天人之衆　寿命長短、亦復如是。非算数譬喩　所能知也。

無量寿仏の寿命は、文字通り無量であることをのべる。その量り知ることができない様子を、つぎのように叙述する。十方世界にいる人々が、すべて声聞・縁覚といった聖者になって、一堂に会して、瞑想して妄念を静め、心を一つにして（「思いを禅かにし心を一つにして」）智慧のかぎりをつくして、百千万劫という時間をかけて計算しても、その長さを知り尽くすことはできない、と。

また、「安楽」に住む住人たちもまた、その寿命は無量であって、はかりしることはできないという。「算数・譬喩」は、数えるとか、譬えで以て、ということ。

6　「安楽」における弟子の数

また声聞《しょうもん》・菩薩《ぼさつ》、その数量《はか》り難《がた》し。称説すべからず。神智《じんち》洞達《とうだつ》して、威力《いりき》自在なり。能《よ》く掌《たなごころ》の中《うち》において一切世界を持《じ》せり」。

仏《ぶつ》、阿難《あなん》に語《かた》りたまわく、「かの仏の初会《しょえ》の声聞衆《しょうもんしゅ》の数、称計すべからず。菩薩《ぼさつ》もまた然《しか》なり。

今の大目犍連《だいもつけんれん》のごとく、百千万億無量無数にして、阿僧祇那由他劫《あそうぎなゆたこう》において、乃至《ないし》滅度《めつど》までことごとく共に計校《けきょう》すとも、多少の数を究め了すること能《あた》わじ。たとえば大海の深広《じんこう》にして無量なるがごとし。たとい人ありて、その一毛《いちもう》を拆《くだ》きて、もって百分となして、一分の毛をもって一渧《いってい》を沾《しお》し取らん。意《こころ》において云何《いかん》ぞ。その渧《したた》るところの者は、かの大海において何《いず》れをか多しとする」と。

阿難《あなん》、仏に白《もう》さく、「かの渧《したた》るところの水を大海に比《なら》ぶるに、多少の量、巧暦《ぎょうりゃく》・算《さん》数《じゅ》・言辞《ごんじ》・譬類《ひるい》の能《よ》く知るところにあらず」となり。仏《ぶつ》、阿難《あなん》に語《かた》りたまわく、「目連等のごとき、百千万億那由他劫《なゆたこう》において、かの初会《しょえ》の声聞《しょうもん》・菩薩《ぼさつ》を計《かぞ》えんに、知るところの数は猶《なお》し一渧《いってい》のごとし。その知らざるところは大海の水のごとし。

又声聞菩薩、其数難量。不可称説。神智洞達、威力自在。能於掌中、持一切世界。仏語阿難。彼仏初会　声聞衆数、不可称計。菩薩亦然。如今大目犍連、百千万億　無量無数、於阿僧祇　那由他劫、乃至滅度、悉共計挍、不能究了　多少之数。譬如大海　深広無量。仮使有人、拆其一毛、以為百分、以一分毛、沾取一渧。於意云何。其所渧者、於彼大海、何所為多。阿難白仏。彼所渧水、比於大海、多少之量、非巧暦算数　言辞譬類、所能知也。仏語阿難。如目連等、於百千万億　那由他劫、計彼初会　声聞菩薩、所知数者、猶如一渧。

其所不知、如大海水。

また、浄土にいる声聞・菩薩の数は無量であり、説きつくすことはできない。それればかり か、みな「神智洞達」（神通と智慧に通達していること）して、「威力自在」であり、自分の掌の上で一切世界を知ることができる、という。

釈尊は、阿難にいわれた。「法蔵が仏になった、その最初の説法の座（「初会」）に参加した声聞と菩薩の数は、数えることができないほど、無数であった」、と。

釈尊の言葉が続く。「なかでも、大目犍連のような神通第一といわれた弟子が百千万億も集まり、阿僧祇那由他という劫をかけて死ぬまで、ともに計算して引き合わせて調べてみても（「計校」）、その数を調べつくすことはできない。浄土の声聞・菩薩の数がいかに膨大で、調べつくすことができないか、それを比喩で説明しよう。人の毛を一本取り出してそれを百に裂き、その一つをもって海水を掬うとする。その一滴と大海とを比べるとき、どう思うか」、と。

阿難は答える。「それは、比較にならない。その違いは、「巧暦」（巧みな暦術）や算数、言葉、譬えをもってしてもあらわすことができない」、と。

釈尊は阿難に、「目連などが無限に近い時間をかけて、初めての説法の座に集まった人々を数えようとしても、それは一本の毛の百分の一で掬いとった一滴の海水と海そのものとの違いであって、比較は成立しない」、と。

＊

それにしても、「安楽」に生まれる仏弟子や菩薩の数が無量であることを、なぜ、これほどまでに強調しなければならないのか。それは、今までの仏教による救済が微々たるものであって、法蔵が実現した四十八願による救済をまってはじめて、従来の聖者をはじめ菩薩たちもふくめて、命ある者一切が本当に救われる、ということを示そうとしているからであろう。

7 「安楽」の不思議と素晴らしいデザイン

またその国土に七宝のもろもろの樹《き》、世界に周満せり。金樹《こんじゅ》・銀樹《ごんじゅ》・瑠璃樹《るりじゅ》・玻瓈《はり》樹《じゅ》・珊瑚樹《さんごじゅ》・碼碯樹《めのうじゅ》・硨磲樹《しゃこじゅ》なり。あるいは二宝・三宝、乃至《ないし》、七宝、転《うた》た共に合《ごう》成《じょう》せるあり。

あるいは金樹《こんじゅ》に銀葉華果《ごんようけか》なるあり。あるいは銀樹《ごんじゅ》に金葉華果《こんようけか》なるあり。あるいは瑠《る》璃樹《りじゅ》に玻瓈《はり》を葉とす。華果《けか》また然《しか》なり。あるいは水精樹《すいしょうじゅ》に瑠璃《るり》を葉とす。華果《けか》また然《しか》なり。あるいは珊瑚樹《さんごじゆ》に碼碯《めのう》を葉とす。華果《けか》また然《しか》なり。あるいは碼碯樹《めのうじゆ》に瑠璃《るり》を葉とす。華果《けか》また然《しか》なり。あるいは硨磲樹《しやこじゆ》に衆宝《しゆぼう》を葉とす。華果《けか》また然《しか》なり。

あるいは宝樹《ほうじゆ》あり、紫金《しこん》を本《もと》とし、白銀《びやくごん》を茎《くき》とし、瑠璃《るり》を枝とし、水精《すいしよう》を条《こえだ》とし、珊瑚《さんご》を葉とし、碼碯《めのう》を華《はな》とし、硨磲《しやこ》を実とす。あるいは宝樹《ほうじゆ》あり、白銀《びやくごん》を本《もと》とし、瑠《る》璃《り》を茎《くき》とし、水精《すいしよう》を枝とし、珊瑚《さんご》を条《こえだ》とし、碼碯《めのう》を葉とし、硨磲《しやこ》を華《はな》とし、紫金《しこん》を実とす。あるいは宝樹《ほうじゆ》あり、瑠璃《るり》を本《もと》とし、水精《すいしよう》を茎《くき》とし、珊瑚《さんご》を枝とし、碼碯《めのう》を条《こえだ》とし、硨磲《しやこ》を葉とし、紫金《しこん》を華《はな》とし、白銀《びやくごん》を実とす。あるいは宝樹《ほうじゆ》あり、水精《すいしよう》を本《もと》とし、珊瑚《さんご》を茎《くき》とし、碼碯《めのう》を枝とし、硨磲《しやこ》を条《こえだ》とし、紫金《しこん》を葉とし、白銀《びやくごん》を華《はな》とし、瑠璃《るり》を実とす。あるいは宝樹《ほうじゆ》あり、珊瑚《さんご》を本《もと》とし、碼碯《めのう》を茎《くき》とし、硨磲《しやこ》を枝とし、紫金《しこん》を条《こえだ》とし、白銀《びやくごん》を葉とし、瑠璃《るり》を華《はな》とし、水精《すいしよう》を実とす。あるいは宝樹《ほうじゆ》あり、碼碯《めのう》を本《もと》とし、硨磲《しやこ》を茎《くき》とし、紫金《しこん》を枝とし、白銀《びやくごん》を条《こえだ》とし、瑠璃《るり》を葉とし、水精《すいしよう》を華《はな》とし、珊《さん》瑚《ご》を実とす。あるいは宝樹《ほうじゆ》あり、硨磲《しやこ》を本《もと》とし、紫金《しこん》を茎《くき》とし、白銀《びやくごん》を枝とし、瑠璃《るり》を条《こえだ》とし、水精《すいしよう》を葉とし、珊瑚《さんご》を華《はな》とし、碼碯《めのう》を実とす。

このもろもろの宝樹、行行相値《ぎようぎようあいあ》い、茎茎相望《きようきようあいのぞ》み、枝枝相準《ししあいしたが》い、葉葉相《ようようあい》向かい、華華《けけ》相順《あいしたが》い、実実相当《じつじつあいあた》れり。栄色光耀《ようしきこうよう》、勝《あ》げて視《み》るべからず。清風時《しようふうとき》に発《おこ》りて、五つの音声《おんじよう》を出《い》だす。微妙《みみよう》にして宮商自然《きゆうしようじねん》に相和《あいわ》す。

又其国土、七宝諸樹、周満世界。金樹 銀樹 瑠璃樹 玻瓈樹 珊瑚樹 碼碯樹 硨磲樹。或有二宝三宝 乃至七宝 転共合成。或有金樹 銀葉華果。或有銀樹 金葉華果。或瑠璃樹、玻瓈為葉。華果亦然。或水精樹、瑠璃為葉。華果亦然。或珊瑚樹、碼碯為葉。華果亦然。或碼碯樹、瑠璃為葉。華果亦然。或硨磲樹、衆宝為葉。華果亦然。或有宝樹、紫金為本、白銀為茎、瑠璃為枝、水精為条、珊瑚為葉、碼碯為華、硨磲為実。或有宝樹、白銀為本、瑠璃為茎、水精為枝、珊瑚為条、碼碯為葉、硨磲為華、紫金為実。或有宝樹、瑠璃為本、水精為茎、珊瑚為枝、碼碯為条、硨磲為葉、紫金為華、白銀為実。或有宝樹、水精為本、珊瑚為茎、碼碯為枝、硨磲為条、紫金為葉、白銀為華、瑠璃為実。或有宝樹、珊瑚為本、碼碯為茎、硨磲為枝、紫金為条、白銀為葉、瑠璃為華、水精為実。或有宝樹、碼碯為本、硨磲為茎、紫金為枝、白銀為条、瑠璃為葉、水精為華、珊瑚為実。或有宝樹、硨磲為本、紫金為茎、白銀為枝、瑠璃為条、水精為葉、珊瑚為華、碼碯為実。此諸宝樹、行行相値、茎茎相望、枝枝相準、葉葉相向、華華相順、実実相当。栄色光耀、不可勝視。清風時発、出五音声。微妙宮商 自然相和。

無量寿仏の国土には、七宝でできた樹木が遍く満ちている。「金・銀・瑠璃・玻瓈・珊瑚・瑪瑙・硨磲」の、それぞれでできている樹木。このほかに、二つの宝でできた樹木や、三つの宝でできているもの、さらに、七宝が入り混じっている樹木もある。

あるいは、幹は金で、葉と華、実が銀、あるいは幹が銀で、葉と華、実が金、といった例が順列組合せのように叙述される。

あるいは、根は紫金、幹が白銀、枝は瑠璃、小枝（「条」）は水晶、葉は珊瑚、華は瑪瑙、果実は硨磲、といった具合。あとは原文を楽しんでいただきたい。

これらの七宝でできた樹木は、整然と並んでいる。幹と幹、枝と枝、葉と葉、華と華があい向かいあっている。その栄える色の輝きは見尽くすことはできない（「勝視」）はあげて見ること）。時あって清らかな風が吹くと、五つの音声（「宮」＝最濁音、「商」＝次に濁る音、「角」＝半清半濁の音、「徴」＝微清音、「羽」＝最清音の五種）が発せられ、音の高低も調和がとれている（「宮商」は音楽の調子）。

8　悟りの聖樹

また無量寿仏《むりょうじゅぶつ》のその道場樹は、高さ四百万里なり。その本《もと》、周囲五十由旬《ゆじゅん》なり。枝《し》葉《よう》四《よも》に布《し》けること二十万里なり。一切の衆宝《しゅぼう》自然に合成《ごうじょう》せり。月光摩尼《がっこうまに》・持《じ》海輪宝《かいりんぼう》・衆宝《しゅぼう》の王たるをもって、これを荘厳《しょうごん》せり。条《えだ》の間に周帀《しゅうそう》して、宝の瓔珞《ようらく》を垂《た》れたり。百千万の色、種種《しゅじゅ》に異変《いへん》す。無量の光焔《こうえん》、照耀《しょうよう》極《きわ》まりなし。珍妙《ちんみょう》の宝網《ほうもう》、その上に羅《ら》覆《ふ》せり。一切の荘厳《しょうごん》、応《おう》に随《したが》いて現ず。
微風《みふう》徐《ようや》く動きてもろもろの枝葉《しよう》を吹くに、無量の妙法の音声《おんじょう》を演出す。その声流布《るふ》して諸仏の国に遍《へん》ず。その音《こえ》を聞けば深法忍《じんぼうにん》を得《え》、不退転に住せん。仏道を成るに至りて、耳根清徹《にこんしょうてつ》にして、苦患《くげん》に遭《あ》わず。目にその色を観《み》、耳にその音《こえ》を聞き、鼻にその香を知り、舌にその味《あじわ》いを嘗《な》め、身にその光を触れ、心に法をもって縁ずるに、一切みな甚深《じんじん》の法忍《ほうにん》を得《え》、不退転に住せん。仏道を成るに至るまで、六根清徹《しょうてつ》にして、もろもろの悩患《のうげん》なし。

又無量寿仏　其道場樹、高四百万里。其本周囲　五十由旬。枝葉四布、二十万里。一切衆宝、自然合成。以月光摩尼　持海輪宝　衆宝之王、而荘厳之。周帀条間、垂宝瓔珞。百千万色、種種異変。無量光焔、照耀無極。珍妙宝網、羅覆其上。一切荘厳、随応而現。微風徐動、吹諸枝葉、演出無量　妙法音声。其声流布、徧諸仏国。其聞音者、得深法忍、住不退転。至成仏道、耳根清徹、不遭苦患。目覩其色、耳聞其音、鼻知其香、舌嘗其味、身触其光、心以法縁、一切皆得　甚深法忍、住不退転。至成仏道、六根清徹、無諸悩患。

法蔵は、ある樹木の下で瞑想に入り、やがて悟りに到達して、無量寿仏、つまり阿弥陀仏になったわけだが、その樹木のことを「道場樹」とよんでいる。伝統的な解釈では、この樹木を「菩提樹」とみなしている（坪井、二一二頁）。歴史的人物であるゴータマ・シッダールタが悟ったのが「菩提樹」のもとであった、という伝承を受けているのであろう。あるいは、世界の神話に共通する、宇宙の中心軸を示す「世界樹」、あるいは「宇宙樹」の思想の反映であるかもしれない。

ここでは、その樹木の巨大さが強調されており、また多くの宝石類で飾られている、という。とくに、この道場樹の上には、「珍妙宝網」が覆っているという叙述は、世界の一切が関係しあっていることを象徴する叙述として、注目される。

言葉の説明をしておくと、「月光摩尼」は、月光の輝きにも比する宝珠（宝の玉）のこと。「摩尼」は、宝石のこと。濁水を清浄にする作用があるという。「持海輪宝」は、「摩尼宝珠」のことで、海のような大いなる徳をもつ宝石の意味。

「荘厳」は、すでにのべたが、経典には幾度も出てくる言葉である。原語では、「建立すること」とか「見事に配置されていること」を意味する。私は「デザイン」（「意匠」、「設計図」）という意味に解するときもある。ここでは、「一切の荘厳、応に随いて現ず」とあるが、いろいろなデザインが求めに応じてあらわれる、ということであろうか。

この「道場樹」に微風が吹くと、枝や葉を動かして「無量の妙法の音声」、つまり、仏法の不思議な音声が流れだす。その音声は、諸仏の国にあまねく響き、その音声を聞くと、「深法忍」を得て、「不退転」（もはや迷いの世界にもどらないこと）の位に入ることができる。

「深法忍」とは、伝統的に「三法忍」と説明されるが、ここでは、ゴメスの訳を採用したい。「もっとも深い仏法を澄み切った心境で受け止めること」(ゴメス、一八〇頁)。

そして、悟りを開くまでの間、耳は清らかで(教えを素直に聴くことができて)、そのために苦しみや煩いをうけることはない。

この箇所は、つぎの文と合わせて、悟りに達するまでの間、六感のいずれにも支障が生じることはない、という意味である。

＊

横道になるが、「耳根清徹不遭苦患」の八文字について、私には特別の思い出がある。それは、二十代の終わりころ、慢性膵臓炎で闘病を余儀なくされたとき、故広瀬杲先生から、病気の見舞いとして、この言葉を贈られたのである。病気はつらいが、これを機会に教えを心ゆくまで聞いてみよ、というお勧めであったのであろう。

思えば、「耳根」が「清く徹する」ことは、むつかしいことである。なぜならば、耳にはエゴというフィルターがしっかりとはたらいていて、自分に都合のよい、心地よい言葉ばかりが入ってくる。これでは、教えを聞くことはむつかしいであろう。

だが、私の耳がいかに自分本位にはたらいているかが分かれば、教えを聞くこともまた可能となる。この八字から、そのことを教えられたような気がする。はるかな昔のことであるが、私にとって『無量寿経』といえば、この八文字が浮かぶのである。

＊

もとへもどる。耳に続き、目には「道場樹」を見て、耳には妙音を聞き、鼻に香りをきき、舌に味をなめて、身は光明にふれ、心には仏法のすぐれた教えを思って、「深法忍」を得て、再び迷いの世界に戻ることのない境涯に達する。

さらに、悟りに達するまでの間、感覚器官は常に清らかで、悩みや煩いを受けることはない。

阿難《あなん》、もしかの国の人天、この樹《き》を見るもの、三法忍《さんぼうにん》を得《う》。一つには音響忍《おんこうにん》、二つには柔順忍《にゆうじゆんにん》、三つには無生法忍《むしようぼうにん》なり。これみな無量寿仏の威神力《いじんりき》のゆえに、本願力《りき》のゆえに、満足願のゆえに、明了願《みようりようがん》のゆえに、堅固願《けんごがん》のゆえに、究竟願《くきようがん》のゆえなり」。

阿難若彼国人天、見此樹者、得三法忍。一者音響忍、二者柔順忍、三者無生法忍。此皆無量寿仏威神力故、本願力故、満足願故、明了願故、堅固願故、究竟願故。

釈尊は阿難にさらにいわれる。「阿難よ、「安楽」の住人でこの道場樹を見るものは、「三法忍」を得るであろう。一つは「音響忍」、二つは「柔順忍」、三つは「無生法忍」である。これらはみな阿弥陀仏の威徳ある力、本願の力によって得られたものであり、「満足願」、「明了願」、「堅固願」、「究竟願」の力によって成就されたのだ」、と。

「三法忍」の「忍」は、「堪えしのぶ」という意味ではなく、「忍可」（はっきりと認める）の意味。「音響忍」は、仏・菩薩の教え（声）によって悟ること。「柔順忍」は、真理にやさしく（「柔」）したがって（「順」）真理に背かないこと。「無生法忍」は、生ぜず滅びない真理のあり方を悟ること。

「満足願」は、不完全ではない願、「明了願」は、偽りのない願、「堅固願」は、壊れることのない願、「究竟願」は、窮め尽くされた願。いずれも四十八願のこと。

9 「安楽」の音楽と不思議

仏、阿難《あなん》に告《つ》げたまわく、「世間の帝王に百千の音楽あり。転輪聖王《てんりんじょうおう》より、乃至《ないし》、第六天上の伎楽《ぎがく》の音声《おんじょう》、展転《てんでん》して相勝《あいすぐ》れたること、千億万倍なり。第六天上の万種《まんじゅ》の楽音《がくおん》、無量寿国のもろもろの七宝樹の一種の音声《おんじょう》に如《し》かざること、千億倍なり。また自然《じねん》の万種の伎楽《ぎがく》あり。またその楽《がく》の声《こえ》、法音にあらざることなし。清揚哀亮《しょうようあいりょう》にして微妙和雅《みみょうわげ》なり。十方世界の音声《おんじょう》の中に最も第一とす。

また講堂・精舎《しょうじゃ》・宮殿《くでん》・楼観《ろうかん》、みな七宝荘厳《しょうごん》して自然《じねん》に化成《けじょう》す。また真珠《しんじゅ》・明月《みょうがつ》摩《ま》尼《に》・衆宝《しゅぼう》をもって、もって交露《きょうろ》とす。その上に覆《ふ》蓋《がい》せり。

仏告阿難。世間帝王、有百千音楽。自転輪聖王、乃至第六天上　伎楽音声、展転相勝、千億万倍。第六天上　万種楽音、不如無量寿国　諸七宝樹　一種音声、千億倍也。亦有自然万種伎楽。又其楽声、無非法音。清揚哀亮、微妙和雅。十方世界　音声之中、最為第一。又講堂精舎　宮殿楼観、皆七宝荘厳、自然化成。復以真珠　明月摩尼　衆宝以為交露。覆蓋其上。

「安楽」には、「宝樹」の奏でる音楽のほかに、別種の音楽があるという。それは、「世間の帝王」が奏でさせる音楽を基準にして、「転輪聖王」からはじめて、「欲界第六天王」の「伎楽」（「伎」は楽を奏でる人）にいたるまで、それぞれ比べてゆくと、その差は「千億万倍」となるほどに素晴らしい。

さらに、もっともすぐれた数々の「第六天王」の音楽も、無量寿国のもろもろの七宝樹が発する一種類の音声と比べると、その差は千億倍もある。

また、自然に発する多くの「伎楽」があり、その音声は、すべて「法」（真理）の音なのである。その調子は、「清揚哀亮にして、微妙和雅なり」（清らかで、高い調子で、哀れにしてさえわたり、また微妙にしてやわらかで優雅）であり、十方世界のなかで第一のものなのである。

「また講堂・精舎・宮殿・楼観、みな七宝荘厳して」以下は、第三十二願の成就した姿といえる。「講堂」は仏法を説く堂、「精舎」は修行している人が住む、「宮殿」は貴族の住むところ、「楼観」は望楼のこと、見晴らしの良い建物。「安楽」にあるこれらの建築物は、みな「七宝」で飾られており、しかも自然に出来上がっている。

「交露」は幕のこと。真珠でできているので、露のように光が交わるところから「交露」という。それが、建物の上を覆っている。


内外左右《ないげさう》に、もろもろの浴池《よくち》あり。あるいは十由旬《ゆじゆん》、あるいは二十・三十、乃至《ないし》、百千由旬《ゆじゆん》なり。縦広《じゆうこう》、深浅《じんせん》、おのおのみな一等なり。八功徳《はつくどく》の水、湛然《たんねん》として盈満《ようまん》せり。清浄香潔《しようじようこうけつ》にして、味《あじわ》い甘露《かんろ》のごとし。黄金《おうごん》の池には、底に白銀《びやくごん》の沙《いさご》あり。白銀《びやく》《ごん》の池には、底に黄金《おうごん》の沙《いさご》あり。水精《すいしよう》の池には、底に瑠璃《るり》の沙《いさご》あり。瑠璃《るり》の池には、底に水精《すいしよう》の沙《いさご》あり。珊瑚《さんご》の池には、底に琥珀《こはく》の沙《いさご》あり。琥珀《こはく》の池には、底に珊瑚《さんご》の沙《いさご》あり。硨磲《しやこ》の池には、底に碼碯《めのう》の沙《いさご》あり。碼碯《めのう》の池には、底に硨磲《しやこ》の沙《いさご》あり。白玉《はくぎよく》の池には、底に紫金《しこん》の沙《いさご》あり。紫金《しこん》の池には、底に白玉《はくぎよく》の沙《いさご》あり。あるいは二宝・三宝、乃至《ないし》、七宝、転《うた》た共に合成《ごうじよう》せり。

その池の岸の上に、栴檀樹《せんだんじゅ》あり。華葉《けよう》垂《た》れ布《し》きて、香気《こうけ》普《あまね》く薫《くん》ず。天の優鉢羅華《うはつらけ》・鉢曇摩華《はつどんまけ》・拘物頭華《くもつずけ》・分陀利華《ふんだりけ》・雑色光茂《ざっしきこうも》にして、弥《ひろ》く水の上に覆《おお》えり。かのもろもろの菩薩《ぼさつ》および声聞衆《しょうもんしゅ》、もし宝池に入りて意《こころ》に水をして足を没《ひさ》さしめんと欲《おも》えば、水すなわち足を没《ひた》す。膝《ひざ》に至らしめんと欲《おも》えば、すなわち膝《ひざ》に至る。腰に至らしめんと欲《おも》えば、水すなわち腰に至る。頸《くび》に至らしめんと欲《おも》えば、水すなわち頸《くび》に至る。身に灌《そそ》がしめんと欲えば、自然《じねん》に身に灌《そそ》ぐ。還復《げんぶく》せしめんと欲《おも》えば、水すなわち還復《げんぶく》す。調和冷煖《じょうわりょうだん》にして、自然《じねん》に意《こころ》に随《したが》う。神《たましい》を開き体《み》を悦《よろこ》ばしむ。心垢《しんく》を蕩除《とうじょ》して、清明《しょうみょう》澄潔《ちょうけつ》にして、浄《きよ》きこと、形なきがごとし。宝沙映徹《ほうしゃえいてつ》して、深きをも照らさざることなけん。微瀾回流《みらんえる》して転《うた》た相灌注《あいかんじゅう》す。安詳《あんじょう》にして徐《よう》く逝《ゆ》きて、遅《おそ》からず疾《と》からず。波揚《あが》りて無量なり。自然《じねん》の妙声《みょうしょう》、その所応《しょおう》に随《したが》いて聞《きこ》えざる者なけん。

あるいは仏の声《みこえ》を聞き、あるいは法の声を聞き、あるいは僧《そう》の声を聞く。あるいは寂静《じゃくじょう》の声、空無我《むが》の声、大慈悲《だいじひ》の声、波羅蜜《はらみつ》の声、あるいは十力《じゅうりき》・無畏《むい》・不共法《ふぐほう》の声・諸通慧《しょつうえ》の声、無所作《むしょさ》の声、不起滅《ふきめつ》の声、無生忍《むしょうにん》の声、乃至《ないし》、甘露灌頂《かんろかんじょう》、もろもろの妙法の声、かくのごときらの声、その所聞に称《かな》いて、歓喜《かんぎ》すること無量なり。清浄《しょうじょう》・離欲《りよく》・寂滅《じゃくめつ》・真実の義に随順《ずいじゅん》し、三宝《さんぼう》・力《りき》・無所畏《むしょい》・不共《ふぐ》の法に随順《ずいじゅん》し、通慧《つうえ》、菩薩《ぼさつ》・声聞《しょうもん》所行《しょぎょう》の道《どう》に随順《ずいじゅん》し、三途《さんず》苦難の名あることなし。但《ただし》自然《ねんけ》快楽《らく》の音《こえ》あり。このゆえにその国を名づけて安楽と曰《い》う。

内外左右、有諸浴池。或十由旬、或二十三十、乃至百千由旬。縦広深浅、各皆一等。八功徳水、湛然盈満。清浄香潔、味如甘露。黄金池者、底白銀沙。白銀池者、底黄金沙。水精池者、底瑠璃沙。瑠璃池者、底水精沙。珊瑚池者、底琥珀沙。琥珀池者、底珊瑚沙。硨磲池者、底碼碯沙。碼碯池者、底硨磲沙。白玉池者、底紫金沙。紫金池者、底白玉沙。或二宝三宝、乃至七宝、転共合成。其池岸上、有栴檀樹。華葉垂布、香気普薫。天優鉢羅華　鉢曇摩華　拘物頭華　分陀利華、雑色光茂、弥覆水上。彼諸菩薩　及声聞衆、若入宝池、意欲令水没足、水即没足。欲令至膝、即至于膝。欲令至腰、水即至腰。欲令至頸、水即至頸。欲令灌身、自然灌身。欲令還復、水輒還復。調和冷煖、自然随意。開神悦体。蕩除心垢、清明澄潔、浄若無形。宝沙映徹、無深不照。微瀾回流、転相灌注。安詳徐逝、不遅不疾。波揚無量。自然妙声、随其所応、莫不聞者。或聞仏声、或聞法声、或聞僧声。或寂静声、空無我声、大慈悲声、波羅蜜声、或十力無畏　不共法声、諸通慧声、無所作声、不起滅声、無生忍声、乃至甘露灌頂、衆妙法声、如是等声、称其所聞、歓喜無量。随順清浄離欲寂滅　真実之義、随順三宝力無所畏　不共之法、随順通慧、菩薩声聞　所行之道、無有三塗　苦難之名。但有自然　快楽之音。是故其国　名曰安楽。

ここからは、浄土にある「宝池」の様子が示される。建物の内外左右には、沢山の池があり、いずれも、縦広深浅が均等である。最大は百千由旬。いずれにも、「八功徳水」がたたえられている。「八功徳水」は、清浄潤沢、不臭、軽（かるい）、冷、軟（やわらかい）、美、飲時調達（飲むときに口に調和する）、飲已無患（飲み終わってやすらか）という性質をもった水のこと。池には、こうした水が満々とたたえられており、香り高く、味は甘露のようである。

黄金の池の底には、白銀の砂が、白銀の池には、黄金の砂がまかれている等々。さらに、黄金と白銀の二宝、黄金と白銀と水晶の三宝、あるいは七宝でできている池もある。池の岸には、栴檀の樹木があり、花や葉が池の面に垂れていて、香気があまねく薫っている。「優鉢羅華」は「青蓮華」、「鉢曇摩華」は「紅蓮華」、「拘物頭華」は「黄蓮華」、「分陀利華」は「白蓮華」と訳す。「雑色光茂」は、色と光が交わること。色とりどりの蓮華が池の面を覆っている。

次にのべられるのは、宝池の水の不思議なさまである。浄土の菩薩や声聞衆が七宝の池に入り、足まで浸そうと思うと、水が自然に足を浸し、膝まで浸けようと思うと、たちまち膝まで浸す。頸までと思えば同様に、全身までと思えば、その通りに。そして、もとへもどそうとすると、それも意のままになる。冷暖も望み通り。「開神悦体」の「神」は精神、たましいのことで、心を開いて身体をよろこばしめて、「心垢」つまり煩悩を「蕩除」、注いで流す。「安楽」には、煩悩は存在しないはずだが、水の力を示すレトリックなのであろう。

池の水は、「清明」で「澄潔」(「澄」も「潔」もすむ、きよらかなこと)、「浄」(清いこと)の様は、「形なきがごとし」。池の底にある「宝沙」は、「映徹」、透き通っていて、「深きをも照らさざることなけん」、深くても照らさないところはない。

「微瀾」は、さざなみのこと。「回流」は、めぐり流れる。「転」はうたた、ますます。

「相」は互いに、「灌注」の「灌」も「注」も同じ意味で、そそぐ。「安詳」は静かなこと、「徐く逝きて」はゆっくり動く。「遅からず疾からず」は、水の動きが遅からず速からず、ということ。

「波揚りて無量なり」は、立つ波が無量のさま。その波が自然の妙声を奏でて、求めに応じて、どんな妙声でも聞くことができる。

「仏・法・僧」の「声」は、「三宝」の徳のこと。「寂静」は「涅槃」のことで、その「声」とは、涅槃を褒め称えること。以下、「空」、「大慈悲」、「波羅蜜」、「十力無畏不共法」は、十種類の智慧の力、無畏は説法の際に畏れないこと、不共法は仏のもつ徳。「諸通慧」は六神通、「無所作の声、不起滅の声、無生忍の声、乃至、甘露灌頂」といった、菩薩たちの様子、あるいは、もろもろの「妙法」の声を求めに応じて聞くことができ、はかりしれない喜びに浸るにいたる。

詳細な語注は、任を超える。経験したことのない世界の叙述なので、言葉だけで飾るのは心苦しい。読者の寛恕を請う。

「清浄・離欲・寂滅・真実」は、悟りの境地。「妙法」を聞くことができると、そうした境地に随順するようになり、「三宝・力・無所畏・不共の法」に随い、「通慧」（神通力から生まれる智慧）、「菩薩・声聞所行の道」に順じる。

このような「安楽」（浄土）には、「三塗」（「三悪道」）の苦難はもちろん、その「名」さえもない。ここでも、第十六願に示されていた、「実体」と「名」との乖離のないことが「安楽」の意義だ、と強調されている。そして、そこでは、ただ自然に生じる「快楽」の声のみがある。「快楽」は世俗的な意味ではなく、仏教にしたがうことで生まれる喜びのこと。ゴメスの訳では bliss（「至福」）となっている。

それゆえに、この国のことを「安楽」という、と。さきに、阿難が釈尊に、法蔵が仏になっているのかどうかを問う場面があった。そこでも「法蔵はすでに成仏して西方にまします。その仏の世界を名づけて安楽という」とあったが、ここで再度、「安楽」という言葉が使用されている。

ちなみに、「安楽」は、『無量寿如来会』では、「極楽」と訳している。サンスクリットの現代語訳では、「幸いあるところ」となっている（岩波文庫、七〇頁）。

10　聖衆たちの様子

阿難《あなん》、かの仏国土にもろもろの往生する者は、かくのごときの清浄《しょうじょう》の色身《しきしん》、もろもろの妙音声《みょうおんじょう》、神通《じんずう》功徳を具足す。処《しょ》するところの宮殿《くでん》・衣服《えぶく》・飲食《おんじき》・もろもろの妙華《みょうけ》香《こう》・荘厳《しょうごん》の具《ぐ》、猶《なお》し第六天《だいろくてん》の自然《じねん》の物《もの》のごとし。もし食《じき》せんと欲《おも》う時は、七宝の鉢器《はっき》、自然《じねん》に前にあり。金《こん》・銀《ごん》・瑠璃《るり》・硨磲《しゃこ》・碼碯《めのう》・珊瑚《さんご》・琥珀《こはく》・明月《みょうがつ》・真珠《しんじゅ》、かくのごときのもろもろの鉢《はち》、意《こころ》に随《したが》いて至る。百味の飲食《おんじき》、自然《じねん》に盈満《ようまん》す。この食《じき》ありといえども、実に食《じき》する者なし。但《ただ》、色を見、香を聞《か》ぐに、意《こころ》に食《じき》をなすと以《おも》えり。自然《じねん》に飽足《ほうそく》す。身心柔軟《しんじんにゅうなん》にして、味着《みじゃく》するところなし。事已《ことおわ》れば化《け》して去る。時至ればまた現ず。

かの仏国土は清浄安穏《しょうじょうあんのん》にして微妙快楽《みみょうけらく》なり。無為泥洹《むいないおん》の道に次《ちか》し。

そのもろもろの声聞《しょうもん》・菩薩《ぼさつ》・天・人、智慧高明《ちえこうみょう》にして、神通洞達《じんずうとうだつ》せり。ことごとく同じく一類にして、形《かたち》異状なし。但《ただ》し余方《よほう》に因順《いんじゅん》するがゆえに、天・人の名あり。顔《げん》貌端正《みょうたんじょう》にして、世に超えて希有《けう》なり。容色微妙《ようしきみみょう》にして、天にあらず人にあらず。みな、自然《じねん》虚無《こむ》の身《しん》、無極《むごく》の体《たい》を受けたり」。

阿難彼仏国土　諸往生者、具足如是　清浄色身　諸妙音声　神通功徳。所処宮殿　衣服飲食　衆妙華香　荘厳之具、猶第六天　自然之物。若欲食時、七宝鉢器、自然在前。金銀瑠璃　硨磲碼碯　珊瑚琥珀　明月真珠、如是諸鉢、随意而至。百味飲食、自然盈満。雖有此食、実無食者。但見色聞香、意以為食。自然飽足。身心柔軟、無所味著。事已化去。時至復現。彼仏国土、清浄安穏、微妙快楽。次於無為　泥洹之道。其諸声聞　菩薩天人、智慧高明、神通洞達。咸同一類、形無異状。但因順余方故、有天人之名。顔貌端正、超世希有。容色微妙、非天非人。皆受自然　虚無之身　無極之体。

まず身体の変化。往生したものは「清浄」（煩悩のない）の「色身」（肉体）を得て、「妙音声」（微妙な声）を発し、心には「神通功徳」（六神通によって生まれるはたらき）を具えることができる。

その衣食住は、たとえれば、「欲界第六天」のように自然にそなわる。食事をしようとすれば、七宝などでできた食器が思いのままにあらわれ、美味な食べ物が自然に満ちる。しかし、それを実際に食べる者はいなくて、見るだけで満足し、用が済めば自然に消えてゆく。心身ともに柔和にして、食べ物に執着する者はいない。

このように、その「仏国土」は「清浄安穏」であり、「微妙快楽」（妙なる快楽）のみがあり、「無為泥洹」（悟りの世界）への「道」にかなっている。

「次」には、「次ぐ」のほかに「宿る」、「身をおく」の意味がある（中公文庫、一二三頁）。ここでは、後者の意味であろう。また、同じ表現が、下巻のいわゆる「三毒五悪段」に、「無為自然にして泥洹の道に次し」（本書、四二八頁。『真宗聖典』、六五頁）として出てくる。「無為」は「有為」と対を成す言葉。「有為」は「いろは歌」の「有為の山奥」の「有為」と同じで、種々の因縁で生じたり滅したりする無常な存在をいう。「無為」はその反対で「常住不変」を本質とするもので、仏教のいう真理、つまり「真如」をさす。「泥洹」は、「ニルバーナ」の音写。「涅槃」のこと。

ここで大事なことは、法蔵が実現を求めてきた「安楽」は、経典によれば、今までに読んできたように、あたかも「有為」の場であるかのごとく紹介されているが、本質は「無為」なのである。つまり、経典の「安楽」と、そこに住むという声聞・菩薩などの描写は、象徴的に描かれているのであり、実体的に存在しているのではない、ということなのである。

また、「無為泥洹の道に次し」という表現からは、「安楽」は、涅槃そのものの地ではなく、涅槃という究極の目的を達するための、最善の修行の場としてイメージされていることが分かる。安心して涅槃を求めて、修行に励むことができる場として「安楽」がある、ということである。

このあたり、日本の浄土教では、いつのまにか、「安楽」は、仏になるための修行の場所ではなく、仏たちがいる場所、とイメージされている。

阿弥陀仏の国に生まれたものの姿について、さらに説明が続く。

「安楽」にいる声聞、菩薩、天人は智慧に勝れ、六神通に達している。「洞達」は詳しく通じていること。「咸」は、おしなべて、みんなあわせて、という意味。顔形、身体はみな同じ、だという。第四願の通りになっている。

ただこれらの人を「天・人」とよぶのは、「安楽」以外の国（「余方」）の慣習に従っているだけのこと、という。

「安楽」の住人たちは、顔姿が立派で、世に並ぶ例はない。その妙なる様子は、天上界や人間界に比べることができないもので、皆、悟りの世界にかなった身なのである。

「自然」、「虚無之身」、「無極之体」はいずれも、中国の「道教」の用語だが、ここでは「涅槃」、つまり「悟りの世界」をあらわしている。


仏、阿難《あなん》に告《つ》げたまわく、「たとえば世間に貧窮乞人《びんぐこつにん》の、帝王《ていおう》の辺《へん》にあらんがごとし。形貌容状《ぎょうみょうようじょう》、むしろ類《るい》すべけんや」。

阿難《あなん》、仏に白《もう》さく、「たといこの人、帝王の辺《へん》にあらんに、羸陋醜悪《るいるしゅうあく》にして、もって喩《たと》えとすることなけん。百千万億不可計倍《ふかけばい》ならん。然《しか》る所以《ゆえ》は、貧窮乞人《ひんぐこつにん》は底極廝《ていごくし》下《げ》にして、衣《ごろも》、形《かたち》を蔽《かく》さず。食《じき》、趣《わずか》に命《いのち》を支《ささ》う。飢寒困苦《けかんこんく》して、人理《にんり》殆《ほとほ》と尽《つ》きなんとす。

仏告阿難。譬如世間 貧窮乞人 在帝王辺。形貌容状、寧可類乎。阿難白仏。仮令此人、在帝王辺、羸陋醜悪、無以為喩。百千万億 不可計倍。所以然者、貧窮乞人、底極廝下、衣不蔽形。食趣支命。飢寒困苦、人理殆尽。

釈尊いわく、「世間で賤しいといわれる乞食と国王を比べようとしても、比較のしようがない」、と。そこで阿難がいう。「両者の相違は百千億倍だ。理由は、乞食の飢えと寒さによる困窮にあり、乞食は、人としての筋道を通すことができないからだ」、と。「羸陋醜悪」の「羸」は痩せていること、「陋」は地位が低いこと、「醜悪」はみにくいこと。「人理」は人間として当然の義理人情。

この節は、乞食を譬えに使用して、「安楽」にいる住人の勝れた様子を示す。差別的叙述が続くが、時代の制約なのか、現在の状況が生じた原因を、はるかな過去世に求める考え方の限界なのか、以下の文章もふくめて検討を要する箇所であろう。

みな、前世に徳本を植えず、財《たから》を積《つ》みて施《ほどこ》さず、有《あ》るに富みて益《ますま》す慳《おし》み、但《ただ》、唐《いたず》らに得んと欲《おも》うて貪求《とんぐ》して厭《いと》うことなし、肯《あえ》て善を修せず、悪を犯《おか》すこと山のごとく積もるに坐《ざ》してなり。かくのごとくして寿《いのち》終え、財宝消散して、身を苦しましめて聚《じゅ》積《しゃく》して、これがために憂悩《うのう》すれども己《おのれ》において益《やく》なし。徒《いたず》らに他の有《う》と為《な》る。善として怙《たの》むべきなし。徳として恃《たの》むべきなし。

このゆえに死して悪趣《あくしゅ》に堕《だ》して、この長苦《じょうく》を受く。罪畢《おわ》りて出《い》ずることを得て、生まれて下賤《げせん》と為《な》りて愚鄙廝極《ぐひしごく》にして、人類《にんるい》に示同《じどう》す。

世間に帝王の、人中に独尊《どくそん》なる所以《ゆえ》は、みな宿世に徳を積《つ》めるによりて致《いた》すところなり。慈恵《じえ》博《ひろ》く施《ほどこ》し、仁愛《にんあい》兼《か》ねて済《すく》う。信を履《ふ》み善を修して、違諍《いじょう》するところなし。ここをもって寿《いのち》終《お》え、福《ふく》応じて善道に昇ることを得《え》、天上に上生《じょうしょう》してこの福楽《ふくらく》を享《う》く。積善《しゃくぜん》の余慶《よけい》に、今、人と為《な》ることを得たり。たまたま王家に生まれて、自然《じねん》に尊貴《そんき》なり。儀容端正《ぎようたんじょう》にして衆の敬事《きょうじ》するところなり。妙衣珍膳《みょうえちんぜん》、心に随《したが》いて服御《ふくご》す。宿福《しゅくふく》の追うところなるがゆえに能《よ》くこれを致《いた》す」。

皆坐前世　不植徳本、積財不施、富有益慳、但欲唐得、貪求無厭、不肯修善、犯悪山積。如是寿終、財宝消散、苦身聚積、為之憂悩、於己無益。徒為他有。無善可怙。無徳可恃。是故死堕悪趣、受此長苦。罪畢得出、生為下賤、愚鄙廝極、示同人類。所以世間帝王　人中独尊、皆由宿世積徳所致。慈恵博施、仁愛兼済。履信修善、無所違諍。是以寿終、福応得昇善道、上生天上、享茲福楽。積善余慶、今得為人。適生王家、自然尊貴。儀容端正、衆所敬事。妙衣珍膳、随心服御。宿福所追故能致此。

それはみな、前世で功徳を積まず（「徳本を植えず」）、財産を人に施そうとせず、財産があるにもかかわらず、ますます物惜しみをし、ひたすら自分の利益だけを貪り求めて、あえて善を修めずに、悪を犯すばかりであったからだ。かかる一生は、命終われば財産も消え失せ、憂いだけが残り、財産は人手に渡る。頼むべき善も、徳もない。あるのは、貪欲の報いだけ。だから、死ねば「三悪道」（「悪趣」）に堕ち、罪を償って「三悪道」から出てきても下賤に生まれる。「愚鄙廝極」は、愚かで賤しいこと。「人類に示同す」は、人の類に同じであることを示す、つまり、やっと人間の形をしているだけ、ということになろう。「示」は「不」の誤字だという説もある（岩波文庫、三三七頁）。「不」とすると、人の類に同じではない、つまり人とはいえないほど「下賤」なもの、という意味になる。いずれにしても差別的状況をあらわす。

帝王の帝王たる理由は、前世の積徳による。慈悲と智慧（「慈恵」）をもって広くものを恵み、仁愛を兼ねて人を救う。信義（「信」）を重んじ、善を修めて、争い逆らうことがなかった（「違諍するところなし」）。
そのために命終えると、「善道」を昇り、天上界に生まれて「福楽」をうける。さらに、善を積んだ余徳として（「積善余慶」）、人間界に生まれて王となり、尊貴の身分となり、容貌も端正で、大衆から敬われ、衣服も食事も思いのままとなる。これらはすべて、「宿福」の報い、つまり前世の福がもたらす徳なのである。

仏《ぶつ》、阿難《あなん》に告《つ》げたまわく、「汝《なんじ》が言《ことば》、是《ぜ》なり。計《はか》りみるに、帝王《ていおう》のごとき、人中の尊貴《そんき》にして形色端正《ぎょうしきたんじょう》なりといえども、これを転輪聖王《てんりんじょうおう》に比《なら》ぶるに甚《はなは》だ鄙陋《ひる》なりとす。猶《なお》しかの乞人《こつにん》の帝王《ていおう》の辺《ほとり》にあるがごとくなり。転輪聖王《てんりんじょうおう》、威相殊妙《いそうしゅみょう》にして天下《てんげ》に第一なれども、これを忉利《とうり》天王に比《なら》ぶるに、また醜悪《しゅうあく》にして相喩《あいたと》うることを得ざること万億倍なり。たとい天帝《てんてい》を第六天王に比《なら》ぶるに、百千億倍相類《あいるい》せざるなり。たとい第六天王を無量寿仏国《むりょうじゅぶつこく》の菩薩《ぼさつ》・声聞《しょうもん》に比《なら》ぶるに、光顔容色《こうげんようしき》相及《あいおよ》ばざること百千万億不可計倍《けばい》なり」。

仏告阿難。汝言是也。計如帝王、雖人中尊貴　形色端正、比之転輪聖王、甚為鄙陋。猶彼乞人、在帝王辺也。転輪聖王、威相殊妙、天下第一、比之忉利天王、又復醜悪、不得相喩万億倍也。仮令天帝　比第六天王、百千億倍　不相類也。設第六天王、比無量寿仏国　菩薩声聞、光顔容色、不相及逮、百千万億　不可計倍。

しかし、この帝王も、「転輪聖王」に比べると、著しく劣っている。「転輪聖王」は、「須弥山」の周りの「四洲」の宝車を回転させて、世界を支配するという。「鄙」はいやしいこと。「陋」は、せま苦しいと思うこと。二字とも同じ意味。

だが、「転輪聖王」を、「欲界」の「第二天」に住む「忉利天王」に比べると、「転輪聖王」の醜さたるやひどいもの。しかし、この「忉利天王」を、「第六他化自在天王」と比べると、後者の勝れていること万億倍となる。この「第六他化自在天王」さえ、「安楽」の菩薩などに比べると、後者が百千億倍も勝れている、というのである。

11　「安楽」の輝き

仏《ぶつ》、阿難《あなん》に告《つ》げたまわく、「無量寿国《むりょうじゅこく》のもろもろの天人、衣服《えぶく》・飲食《おんじき》・華香《けこう》・瓔珞《ようらく》・繒蓋《ぞうがい》・幢幡《どうばん》・微妙《みみょう》の音声《おんじょう》・所居《しょご》の舎宅《しゃたく》・宮殿《くでん》・楼閣、その形色《ぎょうしき》に称《かな》う。高下《こうげ》大小なり。あるいは一宝・二宝、乃至《ないし》、無量の衆宝《しゅぼう》、意《こころ》の所欲に随《したが》いて、念に応じてすなわち至る。また衆宝《しゅぼう》の妙衣《みょうえ》をもって、遍《あまね》くその地に布《し》けり。一切の天人これを践《ふ》みて行く。無量の宝網《ほうもう》、仏土に弥覆《みふ》せり。みな金縷《こんる》・真珠《しんじゅ》・百千の雑宝《ざっぽう》、奇妙珍異《ちんい》なるをもって荘厳《しょうごん》し交飾《きょうじき》せり。四面に周帀《しゅうそう》して垂《た》るるに宝鈴《ほうりょう》をもってす。光色晃耀《こうしきこうよう》にして、尽極厳麗《じんごくごんれい》にして、自然《じねん》の徳風、徐《ようや》く起こりて微動《みどう》す。その風調和《かぜじょうわ》にして、寒からず暑からず。温涼柔軟《おんりょうにゅうなん》にして遅《おそ》からず疾《と》からず。もろもろの羅網《らもう》およびもろもろの宝樹を吹くに、微妙《みみょう》の法音を演発《えんぱつ》し、万種温雅《まんじゅおんげ》の徳香《とっこう》を流布《るふ》す。それ聞《か》ぐことあれば、塵労垢習《じんろうくじゅう》、自然《じねん》に起こらず、風その身に触るるに、みな快楽《けらく》を得《う》。たとえば比丘《びく》の滅尽三昧《めつじんさんまい》を得るがごとし。

仏告阿難。無量寿国　其諸天人、衣服飲食　華香瓔珞　繒蓋幢旛　微妙音声　所居舎宅宮殿楼閣、称其形色。高下大小。或一宝二宝、乃至無量衆宝、随意所欲、応念即至。又以衆宝妙衣、徧布其地。一切天人、践之而行。無量宝網、弥覆仏土。皆以金縷真珠　百千雑宝　奇妙珍異、荘厳交飾。周帀四面、垂以宝鈴。光色晃耀、尽極厳麗、自然徳風、徐起微動。其風調和、不寒不暑。温涼柔軟、不遅不疾。吹諸羅網　及衆宝樹、演発無量　微妙法音、流布万種　温雅徳香。其有聞者、塵労垢習、自然不起。風触其身、皆得快楽。譬如比丘　得滅尽三昧。

以下、「天人」の受ける「楽」をのべる。まず、天人たちの衣服からはじまり、身につけるもの、住居、飾り、音楽などの楽しみは、「その形色に称」っている。形や色が程よく叶うこと。「称」は、秤の左右を平均させるところから、状況にあわせるといった意味になる。その結果、大小、高低があり、宝でできているがその宝の数も自在である。また、多くの宝でできた敷物が大地に敷かれているが、天人たちはそれを踏んで歩く。あるいは、「安楽」は、無数の宝で飾られた網で覆われており、その網から垂れ下がる宝の鈴が輝いている。「光色晃耀」の「晃耀」は、ともに輝く、の意味で、同じ意味の漢字を重ねて使用している例。

つぎに、自然に吹く「徳風」(「功徳」をもたらす風)の作用をのべる。それは、宝樹を動かして、音楽を奏で、香りをもかもしだす。こうした音楽や香りを聞き、「徳風」にあたるものは、自然に「塵労垢習」(煩悩)が起こらず、みな「快楽」を得る。それは、修行僧(「比丘」)の「滅尽三昧」(心の動きをすべて制御して閑静を楽しむ境地)に似る。

また風、華《はな》を吹き散《ち》らして遍《あまね》く仏土に満つ。色《いろ》の次第に随《したが》いて雑乱《ぞうらん》せず。柔軟光沢《にゅうなんこうたく》にして馨香芬烈《きょうこうふんれつ》せり。足その上を履《ふ》むに、陥《くぼ》み下《くだ》ること四寸。足を挙げ已《おわ》るに随《したが》いて還復《げんぷく》すること故《もと》のごとし。華用《はなもち》いること已訖《おわ》れば、地すなわち開裂《かいれつ》して、次いでもって化没《けもつ》す。清浄《しょうじょう》にして遺《のこ》りなし。その時節に随《したが》いて、風華《はな》を吹き散《ち》らす。かくのごとくして六返す。

また衆宝《しゅほう》の蓮華《れんげ》、世界に周満せり。一一の宝華《ほうけ》、百千億の葉《よう》あり。その華《はな》、光明《こうみょう》、無量種の色なり。青き色には青き光、白き色には白き光あり。玄黄朱紫《げんおうしゅし》、光色《こうしき》もまた然《しか》なり。暐《い》曄煥爛《ようかんらん》として、日月《にちがつ》よりも明曜《みょうよう》なり。一一の華の中より三十六百千億の光を出《い》だす。一一の光の中より三十六百千億の仏を出《い》だす。身色紫《しんしきし》金《こん》にして、相好殊特《そうごうしゅどく》なり。一一の諸仏また百千の光明《こうみょう》を放ちて、普《あまね》く十方のために微妙《みみょう》の法を説きたまう。かくのごとき諸仏、各各《おのおの》無量の衆生を、仏の正道《しょうどう》に安立《あんりゅう》せしめたまう」。

又風吹散華、徧満仏土。随色次第、而不雑乱。柔軟光沢、馨香芬烈。足履其上、陥下四寸。随挙足已、還復如故。華用已訖、地輒開裂、以次化没。清浄無遺。随其時節、風吹散華。如是六返。又衆宝蓮華、周満世界。一一宝華、百千億葉。其華光明、無量種色。青色青光。白色白光。玄黄朱紫、光色亦然。暐曄煥爛、明曜日月。一一華中、出三十六百千億光。一一光中、出三十六百千億仏。身色紫金、相好殊特。一一諸仏、又放百千光明、普為十方、説微妙法。如是諸仏、各各安立　無量衆生　於仏正道。

また、「徳風」は七宝樹の華を、「安楽」の全土に散らす。その散り方も色にしたがって乱れず、色つやは柔らかく、よい香りがする。「馨香」は香りが遠くまでとどくこと、「芬烈」は、匂いが盛んなこと。その華の上を歩くと、十三センチばかり沈む。足をあげると、元に戻る（「還復」）。華は、大地が開いてそのなかにすいこまれてゆくので、あいかわらず清浄のまま。時節によって風が吹き、華が散る。これが昼夜六回、くり返される。

また、多くの宝でできた蓮華が「安楽」に満ちている。一つの蓮華には、百千億の花弁があり、それぞれが輝いている。青い色には青い光が、白い色には白い光が、というように、「玄黄朱紫」もそれぞれに光を放っている。「暐曄煥爛」の四字は、いずれも光をあらわしていて、明るく輝く様子を示す。

そして、それぞれの光のなかから、三十六百千億（千億の百集まったものが三十六ある）の光が発せられて、その一つ一つの光のなかに、三十六百千億の仏があらわれる。その身は紫金色で、姿かたちは、きわめてすぐれている。その仏が一人一人百千の光明を放ち、あまねく十方世界の人々のために、妙なる法を説く。これらの諸仏は、無量の人々を、仏にいたる正しい道に安住させるのである。

*

余談だが、かつて、中国文学の泰斗・吉川幸次郎博士にお会いして、漢訳経典の魅力をおうかがいしたとき、吉川博士は、この一節をあげられ、中国語で読んで聞かせてくださった上、自分はかならずしも仏教に好意的とはいえないが、この一節の漢文は美しい、と評価されたことを思い出す。

仏の説き給う無量寿経の上巻を終わる。

仏説無量寿経　巻上

第五講　「安楽」（浄土）に生まれる

上巻は、法蔵が主人公であり、その法蔵が発した四十八願の内容の紹介と、その実現によってどのような国（「安楽」）がつくられたのか、が述べられている。

下巻では、その「安楽」に、どうすれば生まれることができるのか、また「安楽」に生まれることができた者たちは、どのような活動をするのか、が述べられる。そして、「安楽」に比して、現世がいかに苦しみに満ちた世界であるかが詳述されて、「安楽」に生まれることが勧められる。

仏、無量寿経を説きたもう　巻下

曹魏　天竺の三蔵　康僧鎧訳す

仏説無量寿経　巻下　　曹魏天竺三蔵康僧鎧訳

下巻の冒頭には、上巻と同じく経題と翻訳者の名が記される。

Ｉ 「安楽」に生まれるための方法

以下の三つの文章をまとめて読んでみると、そこには、阿弥陀仏の国（「安楽」）に生まれるための方法が説かれていることが分かる。その内容は、結論からいえば、阿弥陀仏の名を称えることだが、経典の文章に即していうと、つぎのようになろう。①この仏の名を聞くものは、すべて「安楽」に生まれて仏になる。なぜならば、②その名は、諸仏が褒め称えている名であり、③「安楽」に生まれると、かならず仏になると約束されているからである。

以下、各節の意味を検討した上で、あらためて、この三組の文章が意味するところを説明したい。

仏《ぶつ》、阿難《あなん》に告《つ》げたまわく、「それ衆生ありてかの国に生《しょう》ずれば、みなことごとく正《しょう》定《じょう》の聚《じゅ》に住す。所以《ゆえ》は何《いか》ん。かの仏国の中には、もろもろの邪聚《じゃじゅ》および不定聚《ふじょうじゅ》なければなり。

仏告阿難。其有衆生、生彼国者、皆悉住於正定之聚。所以者何。彼仏国中、無諸邪聚 及不定聚。

釈尊が阿難に対して、「阿弥陀仏の国（「安楽」）に生まれた者は、すべて「正定聚」となる。その理由は、「安楽」には「邪聚」や「不定聚」は存在しないからだ」と説く。

ところで、仏教の一般的知識からいえば、「正定聚」は「必ず仏になるべく定まっているもの」をさし、「邪聚」は「無信無行にして、決定して「悟る」ことのできないもの」をいい、「不定聚」は「縁に随って、正邪の定まらないもの」をいうが、浄土仏教の立場からいえば、「正定聚」は「浄土に往生した凡夫が得る所の不退転の位（仏になるまでもはや退転することがない位――阿満注）のこと」であり、「邪聚」は「浄土に往生しても、再び三悪道に堕ちるもの」を意味し、「不定聚」は「浄土に往生しても、仏果（「悟り」のこと）にまで進むか進まぬかが分からぬもの」を意味する（坪井、一一一・二二九頁）。親鸞は、これらの解釈とは異なる意味を付与しているが、後にふれる。

この文章の意味をくり返せば、ひとたび阿弥陀仏の国に生まれたならば、かならず悟りに達して仏になる、ということであり、これは、法蔵の発した四十八願でいえば、第十一願が実現したことを示す文章となる。誓願が実現したことを示す文章のことを「成就文」と言いならわしているから、この文章は、第十一願の「成就文」ということになる。

ちなみに第十一願は「たとい我、仏を得んに、国の中の人天、定聚に住し必ず滅度に至らずんば、正覚を取らじ」である。「定聚」は「正定聚」のこと。「滅度」は「悟り」のことであり、「滅度をとる」とは、仏になること。要するに、「安楽」(浄土)に生まれたならば、かならず仏になる、という約束である。

それにしても、「定聚」という修行上の地位を示し、その地位を出発点にして「滅度」に達するとあって、端的に、「安楽」に生まれたならばすぐさま仏になる、と記されていないのはどうしてなのか。

それは、「安楽」が、あくまでも仏道を完成する場所として、想定されているからだ。なににも妨げられずに、修行に励むことができる理想的な場所として、「安楽」がつくられているのである。だからこそ、「定聚」という修行上の階位に到達し、その上で、さらに修行を続けて「滅度」にいたるという道筋が説かれているのである。

この道筋を一挙に縮めて、「安楽」に生まれると、ただちに「仏」になるというのは、親鸞以後のことなのである。その理由はのちにふれる。

十方恒沙《じっぽうごうじゃ》の諸仏如来《しょぶつにょらい》、みな共に無量寿仏《むりょうじゅぶつ》の威神功徳《いじんくどく》の不可思議なることを讃歎《さんだん》したまう。

十方恒沙　諸仏如来、皆共讃歎　無量寿仏　威神功徳　不可思議。

続けて、釈尊が阿難に語る。「全宇宙の諸仏たちが、無量寿仏の、考えも及ばない絶大なはたらきを、こぞって褒め称えている」、と。

「無量寿仏」は、阿弥陀仏のこと。法蔵が仏になったとき、どのような仏になるのかを願った内容が、「無量の光」と「無量の寿命」をもつことであったが、後者にもとづいて「無量寿仏」の名称が生まれた。

この一文は、第十七願の「成就文」である。第十七願は、「たとい我、仏を得んに、十方世界の無量の諸仏、ことごとく咨嗟して、我が名を称せずんば、正覚を取らじ」である。文中の「我が名を称せずんば」の「称」は、褒め称えるということ。

それにしても、法蔵は仏となった暁に、すべての仏たちに、その名を賞賛されることを願ったのは、どうしてなのか。第一の理由は、法蔵がすべての人々を、自らの国に迎えて仏とする方法として、我が名を称することを選んでいたからであろう。名によって人々を仏にするという以上は、その名が絶大なはたらきをもっていること、そして、その名が全世界に知られていることが必須条件となる。つまり、阿弥陀仏の名の絶対的な救済力と、その普遍性を獲得するのが第十七願の動機であったといえる。

それが実現して、阿弥陀仏（「無量寿仏」）の「威神功徳、不可思議」が全世界の仏たちから称讃されている。それが、この一文の意味するところである。同時に、第十七願が実現したからこそ、阿弥陀仏の名を称することが、絶対的な救済力を発揮することになったのである。

なお一言つけ加えておきたい。それは、法蔵菩薩が阿弥陀仏になるにあたって求めた「普遍性」の性格についてである。普遍性の開示は多くの場合、特定の人格による一方的な宣言ではじまることが多い。だが、「阿弥陀仏の物語」では、諸仏の賛同という方法を採用している。いわば関係者の支持によって得られる「普遍性」なのである。この点は、仏教という宗教の特徴をよく示しているといえよう。仏教は本来、全員参加型の民主主義にたつのである。

あらゆる衆生、その名号《みょうごう》を聞きて、信心歓喜《しんじんかんぎ》せんこと、乃至《ないし》一念《いちねん》せん。心《しん》を至し回向《えこう》したまえり。かの国に生まれんと願ずれば、すなわち往生《おうじょう》を得て不退転《ふたいてん》に住す。唯《ただ》五逆《ごぎゃく》と誹謗正法《ひほうしょうぼう》とを除く」。

諸有衆生、聞其名号、信心歓喜、乃至一念。至心回向。願生彼国、即得往生、住不退転。
唯除五逆　誹謗正法。

この一文については、第十八願の解説で、大方はふれておいた。くり返しになるが、要点を記しておきたい。

一つは、漢文の読み方である。テキストでは、「乃至一念」と「至心回向」の二か所に読点がある。それは親鸞の読み方にしたがっているからである。

普通は、途中に読点は入れない。つまり、「あらゆる衆生その名号を聞いて、信心歓喜して乃至一念至心に回向して、彼の国に生ぜんと願ぜば、即ち往生を得て不退転に住す」となる。ここでは、まず、普通の読み方にしたがって読んでみる。

釈尊は、続いてのべる。「だからこそ、あらゆる人々は、阿弥陀仏の名号を聞いて、「信心歓喜」し、少なくとも、その「一念」でもふりむけて、阿弥陀仏の国に生まれたいと願えば、たちまち生まれることができて、「不退転」という階位にのぼる。ただし、五逆と誹謗正法のものは除く」、と。

「信心歓喜」は、サンスクリット文によれば、「澄浄なる心」のことで、もとは、「浄化する」、「喜悦する」、「満足する」といった意味がある。つまり、「澄浄心」とは、「心が澄みきって浄らかとなり、静かな喜びや満足の感ぜられる心境」をさすのである（藤田宏達『大無量寿経講究』、一四九頁）。漢字の「信」には、こうした心境をあらわす意味もあるのであろう。私たちが日常語として使う「信心」や「信仰」の「信」とは、意味が異なることに注意する必要がある。

そして「澄浄心」で大事なことは、これは、人にはじめから具わっている心ではなく、仏道修行のなかで得られる、いわば仏の心だという点であろう。だからこそ、阿弥陀仏の名号を「聞く」という行為が必須となっているのである。

つまり、聞けばその内容を、自ら口に出してくり返すのが自然であろう。大切な言葉を聞けば聞くほど、それを称えるのである。それ故に、「聞其名号」とは、「称我名号」をふくむといってよい。このことに注目したのは善導であるが、法然は、それを決定的にしたといえる。

法然が名号を称えること、とくにはっきりと口に出して唱えることを最優先したのは、それが「澄浄心」を生むからであり、その事態を論理化したのが親鸞だといえる。

さて、問題は「乃至一念」の中身である。右に「信心歓喜」が「澄浄心」だと了解したからには、「乃至一念」は、その「澄浄心」を少なくとも一度起こして、ということになろう。「澄浄心」を「信心＝真心」とするならば、「一念」は一度の「信心」ということになり、それは親鸞の了解と等しい（本書、二〇一頁参照）。しかし、「澄浄心」の生まれるもとが「聞其名号」、つまり「称我名号」だと考えると、「称名」でもよい。つまり「乃至一念」は、少なくとも一度念仏をすると、という意味になる。これは法然の読み方である。法然と親鸞の間には、根本的な解釈の違いはない。「澄浄心」を手がかりにしていえば、「澄浄心」そのものを「一念」とみるか、「澄浄心」をもたらす「名号」を、「一念」と見るかの違いでしかない。

もう一つ、親鸞の読み方には特色がある。それは「至心回向」の解釈である。親鸞によれば、「澄浄心」(「信心」)は、仏の心であり、人が自らの力で生み出すことができない。それは、もっぱら阿弥陀仏からたまわるしかない心だと受けとめて、「至心に回向せしめたまえり」と読む。つまり「至心」も「回向」も、ともに、その主語は阿弥陀仏だとして、人の行為とは考えない。

普通ならば、この箇所は、つぎのように読む。「浄土往生を願う行者は心をこめて(「至心」)少なくとも一声の念仏(乃至一念)を手向けるならば(回向する)」、と。しかし、親鸞は、行者には清浄な願心などあろうはずはないから、それがあるとしたら、阿弥陀仏から差し向けられたものだ、と考えたのである。

親鸞の説明によれば、「「至心回向」というは、至心は真実ということばなり。真実は阿弥陀仏の御こころなり。回向は本願の名号をもって十方の衆生にあたえたまう御のりなり」(『一念多念文意』)、となる。

「唯五逆と誹謗正法とを除く」については、さきの解説を見ていただきたい(本書、一九二頁)。

＊

ところで、以上の三つの文章は、「阿弥陀仏の物語」を記すもっとも古いテキストである『大阿弥陀経』（正しくは、「仏説阿弥陀三耶三仏薩楼仏檀過度人道経」）には存在しない。『大阿弥陀経』によれば、その下巻は、以下の「三輩」の説明からはじまる。

ということは、「阿弥陀仏」の名を聞くという方法をもって、阿弥陀仏の国に生まれるとする考え方は、「阿弥陀仏の物語」のなかでも、後世につくられた、ということであろう。

すくなくとも、今読んでいる『無量寿経』が生まれる以前は、これから紹介する「三輩」に示された内容が、阿弥陀仏の国に生まれる方法であった。だが、「聞名」こそが、阿弥陀仏の国に生まれる新しい方法だと主張する『無量寿経』のなかに、どうして「三輩」段が残っているのか。

それは、あえていえば、「阿弥陀仏の物語」に結縁する機会を増やすためなのであろう。あるいは、「三輩」段には、いまなお、多くの人を「阿弥陀仏の物語」に引き寄せる内容がある、ということでもあろうか。

いずれにせよ、結果的には、『無量寿経』には、阿弥陀仏の国に生まれるための方法は、「聞名」と、「三輩」段に説かれる三種の方法と、あわせて四種がある、ということになっている。

2　念仏以外の方法

以下は、阿弥陀仏の国へ生まれることを願う人々には、三種類があることを明かす。つまり、「安楽」に生まれるためには、三種の方法の違いがあることを説明する。

この点、さきだっていっておけば、「聞名」（のちの「称名」をふくむ）という、新しい方法が提示されているにもかかわらず、それ以前の方法がここで持ち出されてくることは、経典としての一貫性を欠くことになるが、経典である以上、そこには、何らかの意図があるはずなのである。その意図を見出すために、格別の苦心をした一人が法然である。ひとまず、「三輩」段の説明をした後に、法然の苦心の解釈を紹介してみたい。

仏《ぶつ》、阿難《あなん》に告《つ》げたまわく、「十方世界の諸天人民《にんみん》、それ心《しん》を至《いた》してかの国に生まれんと願ずることあらん。おおよそ三輩《さんぱい》あり。

仏告阿難。十方世界　諸天人民、其有至心　願生彼国。凡有三輩。

世の中には、まごころをこめて（「心を至して」）、阿弥陀仏の国である「安楽」に生まれたい願う人々がいるが、そのための実践を見ると、上・中・下の三種類に分かれる。

その上輩《じょうはい》というは、家を捨て欲を棄《す》てて沙門《しゃもん》と作《な》り、菩提心《ぼだいしん》を発《おこ》し、一向に専ら無量寿仏《りょうじゅぶつ》を念じ、もろもろの功徳を修して、かの国に生まれんと願ぜん。これらの衆生、寿《いのち》終わらん時に臨《のぞ》んで、無量寿仏ともろもろの大衆《だいしゅう》と、その人の前に現ぜん。すなわちかの仏に随《したが》いてその国に往生せん。すなわち七宝華《しっぽうけ》の中より自然《じねん》に化生《けしょう》し、不退転に住せん。智慧《ちえ》勇猛《ゆみょう》にして神通《じんずう》自在ならん。

このゆえに阿難《あなん》、それ衆生ありて、今世《こんぜ》において無量寿仏を見たてまつらんと欲《おも》わば、無上菩提《ぼだい》の心《しん》を発《おこ》し功徳を修行してかの国に生まれんと願ずべし」。

其上輩者、捨家棄欲、而作沙門、発菩提心、一向専念　無量寿仏、修諸功徳、願生彼国。此等衆生、臨寿終時、無量寿仏　与諸大衆、現其人前。即随彼仏、往生其国。便於七宝華中、自然化生、住不退転。智慧勇猛、神通自在。是故阿難、其有衆生、欲於今世　見無量寿仏、応発無上菩提之心、修行功徳、願生彼国。

「その上クラスの人々は、家庭を捨て、世俗的な欲望を捨てて出家者（「沙門」）となり、悟りの智慧を得ようと心を決めて（「菩提心を発し」）、ひたすらもっぱら（「一向に専ら」）阿弥陀仏（「無量寿仏」）を念じて、もろもろの功徳を生む行為を実践して、阿弥陀仏の国に生まれたいと願う人々である。

これらの人々は、臨終に際して、阿弥陀仏が浄土の聖衆たちとともに迎えに現れる。そして、その人は、阿弥陀仏にしたがって「安楽」に生まれる。その生まれ方は、「安楽」の七宝でできた蓮華のなかに、自然に忽然と生まれるのであり、生まれると「不退転」（仏になることを待つだけの身）となり、その智慧は勇猛にして、神通力は自在となる。したがって阿難よ、人あって、この世で阿弥陀仏を見たいと欲する者は、悟りを求める最も崇高な決意をして、最良の結果を生むような善行を実践して、阿弥陀仏の国に生まれたいと願うべきなのだ」、と釈尊はのべられた。

仏《ぶつ》、阿《あ》難《なん》に語《かた》りたまわく、「それ中輩《ちゆうはい》というは、十方世界の諸天人民《にんみん》、それ心《しん》を至《いた》してかの国に生まれんと願ずることあらん。行《ぎよう》じて沙門《しやもん》と作《な》り大きに功徳《くどく》を修すること能《あた》わずといえども、当《まさ》に無上菩提《ぼだい》の心《しん》を発《おこ》し一向に専ら無量寿仏を念じ、多少に善を修し、斎戒《さいかい》を奉持《ぶじ》し、塔像《とうぞう》を起立《きりゆう》し、沙門《しやもん》に飯食《ぼんじき》せしめ、繒《ぞう》を懸《か》け燈《とう》を然《とぼ》し、華《はな》を散《さん》じ香《こう》を焼《た》きて、これをもって回向《えこう》してかの国に生まれんと願ぜん。

その人終わりに臨んで、無量寿仏、その身を化現《けげん》せん。光明相好《そうごう》つぶさに真仏《しんぶつ》のごとくならん。もろもろの大衆とその人の前に現ぜん。すなわち化仏《けぶつ》に随《したが》いてその国に往生し不退転に住せん。功徳智慧《ちえ》、次いで上輩《じようはい》のごとくならん」。

仏語阿難。其中輩者、十方世界　諸天人民、其有至心　願生彼国。雖不能行作沙門　大修功徳、当発無上菩提之心、一向専念　無量寿仏、多少修善、奉持斎戒、起立塔像、飯食沙門、懸繒然燈、散華焼香、以此回向、願生彼国。其人臨終、無量寿仏、化現其身。光明相好、具如真仏。与諸大衆、現其人前。即随化仏、往生其国、住不退転。功徳智慧、次如上輩者也。

また、釈尊は阿難にいわれた。「中クラスの人というのは、同じように、こころをこめて阿弥陀仏の国に生まれたいと願う人々であるが、上クラスの人のように、出家者となり、大いに功徳を積むことはできないけれども、まさに悟りを得ようとする強い意欲をもって、ひたすら阿弥陀仏を念じる。そして、能力に応じた善を修めて（「多少に善を修し」）、八斎戒（在家のものが一日一夜にかぎって守る戒律のこと）を守り、塔を建て仏像を作り、僧侶に飯食を供養し、仏前に幡蓋や水引をかけて供養し、燈火をともし、華をまき、香を焚き、これらの功徳を差し回して、阿弥陀仏の国に生まれたいと願う。

この人が命終わるとき、阿弥陀仏は、化身としてあらわれる。光明やすがたは、本当の阿弥陀仏と変わることはない。諸々の浄土の大衆とともに、その人の前にあらわれると、その人は、化身としてあらわれた阿弥陀仏にしたがって、阿弥陀仏の国に生まれる。そして、ふたたび、流転の苦しみを経験することなく、仏となるのを待つだけの身となる。その人の功徳や智慧は、上クラスの人々に次ぐ」、と。

仏《ぶつ》、阿難《あなん》に告《つ》げたまわく、「その下輩《げはい》というは、十方世界の諸天人民《にんみん》、それ心《こころ》を至《いた》してかの国に生まれんと欲《ほっ》せんことあらん。たといもろもろの功徳《くどく》を作ること能《あた》わざれども、当《まさ》に無上菩提《むじょうぼだい》の心《しん》を発《おこ》して一向《いっこう》に意《こころ》を専らにして、乃至《ないし》十念、無量寿仏を念じてその国に生まれんと願ずべし。もし深法《じんぼう》を聞きて歓喜《かんぎ》信楽《しんぎょう》せん。疑惑《ぎわく》を生ぜず。乃至《ないし》一念《いちねん》、かの仏を念じて至誠心《しじょうしん》をもってその国に生まれんと願ぜん。この人終わりに臨んで夢のごとくにかの仏を見たてまつりて、また往生を得《う》。功徳智慧《ちえ》、次《つ》いで中《ちゅう》輩《はい》の者のごとくならん」。

仏告阿難。其下輩者、十方世界 諸天人民、其有至心 欲生彼国。仮使不能 作諸功徳、当発無上菩提之心、一向専意、乃至十念、念無量寿仏、願生其国。若聞深法、歓喜信楽。不生疑惑。乃至一念、念於彼仏、以至誠心、願生其国。此人臨終、夢見彼仏、亦得往生。功徳智慧、次如中輩者也。

釈尊は、阿難にお告げになる。「下のクラスの人々とは、まごころこめて阿弥陀仏の国に生まれたいと願うが、諸々の功徳をつくることができない。だが、悟りを得たいという気持ちを強くもって、ひたすら、もっぱら、たとえわずかの間であっても（「乃至十念」の「念」は瞬間の意味）、阿弥陀仏だけに心を集中して、その国に生まれたいと願うがよい。

もし、深い教えを聞いて喜びがあふれ、教えを信じて阿弥陀仏の国に生まれることを願い、疑いの心が生まれず、少なくとも一度仏を念じて、こころから阿弥陀仏の国に生まれたいと願うならば、この人が命終わるときには、夢に、かの仏を見奉って、また、阿弥陀仏の国に生まれることができる。その人の功徳、智慧は中クラスの人に次ぐ」、と。

3　法然の解釈

『無量寿経』としては、阿弥陀仏の国に生まれる方法は、「正定聚云々」、「無量寿仏の威神功徳云々」、「その名号を聞きて、信心歓喜云々」の三つの文章によって明らかになっている。つまり、阿弥陀仏の名を聞くことであり、それは、阿弥陀仏の名を称することをふくむことはいうまでもない。「聞名」が、阿弥陀仏の国に生まれる唯一の方法なのである。にもかかわらず、「三輩」に関する文章が説いていることは、「聞名」以外の諸行の実践なのである。

その内容をくり返せば、一つは「捨家棄欲」など（上クラスが実践する）、二つは「起立塔像」など（中クラスが実践する）が要求されている。また下のクラスに求められている「念無量寿仏」も、阿弥陀仏に心を集中して、その国に生まれたいと強く願うことであって、「聞名」（称名をふくむ）とは異なる。

つまり、阿弥陀仏の名を聞く（称する）という方法と諸行とが並存して説かれていることになり、行を実践する立場からいうと、選択に迷うことになるのではないか。

この問題を解いたのが、法然にほかならない。法然は、その著『選択本願念仏集』に一章を割いて（「三輩念仏往生の文」）、つぎのような大胆な解釈を施している。

つまり、「三輩」段は、「廃立」と「助正」と「傍正」という三つの視点から解釈することができる、というのである。

「廃立」とは、二つのものを比べて優れたものを残し、劣ったものを廃止するという意味、「助正」とは、正しいものを助けるという意味であり、「傍正」とは、一つを「主」として、他方を「従」とするということである。

このように見ると、「三輩」段では、すべて、諸行を捨てて、「一向専念無量寿仏」が求められている（「下輩」の文章では「一向専意、乃至十念、念無量寿仏」となっている）ことになる。ということは、仏道を歩む上での人の資質の相違はあっても、「一向専念無量寿仏」によって阿弥陀仏の国に生まれる点では、変わりはないことになる。そして、法然によれば「一向専念無量寿仏」とは、「聞名」であり、「南無阿弥陀仏」と称することである。

こうして法然は、「三輩」段では諸行が説かれているが、経典の本旨は念仏にある、と「廃立」の解釈を採用したのである。

さらに加えていえば、上・中・下の人々に対して、その臨終には、阿弥陀仏が迎えにくることが記されていることから、「三輩」段は、第十九願の「成就文」とも解されている。

4　十方世界の求道者が阿弥陀仏の国を訪れる

以下は、十方世界の求道者たち（「菩薩」）が、阿弥陀仏の国の魅力に惹かれて訪れ、求道の完成を目指すという一段である。

仏《ぶつ》、阿難《あなん》に告《つ》げたまわく、「無量寿仏《むりょうじゅぶつ》の威神極《いじんきわ》まりなし。十方世界の無量無辺《むへん》不可思議の諸仏如来、彼を称歎《しょうたん》せざることなし。東方恒沙《とうぼうごうじゃ》の仏国の無量無数のもろもろの菩薩衆《ぼさつしゅ》、みなことごとく無量寿仏の所《みもと》に往詣《おうげい》して、恭敬《くぎょう》し供養してもろもろの菩薩《ぼさつ》声聞大衆《しょうもんだいしゅう》に及《およ》ぼさん。経法《きょうぼう》を聴受《ちょうじゅ》し道化《どうけ》を宣布《せんぶ》す。南西北方・四維《しゆい》・上下、またまたかくのごとし」。

仏告阿難。無量寿仏、威神無極。十方世界　無量無辺　不可思議　諸仏如来、莫不称歎於彼。東方恒沙仏国　無量無数　諸菩薩衆、皆悉往詣　無量寿仏所、恭敬供養、及諸菩薩声聞大衆。聴受経法、宣布道化。南西北方　四維上下、亦復如是。

釈尊は、阿難につぎのように言われた。「阿弥陀仏の偉大なる威力（「威神」）は極まりがなく、十方世界の如来たちも、阿弥陀仏を褒め称えないものはいない。そして、東方にある仏たちの無数の国の菩薩たちが、阿弥陀仏の国を訪れて、阿弥陀仏を拝し、またその国の住人たちに供養を捧げる。そして、阿弥陀仏から教えを聞いて国に帰り、国の人々にその教えを説いて、人々を教化する。南・西・北の方角にある国々、また四維（北西・南西・北東・南東の四隅）、上・下の国々の菩薩たちも、同様に、阿弥陀仏の国に赴くのである」、と。

その時、世尊《せそん》、頌《じゅ》を説《と》きて曰《のたま》わく、

爾時世尊、而説頌曰

そのとき、釈尊は、詩句をもって、菩薩たちの「安楽」への往生を説かれた。以下はその詩句である。「東方偈《とうほうげ》」、あるいは「往覲偈《おうごんげ》」ともよばれている。偈の全文を示しておこう。解説上の便宜のために詩句の冒頭に番号をふっておく。

なお、この箇所はサンスクリット本と比較すると、つぎのような違いがある。それは、①から㉑までの詩句は、右にすでにのべられている、十方世界の菩薩たちが「安楽」に生まれる様子を要約しているが、㉒から㉚までの詩句は、弥勒菩薩に、この経典を付属するという「結語」の部分（本書、四九一頁）の要約となっている（岩波文庫、三四七頁の解説参照）。

ちなみに、『仏説無量清浄平等覚経』（「漢訳」）では、阿弥陀仏の徳を説く箇所に置かれていて、内容も異なる（「真聖全」、九八頁以下）。

また、本経の詩句とサンスクリット本の詩句とは、内容が一致するものあれば、しないものもある。詳細は、サンスクリット本を見て比較してほしい（岩波文庫版では、八〇頁から八七頁。また後半部分は、一三四頁から一三六頁まで）。

内容的には、私がとくに関心をもつ一つは、「阿弥陀仏の国」に関する説明が、私たちの感覚に訴える記述となっていて、あたかも、どこかに「阿弥陀仏の国」があるかのようになされているが、それは、仏教の根本思想である「空」の立場とどのような関係にあるのかを示唆する詩句があるという点だ。とくに、⑬、⑭、⑮の詩句には注意をはらっていただきたい。

第二は、「阿弥陀仏の物語」との出遇いがきわめて難しいことを、強調している点である。だからこそ、本経を聞くことができたものは、精進せよと説く。㉘、㉙、㉚の詩句である。

①東方《とうぼう》諸仏の国、その数恒沙《ごうじゃ》のごとし。かの土の菩薩衆《ぼさつしゅ》、往《ゆ》いて無量覚《むりょうかく》を覲《み》たてまつ

る。

②南西北・四維《しゆい》・上下、またまた然《しか》なり。かの土の菩薩衆《ぼさつしゅ》、往《ゆ》いて無量覚《むりょうかく》を観《み》たてまつる。

③一切のもろもろの菩薩《ぼさつ》、おのおの天の妙華《みょうけ》・宝香《ほうこう》・無価《むげ》の衣《ころも》をもって、無量覚《むりょうかく》を供養したてまつる。

④咸然《げんねん》として天の楽《がく》を奏《そう》し、和雅《わげ》の音を暢発《ちょうほつ》し、最勝の尊《そん》を歌歎《かたん》し、無量覚を供養《くよう》したてまつる。

⑤神通《じんずう》と慧《え》とを究達《くだつ》して、深法門《じんぼうもん》を遊入《ゆにゅう》し、功徳蔵《くどくぞう》を具足し、妙智等倫《みょうちとうりん》なし。

⑥慧日《えにち》、世間を照らして、生死《しょうじ》の雲を消除す。恭敬《くぎょう》して繞《めぐ》ること三帀《さんぞう》して、無上尊を稽首《けいしゅ》したてまつる。

⑦かの厳浄《ごんじょう》の土の、微妙《みみょう》にして思議し難《がた》きを見て、因《よ》りて無上心を発《おこ》して、我が国もまた然《しか》らんと願ず。

⑧時に応じて無量尊、容《みかお》を動かして欣笑《ごんしょう》を発《おこ》し、口《みくち》より無数の光を出《い》だして、遍《あまね》く十方国を照らす。

⑨回《めぐ》る光、身を囲繞《いにょう》すること、三帀《さんぞう》して頂《いただき》より入《い》る。一切の天人衆、踊躍《ゆやく》してみな歓《かん》

喜《ぎ》せん。

⑩大士《だいじ》観世音《かんぜおん》、服《きもの》を整《ととの》え稽首《けいしゅ》して問うて、仏に白《もう》さく、「何に縁《よ》りてか笑《え》みたまえる。唯然《ややしか》なり。願わくは意《こころ》を説きたまえ」。

⑪梵《ぼん》の声《みこえ》、雷《らい》の震《ふる》うがごとし。八音妙響《みようこう》を暢《の》べて、「当《まさ》に菩薩《ぼさつ》に記を授《さず》くべし。今説かん、なんじ、諦《あきら》かに聴《き》け。

⑫十方より来《きた》れる正士《しようじ》、吾《われ》、ことごとくかの願いを知る。厳浄《ごんじよう》の土を志求《しぐ》し、受決《じゅけつ》して当《まさ》に作仏《さぶつ》すべし。

⑬一切の法は、猶《なお》し夢《む》・幻《げん》・響《こう》のごとしと覚了《かくりよう》すれども、もろもろの妙願《みようがん》を満足して、必ずかくのごときの刹《せつ》を成ぜん。

⑭法は電影《でんよう》のごとくなりと知れども、菩薩《ぼさつ》の道《どう》を究竟《くきよう》し、もろもろの功徳の本を具して、受決《じゆけつ》して当《まさ》に作仏《さぶつ》すべし。

⑮諸法の性《しよう》は、一切空無我なりと通達《つうだつ》すれども、専ら浄仏土《じようぶつど》を求めて、必ずかくのごときの刹《せつ》を成ぜん」。

⑯諸仏、菩薩《ぼさつ》に告《つ》げて、安養《あんによう》の仏を観《み》せしむ。法を聞き楽しみて受行《じゆぎよう》して、疾《と》く清《しよう》浄《じよう》の処《ところ》を得よ。

⑰かの厳浄《ごんじょう》の国に至りなば、すなわち速やかに神通《じんずう》を得《え》、必ず無量尊《むりょうそん》において、記を受けて等覚《とうがく》を成《な》らん。
⑱その仏の本願の力、名《みな》を聞いて往生せんと欲《ねが》えば、みなことごとくかの国に到《いた》りて、自《おの》ずから不退転に致《いた》る。
⑲菩薩《ぼさつ》、至願《しがん》を興《おこ》して、己《おの》が国も異《こと》なることなからんと願ず。普《あまね》く一切を度《ど》せんと念《おも》いて、名《な》、顕《あき》らかに十方に達せん。
⑳億《おく》の如来《にょらい》に奉事《ぶじ》し、飛化《ひけ》して諸刹《しょせつ》に遍《へん》じ、恭敬《くぎょう》し歓喜《かんぎ》して去《ゆ》いて、還《かえ》りて安養国《あんみょうこく》に到《いた》らん。
㉑もし人、善本《ぜんぽん》なければ、この経《きょう》を聞くことを得ず。清浄《しょうじょう》に戒《かい》を有《たも》てる者、いまし正《しょう》法《ぼう》を聞くことを獲《う》。
㉒むかし、さらに世尊を見たてまつるもの、すなわち能《よ》くこの事を信ぜん。謙敬《けんきょう》して聞きて奉行《ぶぎょう》し、踊躍《ゆやく》して大きに歓喜《かんぎ》せん。
㉓憍慢《きょうまん》と弊《へい》と懈怠《けだい》とは、もってこの法を信じ難し。宿世に諸仏《しょぶつ》を見たてまつれば、楽《ねが》って*かくのごときの教を聴《き》かん。
㉔声聞《しょうもん》あるいは菩薩《ぼさつ》、能《よ》く聖心《しょうしん》を究《きわ》むるものなし。たとえば生まれて盲《めし》いたるもの、

行《ゆ》いて人を開導《かいどう》せんと欲《おも》うがごとし。
㉕如来の智慧《ちえ》海は、深広《じんこう》にして涯底《がいてい》なし。二乗《にじょう》の測《はか》るところにあらず。唯《ただ》仏のみ独《ひと》り明らかに了《さと》りたまえり。
㉖たとい一切人、具足してみな道を得て、浄慧《じょうえ》、本空を知らん。億劫《おっこう》に仏智《ぶっち》を思いて、
㉗力《ちから》を窮《きわ》め、極《きわ》めて講説して、寿《いのち》を尽《つ》くすともなお知らじ、仏慧《ぶって》の辺際《へんざい》なきことを。かくのごとくして清浄《しょうじょう》に致《いた》る。
㉘寿命《じゅみょう》は甚《はなは》だ得難《えがた》し。仏世《ぶっせ》また値《もうあ》い難《がた》し。人、信慧《しんね》あること難《かた》し。もし聞かば精進《しょうじん》して求めよ。
㉙法を聞きて能《よ》く忘れず、見て敬《うやま》い得て大きに慶《よろこ》べば、すなわち我《わ》が善《よ》き親友《しんぬ》なり。このゆえに当《まさ》に意《こころ》を発《おこ》すべし。
㉚たとい世界に満てらん火をも、必ず過ぎて要《もと》めて法を聞かば、会《かなら》ず当《まさ》に仏道を成《じょう》ずべし、広く生死《しょうじ》の流《ながれ》を度《ど》せん。

①東方諸仏国　其数如恒沙　彼土菩薩衆　往覲無量覚
②南西北四維　上下亦復然　彼土菩薩衆　往覲無量覚
③一切諸菩薩　各齎天妙華　宝香無価衣　供養無量覚

④咸然奏天楽　暢発和雅音　歌歎最勝尊　供養無量覚
⑤究達神通慧　遊入深法門　具足功徳蔵　妙智無等倫
⑥慧日照世間　消除生死雲　恭敬繞三帀　稽首無上尊
⑦見彼厳浄土　微妙難思議　因発無上心　願我国亦然
⑧応時無量尊　動容発欣笑　口出無数光　徧照十方国
⑨回光囲繞身　三帀従頂入　一切天人衆　踊躍皆歓喜
⑩大士観世音　整服稽首問　白仏何縁笑　唯然願説意
⑪梵声猶雷震　八音暢妙響　当授菩薩記　今説仁諦聴
⑫十方来正士　吾悉知彼願　志求厳浄土　受決当作仏
⑬覚了一切法　猶如夢幻響　満足諸妙願　必成如是刹
⑭知法如電影　究竟菩薩道　具諸功徳本　受決当作仏
⑮通達諸法性　一切空無我　専求浄仏土　必成如是刹
⑯諸仏告菩薩　令覲安養仏　聞法楽受行　疾得清浄処
⑰至彼厳浄国　便速得神通　必於無量尊　受記成等覚
⑱其仏本願力　聞名欲往生　皆悉到彼国　自致不退転
⑲菩薩興至願　願己国無異　普念度一切　名顕達十方
⑳奉事億如来　飛化徧諸刹　恭敬歓喜去　還到安養国
㉑若人無善本　不得聞此経　清浄有戒者　乃獲聞正法
㉒曾更見世尊　則能信此事　謙敬聞奉行　踊躍大歓喜

㉓憍慢弊懈怠　難以信此法　宿世見諸仏　楽聴如是教
㉔声聞或菩薩　莫能究聖心　譬如従生盲　欲行開導人
㉕如来智慧海　深広無涯底　二乗非所測　唯仏独明了
㉖仮使一切人　具足皆得道　浄慧知本空　億劫思仏智
㉗窮力極講説　尽寿猶不知　仏慧無辺際　如是致清浄
㉘寿命甚難得　仏世亦難値　人有信慧難　若聞精進求
㉙聞法能不忘　見敬得大慶　則我善親友　是故当発意
㉚設満世界火　必過要聞法　会当成仏道　広度生死流

以下、各詩句を再度引用した上で、説明を加える。

①東方諸仏の国、その数恒沙のごとし。かの土の菩薩衆、往いて無量覚を観たてまつる。
東方にある、無数の仏の国にいる菩薩たちは、ことごとく、阿弥陀仏の国に行き、阿弥陀仏（「無量覚」）を敬う。「往観」は「往って見ること」。

②南西北・四維・上下、またまた然なり。かの土の菩薩衆、往いて無量覚を観たてまつる。
東方以外の仏国の菩薩たちも、同様である。

③一切のもろもろの菩薩、おのおの天の妙華・宝香・無価の衣をもって、無量覚を供養したてまつる。

これらの菩薩たちは、天の妙なる蓮華と香り、最上の衣をもって、阿弥陀仏を供養する。「無価」とは、値をつけることができないほど立派な、という意味。

④咸然として天の楽を奏し、和雅の音を暢発し、最勝の尊を歌歎し、無量覚を供養したてまつる。

「咸然」の「咸」は、「皆」のことで、いっせいに、一時に、ということ。いっせいに妙なる音楽を奏し、調和して正しい(「和雅」)音を、のびのびと発して、阿弥陀仏(「最勝の尊」)を賛嘆し、供養し奉る。「暢」は、のびやかに、ということ。

⑤神通と慧とを究達して、深法門を遊入し、功徳蔵を具足し、妙智等倫なし。

ここからは、菩薩たちが発する、阿弥陀仏を褒め称える言葉。阿弥陀仏は神通力を極め、その智慧は到らざるところなく、奥深い悟りの世界(「深法門」)に、澄み切ったこころで入り、あらゆる功徳(「功徳蔵」)をそなえて、その智慧は並ぶもの(「等倫」)がない。

⑥慧日、世間を照らして、生死の雲を消除す。恭敬して繞ること三帀して、無上尊を稽首

したてまつる。

「慧日」は、智慧のこと。日の輝くさまに喩える。阿弥陀仏の智慧は、世間を照らして、迷いの雲を払いのけたもう。このように敬って三度（「三帀」は右回りに三回まわること）、阿弥陀仏をめぐって礼拝する。「稽首」は頭を足につけて礼拝すること、最高の敬礼。

⑦かの厳浄の土の、微妙にして思議し難きを見て、因りて無上心を発して、我が国もまた然らんと願ず。

そして、いう。「阿弥陀仏の清浄を極める国土、その微妙にして、容易に思い図ることができない、すぐれた様子を見たが、それによって、私もまた特別の大願（「無上心」）を発して、私の国を、阿弥陀仏の国と同じようにしたい、と念願する」、と。

⑧時に応じて無量尊、容を動かして欣笑を発し、口より無数の光を出だして、遍く十方国を照らす。

阿弥陀仏は、このような菩薩の願いを聞いて、顔（「容」）を動かして、喜びの笑みを発して、口より無数の光を放ち、あまねく十方の国を照らした。

⑨回る光、身を囲繞すること、三帀して頂より入る。一切の天人衆、踊躍してみな歓喜せ

ん。

その光は、阿弥陀仏の身体を三度まわって、頭の頂きに入った。これを見たすべての天人や人間は、身も心も、躍りあがらんばかりに喜び、歓喜する。

⑩大士観世音、服を整え稽首して問うて、仏に白さく、「何に縁りてか笑みたまえる。唯然なり。願わくは意を説きたまえ」。

観音は、服を調え、稽首して阿弥陀仏に問う。「なにゆえに、仏は微笑まれるのでしょうか。願わくば、そのお心をお説きください」、と。

⑪梵の声、雷の震うがごとし。八音妙響を暢べて、「当に菩薩に記を授くべし。今説かん、なんじ、諦かに聴け。

阿弥陀仏の声は、雷鳴が轟くようで、「八音」の声をもって説法される。「梵声」は、阿弥陀仏の声が「梵天」(インドの最高神)のごとく、五種類の音声を出すところからつけられた。「八音」は、最妙声(哀妙ある声)、易了声(ききわけうる声)、調和声(ほどよく聞くことができる声)、柔軟声(潤いのある声)、不誤声(間違いのないことを言う声)、不女声(雄雄しい明朗な声)、尊慧声(威厳のある声)、深遠声(遠くまで達する声)のこと(岩波文庫註)。

「私は、わが国に生まれんとする菩薩たちに、未来には、必ず仏になることを約束する。

汝ら、今、私が説くことを明らかによく聞くように」、と。
「記を授く」の「記」とは、「記別」の意味で、未来に仏となることを予言すること。

⑫十方より来れる正士、吾、ことごとくかの願いを知る。厳浄の土を志求し、受決して当に作仏すべし。

私は、十方より来たった菩薩たち（「正士」）の願いを、ことごとく知っている。彼らは、清浄を極めた、私の国土と同じ国土を、構えたいと願っているのだ。彼らは「記」（予言）を受けて、必ず仏になることが決まっている。

「受決」は、「記別」のこと。仏からは「授記」、受ける側からは「受記」あるいは「受決」という。

⑬一切の法は、猶し夢・幻・響のごとしと覚了すれども、もろもろの妙願を満足して、必ずかくのごときの刹を成ぜん。

一切の事物（「法」）は、夢や幻、響きのようだと悟って（「覚了」）、諸々の大願を成就（「満足」）して、かならずや私の国（「刹」）と同じ国をつくりあげるであろう。

⑭法は電影のごとくなりと知れども、菩薩の道を究竟し、もろもろの功徳の本を具して、

受決して当に作仏すべし。

一切の事物は、電光のようであり、影のようであると悟って、菩薩の道を究め、諸々の功徳の本を身につけて、かならず「受決」して仏となるであろう。

⑮諸法の性は、一切空無我なりと通達すれども、専ら浄仏土を求めて、必ずかくのごときの刹を成ぜん」。

また、一切の事物の本性は、「空」であり「無我」だと知り尽くして、もっぱら清浄な国土を求めるなら、かならず、わが国のような国をつくりあげるであろう。

ところで、⑬、⑭、⑮において、一切の事物が「夢」・「幻」・「響」・「電」・「影」という五つの譬えによって説明され、さらに、一切は、「空」・「無我」と説かれる。一言でいえば、一切の事物は、本性をもたない、ということであろう。つまり、一切は関係性のなかに存在するということだが、こうした説明と、菩薩たちが「阿弥陀仏の国」と同じ国土をもつこととは、どのような関係があるのか。

その一端は、すでにのべているのでくり返さない。ただ、ここでは、「空」という仏教の根本的立場は、けっして、人間の有限な知性や感覚による認識を否定するものではなく、「空」の立場に立つものが「慈悲」を展開しようとするときには、「空」の認識から遠い、世俗の人間の思考方法に、自らの立場を合わせてゆく、という道があることを、これらの詩句によって宣言している、と受け止めたい。

⑯諸仏、菩薩に告げて、安養の仏を覩せしむ。法を聞き楽しみて受行して、疾く清浄の処を得よ。

十方の諸仏は、その国の菩薩に、阿弥陀仏の国に生まれて、阿弥陀仏に見《まみ》えるようにすすめる。そしていう。「阿弥陀仏の教え（「法」）を聞いて、楽しみを受け、行じて早く清浄な場所を得よ」、と。

ここは、読み下し文を「法を聞いて楽受し、行じて疾く清浄の処を得よ」とする。

⑰かの厳浄の国に至りなば、すなわち速やかに神通を得、必ず無量尊において、記を受けて等覚を成らん。

さらにつづけていう。「阿弥陀仏の、清浄を極めた国に生まれたならば、たちどころに神通力を得て、かならず、阿弥陀仏から、未来に仏になるという記別を得て、悟り（「等覚」）に達するであろう」、と。

⑱その仏の本願の力、名を聞いて往生せんと欲えば、みなことごとくかの国に到りて、自ずから不退転に致る。

諸仏如来の言葉は、続く。「阿弥陀仏の本願の力は、その名を聞いて、阿弥陀仏の国に生まれたいと願う人を、例外なく、すべてその国に迎えて、自然に「不退転」の地位に導かれるのである」、と。「不退転」は、仏道修行の過程で後戻りすることなく、悟りに達することを約束された地位。

この一節は、阿弥陀仏の「授記」の言葉として、独立して用いられることが多い。

なお、親鸞は、「皆悉到彼国」で文章を切り、「自致不退転」に続けない。これは、現世において「不退転」の位に達することができる、という考えからであろう。いわく、「致というは、いたるという、むねとすという、如来の本願のみなを信ずる人は、自然に不退のくらいにいたらしむるをむねとすべしとおもえと也」（「尊号真像銘文」『定本親鸞聖人全集』第三巻、七六－七七頁）。

⑲菩薩、至願を興して、己が国も異なることなからんと願ず。普く一切を度せんと念いて、名、顕らかに十方に達せん。

また、阿弥陀仏の国に生まれた菩薩たちは、つぎのように、こころから願う。「私がつくろうとする国もまた、阿弥陀仏の国と同じようになり、あまねく一切の人々を、悟りに導き（「度す」）、わが名が明らかに十方に聞こえるようにしたい」、と。

⑳億の如来に奉事し、飛化して諸刹に遍じ、恭敬し歓喜して去いて、還りて安養国に到らん。

これらの菩薩たちは、百億とも千億ともいわれる諸仏（「億の如来」）につかえるために、諸国に身を変現し（「飛化」）、諸仏を敬い供養して、教えを聞いて歓喜し、ふたたび、本国である「阿弥陀仏の国」（「安養国」）に帰るのである。

㉑もし人、善本なければ、この経を聞くことを得ず。清浄に戒を有てる者、いまし正法を聞くことを獲。

もし、前世で善行（「善本」）を積むことがなかったものは、今世において、この経典を聞くことができない。前世において、清浄に戒律を保ったものは、今生において、仏の正しい教えを聞くことができる。

㉒むかし、さらに世尊を見たてまつるもの、すなわち能くこの事を信ぜん。謙敬して聞きて奉行し、踊躍して大きに歓喜せん。

さらに、前世において、仏を見立て奉ったものは、今生において、阿弥陀仏の本願（「この事」）を信じることができる。だから、わが身が凡夫であることをよく知って（「謙」）、阿弥陀仏を敬い（「敬」）、本願の教えを聞いて、それにしたがうならば、心身ともに喜びに満ち溢れて、躍り上がるような喜びを得るであろう。

㉓憍慢と弊と懈怠とは、もってこの法を信じ難し。宿世に諸仏を見たてまつれば、楽《ねが》ってかくのごときの教を聴かん。

しかし、おごり高ぶって人を軽蔑する（「憍慢」）ものと、弛んで崩れた（「弊」）ものと、怠けて善事に励まない（「懈怠」）ものとは、この教えを信じることは難しい。前世において、諸仏を見立て奉ったものは、今生で、みずから願って（「楽」）、この教えを聞くであろう。

「弊」と「懈怠」については、浄土宗の解釈では、前者は「六波羅蜜」の行を破る行為とし、「懈怠」は「涅槃の楽を破るもの」をいうとする（坪井、二四二頁）。「懈怠」は、私の考えでは、たんに怠けるということではなく、真実への意志が欠けることをいうのではないか。そうだとすると、世事に忙しくても、「懈怠」の人は少なくないのだ。

㉔声聞あるいは菩薩、能く聖心を究むるものなし。たとえば生まれて盲いたるもの、行いて人を開導せんと欲うがごとし。

「声聞」や「菩薩」といった聖者たちも、阿弥陀仏の心（「聖心」）を推し量ることはできない。それは、たとえば、生まれながらに視力を失っている人が、人を案内しようとするようなものだ（ここで、「生盲」のたとえを出す必要はないであろうが）。

㉕如来の智慧海は、深広にして涯底なし。二乗の測るところにあらず。唯仏のみ独り明らかに了りたまえり。

阿弥陀仏の智慧は、海のように深くて広く、その底をうかがうことはできない。「声聞」や「縁覚」といった人々（「二乗」）が量り知るところではない。ただ、仏のみが知るところなのである。

「声聞」、「縁覚」は、大乗仏教以前の聖者たちのこと。「声聞」の原語は、教えを聴聞するもの。大乗仏教徒からは、自己の悟りのみを求める、利他の行を欠く修行者とみなされた。「縁覚」は、師匠なくして、一人で悟る人たち。「独覚」ともいう。

㉖たとい一切人、具足してみな道を得て、浄慧、本空を知らん。億劫に仏智を思いて、

たとえ、一切の人がみな仏道に入り、清浄な智慧を得て、本性は「空」である（「本空」）という理を知り、億劫という長い時間をかけて、仏の智慧を測ろうとして、

㉗力を窮め、極めて講説して、寿を尽くすともなお知らじ、仏慧の辺際なきことを。かく

のごとくして清浄に致る。

知力を尽くして、命の終わるまで続けても、阿弥陀仏の智慧のすべてを知ることはできない。このようにして、仏の智慧は限りなく、仏は清浄な悟りを得ておられるのである。

㉘寿命は甚だ得難し。仏世また値い難し。人、信慧あること難し。もし聞かば精進して求めよ。

人の寿命は、はなはだ得がたいものである。さらに、仏の出世に遇うことは、きわめて難しい。ましてや、教えを信じて智慧を得ることは、大変難しい。もし阿弥陀仏の教えを聞くことがあれば、精進努力して求めよ。

㉙法を聞きて能く忘れず、見て敬い得て大きに慶べば、すなわち我が善き親友なり。このゆえに当に意を発すべし。

教え（「法」）を聞いてよく忘れず、仏を見て敬い、おおいに喜ぶものは、私（釈尊のこと）のよき親友である。それゆえに、悟りを求める心を起こすべきである。

㉚たとい世界に満てらん火をも、必ず過ぎて要めて法を聞かば、会ず当に仏道を成ずべし、広く生死の流を度せん。

たとえ、世界中が火に満ちることがあっても、その火のなかを通り抜けて、必ず教えを求めよ。そうすれば、必ず仏となって、ひろく生死の世界（迷いの世界）を救うことができるであろう、と。

第六講　「安楽」に生まれる菩薩たちのすがたと活動

以下、三九二頁の「もし広く説かば、百千万劫に窮尽すること能わじ」（「若広説者百千万劫不能窮尽」）までの一連の文章は、阿弥陀仏の国に生まれたものが、みな菩薩となり、種々の利益、功徳を身に受ける諸相を記す。

1　菩薩のそなえる徳

仏《ぶつ》、阿難《あなん》に告《つ》げたまわく、「かの国の菩薩《ぼさつ》は、みな当《まさ》に一生補処《ふしょ》を究竟《くきょう》すべし。その本願、衆生のためのゆえに、弘誓《ぐぜい》の功徳をもって自《みずか》ら荘厳《しょうごん》し、普《あまね》く一切衆生を度脱《どだつ》せんと欲《おも》わんをば除く。

阿難《あなん》、かの仏国の中のもろもろの声聞衆《しょうもんしゅ》の身光、一尋《いちじん》なり。菩薩《ぼさつ》の光明、百由旬《ゆじゅん》を照らす。

二《ふたり》の菩薩《ぼさつ》あり。最尊《さいそん》第一なり。威神《いじん》の光明《こうみょう》、普《あまね》く三千大千世界を照らす」。阿難《あなん》、仏に白《もう》さく、「かの二《ふたり》の菩薩《ぼさつ》、その号云何《ないかん》」。仏の言《のたま》わく、「一《ひとり》をば観世音《かんぜおん》と名づく。二《ふたり》をば大勢至《だいせいし》と名づく。この二《ふたり》の菩薩《ぼさつ》はこの国土にして菩薩《ぼさつ》の行を修す。命終《みょうじゅう》して転《てん》化《け》して、かの仏国に生ぜり。

阿難《あなん》、それ衆生《しゅじょう》ありてかの国に生まるれば、みなことごとく三十二相《そう》を具足す。智《ち》慧《え》成満《じょうまん》して深く諸法に入《い》る。要妙を究暢《くちょう》す。神通無碍《じんずうむげ》にして諸根明利《みょうり》なり。その鈍根の者は二忍《ににん》を成就《じょうじゅ》す。その利根の者は不可計《ふかけ》の無生法忍《むしょうぼうにん》を得《う》。

またかの菩薩《ぼさつ》、乃至《ないし》成仏《じょうぶつ》まで悪趣《あくしゅ》に更《かえ》らず。神通《じんずう》自在にして常に宿命《しゅくみょう》を識《さと》らん。他方の五濁悪世《ごじょくあくせ》に生じて、示現《じげん》して彼《かれ》に同《どう》じ、我《わ》が国のごとくせんをば除く」。

仏告阿難。彼国菩薩、皆当究竟　一生補処。除其本願、為衆生故、以弘誓功徳、而自荘厳、普欲度脱　一切衆生。阿難彼仏国中　諸声聞衆　身光一尋。菩薩光明、照百由旬。有二菩薩。最尊第一。威神光明、普照三千大千世界。阿難白仏。彼二菩薩、其号云何。仏言一名観世音。二名大勢至。是二菩薩、於此国土、修菩薩行。命終転化、生彼仏国。阿難其有衆生、生彼国者、皆悉具足　三十二相。智慧成満、深入諸法。究暢要妙。神通無礙、諸根明利。其鈍根者、成就二忍。其利根者、得不可計　無生法忍。又彼菩薩、乃至成仏、不更悪趣。神通自在、常識宿命。除生他方 五濁悪世、示現同彼、如我国也。

釈尊が、阿難に告げていわれる。「阿弥陀仏の国に生まれた菩薩たちは、みな「一生補処」の位にのぼることができる。ただし、特別の誓願を建て、迷いの世界にいる、一切の衆生を悟りの世界に導こうと願うものは、そのかぎりではない」、と。

これは、四十八願中の、第二十二願によることはいうまでもない。「一生補処」は菩薩の最高位で、つぎは仏となるのを待つだけの修行上の階位。この一文は「究竟補処の徳」を述べる一文とする解釈がある（坪井）。

ここでも、「悟り」に入るよりも、それぞれの誓願の実現に邁進する菩薩が、高く評価されている。

またいう。「阿難よ、阿弥陀仏の国にいる「声聞」衆の身体から発する光は、八尺（「一尋」）だが、菩薩のそれは百由旬を照らす。そのなかで、もっとも尊ばれている二人の菩薩がいる。彼らが発する光明は、三千大千世界を照らす」、と。

そこで、阿難がたずねる。「その二人の菩薩の名は、なんと申すのですか」。釈尊が答える。「一人は観世音、もう一人は大勢至という。二人は、もと娑婆世界において菩薩道を歩み、命終わってから身を代えて（「転化」）、阿弥陀仏の国に生まれたのである」、と。

つづけていう。「阿難よ、阿弥陀仏の国に生まれたものは、すべて（第二十一願の「三十二相の願」によって)、仏のみが具える三十二のすぐれたすがたを身につける」。この一文を「身相具足の徳」という(坪井)。

さらに、その智慧も完成して、深く事柄(「諸法」)の真実を悟る。また教えの「微妙なる要点」(「要妙」)にかぎりなく通じている(「究暢」)。その神通力は自由自在(「無碍」)なるがゆえに、六根(「諸根」)は明朗で利発(「明利」)である。能力の劣った者(「鈍根の者」)も、「音響忍」と「柔順忍」(「二忍」)を得るが、能力の勝れた者(「利根の者」)は、計ることができない(「不可計」)「無生法忍」を得る。これを「智慧殊妙の徳」という(坪井)。

辞書的な説明を加えれば、「音響忍」、「柔順忍」、「無生法忍」は、いずれも菩薩の修行上の地位を示しており、「忍」は悟りのこと。「音響忍」は仏の説法を聞いて、それをよく理解する力。「柔順忍」は、素直に考えて自ら悟る力。「無生法忍」は、真理に適って安心すること、という。

さらに、菩薩たちは、仏になるまでの間、地獄・餓鬼・畜生の「三悪道」(「悪趣」)に堕ちることはなく、神通力によって、常に、前世のこと(「宿命」)をよく知ることができる。しかし、他方世界の「五濁悪世」に生まれ変わって、その世界の人々と同じ形となり、彼らを救おうとするものは、この限りではない。「我が国のごとくせん」とは、私たちの世界に現れた地蔵や観音、普賢の菩薩たちのように、ということ。

仏《ぶつ》、阿難《あなん》に告《つ》げたまわく、「かの国の菩薩《ぼさつ》は、仏の威神《いじん》を承《う》けて、一食《いちじき》の頃《あいだ》に十方無量の世界に往詣《おうげい》して、諸仏世尊《せそん》を恭敬《くぎょう》し供養《くよう》せん。心《しん》の所念に随《したが》いて、華香《けこう》・伎楽《がく》・繒蓋《ぞうがい》・幢幡《どうばん》、無数《むしゅ》無量の供養の具、自然《じねん》に化生《けしょう》して念に応じてすなわち至らん。珍妙《ちんみょう》・殊特《しゅどく》にして、世《よ》のあるところにあらず。すなわちもって諸仏・菩薩《ぼさつ》・声聞大《しょうもんたい》衆《しゅう》に奉散《ぶさん》せん。虚空の中にありて、化《け》して華蓋《けがい》と成る。光色昱爍《こうしきいくしゃく》して香気《こうけ》普《あまね》く熏《くん》ず。その華、周円、四百里なるものなり。かくのごとく転《うた》た倍してすなわち三千大千世界に覆《おお》えり。その前後に随《したが》いて、次《つ》いでもって化没《けもつ》す。そのもろもろの菩薩《ぼさつ》、僉然《せんねん》として欣悦《ごんえつ》す。虚空の中において共に天の楽《がく》を奏《そう》す。微妙《みみょう》の音《こえ》をもって仏徳を歌歎《かたん》す。経法《きょうぼう》を聴受《ちょうじゅ》して歓喜《かんぎ》すること無量なり。仏を供養《くよう》すること已《おわ》りて未《いま》だ食《じき》せざる前《さき》に、忽然《こつねん》として軽挙《きょうこ》してその本国に還《かえ》る」。

仏告阿難。彼国菩薩、承仏威神、一食之頃、往詣十方無量世界、恭敬供養　諸仏世尊。随心所念、華香伎楽　繒蓋幢旛、無数無量　供養之具、自然化生、応念即至。珍妙殊特、非世所有。輒以奉散　諸仏菩薩　声聞大衆。在虚空中、化成華蓋。光色昱爍、香気普熏。其華周円、四百里者。如是転倍、乃覆三千大千世界。随其前後、以次化没。其諸菩薩、僉然欣悦。於虚空中、共奏天楽。以微妙音、歌歎仏徳。聴受経法、歓喜無量。供養仏已、未食之前、忽然軽挙、還其本国。

右の二つの文は、浄土の菩薩たちが、十方世界の諸仏を供養する様子を示す。

釈尊は、阿難にいわれる。「浄土の菩薩は、阿弥陀仏の威徳神力によって、食事をする短い時間（「一食の項」）に、十方の世界に行き、諸仏を敬い供養することができる。その際、心に願うだけで、供養したいと思う華や香、音楽、天蓋、幢幡などが、すべて自然に出てきて、求めに応じる。

これらのものは、珍しく勝れたものばかりで、この世で見ることはかなわない（「世のあるところにあらず」）。すると、菩薩は、これらのものを諸仏たちに奉って撒いて（「奉散」）供養する。すると、散華した花は、虚空に舞い上がって天蓋となり、その輝き（「光色」）は、さらに輝き（「昱爍」）は光り輝くこと）、香りがあまねく薫じる。天蓋は、小さいものは周囲四百里だが、次第に増して大きくなったものは、三千大千世界を覆う。その花は、生じた順序にしたがって（「その前後に随いて」）、つぎつぎと消えてゆく（「次いでもって化没す」）。

浄土の菩薩たちは、供養を終えて、みなともに（「僉然として」）喜ぶ。また虚空で「天楽」を奏し、素晴らしい音楽をもって、諸仏の徳を歌い、讃嘆する。また、諸仏から教えを聞き、歓喜すること、はかりしれない。このように諸仏を供養し終わって戻ってきても、まだ食事は終わっていないほど、短い時間の出来事なのである」、と。「忽然」はたちまち、ということ。「軽挙」は、神通力によって身軽に飛び上がること。

2 阿弥陀仏の説法

以下は、「安楽」に生まれた菩薩たちが、阿弥陀仏の説法を聞く様子を示す。

仏《ぶつ》、阿難《あなん》に語りたまわく、「無量寿仏《むりょうじゅぶつ》、もろもろの声聞《しょうもん》・菩薩大衆《ぼさつだいしゅう》のために法を班《はん》宣《せん》したまう時、すべてことごとく七宝講堂に集会《しゅうえ》して、広く道教《どうきょう》を宣《の》べ妙法《みょうほう》を演暢《えんちょう》したまう。歓喜《かんぎ》せざることなし。心《しん》に解《さと》り道《どう》を得《う》*。すなわちの時に四方より自然《じねん》に風起《た》ちて、普《あまね》く宝樹《ほうじゅ》を吹くに五つの音声《おんじょう》を出《い》だす。無量の妙華《みょうけ》を雨《ふ》らして、風に随《したが》いて周遍《しゅうへん》す。自然《じねん》に供養《くよう》せん。かくのごとくして絶えずして、一切の諸天、みな天上の百千の華香《けこう》・万種《まんじゅ》の伎楽《ぎがく》をもって、その仏およびもろもろの菩薩《ぼさつ》・声聞大衆《しょうもんだいしゅう》を供養したまう。普《あまね》く華香《けこう》を散《さん》じて、もろもろの音楽を奏《そう》し、前後に来往《らいおう》してかわるがわる相開避《あいかいひ》す。この時に当《あた》りて、熙怡《きい》快楽《けらく》勝《あ》げて言うべからず」。

仏語阿難。無量寿仏、為諸声聞 菩薩大衆、班宣法時、都悉集会 七宝講堂、広宣道教、演暢妙法。莫不歓喜。心解得道、即時四方 自然風起、普吹宝樹、出五音声。雨無量妙華、随風周徧。自然供養。如是不絶、一切諸天、皆齎天上 百千華香 万種伎楽、供養其仏及諸菩薩 声聞大衆。普散華香、奏諸音楽、前後来往、更相開避。当斯之時、熙怡快楽、不可勝言。

釈尊は、阿難にいわれる。「阿弥陀仏（「無量寿仏」）が浄土に生まれた者たちのために、法を説かれるときには、彼らをすべて七宝でできた講堂に集めて、仏教（「道教」）を説き、妙なる教え（「妙法」）を演説される。聞くものは、歓喜しないものはいない。すべて理解して、悟りを得る。

このとき、自然に風が吹いてきて、七宝樹をすべて動かし、妙なる音楽（「五つの音声」）が演奏される。また無数の蓮華の花が空から舞い落ちてきて、風にしたがってあまねく舞う。このように、自然に供養が行われるが、さらに、天人たちが天上の多くの華や香、音楽をもって、阿弥陀仏をはじめ浄土の住人たちを供養する。彼らは、あまねく、花と香りを散らして、種々の音楽を奏して、前後左右に行きちがい、互いに道を譲りあう（「相開避す」）。この時にあたって、法を聞くものは、心和らぎ、喜びに満ち、楽しいこと（「熙怡快楽」）は、言葉をもっていいがたい」、と。

3　菩薩たちの完成したすがた

仏《ぶつ》、阿難《あなん》に語りたまわく、「かの仏国に生ずるもろもろの菩薩等《ぼさっとう》は、講説《こうぜつ》すべきところには常に正法《しょうぼう》を宣《の》べ、智慧《ちえ》に随順《ずいじゅん》して違《い》なく失《しつ》なし。その国土の所有《しょう》の万物《まんもつ》において、我所《がしょ》の心《しん》なし。染着《ぜんじゃく》の心《しん》なし。去来進止《こらいしんし》、情《こころ》に係《か》くるところなし。意《こころ》に随《したが》いて自在なり。適莫《ちゃくまく》するところなし。彼《ひ》なく我《が》なし。競《きょう》なく訟《しょう》なし。もろもろの衆生において大慈悲《だいじひ》・饒益《にょうやく》の心《しん》を得たり。柔軟《にゅうなん》・調伏《じょうぶく》にして、忿恨《ふんこん》の心《しん》なし。離蓋《りがい》清浄《しょうじょう》にして厭怠《えんたい》の心《しん》なし。等心、勝心、深《じん》心《しん》、定心、愛法・楽法《ぎょうほう》・喜法の心《しん》のみなり。もろもろの煩悩《ぼんのう》を滅し、悪趣《あくしゅ》を離るる心のみなり。

一切の菩薩《ぼさつ》の所行《しょぎょう》を究竟《くきょう》せり」。*

仏語阿難。生彼仏国　諸菩薩等、所可講説、常宣正法、随順智慧、無違無失。於其国土所有万物、無我所心。無染著心。去来進止、情無所係。随意自在。無所適莫。無彼無我。無競無訟。於諸衆生、得大慈悲　饒益之心。柔軟調伏、無忿恨心。離蓋清浄、無厭怠心。等心勝心　深心定心、愛法楽法　喜法之心。滅諸煩悩、離悪趣心。究竟一切菩薩所行。

釈尊は、阿難に告げていわれる。「阿弥陀仏の国に生まれた菩薩たちが説法をするとき、いつも正しい教え（「正法」）を説く。その説法は、阿弥陀仏の智慧に適っていて、いささかの誤りもない。彼らは、阿弥陀仏の国のすべてのものに対して、わがもの（「我所の心」）という思いはなく、それらに執着することもない。去るも来るも、進むも止まるも、感情に左右されることはない。心にしたがって自由自在であり、えり好みすることもない（「適莫するところなし」は親疎の隔てを懐くこと）。

自他を分けず（「彼なく我なし」）、勝劣を争わず、訴えることもない。また、あらゆる世界の人々に慈悲心を垂れて、利益を与える。柔和にして抑制がはたらき、怒りや怨む心もない。煩悩（「蓋」）を離れた清浄な心にあって、菩薩道を歩む上で倦む心はない。諸行を等しく修する心（「等心」）、強い志（「勝心」）、深い求道心（「深心」）、散乱しない心（「定心」）、仏教を愛し、願い、喜ぶ（「愛法」、「楽法」、「喜法」）という心のみをもつ。このように、煩悩を滅しているから、三悪道に堕ちる心は一切存在しない。ひたすら、菩薩としての行を完成しているのである」。

無量の功徳を具足し成就《じょうじゅ》せり。深禅定《じんぜんじょう》・もろもろの通《つう》・明《みょう》・慧《え》を得て、志を七覚に遊ばしめ、心に仏法《ぶっぽう》を修す。

肉眼清徹《にくげんしょうてつ》にして分了《ぶんりょう》せざることなし。天眼通達《てんげんつうだつ》して無量無限なり。法眼観察《ほうげんかんざつ》して諸道に究竟《くきょう》せり。慧眼《えげん》真を見て能《よ》く彼岸に度《ど》す。仏眼《ぶつげん》具足して法性《ほっしょう》を覚了《かくりょう》す。無碍《むげ》の智《ち》をもって人のために演説す。

具足成就　無量功徳。得深禅定　諸通明慧、遊志七覚、修心仏法。肉眼清徹、靡不分了。天眼通達、無量無限。法眼観察、究竟諸道。慧眼見真、能度彼岸。仏眼具足、覚了法性。以無礙智、為人演説。

「さらに浄土の菩薩たちは、はかりしれない功徳を具えている。深い瞑想力を有して、諸々の「通」（「六神通」）・「明」（「三明」）のことで過去を知る智慧、未来を知る智慧、現在を知る智慧）・「慧」（聞いて得る智慧、考えによって得る智慧、修行して得る智慧の「三慧」のこと）を得て、志を「七覚」に展開して、仏道を修行する」。

「七覚」とは、仏道修行のカリキュラムにおいて、とくに智慧をはたらかす方面を七つに分けていることで、一つは、教えの真偽を見分ける、二つは、正しい仏教によって努力する、三つは、真実の教えを喜ぶ、四つは、偽悪を除く、五つは、迷いを捨てる、六つは、瞑想に入って妄想を捨てる、七つは、心の平均を保つ、とされている。

「また、肉眼（色形を見る目）は清く澄み、すべてを明らかに知り、天眼（十方世界と三世を見る）は無量無限の事柄を見ることができ、法眼（現象、差別を見る）は一切の事物を観察して、仏教の諸道を究める。また、慧眼（平等の真理を見る）は真実を見て悟りの世界にいたる。仏眼（以上の四眼がそろっていること）は「法性」（一切の本質）を悟り、無碍の智慧をもって、すべての人々のために教えを説く」。

等しく三界《さんがい》を観《みそな》わして、空にして所有《しょう》なし。仏法を志求《しぐ》し、もろもろの弁才《べんざい》を具し、衆生の煩悩《ぼんのう》の患《うれ》えを除滅《じょめつ》す。如《にょ》より来生《らいしょう》して法の如如《にょにょ》を解《さと》り、善《よ》く習滅《しゅうめつ》の音声《おんじょう》の方便《ほうべん》を知りて、世語《せご》を欣《よろこ》ばず。楽《ねが》いて正論《しょうろん》にあり。もろもろの善本《ぜんぼん》を修し、志《こころざし》、仏道を崇《あお》がん。

一切の法はみなことごとく寂滅《じゃくめつ》なりと知りて、生身煩悩《しょうじんぼんのう》の二つの余《よ》、倶《つぶ》さに尽《つ》くせり。甚深《じんじん》の法を聞き心に疑懼《ぎく》せず。常に能《よ》くその大悲《だいひ》を修行せる者なり。深遠微妙《じんのんみみょう》にして覆載《ふさい》せざることなし。

等観三界、空無所有。志求仏法、具諸弁才、除滅衆生　煩悩之患。従如来生、解法如如、善知習滅　音声方便、不欣世語。楽在正論。修諸善本、志崇仏道。知一切法　皆悉寂滅、生身煩悩　二余倶尽。聞甚深法、心不疑懼。常能修行　其大悲者。深遠微妙、靡不覆載。

「「安楽」の菩薩たちは、現世はすべて迷いの世界（「三界」）であって、一切は等しく「空」であり、存在するもの（「有」）として、こだわるものはなにもなく、その志は、ただ、悟りを求めるにある。また、そなわった弁舌をもって、人々の煩悩の煩いを除き、また、一切が真理（「如」）から生じて、すべての事柄が、真理のあらわれだという理（「如如」）を悟る。また、善を修めて悪を滅するに、「方便」の教え（「音声」は教えのこと）を用いて、世事を語らず、もっぱら、仏の教えを喜んで修める。また、諸善根をおさめて、悟りの世界を崇める。

すべて（「一切の法」）は、真実（「寂滅」）のあらわれであると知り、肉身と煩悩が生む迷いの残気（「二余」）を断じつくす。そして、阿弥陀仏のきわめて深い教えを聞いても、疑いや懼れ（心配）はなく、つねに、よく菩薩行を修める。彼らの慈悲心は、深くて微妙で、一人として漏らすことがない（「覆載」は天が一切を覆い、地が一切を載せていることから、例外がないこと）」。

＊

読み方として、「其大悲者」の「者」は、「は」と読む方が分かりやすい。「その大悲は深遠微妙にして覆載せずということなし」。

この一節は、「安楽」の菩薩の修行がいかに充実しており、完成の域に達しているかを説くものといえる。

一乗を究竟《くきょう》して彼岸に至る。疑網《ぎもう》を決断して、慧《え》、心《しん》に由《よ》りて出《い》ず。仏の教法《きょうぼう》において該羅《がいら》して外《ほか》なし。

智慧《ちえ》、大海《だいかい》のごとし。三昧《さんまい》、山王《せんのう》のごとし。慧光《えこう》、明浄《みょうじょう》にして日月《にちがつ》に超踰《ちょうゆ》せり。清白《しょうびゃく》の法、具足し円満すること、猶《なお》し雪山《せっせん》のごとし、もろもろの功徳を照らすこと等一《とういち》にして浄《きよ》きがゆえに。猶《なお》し大地のごとし、浄穢《じょうえ》・好悪《こうお》、異心《いしん》なきがゆえに。猶《なお》し浄水《じょうすい》のごとし、塵労《じんろう》もろもろの垢染《くぜん》を洗除《せんじょ》するがゆえに。猶《なお》し火王のごとし、一切の煩悩《ぼんのう》の薪《たきぎ》を焼滅《しょうめつ》するがゆえに。猶《なお》し大風《だいふう》のごとし、もろもろの世界に行じて障碍《しょうげ》なきがゆえに。猶《なお》し虚空のごとし、一切の有《う》において所着《しょじゃく》なきがゆえに。猶《なお》し蓮華《れんげ》のごとし、もろもろの世間において汚染《わぜん》なきがゆえに。猶《なお》し大乗《だいじょう》のごとし、群萠《ぐんもう》を運載《うんさい》して生死《しょうじ》を出《い》だすがゆえに。猶《なお》し重雲《じゅううん》のごとし、大法の雷を震《ふる》いて未覚《みかく》を覚《さと》すがゆえに。猶《なお》し大雨のごとし、甘露《かんろ》の法を雨《ふ》らして衆生を潤《うるお》すがゆえに。金剛山《こんごうせん》のごとし、衆魔《しゅま》外道《げどう》動ずること能《あた》わざるがゆえに。梵天王《ぼんでんのう》のごとし、もろもろの善法《ぜんぼう》において最上首《さいじょうしゅ》なるがゆえに。尼拘類樹《にくるいじゅ》のごとし、普《あまね》く一切を覆《おお》うがゆえに。優曇鉢華《うどんはつけ》のごとし、希有《けう》にして遇《もうあ》い難《がた》きがゆえに。金翅鳥《こんじちょう》のごとし、外道《げどう》を威伏《いぶく》するがゆえに。もろもろの遊禽《ゆきん》のごとし、蔵積《ぞうしゃく》するところなきがゆえに。猶《なお》し牛王《ごおう》のごとし、能《よ》く勝つものなきがゆえに。猶《なお》し象王《ぞうおう》のごとし、善《よ》く調伏《じょうぶく》するがゆえに。師子王《ししおう》のごとし、畏《おそ》るるところなきがゆえに。曠《ひろ》きこと虚空《こくう》のごとし、大慈《だいじ》等しきがゆえに。

究竟一乗、至于彼岸。決断疑網、慧由心出。於仏教法、該羅無外。智慧如大海。三昧如山王。慧光明浄、超踰日月。清白之法、具足円満、猶如雪山、照諸功徳、等一浄故。猶如大地、浄穢好悪、無異心故。猶如浄水、洗除塵労諸垢染故。猶如火王、焼滅一切煩悩薪故。猶如大風、行諸世界、無障礙故。猶如虚空、於一切有、無所著故。猶如蓮華、於諸世間、無汚染故。猶如大乗、運載群萌、出生死故。猶如重雲、震大法雷、覚未覚故。猶如大雨、雨甘露法、潤衆生故。如金剛山、衆魔外道、不能動故。如梵天王、於諸善法、最上首故。如尼拘類樹、普覆一切故。如優曇鉢華、希有難遇故。如金翅鳥、威伏外道故。如衆遊禽、無所蔵積故。猶如牛王、無能勝故。猶如象王、善調伏故。如師子王、無所畏故。曠若虚空、大慈等故。

「「安楽」の菩薩たちは、大乗の教え（「一乗」）を究めて、「悟り」に入っている。それゆえに、諸々の疑惑を断じつくし、智慧は、自然と心から出ている。仏の教えも残らず悟って、余すところがない（「該羅して外なし」は残らず余さぬこと）。その智慧の深く広いこと、大海のごとく、瞑想（「三昧」）の動かざること、須弥山のようである。智慧の光明は清らかで、日月より優れていて、煩悩の穢れを離れた清浄な教え（「清白の法」）を、すべて具えている。

菩薩の心は、穢れを知らない雪山のごとく、あらゆる功徳を照らして平等であり、大地がすべてのものを載せているように、浄穢、好悪を差別しない。またその心は、清浄な水のように、煩悩の垢を洗い落とす。また火が物を焼くように、一切の煩悩を焼き尽くす。諸仏の世界に自由に往来できるのは、あたかも大風が通り抜けるようであり、一切のものに執着がないのは、虚空のようであり、けがれた世間に染まらないのは、泥中の蓮華のようであり、すべての人々を迷いの世界から悟りの世界へ導くことは、大きな車で運ぶようである。雷を起こして迷いの者を覚醒させることは、厚い雲のようであり、甘露の雨を降らせて人々を恵むことは、大雨のようである。また、悪魔や外道も動かすことができないことは、金剛鉄囲山のようであり、世の教えのなかで最上であることは、天界の梵天王のようである。あまねく、一切の人々を慈悲によっていつくしむことは、榕樹（「尼拘類樹」。長大な喬木。並木として用いられる）のようである。世間で出会うことがむつかしいことは、優曇華の華が三千年に一度開くのに出遇うようなものだ。威光をもって仏教以外の教えを調伏することは、カルラ鳥のようであり、必要以上に食べないことは、遊ぶ小鳥のようである。すべてのものに勝れていることは、牛王のようであり、すべてのものを威圧することは、象王のごとくである。いかなるものにも恐れないことは、獅子王のようであり、大慈悲をもってすべてのものに恵みをあたえることは、広い大空のようである」。

この一節は、「安楽」の菩薩たちが、いかに素晴らしい、不思議な力をもつにいたっているのか、が説かれている。

嫉心《しっしん》を摧滅《ざいめつ》せり、勝《まさ》るを忌《そね》まざるがゆえに。専ら法を楽求《きようぐ》して心《しん》に厭足《えんそく》なし。常に広説を欲《ねが》い、志疲倦《ひけん》なし。法鼓《ほつく》を撃《たた》き、法幢《ほうどう》を建て、慧日《えにち》を曜《かがや》かし、痴闇《ちあん》を除く。六和敬《ろくわきよう》を修し常に法施《ほうせ》を行ず。志勇精進《しゆうしようじん》にして、心《しん》、退弱《たいにやく》せず。世《せ》の燈明《とうみよう》と為《な》りて最勝《さいしよう》の福田《ふくでん》なり。常に導師《どうし》と為《な》りて等しく憎愛《ぞうあい》なし。唯正道《ただしようどう》を楽《ねが》いて余《よ》の欣戚《ごんしやく》なし。もろもろの欲刺《よくし》を抜きて、もって群生《ぐんじよう》を安《やす》くす。功慧《くえ》殊勝《しゆしよう》にして尊敬《そんきよう》せざることなし。三垢《さんく》の障《さわ》りを滅《めつ》し、もろもろの神通《じんずう》に遊ぶ。因力《いんりき》・縁力《えんりき》・意力・願力・方便《ほうべん》の力《ちから》、常力《じようりき》・善力・定力《じようりき》・慧力《えりき》・多聞《たもん》の力《ちから》、施《せ》・戒《かい》・忍辱《にんにく》・精進《しようじん》・禅定《ぜんじよう》・智慧《ちえ》の力《ちから》、正念《しようねん》・正観《しようかん》・もろもろの通《つう》・明《みよう》の力《ちから》、法のごとくもろもろの衆生を調伏《じようぶく》する力《ちから》、かくのごときらの力、一切具足せり。

摧滅嫉心、不忌勝故。専楽求法、心無厭足。常欲広説、志無疲倦。撃法鼓、建法幢、曜慧日、除痴闇。修六和敬、常行法施。志勇精進、心不退弱。為世燈明、最勝福田。常為導師、等無憎愛。唯楽正道、無余欣戚。抜諸欲刺、以安群生。功慧殊勝、莫不尊敬。滅三垢障、遊諸神通。因力縁力　意力願力　方便之力、常力善力　定力慧力　多聞之力、施戒忍辱　精進禅定　智慧之力、正念正観　諸通明力、如法調伏　諸衆生力、如是等力、一切具足。

「また菩薩たちは、ねたむ心（「嫉心」）を砕き滅ぼして、勝れた聖者たち（「勝」）を避ける（「忌」）こともないから、もっぱら悟り（「法」）を求めて、倦む心を起こさない（「厭足」は十分になって満足すること）。常に、人々のために教えを広く説き（「広説」は人のために広く説くこと）、疲れることを知らない。

教えの鼓を打ち、教えの幢《はた》を建てて、智慧の光（「慧日」）を輝かし、愚痴の闇（「痴闇」）を除く。

また、菩薩たちは「六和敬」（「和敬」は、人に優しく敬うこと。六種を数える）を身に修めて、常に教えを施す（「法施」）。その際、少しも後退して弱気を起こす（「退弱」）ことはない。つねに人のために燈明となり、すぐれた「福田」となって、人々のために利益を与える（「福田」は、仏に供養することが自らの福徳につながることを、田に物を植えることに譬える）。

さらに、常に世間の導師となって、等しく人々に接して、憎しみと慈しみの差別心を起こすこともない。ただ願うのは、仏の教え（「正道」）の広まることであり、ほかによろこび（「欣」）や憂い（「戚」）の心を起こすことはない。もろもろの煩悩（「欲刺」、欲を針に譬える）を抜き、もって人々（「群生」）を安んじる。このように、菩薩の功徳と智慧（「功慧」）は勝れていて、世間から尊敬されるばかりなのである。

また「安楽」の菩薩たちは、貪欲、瞋恚、愚痴（「三垢」）を断じ、諸々の神通力を用いて人々を救う。また、過去の善行の結果がもたらす力（「因力」）や善知識（指導者）に親しむことで得られる力（「縁力」）、真理を思惟する力（「意力」）、悟りを求める強い心（「願力」）、方便（手段）としての行に努める力（「方便の力」）、いつまでも修行する力（「常力」）、善行をなす力（「善力」）、瞑想を深める力（「定力」）、智慧の力（「慧力」）、多くの教えを聞いて得られる力（「多聞の力」）、「六波羅蜜」によって得られる力、正しく教えを思惟する力（「正念」）、真理を観察する力（「正観」）、六神通力や「三明」などの力（「諸通明力」）、教えにしたがって、人々を説き伏せる力など、多くの力を身に備えている。それが菩薩方なのである」。

身色《しんしき》・相好《そうごう》・功徳・弁才《べんざい》、具足し荘厳《しょうごん》す。与《とも》に等しき者なし。無量の諸仏を恭敬《くぎょう》し供養《くよう》して常に諸仏のために共に称歎《しょうたん》せらる。菩薩《ぼさつ》の諸波羅蜜《しょはらみつ》を究竟《くきょう》し、空・無相・無《む》願三昧《がんざんまい》、不生不滅《ふしょうふめつ》もろもろの三昧門《さんまいもん》を修す。声聞《しょうもん》・縁覚《えんがく》の地を遠離《おんり》せり。阿難《あなん》、かのもろもろの菩薩《ぼさつ》、かくのごときの無量の功徳《くどく》を成就《じょうじゅ》せり。我《われ》ただ汝《なんじ》がために略してこれを説くならくのみ。もし広く説かば、百千万劫《ごう》に窮尽《ぐじん》すること能《あた》わじ」。

身色相好　功徳弁才、具足荘厳。無与等者。恭敬供養　無量諸仏、常為諸仏、所共称歎。

究竟菩薩　諸波羅蜜、修空無相　無願三昧、不生不滅　諸三昧門。遠離声聞　縁覚之地。阿難彼諸菩薩、成就如是　無量功徳。我但為汝、略説之耳。若広説者、百千万劫　不能窮尽。

「このように、「安楽」の菩薩たちの姿（「身色」）は勝れており（「相好」は仏の勝れた姿）、その功徳と勝れた話力を具えて見事（「荘厳」）で、なにものにも比べることができない。また無量の諸仏を敬い供養して、常に仏たちに讃嘆されている。

また菩薩たちは、諸々の「波羅蜜」（「六波羅蜜」など悟りにいたる修行）を究めて、「空・無相・無願」の瞑想を修め、「声聞」や「縁覚」とよばれる人たちの得る「悟り」をはるかに超えた、広くて深い「悟り」を得ている。

阿難よ、これらの菩薩たちは、このような計り知れない功徳を成就しているのであり、あなたのために、その一端を説いたに過ぎない。もし、詳らかに説けば、百千万劫をかけても説きつくすことはできないのだ」、と。

第七講　人間と社会の現実

Ⅰ　「往きやすく人なし」

仏《ぶつ》、弥勒菩薩《みろくぼさつ》・もろもろの天人等に告《つ》げたまわく、「無量寿国の声聞《しょうもん》・菩薩《ぼさつ》、功徳《くどく》・智慧《ちえ》称説《しょうせつ》すべからず。またその国土は微妙《みみょう》・安楽《あんらく》にして清浄《しょうじょう》なることかくのごとし。何ぞ力《つと》めて善をなして、道《どう》の自然《じねん》なることを念《おも》いて、上下なく洞達《どうたつ》して辺際《へんさい》なきことを著《あらわ》さざらん。宜《よろ》しくおのおの勤《つと》めて精進《しょうじん》して、努力自《ゆめゆめみずか》らこれを求むべし。必ず超絶《ちょうぜつ》して去《さ》ることを得て、安養国《あんにょうこく》に往生《おうじょう》せよ。横《よこさま》に五悪趣《ごあくしゅ》を截《き》りて、悪趣自然《あくしゅじねん》に閉《と》じん。道《どう》に昇《のぼ》ること窮極《ぐごく》なし。往《ゆ》き易《やす》くして人なし。その国逆違《ぎゃくい》せず。自然《じねん》の牽《ひ》くところなり。何ぞ世事《せじ》を棄《す》てて勤行《ごんぎょう》して道徳を求めざらん。極長生《ごくちょうしょう》を獲《う》べし。寿楽極《じゅらくきわ》まりあることなし。

仏告弥勒菩薩　諸天人等。無量寿国　声聞菩薩、功徳智慧、不可称説。又其国土、微妙安楽、清浄若此。何不力為善　念道之自然、著於無上下　洞達無辺際。宜各勤精進、努力自求之。必得超絶去、往生安養国。横截五悪趣、悪趣自然閉。昇道無窮極。易往而無人。其国不逆違。自然之所牽。何不棄世事　勤行求道徳。可獲極長生。寿楽無有極。

釈尊は、阿難に替えて、弥勒菩薩と天・人たちに対して、つぎのようにいわれた。「阿弥陀仏の国に生まれた声聞、菩薩たちの功徳や智慧は、説きつくすことができないほどに優れている。また、その国土は微妙にして安楽、清浄なることはすでに説いた。汝らは、どうして努めて「善」（「安楽」に生まれるための善行）をなそうとしないのか。悟りへの道（「道」は阿弥陀仏の教え）を念ずれば（第十八願、第十九願、第二十願にしたがうこと）、阿弥陀仏の国に生まれることは、必然のことである（「自然」は必然のこと）。そうすれば、身分の上下に関係なく、神通や智慧に深く達すること（「洞達」）かぎりがない（「辺際なき」）。それ故に、みなのもの、よろしくそれぞれ努力精進して、阿弥陀仏の国に生まれることを求めよ。そうすれば、決められた仏道修行の順序を踏むことなく、一挙に（「超絶して去る」）阿弥陀仏の国に生まれることができる。そうなると、地獄など五つの悪道の絆をたちまち断ち切り（「横に五悪趣を截りて」）、悪道に堕ちる道は自然に閉じて、悟りへの道を究めることになる。

このように、「安楽」への道は容易に開かれているのに、往く人は、まことにわずかである（「往き易くして人なし」）。その国にいたる道には、妨げとなるものはなにもなく、誓願と行者の間には、必然の道があるだけなのである（「自然の牽くところなり」）。どうして世間の雑事を捨てて努めて、仏道のもたらす恵み（注）（「道徳」）を求めないのか。阿弥陀仏の国に生まれたならば、永遠の寿命をうけて、窮まりのない楽が得られるのである」、と。

（注）「勤行求道徳」の「道徳」について。儒教では「仁義忠孝」などをさし、道家では「自然の道にしたがう」ことをいうとされるが、ここでは「仏道のもたらす恵み」とする（中公文庫、九七 - 九八頁）。

＊

「往き易くして人なし。その国逆違せず。自然の牽くところなり」（「易往而無人其国不逆違自然之所牽」）。この一文について、もう少しふれておきたい。

「往き易くして人なし」について、親鸞は「易往はゆきやすしと也。本願力に乗ずれば本願の実報土（阿弥陀仏の国、浄土のこと）にむまるるとうたがいなければ、ゆきやすき也。無人というは、ひとなしという。人なしというは、真実信心の人はありがたきゆえに実報土にうまるる人まれなりとなり」と解説している（「尊号真像銘文」）。

つぎの、「その国逆違せず。自然の牽くところなり」については、私は、『無量寿経』自体が、阿弥陀仏の国に生まれることを勧める経典であるから、「その国」の内容が「逆違」していない、ということではなく、「その国」にいたる道が「逆違」しない、と説いていると読みたいのである。

「逆」も「違」も、ともに「背く」とか「拒む」という意味であり、例によって類義語を重ねる表現だといえる。つまり、「その国へは拒むものがない」ということになる。そうすると、「自然の牽くところなり」ということも、「そのままで引き寄せられる」ということになろう。漢文の「自然之所牽」の「之」は「にして」の意味とされる（辛嶋）。

ちなみに、親鸞はこの一節について、中国の浄土教思想家、憬興の解釈文をその主著『教行信証』のなかに引用している。いわく、「因を修すればすなわち往く。修することなければ生ずること尠なし。因を修して来生するに、ついに逆違せず。すなわち往き易き也」、と。つまり、「因」である「聞名」（称名）にしたがえば、「聞名」が本願なるが故に、阿弥陀仏の国に生まれるのは自然な「果」となる、というのである。

*

ところで、「何ぞ世事を棄てて勤行して道徳を求めざらん。極長生を獲べし。寿楽極まりあることなし」とあるが、いささか疑問が生じる一文である。つまり、「安楽」に生まれる理由は、無量の寿命を得ることにあるのではなく、「安楽」に生まれて菩薩の能力を完全に得るか、あるいは仏になって、迷える人々を自在に導くことが目的ではなかったのか。にもかかわらず、あたかも「安楽」に生まれるならば、「極長生」を得ることができると、人間の欲望にすり寄ったかのような表現になっているのは、古代中国人の現世主義を念頭にいれた工夫の一端なのであろうか。

2　「銭財を憂う」

然《しか》るに世人、薄俗《はくぞく》にして共に不急《ふきゅう》の事《じ》を諍《あらそ》う。この劇悪極苦《ぎゃくあくごっく》の中において身の営務《ようむ》を勤《つと》めて、もって自《みずか》ら給済《きゅうさい》す。尊《そん》もなく卑《ひ》もなし。貧もなく富もなし。少長男女《なんにょ》共に銭財を憂《うれ》う。有無同然《どうねん》なり。憂思《うし》適《まさ》に等し。屏営愁苦《びょうようしゅうく》して、念《おも》いを累《かさ》ね慮《おもんぱか》りを積《つ》みて、心《しん》のために走《は》せ使《つか》いて、安《やす》き時あることなし。田あれば田を憂《うれ》う。宅あれば宅を憂《うれ》う。牛馬六畜《ごめろくちく》・奴婢《ぬび》・銭財・衣食《えじき》・什物《じゅうもつ》、また共にこれを憂《うれ》う。思いを重ね息《そく》を累《つ》みて、憂念《いきどおり》を愁怖《しゅうふ》す。横《よこさま》に非常の水火・盗賊《とうぞく》・怨家《おんげ》・債主《さいしゅ》のために焚漂劫奪《ぼんぴょうごうだつ》せられ消散し磨滅《まめつ》す。憂毒《うどく》忪忪《そうそう》として解くる時あることなし。憤《いきどお》りを心中に結びて憂悩《うのう》を離れず。心堅《しんかた》く意《こころ》固く、適《まさ》に縦捨《じゅうしゃ》することなし。あるいは摧砕《ざいさい》に坐《つみ》して、身亡《ほろ》び命《いのち》終われば、これを棄捐《きえん》して去《さ》りぬ。誰も随《したが》う者なし。尊貴《そんき》豪富《ごうふ》もまたこの患《うれ》えあり。憂懼《うく》万端《まんたん》にして勤苦《ごんく》かくのごとし。もろもろの寒熱を結びて痛《いた》みと共に居《こ》す。

然世人薄俗　共諍不急之事。於此劇悪　極苦之中、勤身営務、以自給済。無尊無卑。無貧無富。少長男女、共憂銭財。有無同然。憂思適等。屏営愁苦、累念積慮、為心走使、無有安時。有田憂田。有宅憂宅。牛馬六畜　奴婢銭財　衣食什物、復共憂之。重思累息、憂念愁怖。横為非常　水火盗賊　怨家債主、焚漂劫奪、消散磨滅。憂毒忪忪、無有解時。結憤心中、不離憂悩。心堅意固、適無縦捨。或坐摧砕、身亡命終、棄捐之去。莫誰随者。尊貴豪富、亦有斯患。憂懼万端、勤苦若此。結衆寒熱、与痛共居。

しかし、世間の人は、「薄俗にして共に不急の事を諍う」。「薄俗」は、軽薄な風習のこと。「不急」は不要不急のこと。私たちは、少し考えてみれば、大して意味もないことにエネルギーを費やして、あまつさえ、争いまで引き起こしていることが少なくない。身に沁みる言葉といえる。

とりわけ、人は多くの場合、「劇悪極苦」の最中にあって、日々の仕事に勤めて、生計を立てているのだ（「もって自ら給済す」）。「劇悪極苦」は、激しい悪とひどい苦しみ。仏教では「四苦八苦」という。「自ら給済す」の「給」は、足ること、「済」は、足らないところを救うこと。「自」は「給済」の目的語。

そのなかで、身分の違い（「尊卑」）や金持ちや貧乏人（「貧富」）の違い、老若男女の違いにかかわりなく、人々をとらえているのは、「銭財を憂う」ということだろう。その憂いは、「有無同然」、つまり、金銭や財産のあるなしにかかわらない。憂いの思いは、まったく等しい。「憂思適等」の「適」は、ぴったり、「等」は等しい。

つぎの「屛営愁苦して」の「屛営」は、「おろおろとして」。「愁苦して」の「愁苦」は、憂い苦しむこと。

「念いを累ね慮りを積みて」は、思案に思案をかさねて。「心のために走せ使いて」は、迷いの心に使われて。「安き時あることなし」は、ひと時も安らぐことがない。

「田あれば田を憂う。宅あれば宅を憂う」。つぎの「六畜」は、牛馬、犬、羊、豚、鶏のこと。「牛馬六畜・奴婢・銭財・衣食・什物（日用品）」を、「また共に」、あわせて、「憂う」。「思いを重ね息（ためいき）を累みて、憂念（憂いの思い）を愁怖す（悲しみと恐れが満ちる）」。

あるいは、財産も思いもかけず（「横に」）、「非常の水火・盗賊・怨家（怨みをもつもの）・債主（債権者）」のために「焚」（焼かれる）・「漂」（流され）、「劫奪」されて、「消散」（消え失せて散り散りとなる）して、「磨滅」する。「憂毒」（憂いが毒となる）によって、心は、「忪忪として」（「忪忪」は、おそれおののくこと）、「解くる（心がゆるむ）時あることなし」。

また、「憤りを心中に結びて憂悩を離れず」。その結果、「心堅く意固く（心はかたくなになり、ひねくれて頑固に）」なるばかり。つぎの「適無縦捨」の「適」は、「無」を強める助詞で、「縦」は許すこと、「捨」は捨て置く、あるいは、許すことで、「縦捨」は容赦すること。したがって「適に縦捨することなし」とは、他人に絶対に容赦しない、という意味。

あるいは、「摧砕」（災難が身を砕くこと）によって、寿終ることになっても、「これ（銭財）を棄捐（捨てる）して（世を）去」るだけで、誰一人として付き従う者とていない。「尊貴豪富もまたこの患えあり」。彼らもまた、「憂懼」（うれいやおそれ）がすべての部分（「万端」）にゆきわたり、苦労して努める様子（「勤苦」）は、このようなものなのである。「もろもろの寒熱を結びて」の「寒熱」は、胆を冷し身に汗をかくような苦しみのことで、そのような苦しみとともに暮らすしかない。「痛みと共に居す」の「痛み」は、憂い苦しみのことで、「居」は暮らすこと。

貧窮下劣《びんぐげれつ》にして困乏して常に無《か》けたり。田《でん》なければまた憂《うれ》えて田あらんと欲《おも》う。宅《たく》なければまた憂《うれ》えて宅あらんと欲《おも》う。牛馬六畜《ごめ》・奴婢《ぬび》・銭財・衣食《えじき》・什物《じゅうもつ》なければ、また憂《うれ》えてこれあらんと欲《おも》う。適《たまたま》一つあればまた一つ少《か》けぬ。これあればこれ少《か》けぬ。斉等《さいとう》にあらんことを思う。適具《たまたまつぶ》さにあらんと欲《おも》えば、すなわちまた靡散《みさん》しぬ。かくのごとく憂苦《うく》して当《まさ》にまた求索《ぐさく》すれども、時に得ること能《あた》わず。思想して益《やく》なし。身心倶《とも》に労《つか》れて坐起《ざき》安からず。憂念相随《うねんあいしたが》いて勤苦《ごんく》かくのごとし。またもろもろの寒熱を結びて痛みと共に居《こ》す。ある時はこれに坐《つみ》して、身を終え命を夭《ほろ》ぼす。肯《あえ》て善をなし道を行じ徳に進まず。寿終《いのちお》え身《み》死して当《まさ》に独《ひと》り遠く去る。趣向《しゅこう》するところあれども、善悪の道能《よ》く知る者なし。

貧窮下劣、困乏常無。無田亦憂、欲有田。無宅亦憂、欲有宅。無牛馬六畜　奴婢銭財　衣食什物、亦憂欲有之。適有一、復少一。有是少是。思有斉等。適欲具有、便復靡散。如是憂苦、当復求索、不能時得。思想無益。身心倶労、坐起不安。憂念相随、勤苦若此。亦結衆寒熱、与痛共居。或時坐之、終身夭命。不肯為善　行道進徳。寿終身死、当独遠去。有所趣向、善悪之道、莫能知者。

「貧しい者や身分の低いものは、常に困窮（「困乏」）しているから、所有するものとてなにもない（「常に無けたり」）。だが、田がなければないで、田を欲しいと思って憂い、家がなければないで、また、家を欲して心を悩ます。また、牛や馬などの六畜や奴婢（中国の制度上の奴隷）、金銭、衣服、日常の器物（「什物」）がないから、それらを欲して憂える。それらのなかで、たまたま（「適」）、一つが手に入っても、ほかのものがないのが気になり、これがあればあれがない、ということで、なんでもかんでも皆得たい（「斉等にあらんことを思う」、「斉等」はいずれも等しいという意味）、と欲する。だが、たまたま、全部手に入れると、たちまち、すべてを失ってしまう（「糜散」は滅びて散じる）。

このように、憂い苦しんで、再度手に入れたいと求めても、すぐには（「時に」）、手に入らない。思い悩んでも効果はない（「思」も「想」も思いめぐらすこと）。心身共に疲れて、「坐起」（坐っていても立っていても、日常生活全体のこと）は、安らかではない。憂いや悩みはつぎつぎと生じて（「憂念相随いて」）、苦しい努力（「勤苦」）をすることには変わりはない。

また、多くの苦しみ（「寒熱」は、肝を冷やし熱湯を飲む思いのこと）が集まり（「結びて」）、苦痛とともに暮らすのである。あるいは、これによって命を失い、早死にする（「夭命」は若死）ことにもなるが、それでも、善をなし、仏道を行い、徳を向上させようとはしない。それゆえ、命終わったあとは、ただ一人で遠くへ去ってゆくだけである。死んで後に行く（「趣向」は行き赴くこと）ところは定まっているのだが、本人はどの道が善くて、どの道が悪いのかは知らない（因果の道理を知らないということ）」。

3「互いに憎み嫉妬する」

世間の人民《にんみん》、父子・兄弟・夫婦・室家《しつけ》・中外《ちゅうげ》の親属、当《まさ》に相敬愛《あいきょうあい》して相憎嫉《あいぞうしつ》することなかるべし。有無相《あい》通じて貪惜《とんじゃく》を得ることなかれ。言色《ごんしき》常に和して相違戻《あいいれい》することなかれ。

ある時には心に諍《あらそ》いて恚怒《いぬ》するところあり。今世《こんぜ》の恨《うら》みの意《こころ》、微《すこ》し相憎嫉《あいぞうしつ》すれば、後世《ごせ》には転《うた》た劇《はげ》しく大怨《だいおん》と成るに至る。所以《ゆえ》は何《いか》んとなれば、世間の事《じ》かわるがわる相患害《あいげんがい》す。すなわちの時に急《すみ》やかに相破《あいは》すべからずといえども、然《しか》も毒を含み怒《いか》りを畜《たくわ》え憤《いきどお》りを精神《しょうじん》に結びて、自然《じねん》に剋識《こくし》して相離《あいはな》るることを得ず、みな当《まさ》に対生《たいしょう》してかわるがわる相報復《あいほうぶく》すべし。

人、世間の愛欲の中にありて、独《ひと》り生じ独り死し独り去り独り来《きた》りて、行《ぎょう》に当《あた》り苦《く》楽《らく》の地に至り趣《おもむ》く。身《み》、自《みずか》らこれを当《う》くるに、有《たれ》も代《か》わる者なし。善悪変化《へんげ》して殃福《おうふく》処異《ところこと》なり、宿予《あらかじめ》、厳待《ごんたい》して当《まさ》に独り趣入《しゅにゅう》すべし。遠く他所に到《いた》りぬれば、能《よ》く見る者なし。善悪自然《じねん》にして行《ぎょう》を追うて生ずるところなり。窈窈冥冥《ようようみょうみょう》として別離《べつり》久しく長し。道路同じからずして会《あ》い見ること期《ご》なし。甚《はなは》だ難《かた》し、甚《はなは》だ難《かた》し。また相値《あいあ》うことを得んや。何《なん》ぞ衆事《しゅじ》を棄《す》てざらん。

おのおの強健《ごうけん》の時に曼《およ》びて、努めて善を勤修《ごんしゅ》し精進《しょうじん》に度世《どせ》を願わざる。*極《きわ》めて長生《じょう》を得べし。如何《いかん》ぞ道を求めざらん。安《いず》くにか須待《しゅだい》する所ぞ。*何の楽しみをか欲《おも》わんや。

世間人民、父子兄弟　夫婦室家　中外親属、当相敬愛、無相憎嫉。有無相通、無得貪惜。言色常和、莫相違戻。或時心諍、有所恚怒。今世恨意、微相憎嫉、後世転劇　至成大怨。所以者何、世間之事、更相患害。雖不即時　応急相破、然含毒畜怒、結憤精神、自然剋識、不得相離。皆当対生、更相報復。人在世間　愛欲之中、独生独死　独去独来、当行至趣苦楽之地。身自当之、無有代者。善悪変化、殃福異処、宿予厳待、当独趣入。遠到他所、莫能見者。善悪自然、追行所生。窈窈冥冥、別離久長。道路不同、会見無期。甚難甚難。復得相値。何不棄衆事。各曼強健時、努力勤修善、精進願度世。可得極長生。如何不求道。安所須待。欲何楽哉。

「世間の人民（世間の人々）、父子・兄弟・夫婦・室家（家族）・中（父方の親族）外（母方の親族）の親属、当に相敬愛して相憎嫉することなかるべし。有無相通じて（持てる者と持たざる者と、互いに融通しあって）貪惜（貪り、惜しむこと）を得ることなかれ。言色（言葉と顔色）常に和して（やわらげて）相（たがいに）違戻（逆らうこと）することなかれ」。

右の一節は、人の交わり方についての基本的な教え、とでもいうべき事柄であろう。はじめに、このような、あるべき人間関係を説いたのち、現実は、いかにそれから遠いかが詳説されてゆく。

＊

そのはじめは、瞋恚の恐ろしさについてなのだが、それは、死後にこそ大きな意味をもつと指摘する。

「ある時には心に諍いて恚怒するところあり。今世の恨みの意、微し相憎嫉すれば、後世には転た劇しく大怨と成るに至る」。

すなわち、一たび争いの心が生じて怒り（「恚怒」）が生まれると、その恨みが今生では軽くても（「微し相憎嫉すれば」）、死後の世界では、次第に激しくなって大きな怨みとなる（「大怨と成るに至る」）。

その理由は、世間の常として、互いに害《そこな》いあっても、即座にその相手をやっつけるわけにもゆかず、かえって互いに怒りの毒をふくみ、怒りを蓄えることになる。その結果、自然にそれが心（「精神」）に深く刻み込まれて（「自然の剋識」）、消えることがなく、その怒りから離れることができなくなるからだ。そのために、双方が生まれ変わって対面すると、互いに報復に夢中になるのだ。「対生」は二人が同一の世界に相対して生まれること。

＊

つぎに強調されていることは、人はその行為の結果をどこまでも自ら、一人で背負ってゆかねばならないのだから、人との付き合い方に心せよ、という諌めである。いわく、「人、世間の愛欲の中にありて、独り生じ独り死し独り去り独り来りて」。人は愛欲のなかで、ひとり生まれて、ひとり死し、ひとりで去り、ひとりでやってくるものなのである。

つぎの、「行に当り苦楽の地に至り趣く。身、自らこれを当くるに、有も代わる者なし」の一文は、以下のように読み下した方が分かりやすい。「行きて苦楽の地に至り趣くに当たりては、身自ら之に当たるべく、代わる者有ること無し」（中公文庫、一〇三頁）。つまり、苦か楽か、いずれの地に向かうにせよ、自分自身でこれにあたるしかなく、代わってくれるものは誰もいない、という意味である。

＊

つぎの「善悪変化して殃福処異なり、宿予、厳待して当に独り趣入すべし」も、以下のように読み下してみる。「善悪変化殃福、ところを異にし、宿《あらかじ》め厳かに待つ。当に独り趣入すべし」（坪井、二六四頁）、と。

つまり、善因善果、悪因悪果の道理によって受ける禍福は異なるが、その報いは前もって（「宿」）、厳然として待っている。ただひとりで、善きところか悪しきところか、いずれかへ赴くのである。そして、「遠く他所に到りぬれば、能く見る者なし」、つまり、遠く他の世界に生まれ変わったならば、それを知る者は誰もいない。

「善悪自然にして行を追うて生ずるところなり」。すなわち、善悪は、因果の道理にしたがって自然に生まれるのであり、その報いは、行為（「行」）にしたがうだけのことなのである。「自然」は必然の意味。

「窈窈冥冥として別離久しく長し。道路同じからずして会い見ること期なし」。いわく、薄暗くてどこまでも奥深い世界、互いに再び会う機会はない。「窈窈冥冥」の「窈」は、奥が狭くて暗いこと。「冥」は、暗いこと。そのなかで別れたならば、それは永遠の別れとなる。なぜならば、「道路同じからずして」、つまり、趣くところが異なっているからだ。ふたたび会うことは、きわめて困難なのである。「甚だ難し、甚だ難し。また相値うことを得んや」。

そうであるならば、どうして不急のことを捨てないのか（「何ぞ衆事を棄てざらん」）。そして、心身共に強健なときに、善事を積み行い、努力精進してこの苦の世界から解脱する事を願わないのか。「曼」は「及」と同じ。

そうするならば、本当の長生を極めることができるであろう。どうして道を求めないのか。俗世になんの期待するところがあるというのか。「須待」の「須」も「待」も、「待つ」の意味。そこになんの楽しみがあろうか。

＊

右の一節では、はじめに、「相敬愛して相憎嫉することなかるべし」とか、「有無相通じて貪惜を得ることなかれ」、あるいは、「言色常に和して相違戻することなかれ」と教えながら、それらは、生前の世界にかぎられる徳目に過ぎず、死後の世界の救いにはならないとして、「善事」をすすめ、「度世」を願え、と説く。

「度世」は仏典成立以前からある語彙で、もとは「俗世間を去って神仙世界にわたる」こと（辛嶋（八））。だが、ここでは俗世を超える、というくらいの意味か。ただし、「善事」も「度世」も、その意味は詳述されていない。

4　無知

(1) その根の深さ

かくのごとく世人《せにん》、善を作《な》して善を得《え》、道《どう》を為《な》して道を得ることを信ぜず。人、死して更《かえ》りて生まれ、恵施《えせ》して福を得ることを信ぜず。善悪の事、すべてこれを信ぜず。これを然《しか》らずと謂《おも》えり。終《つい》に是《ぜ》することあることなし。但《ただ》これを坐《つみ》するゆえに、且《か》つ自《みずか》らこれを見れば、かわるがわる相瞻視《あいせんし》して先後同じく然《しか》なり。転《うた》た相承受《あいじょうじゅ》するに、父、教令《きょうりょう》を余《のこ》す。先人・祖父素《もと》より善を為《な》さず。道徳を識《さと》らず。身《み》愚《おろ》かに神《たましい》闇《くら》く、心塞《しんふさが》り意閉《こころと》じて、死生《ししょう》の趣《しゅ》、善悪の道、自《みずか》ら見ること能《あた》わず。語る者あることなし。吉凶禍《きっきょうか》福《ふく》、競《きそ》いておのおのこれを作《な》す。一《ひとり》も怪《あや》しむものなきなり。

如是世人、不信作善得善　為道得道。不信人死更生　恵施得福。善悪之事、都不信之。謂之不然。終無有是。但坐此故、且自見之、更相瞻視　先後同然。転相承受、父余教令。先人祖父、素不為善。不識道徳。身愚神闇　心塞意閉、死生之趣、善悪之道、自不能見。無有語者。吉凶禍福、競各作之。無一怪也。

「この世の人は、善を成せば善を得ること、仏道（「道」）を成せば悟り（「道」）を得ることを信じない。また、人は死ねば新しく生まれ変わる（「更りて生まれ」）こと、施しをすれば福を得ることを信じない。また善因善果、悪因悪果ということを一切信じない。そういうことは一切ないとして、ついに是認することはない。ただ、こうしたこと（因果応報）がいわれているから（「但これ（因果を信じないこと）を坐するゆえに」、「坐」は「によって」）、自ら確かめてみようとして（「且つ自らこれを見れば」）、互いに（「更」はこもごも）周囲の人をうかがうに（「瞻視」）、先祖も子孫も（「先後」）同じこと（「同じく然なり」）で、父の残した教えを次々と受け継いでいるに過ぎない（「転た相承受するに、父、教令を余す」、「転た」はつぎつぎと、「教令」は教訓）。

その先祖や父祖（「先人・祖父」）は、はじめから（「素より」）善をなさず、仏道のもたらす恵み（「道徳」、前出）を知らない。その身は愚かにして、精神（「神」）は暗く、心はふさがっていて心中の思い（「意」）は閉じていて、死後の生（「死生」）の行く先、善悪の道は、自ら見ることはできず、教えてくれるもの（「語る者」）もいない。吉凶禍福の報いが競ってそのはたらきを示しているのに（「競いておのおのこれを作す」）、一つとして怪しむことがない（「一も怪しむものなきなり」）」。

(2)「無常」を知らず

生死《しょうじ》の常の道、転《うた》た相嗣《あいつ》ぎ立つ。あるいは父は子を哭《こく》し、あるいは子、父を哭《こく》す。兄弟・夫婦、かわるがわる相哭泣《あいこくきゅう》す。顚倒《てんどう》上下して無常の根本なり。みな過去に当《う》く。常に保つべからず。教語開導《きょうごかいどう》すれどもこれを信ずる者は少なし。ここをもって生死流《しょうじる》転《てん》し、休止《くし》することあることなし。

生死常道、転相嗣立。或父哭子、或子哭父。兄弟夫婦、更相哭泣。顚倒上下、無常根本。皆当過去。不可常保。教語開導、信之者少。是以生死流転、無有休止。

「生あるものは必ず死ぬことは、世の常であり、つぎつぎと、世代が継がれてゆく（「相嗣ぎ立つ」）。ときに、父が子を失って慟哭し、あるいは子が父を失って泣く。兄弟、夫婦が互いに相手を失って泣き叫ぶ。老人が先に死ぬとはかぎらない（「顚倒上下」）。それが無常というものである。みな、まさに過ぎ去る（「みな過去に当く」）。いつまでも、寿命を保つことはできない（「常に保つべからず」）。このことを教えて仏の道に導こうとしても（「教語開導」）、それを信じる者は少ない。このために、生死（迷い）の世界に流転しつづけて、休止することがない」。

(3)「各欲快意」

かくのごときの人、曚冥抵突《もうみょうたいとつ》して経法《きょうぼう》を信ぜず。心に遠き慮《おもんぱか》りなし。おのおの意《こころ》を快くせんと欲《おも》えり。愛欲に痴惑《ちわく》せられて道徳を達《さと》らず。瞋怒《しんぬ》に迷没《めいもつ》して財色《ざいしき》を貪狼《とんろう》す。これに坐《つみ》して道を得ず。当《まさ》に悪趣《あくしゅ》の苦に更《かえ》るべし。生死窮《しょうじきわ》まり已《や》むことなし。哀《あわ》れなるかな。甚《はなは》だ傷《いた》むべし。

ある時は室家《しつけ》・父子《ぶし》・兄弟・夫婦、一《ひとり》は死し一《ひとり》は生ず。かわるがわる相哀愍《あいあいみん》す。恩愛思慕《しぼ》して憂念結縛《うねんけつばく》す。心意痛着《しんいつうじゃく》して迭《たが》いに相顧恋《あいこれん》す。日を窮《きわ》め歳《とし》を卒《お》えて解け已《や》むことあることなし。道徳を教語するに心開明《かいみょう》ならず。恩好《おんこう》を思想して情欲を離れず。昏曚閉塞《こんもうへいそく》して愚惑《ぐわく》に覆《おお》われたり。深く思い熟《つらつ》ら計《はか》らい、心自《しんみずか》ら端正《たんじょう》にして専精《せんしょう》に道を行じて世事《せじ》を決断《けつだん》すること能《あた》わず。すなわち旋《めぐ》り、竟《おわ》りに至る。年寿《ねんじゅ》終わり尽《つ》きぬれば道を得ること能《あた》わず。奈何《いかん》とすべきことなし。

如此之人、曚冥抵突　不信経法。心無遠慮。各欲快意。痴惑於愛欲、不達於道徳。迷没於
瞋怒、貪狼於財色。坐之不得道。当更悪趣苦。生死無窮已。哀哉甚可傷。或時室家父子
兄弟夫婦、一死一生。更相哀愍。恩愛思慕、憂念結縛。心意痛著、迭相顧恋。窮日卒歳、
無有解已。教語道徳、心不開明。思想恩好、不離情欲。昏曚閉塞、愚惑所覆。不能深思熟

計　心自端正　専精行道　決断世事。便旋至竟。年寿終尽、不能得道。無可奈何。

「このような人は、目が見えないままに、あちこちに突き当たる（「矇」は盲目、「冥」は目をつぶる、「抵突」はものに衝突すること）生き方をして、教えを信じようとしない。心には、後の世のことを考えることなどがない（「遠慮」は未来のことを考えること）。関心があるのは、自分の心を楽しませることだけだ（「各欲快意」）。愛欲に惑わされて（「痴惑」）、仏の恵み（「道徳」）を悟ろうとせず、怒り（「瞋怒」）に深く迷い込んでしまい、財貨や異性を貪りあさる（「貪狼」は凶悪に貪るさま）」。「貪狼」は「狼のように貪る」のではなく、「貪婪」が転じたものという（辛嶋（八））。

＊

「このために（「これに坐して」、「坐」は「よって」）、仏道を得ることができない。まさに地獄・餓鬼・畜生といった「悪趣」の苦しみを経巡ることになる（「当に悪趣の苦に更るべし」）。このようにして「生死」（迷いの世界）を限りなく流転することになる（「生死窮まり已むことなし」）。悲しくも、痛ましいかぎりである。

またあるときは、家族（「室家」）のなかで、父子兄弟、夫婦のうちの一人が死に、一人が生き残り、互いに悲しみ哀れみあうことがある。

恩愛は思慕をもたらし、憂いの思いが身を縛る（「憂念結縛」）。心は痛みに痛み（「心意痛着して」）、互いに恋い慕いあうばかり（「迭いに相顧恋す」）。日にちを過ごし、年を経ても、その悲しみは薄れることがない。

いかに仏教の恵み（「道徳」）を教え諭しても、心の闇が開かれることはない（「開明」は心が晴れること）。死者の生前の愛情やよしみ（「恩好」）を思いめぐらして（「思想」）、情欲から離れることはない。闇の世界に閉ざされて（「昏曚」は暗く、閉じた、ということ）、愚かな思い（「愚惑」）に覆われてしまう。

深く思い、よくよく考えて、心が自然に正しく、心をもっぱら仏道に向けて（「専精に道を行じて」、「道」は仏教のこと）、俗事をはっきりと断ち切る（「世事を決断する」）ことができないのだ。

つまり、あちこちとさまようちに（「旋」はうろうろすること）、人生は終わってしまう（「竟りに至る」）。寿命が尽きても、仏道を得ず、どうしようもない」。

(4)「恩愛思慕」

総猥憒擾《そうわいかいにょう》してみな愛欲を貪る《むさぼ》。道に惑《まど》える者は衆《おお》く、これを悟《さと》る者は寡《すくな》し。世間悤《そう》悤《そう》として憀頼《りょうらい》すべきことなし。尊卑《そんぴ》・上下・貧富・貴賤、勤苦《ごんく》悤務《そうむ》しておのおの殺毒《せつどく》を懐《いだ》く。悪気《あつけ》窈冥《ようみよう》してために妄《みだ》りに事《じ》を興《おこ》す。天地に違逆《いぎやく》して人の心《こころ》に従わず。自然《じねん》の非悪《ひあく》、先《ま》ず随《したが》いてこれに与《くみ》す。*恣《ほしいまま》に所為《しょい》を聴《ゆる》してその罪の極まるを待つ。その寿《いのち》未《いま》だ尽《つ》きざるに、すなわち頓《たちまち》にこれを奪《うば》う。悪道《あくどう》に下《くだ》り入《い》りて、累世《るいせ》に勤苦《ごんく》す。その中に展転《てんでん》して数千億劫《こう》なり。出《い》ずる期《ご》あることなし。痛《いた》み言うべからず。甚《はなは》だ哀《あい》愍《みん》すべし」。

総猥憒擾、皆貪愛欲。惑道者衆、悟之者寡。世間悤悤、無可憀頼。尊卑上下　貧富貴賤、勤苦悤務、各懐殺毒。悪気窈冥、為妄興事。違逆天地、不従人心。自然非悪、先随与之。恣聴所為、待其罪極。其寿未尽、便頓奪之。下入悪道、累世勤苦。展転其中、数千億劫。無有出期。痛不可言。甚可哀愍。

「世の中は、すべて乱雑で煩わしい（「総猥憒擾」の「猥」は乱雑なこと、「憒」も「擾」も乱れて騒がしく、煩わしいことを示す）。人はみな、欲望をむき出しにして生きている（「愛欲を貪る」）。歩むべき道に迷うものは多く、道を自覚するものはほとんどいない。世間は、世の務めに多忙で、頼みとなることがない（「悤悤」は多忙のこと、「憀頼」は頼みとすること）。

尊卑上下・貧富貴賤、みな世の務めに追われてあわただしく、殺気をふくみ、毒心をいだいている。その悪意によって、心は「窈冥」（薄暗くて先が見えないさま）となり、そのために知恵が曇り、思慮のない行為が生じる（「妄りに事を興す」）。それは、天地神明の道に違反（「違逆」）し、人の心の正しいあり方にしたがうことがない。因果の道理（「自然」）にもとづく、「非悪」（非道と悪行）は、まず、それらを犯す人々に現れる。

そして、好きなようにするのを許（「聴」）したのちに、その罪が極まるのを待って、その人間の寿命を、たちまち奪ってしまう。その結果、「悪道」に何度も生まれ変わり、苦しみを受けることになる（「累世」は何度も生まれ変わること）。そして、「悪道」のなかを転々として、数千億劫を経る。ついに、「悪道」から脱することはない。その苦痛は、言葉ではあらわせない。まことに哀れむべきことである」、と。

第八講　釈尊、ふたたび「阿弥陀仏の国」へ生まれよ、と説く

仏《ぶつ》、弥勒菩薩《みろくぼさつ》・諸天人等に告《つ》げたまわく、「我《われ》今、汝《なんじ》に世間の事《じ》を語る。人これをもってのゆえに、坐《よ》りて*道を得ず。当《まさ》に熟《つらつ》ら思い計りて衆悪《しゅあく》を遠離《おんり》すべし。その善の者《もの》を択《えら》んで勤《つと》めてこれを行《ぎょう》ぜよ。愛欲栄華《あいよくえいが》常に保つべからず。みな当《まさ》に別離《べつり》すべし。楽しむべき者《もの》なし。

仏の在世《ざいせ》に曼《およ》びて*当《まさ》に勤《つと》めて精進《しょうじん》すべし。それ心を至して安楽国《あんらくこく》に生まれんと願ずることある者は智慧《ちえ》明達《みょうだつ》し功徳《くどく》殊勝《しゅしょう》なることを得べし。心《しん》の所欲に随《したが》いて経戒《きょうかい》を虧負《きふ》して人の後《しりえ》にあることを得ることなかれ。もし疑いの意《こころ》ありて経を解《さと》らざる者は、具《つぶ》さに仏に問いたてまつるべし。当《まさ》にためにこれを説くべし」。

仏告弥勒菩薩　諸天人等。我今語汝世間之事。人用是故、坐不得道。当熟思計、遠離衆悪。択其善者、勤而行之。愛欲栄華、不可常保。皆当別離。無可楽者。曼仏在世、当勤精進。

其有至心　願生安楽国者、可得智慧明達　功徳殊勝。勿得随心所欲、虧負経戒、在人後也。

儻有疑意、不解経者、可具問仏。当為説之。

釈尊は、弥勒菩薩と諸天人らにいわれる。「私は今汝らに世間のことを話した。人はこのようなことによって仏道を得ることができないのだ。よくよく考えて、諸々の悪事から身を遠ざけよ。善事だけを選んでそれらを勧めて行え。愛欲も栄華も、いつまでも保つことはできない。いずれは別れるべきものだ（「みな当に別離すべし」）。楽しむべきものではない。

仏のいます世に及んで、まさに勤めて努力すべきである。真心から安楽国に生まれたいと願う者は、（「安楽」に生まれて）智慧が道理に達して（「明達」）、勝れた功徳（「功徳殊勝」）を得るであろう。心の欲するところにしたがい、教え（「経」）と戒律（「戒」）を欠いたり、背いたり（「虧」は欠、「負」は違のこと）して、人後に堕ちることがないように。もし、疑問があり、教えに分からないことがあれば、詳しく私に問うのがよい。その人のために詳しく説くであろう」、と。

弥勒菩薩《みろくぼさつ》、長跪《ちょうき》して白《もう》して言《い》わく、「仏は威神尊重《いじんそんじゅう》にして、説きたまうところ、快《こころよ》く善《よ》し。仏の経語《きようご》を聴きたまえて、心《しん》に貫《つらぬ》きてこれを思うに、世人《せにん》実に爾《しか》なり。仏の言《のたま》うところのごとし。今《いま》仏、慈愍《じみん》して大道を顕示《けんじ》したまうに、耳目開明《にもくかいみよう》して長く度脱《どたつ》を得つ。仏の所説を聞きて歓喜《かんぎ》せざることなし。諸天人民蠕動《ねんどう》の類《たぐい》、みな慈恩《じおん》を蒙《こうぶ》りて憂苦《うく》を解脱《げだつ》せしむ。仏語《ぶつご》の教誡《きようかい》、甚《はなは》だ深く甚《はなは》だ善し。智慧《ちえ》明らかに八方・上下・去来今《こらいこん》の事を見《みそな》わして、究《きわ》め暢《の》べたまわざることなし。今我《われ》、衆等《しゆうとう》、度脱《どだつ》を得ること蒙《こうぶ》る所以《ゆえ》は、みな仏の前世に道を求めしの時、謙苦《けんく》せしが致《いた》すところなり。恩徳《おんどく》普《あまね》く覆《おお》いて福禄巍巍《ふくろくぎぎ》として光明徹照《こうみようてつしよう》す。空に達せること極まりなし。泥洹《ないおん》に開入《かいにゆう》し典攬《てんらん》に教授《きようじゆ》し威制消化《いせいしようけ》す。十方に感動すること無窮無極《むぐむごく》なり。仏は法王として、尊《とうと》きこと衆聖《しゆしよう》に超《こ》えたまえり。普《あまね》く一切天人の師《し》と為《な》りて、心の所願に随《したが》いて、みな道《どう》を得せしめたまう。今《いま》仏に値《もうあ》うことを得て、また無量寿仏《むりようじゆぶつ》の声《みな》を聞きて歓喜《かんぎ》せざるものなし。心開明《こころかいみよう》することを得《え》つ」。

弥勒菩薩、長跪白言。仏威神尊重、所説快善。聴仏経語、貫心思之、世人実爾。如仏所言。今仏慈愍、顕示大道、耳目開明、長得度脱。聞仏所説、莫不歓喜。諸天人民　蠕動之類、皆蒙慈恩、解脱憂苦。仏語教誡、甚深甚善。智慧明見　八方上下　去来今事、莫不究暢。今我衆等、所以蒙得度脱、皆仏前世　求道之時、謙苦所致。恩徳普覆、福禄巍巍、光明徹照。達空無極。開入泥洹、教授典攬、威制消化。感動十方、無窮無極。仏為法王、尊超衆聖。普為一切天人之師、随心所願、皆令得道。今得値仏、復聞無量寿仏声、靡不歓喜。心得開明。

以下は、弥勒菩薩が、教えを聞いた喜びを告白する一節である。

弥勒菩薩は、長跪して申していう。「仏の威徳神力は尊厳にして、説かれるところは素晴らしく立派であります。仏の聖語をうけたまわり、心底から考えてみますに（「心に貫きてこれを思うに」）、世間の人間が（愚かさなどによって）道を得ることができないということは、まことにその通りであります。仏のいわれる通りです。

今、仏は私たちを慈しみ憐れんで、勝れた道（「大道」）を説かれました。私は教えを聞いて、耳も心も開けて、悟りの世界に達する（「度脱」）ことができました。仏の説かれるところを聞いて、歓喜しないものはいません。諸天、人民から、蠕動の類（這う虫）にいたるまで、すべて、仏の恩恵を受け、憂いや苦しみから解放されて、悟りの世界に到達しないものはいません。

仏の説かれた教えや諫めは、甚だ深厚です。仏の智慧は明らかに、八方、上下の世界、過去・現在・未来の世界のことをご覧になり、徹底的に究明されないものはありません（「究暢」は、徹底的に論述すること）。

今、我ら一切のものが悟りの世界に達する（「度脱」）ことができたのは、すべて仏が前世において、道を求められていた時に、己をむなしくして努力されたたまものであります（「謙苦」は、謙譲難苦のこと）。

仏の恩徳は、あまねく一切を覆いて、そのもたらす幸福（「福禄」）は、まことに広大（「巍巍」）で、その光明は、あらゆるものを貫いて照らして、どこまでも届き（「空」は空間）、涅槃の世界（「泥洹」は涅槃）にまで入り込んでいるのです。

そして、仏は教えを授けて（「教授」）、（すべてを）つかさどり（「典攬」）、威徳をもって（反抗するものを）制し（「威制」）、（邪悪な心を）消滅変化（「消化」）させ、十方世界の人々の心を改めさせる（「感動」）こと、極まりありません。

仏は法門の王（「法王」）として、その尊さは、多くの聖者たちに抜きんでておられる。あまねく一切の天人、人の師となって、それぞれが願うところにしたがって、すべて、悟りの世界へ導かれる。

今、たまたま、仏にお会いすることができて、また、仏の声を聞いて、歓喜しないものはおらず、心が開けて明るくなることができました」、と。

（注）①「教授典攬」の「典攬」について、「典」は「主管すること」、「攬」は「一手に握ること」で、類義語を重ねる表現。したがって、「仏道を教授して、すべてをつかさどり」

という意味になる（辛嶋（九））。

②「感動十方」の「感動」は、『大阿弥陀経』では「改動」で、「改」も「動」も同義語。「思想が影響を受けて改変する」という意味（同前）。

③「随心所願、皆令得道」の「道」は悟り一般というよりも、さきの「心の所願」に応じて、阿那含の人はその「阿那含の道」を、阿羅漢の人は「阿羅漢の道」を、菩薩は「菩薩の道」を、それぞれ得る、ということ（同前）。

＊

この一段の終わりに、「今得値仏、復聞無量寿仏声」という一文がある。『大阿弥陀経』では、この箇所は「今我曹（われら）仏と相見ゆる事を得て、阿弥陀仏の声を聞くことを得たり」に相当するが、「得聞阿弥陀仏声」とあって「復」という字がない。『平等覚経』にも「得聞無量清浄仏声」と、「復」はない。

この「復」について、興味深いエッセイがあるので紹介しておこう。この「復」は「そしてまた」という意味ではなく、「今はじめてではなかった」という意味だという。この箇所の聞き手である弥勒菩薩にとって、無量寿仏の声を聞いたのは、はじめてではなかったというのである。弥勒は、はるかな過去のなかで、幾度となく、無量寿仏の声を聞いたことがあったが、今また聞くことができた、という感動が表現されているのだ、と（木越樹『歎異抄をよもう』、二四二頁）。

つまり、今回仏に出遇って、ふたたび無量寿仏の声を聴いたが、はじめて、その意味を本当に理解した！ という感動を示しているのが、「復」という文字だというのである。それは、法然が「十方衆生」について、幾度も仏に会い、その教えに出遇いながら、いままで輪廻の世界に沈没し続けて、今、やっと阿弥陀仏に出遇うことができた人々のことだ、と感慨を漏らしたことに通じる。

なお、次節の終わりにも「又復得聞無量寿仏」とある。

仏《ぶつ》、弥勒菩薩《みろくぼさつ》に告《つ》げたまわく、「汝《なんじ》が言えること是《ぜ》なり。もし仏を慈敬《じきょう》することあらば実に大善なりとす。天下《てんげ》に久久《くく》にして乃《いま》しまた仏まします。今我《われ》この世《よ》において仏と作《な》りて、経法《きょうぼう》を演説し道教を宣布す。もろもろの疑網《ぎもう》を断ち、愛欲の本《もと》を抜き、衆悪《しゅあく》の源《みなもと》を杜《ふさ》ぐ。三界《さんがい》に遊歩《ゆぶ》するに拘碍《くげ》するところなし。典攬《てんらん》の智慧《ちえ》、衆道《しゅどう》の要《よう》なり。綱維《こうゆい》を執持《しゅうじ》して昭然分明《しょうねんふんみょう》なり。五趣を開示し未度《みど》の者を度《ど》す。生死泥洹《しょうじないおん》の道《どう》を決正《けっしょう》したまう。

弥勒《みろく》、当《まさ》に知るべし。汝《なんじ》、無数劫《こう》よりこのかた菩薩《ぼさつ》の行《ぎょう》を修して衆生を度《ど》せんと欲《ねが》う。それすでに久しく遠し。汝《なんじ》に従いて道《どう》を得て泥洹《ないおん》に至るもの称数《しょうしゅ》すべからず。汝《なんじ》および十方の諸天人民《にんみん》、一切の四衆《ししゆう》、永劫《えいごう》よりこのかた五道に展転《てんでん》して、憂畏勤苦《ういごんく》具《つぶ》さに言うべからず。乃至《ないし》今世《こんぜ》まで生死《しようじ》絶えず。仏と相値《あい》うて経法《きようぼう》を聴受《ちようじゆ》し、またまた無量寿仏《むりようじゆぶつ》を聞くことを得たり。快《よ》きかな、甚《はなは》だ善し。

仏告弥勒菩薩。汝言是也。若有慈敬於仏者、実為大善。天下久久、乃復有仏。今我於此世作仏、演説経法、宣布道教。断諸疑網、抜愛欲之本、杜衆悪之源。遊歩三界、無所拘礙。典攬智慧、衆道之要。執持綱維、昭然分明。開示五趣、度未度者。決正生死　泥洹之道。弥勒当知。汝従無数劫来、修菩薩行、欲度衆生。其已久遠。従汝得道、至于泥洹、不可称数。汝及十方　諸天人民、一切四衆、永劫已来、展転五道、憂畏勤苦、不可具言。乃至今世、生死不絶。与仏相値、聴受経法、又復得聞　無量寿仏。快哉甚善。

釈尊は、弥勒菩薩に告げていわれた。「汝のいうとおりである。もし、仏を心こめて敬愛する（「慈敬」）ことがあるならば、まことに、大いなる善根（「大善」）を得たといえる。世界は、実に久しぶりに、仏の出現の機会を得た（「久久」は仏の出現の稀なることをさす）。今、私はこの世において仏となり、教えを説き、教え（「道教」）を広く示している。そして、多くの疑いを解決し、愛欲の本を抜き取って、諸悪の源を閉ざしている。三界に足を運ぶのも、人々を救うためだが、妨げられるものはなにもない（「遊歩するに拘碍するところなし」）。すべてをつかさどる智慧（「典攬の智慧」）は、あらゆる仏法（「衆道」）の要である。仏道の大綱（「綱維」）をしっかり保っておれば、すべては、すっかり明らかとなる（「昭然分明」）。地獄など、五つの罪業の世界（「五趣」）の様子を明らかにして、まだ迷いの世界に留まっているものを、悟りの世界へ渡す。生死の世界と、涅槃の世界の区別をはっきりさせるのである。

弥勒よ、よく心得よ（「当に知るべし」）。汝は、無数劫という途方もない昔から今にいたるまで、菩薩の行を修して、衆生を悟りの世界へ導こうと、久しく願ってきた。汝にしたがって仏道を得て、悟り（「泥洹」）にいたったものは数知れない。（にもかかわらず）汝や、十方の諸天、人民、一切の比丘・比丘尼たち、それに在家の男女の信者たち（「四衆」は比丘・比丘尼・優婆塞・優婆夷）は、はるかな昔から、地獄などの五道を転々として、その憂いや畏れ、苦しみ、あがくさま（「憂畏勤苦」）は、詳らかに説くことができないほどだ。しかも、それは今にいたるまで続いている。ところが、今、仏にめぐりあい、教えを聞くことができたばかりか、阿弥陀仏（「無量寿仏」）のことまで聞くことができた。まことに、快しとするものである」、と。

（注）①「慈敬」は尊敬・敬愛の意味（辛嶋）。
②「決正」は異なる二つのものをはっきりさせるということ。この場合、「生死」と「泥洹」。
③右の文中の（にもかかわらず）は、中公文庫にしたがって挿入する（一一九頁）。

＊

この一段の終わりの一節は、言葉の上だけを見ていると、いささか矛盾がある。というのは、弥勒菩薩は長年、菩薩行を実践していて、多数のものを悟りの世界へ導いてきた、といいながら、弥勒も地獄をはじめ五道を転々としていて、その苦しみは、「具さに言うべからず」とある。この齟齬は、どう解釈したらよいのか。

一つは、『無量寿経』の最初に多数の菩薩たちが、釈尊の説法を聞くために集まってきている、という叙述とも関係するのだが、菩薩の「悟り」と、仏の「悟り」との間には、格段の相違があるということであろうか。

だから、弥勒が菩薩として人々を「悟り」に導いたといっても、それは、いわゆる「阿羅漢」などの手にする「悟り」の段階であって、いまだ仏が手にする「悟り」ではなかった、ということなのではないか。経典に即していえば、「泥洹」という言葉の内容の違いが、この一段では問題になっている、ということであろう。

＊

さきにもふれておいたが、「今得値仏、復聞無量寿仏声」とあり、ここでは「与仏相値、聴受経法、又復得聞無量寿仏」とあるように、「今」、仏とたまたま遇うことができたということが強調されていることは、重要な点であろう。

ほかの「阿弥陀仏の物語」の古いテキストでも、仏と出遇うことがいかに難しいか、そのなかで、「今」、仏に遇うことができたのは、なんという幸せなことかが強調されている。しかも、ここの文章では、仏が出現したのは「此世」となっているが、古いテキストでは「苦世」となっている。仏の出現が珍しいだけではなく、出現の場がいわば末世であることも大事な点であろう。

この後の叙述においても、釈尊が出現した世の中が、いかにひどくて無残な様相を呈しているか、が詳しく述べられる。たとえば、この俗世だけが悪事ばかり多くて、善事は少なく、互いに欺きあい、心身ともに労苦のなかにあり、まるで毒を食らうような生活をしているとあるし、「今我この世間において仏と作りて、五悪・五痛・五焼の中に処すること最も劇苦なりとす」（本書、四三三頁）ともある。

しかし、いかに無残な世界であっても、釈尊が出現しているのだ。今こそ、仏の教えにしたがって、その苦しみの世界から逃れる道を見出すべきではないのか、と経典はくり返して要請するのである。

こうした要請につけても思うことは、法然や親鸞をふくめて、およそ過去の勝れた仏教徒たちが、仏教との出遇いについて、まるで三千年に一度花開くという優曇華の華に出遇ったかのように、深い感激をもって語っている、という点だ。

人間のもつ、根本的な不安や不条理を納得するためには、「大きな物語」との出遇いが不可欠なのだが、そうした出遇いは、まことに難しいことでもある。また、出遇ったからといって、その物語を信奉し、その物語を生きる根拠にできるかどうかは不明である。しかし、まず出遇わないことには、ことはすすまない。それだけに、真実の物語と出遇った時の感動は深い。だからこそ、親鸞は、「遠く宿縁を慶《よろこ》べ」（『教行信証』「序」）とも記したのであろう。

吾《われ》、爾《なんじ》を助けて喜《よろこ》ぶ。

汝《なんじ》今また自《みずか》ら生死老病《しょうじろうびょう》の痛苦《つうく》を厭《いと》うべし。悪露《おろ》不浄《ふじょう》にして楽しむべき者なし。宜《よろ》しく自《みずか》ら決断して、身を端《ただ》しくし行を正しくし、益《ます》すもろもろの善を作りて、己《おのれ》を修し体《たい》を潔《いさぎよ》くし心垢《しんく》を洗除《せんじょ》し、言行《ごんぎょう》忠信あって表裏相応し、人能《よ》く自《みずか》ら度《ど》して転《うた》た相拯《あいじょう》済《さい》して、精明求願《しょうみょうぐがん》して善本《ぜんぽん》を積累《しゃくるい》すべし。

一世の勤苦《ごんく》は須臾《しゅゆ》の間《あいだ》なりといえども、後には無量寿仏《むりょうじゅぶつ》の国に生じ、快楽《けらく》極まりなし。長く道徳と合明《ごうみょう》にして、永く生死《しょうじ》の根本を抜き、また貪《とん》・恚《い》・愚痴《ぐち》・苦悩の患《うれ》えなし。寿一劫《いのちいっこう》百劫千万億劫《こう》ならんと欲《おも》えば、自在に意《こころ》に随《したが》いてみなこれを得べし。無《む》為自然《いじねん》にして泥洹《ないおん》の道に次《ちか》し。汝等《なんだち》、宜《よろ》しくおのおの精進《しょうじん》して心《しん》の所願を求むべし。

疑惑《ぎわく》し中悔《ちゅうけ》して自《みずか》ら過咎《かく》を為《な》して、かの辺地《へんじ》七宝《しっぽう》の宮殿《くでん》に生じて、五百歳《さい》の中《うち》にもろもろの厄《やく》を受くるを得ることなかれ」。

弥勒《みろく》、仏に白《もう》して言《もう》さく、「仏の重誨《じゅうけ》を受けて専精《せんしょう》に修学し、教えのごとく奉行《ぶぎょう》して敢《あえ》て疑いあらじ」と。

吾助爾喜。汝今亦可　自厭生死　老病痛苦。悪露不浄、無可楽者。宜自決断、端身正行、益作諸善、修己潔体、洗除心垢、言行忠信、表裏相応、人能自度、転相拯済、精明求願、積累善本。雖一世勤苦　須臾之間、後生無量寿仏国、快楽無極。長与道徳合明、永抜生死根本、無復貪恚愚痴　苦悩之患。欲寿一劫百劫　千万億劫、自在随意、皆可得之。無為自然、次於泥洹之道。汝等宜各精進　求心所願。無得疑惑中悔、自為過咎、生彼辺地　七宝宮殿、五百歳中、受諸厄也。弥勒白仏言。受仏重誨、専精修学、如教奉行、不敢有疑。

「私（釈尊のこと）は今、汝を助けて（汝に阿弥陀仏の教えを聞かせることによって、汝の願いが実現することに助力すること）、汝に喜びを与えるであろう。汝も自ら、生老病死の四苦八苦の世界を厭うようにしなければならない。人の身体は、けがれた汚物（「悪露」は身体から排出される液体）で満たされており、楽しむべきものはない。自ら決断して、身を正し、行いを正し、ますます諸善を行い、身を慎んで、身体を清潔にして、心の垢（煩悩）を洗い去り、言行は誠実に、裏表がないように努めよ。人は自らの済度に向かって歩むと同時に、ますます、互いに助け合い（「相拯済」）、精魂を込めて（「精明」）願いを立て、善の根本（「善本」）を積み重ねよ（「積累」）。この世の努力は、苦しいが一瞬（「須臾の間」）のことであり、死ねば阿弥陀仏の国に生まれて、かぎりのない快楽を得るのだ。そして、長く仏道のもたらす恵み（「道徳」）と明らかに一つとなり[注]（「合明」）、永遠に迷いの世界（「生死」）の根本を抜き去り、貪欲、憎悪、愚か、苦しみの憂えから解放されるのである。寿命も、一劫、百劫、千万億劫と、のぞむがままとなる。そして、自ずと真の悟り（「泥洹」）に身をおくことになろう（「無為自然」は「次」を修飾する副詞。ここでは「自ずから」の意味。「次」は宿るということ）。

汝ら、それぞれ精進して、心の願うところを求めよ。疑惑を生じたり、道半ばで放棄したりして、自ら過ち（「過」も「咎」も過ちのこと）をおかし、安楽国の辺地にある七宝宮殿に生まれて、五百年ものあいだ、もろもろの厄難を受けることがあってはならない」。

弥勒菩薩は、釈尊に申し上げた。「仏のねんごろな教え（「重誨」）をうけましたからには、専心に精進して、学を修め、教えのごとく実践して、疑うことは致しません」、と。

（注）「長与道徳合明」の「道徳」は悟りの本質のこと。「長く悟りと合して明るい」ということか。辛嶋は『大阿弥陀経』にある同じ文章を「明るさという点において覚りそのものと永久に等しくなり」と訳している。

＊

この一段で、釈尊が弥勒菩薩に向かって要求している修行の内容は、「端身正行、益作諸善、修己潔体、洗除心垢、言行忠信、表裏相応、人能自度、転相拯済、精明求願、積累善本」であるが、人間世界で、その実践がいかに困難であるかを示すのが、つぎからはじまる「五悪」段であろう。

だが、「五悪」に代わって、修めねばならないとされる「善」の内容は、かならずしもはっきりしていない。いや、むしろ「五悪」の内実の具体的指摘に比べると、「善」の説明は紋切型であり、「五悪段」全体のなかでは、影がうすいとさえ感じられよう。それは、なにを物語るのか。以下、読み進めながら考えていただきたい。

第九講　「五悪」に苦しむ

仏《ぶつ》、弥勒《みろく》に告《つ》げたまわく、「汝等《なんだちょ》能くこの世にして、心《しん》を端《ただ》しくし意《い》を正しくして、衆悪を作らずは、甚《はなは》だ至徳《しとく》なりとす。十方世界に最も倫匹《りんぴつ》なけん。所以《ゆえ》は何《いか》ん。諸仏の国土の天人の類《たぐい》は、自然《じねん》に善を作《な》して、大きに悪を為《つく》らずは、開化《かいけ》すべきこと易《やす》し。今我《われ》この世間において仏に作《な》りて、五悪・五痛《つう》・五焼《しょう》の中に処《しょ》すること最も劇苦《ぎゃつく》なりとす。群生《ぐんじょう》を教化《きょうけ》して、五悪を捨《す》てしめ五痛《つう》を去《さ》けしめ五焼《しょう》を離《はな》れしめ、その意《こころ》を降《ごう》化《け》して、五善を持《たも》たしめて、その福徳、度世《どせ》・長寿・泥洹《ないおん》の道を獲《え》しめん」と。

仏の言《のたま》わく、「何等か五悪、何等か五痛《つう》、何等か五焼《しょう》、何等か五悪を消化《しょうけ》して、五善を持《たも》たしめて、その福徳、度世《どせ》・長寿・泥洹《ないおん》の道を獲《え》しむる」と。

仏告弥勒。汝等能於此世、端心正意　不作衆悪、甚為至徳。十方世界、最無倫匹。所以者何。諸仏国土　天人之類、自然作善、不大為悪、易可開化。今我於此世間作仏、処於五悪五痛五焼之中、為最劇苦。教化群生、令捨五悪、令去五痛、令離五焼、降化其意、令持五善、獲其福徳　度世長寿　泥洹之道。仏言何等五悪、何等五痛、何等五焼、何等消化五悪、令持五善、獲其福徳　度世長寿　泥洹之道。

釈尊は、弥勒菩薩にいう。「汝ら、この世で心を正しくして、もろもろの悪事をなさないことは、徳行の至極といわねばならない。だが、現世は、十方の世界とは比べようがないほどに悪が満ちている（「倫」も「匹」も比類ということ）。なぜならば、諸仏の国では、天人や人の類は、自然に善事をなし、それほど（「大きに」）悪事をなさず、たやすく悟りに導く（「開化」）ことができるからである。今私は、この現世で仏になり、「五悪」はもとより、「五痛」（「痛」は、俗世の法律によって罰せられること）と「五焼」（未来に地獄など「三途」の苦しみを受けること）のなかに身をおいていることは、もっともはげしい苦痛（「劇苦」）となっている。それでも、生きとし生けるものたち（「群生」）を教化し、「五悪」を捨てしめ、「五痛」を受けないようにし、「五焼」を離れしめ、その心を強く導いて（「その意を降化して」）、「五善」を行わしめて、「福徳」と「度世・長寿・泥洹」を得られるようにしたい」、と。

さらに、釈尊はいわれる。「なにをもって「五悪」といい、なにをもって「五痛」といい、なにをもって「五焼」というのか。

また、なにをもって「五悪」を生滅変化せしめて、「五善」を保持させ、善行による福徳、迷いの世界から悟りの世界へ渡ること、長寿、涅槃への道を得させるのであろうか」、と。

＊

さきにふれておいたように、ここでいう「五善」がなんであるかは、まだ明瞭ではない。伝統的に、「五戒」とか儒教の「五倫」をあてることもあるが、かえって議論を混乱させるので、漠然と「五悪」の反対の徳目、あるいは生き方をイメージできれば、目下は十分だと考える。

また「福徳」や「度世」、「長寿」については、中国の神仙思想の語彙であり、経典が翻訳された時代背景を知るうえで興味があるが、それらの意味は、「泥洹」（悟り）と同じだと考えられている。

I　「強者伏弱　悪逆無道」

仏《ぶつ》の言《のたま》わく、「その一つの悪というは、諸天人民蠕動《にんみんねんどう》の類《たぐい》、衆悪を為《つく》らんと欲《おも》えり。

みな然《しか》らざるはなし。強《こわ》き者は弱きを伏《ふく》す。転《うた》た相剋賊《あいこくぞく》し残害殺戮《ざんがいせつろく》して迭《たが》いに相呑噬《あいどんぜい》す。善を修することを知らず。悪逆無道なるは、*後に殃罰《おうばつ》を受くること、自然《じねん》の趣向《しゆこう》なり。神明《じんみよう》は記識し、犯《おか》せる者を赦《ゆる》さず。かるがゆえに貧窮《びんぐ》・下賤《げせん》・乞匃《こつがい》・孤独・聾《りよう》盲瘖瘂《もうおんあ》・愚痴・弊悪《へいあく》のものあり。尪《おう》・狂《きよう》・不逮《ふたい》の属《たぐい》あるに至る。また尊貴《そんき》・豪富《ごうふ》・高《こう》才《ざい》・明達《みようだつ》なるあり。みな宿世に慈孝《じきよう》ありて善を修し徳を積《つ》みて致《いた》すところなるに由《よ》りてなり。

世の常の道、王法の牢獄《ろうごく》あり。肯《あえ》て畏《おそ》れ慎《つつし》まず。悪を為《な》して罪に入りてその殃罰《おうばつ》を受く。解脱《げだつ》を求望《ぐもう》すれども免出《めんしゆつ》を得ること難《かた》し。世間にこの目の前の見《けん》の事《じ》あり。寿《いのち》終わりて後世《ごせ》に尤《もつと》も深く尤《もつと》も劇《はげ》しくして、その幽冥《ゆうみよう》に入りて生《しよう》を転じて身を受く。たとえば王法の痛苦《つうく》、極刑《ごくきよう》なるがごとし。

かるがゆえに自然《じねん》の三塗《さんず》無量の苦悩《くのう》あり。転《うた》たその身を貿《か》え形を改め道を易《か》えて、受くるところの寿命《じゆみよう》、あるいは長くあるいは短し。魂神精識《こんじんしようしき》、自然《じねん》にこれに趣《おもむ》く。当《まさ》に独《ひと》り値《あ》い向かい、相従《あい》いて共に生まれて、更《かえ》りて相報復《ほうぶく》すべし。絶え已《おわ》ることあることなし。殃悪未《おうあくいま》だ尽《つ》きざれば相離《あいはな》るることを得ず。その中に展転《てんでん》して出《い》ずる期《ご》あることなし。解脱《げだつ》を得難《えがた》し。痛《いた》み言うべからず。天地の間に自然《じねん》にこれあり。即時に卒暴《にわか》に善悪の道に至るべからずといえども、会《かなら》ず当《まさ》にこれに帰すべし。これを一《ひと》つの大悪《だいあく》、一痛《いっつう》、一焼《いっしょう》とす。勤苦《ごんく》かくのごとし。たとえば大火の、人の身を焚焼《ぼんしょう》するがごとし。

人、能《よ》く中にして心《しん》を一つにして意《い》を制し身を端《ただ》しくし行を正しくして、独《ひと》りもろもろの善を作りて衆悪を為《つく》らざれば、身独り度脱《どだつ》して、その福徳、度世《どせ》・上天《じょうてん》・泥洹《ないおん》の道を獲《え》ん。これを一つの大善とするなり」。

仏言其一悪者、諸天人民　蠕動之類、欲為衆悪。莫不皆然。強者伏弱。転相剋賊、残害殺戮、迭相呑噬。不知修善。悪逆無道、後受殃罰。自然趣向、神明記識。犯者不赦。故有貧窮下賤　乞匃孤独　聾盲瘖瘂　愚痴弊悪。至有尫狂　不逮之属。又有尊貴豪富　高才明達。皆由宿世、慈孝修善、積徳所致。世有常道　王法牢獄。不肯畏慎。為悪入罪、受其殃罰。求望解脱、難得免出。世間有此　目前見事。寿終後世、尤深尤劇、入其幽冥、転生受身。譬如王法　痛苦極刑。故有自然　三塗無量苦悩。転貿其身、改形易道、所受寿命、或長或短。魂神精識、自然趣之。当独値向、相従共生、更相報復。無有絶已。殃悪未尽、不得相離。展転其中、無有出期。難得解脱。痛不可言。天地之間、自然有是。雖不即時卒暴　応至善悪之道、会当帰之。是為一大悪　一痛一焼。勤苦如是。譬如大火　焚焼人身。人能於中、一心制意、端身正行、独作諸善、不為衆悪者、身独度脱、獲其福徳、度世上天　泥洹之道。是為一大善也。

釈尊がいわれる。「その第一の悪は、つぎのようなものである。諸天、人民、蠕動の類は、例外なく（「みな然らざるはなし」）、もろもろの悪を成そうという欲望をもっている。強いものは弱きものを征服し、つぎつぎと（「転」）互いに殺しあい（「剋」は殺、「賊」は害）、傷つけあい（「残」は傷つける、「残害」は傷つけるが殺さない）、生命を奪って（「殺戮」は生命を奪うこと）、たがいに呑み込み、嚙み（「呑噬」）あう。善行を修めることを知らず、悪逆無道のものが、のちに禍（「殃」）や罰を受けることは、必然の勢いである。

神々は、明らかにこの罪を記録しておき、罪を犯した者を容赦することはない（「神明記識」の「識」は、記録する、記憶すること）。このゆえに、貧乏に苦しみ、下賤な身分となり、乞食、身寄りのないもの、盲聾唖のもの、愚かなもの、頑固で手をつけられないものがあらわれ、「尩狂不逮」（「尩」は足の立たないもの、背の曲がったもの。「不逮」は水準に達していないこと）の類があらわれるにいたる。

他方、尊貴の身分のものや富豪のもの、勝れた才能の持ち主（「高才」）、道理に通じたもの（「明達」）がいる。いずれもみな、前世（「宿世」）で「慈」（父母の子への愛情）や「孝」（子の父母への愛）をつくし、善行を修めて、徳を積んだ結果なのである。

世間には、人の守るべき道（「常の道」）があり、国法で決められた牢獄がある。しかし、それらをあえて恐れず、悪をなして罪を受け、懲罰を受けるものがいる。彼らは、解放（「解脱」）をのぞむが、赦免を得ることは難しい。

世間では、このような事実が目前に生じるが（「目の前の見の事あり」）、死後には、もっと深刻で激しい報いがある。

死後、三悪道（「幽冥」）に堕ち、人としての生を転じて新たな身をうける（「生を転じて身を受く」）。それは、国法による極刑に等しい。

このように、因果の必然による無量の苦しみを受けて、つぎつぎと、身を替え、形をあらためて、歩むべき道を替えて（六道をつぎつぎと）生きてゆく。身に受ける寿命は、あるいは長く、あるいは短いが、その魂は（「魂神」は心、「精識」はそのはたらき）、必ずその身を離れずにつきまとう（「自然にこれに趣く」）。

あるときは一人で生まれ、あるときは同じ所に生を受けて、前世の悪業によって、また、互いに怨みを果し合い報復しあって、いつ果てることか分からない（「当に独り値い向かい」の「値」はまっしぐらに、ということ）。彼らは、悪行の原因が尽きないかぎり（「殃悪未だ尽きざれば」）、互いに離れることはできない（「相離るることを得ず」）。

こうしたなかを転々と移りながら、そこから出る期限はなく、抜け出すこと（「解脱」）はできない。その苦痛たるや、言い表すこともできない。

天地の間には、必然の道理として（「自然」）、このような事実がある。即座に（「即時」も「卒暴」もたちまちということ）、善悪の応報（「善悪の道」）があらわれるとはかぎらないが、必ず善悪は、この道理に帰するものなのである。これが五悪のなかの、第一の悪であり、第一の痛であり、第二の焼である。

このように苦しむことは（「勤苦」）、例えば、大火によってわが身を焼くようなものである。人あって、このような世界のなかで、よく欲望を抑えて身を正しく保ち、行いを正しく、自分だけは諸善を作って、もろもろの悪事をしなければ、自分だけは（六道から）抜け出して（「度脱」）、善行の報いとしての「福徳・度世・上天」、つまり悟りへの道（「泥洹の道」）を得ることができよう。これを第一の「大善」とする」、と。

＊

終わりの箇所に、「独作諸善」あるいは「身独度脱」と、「独」という文字が使用されているが、これはなにを意味するのであろうか。「自分だけは」と訳してみたが、こうした自分一人の救済を求めるのは、仏教の基本的な立場からは遠いから、別の意味があるのであろう。

それは、つぎの「福徳」や「度世・上天」を得よ、と勧めることからもわかるように、仏教というよりも、当時の中国人たちに理解しやすいように、道教や神仙思想の考え方を利用したのであろうか。あるいは、大乗仏教以前の、「声聞」や「縁覚」とよばれた、自分一人の解脱を求める人々を念頭においているのであろうか。

いずれにしても、「五悪」の叙述の目的は、「悪事」の具体的内容を示すことによって、その背後に流れる、世俗的な「因果応報」を強調する点にある、というようにも思われる。

2 「各欲快意 任心自恣」

仏の言《のたま》わく、「その二つの悪というは、世間の人民《にんみん》、父子《ぶし》・兄弟・室家《しつけ》・夫婦、すべて義理《ぎり》なくして法度《ほうど》に順《じゅん》ぜず。奢婬憍縦《しゃいんきょうじゅ》しておのおの意《こころ》を快くせんと欲《おも》えり。心《しん》に任《まか》せて自《みずか》ら恣《ほしいまま》にかわるがわる相欺惑《あいごわく》す。心口《しんく》おのおの異《こと》に、言念《ごんねん》実なし。佞諂《ねいてん》不忠にして巧言諛媚《ぎょうごんゆみ》なり。賢を嫉《そね》み善を謗《そし》りて怨枉《おんおう》に陥《おと》し入《い》る。

主上、明らかならずして臣下を任用《にんよう》す。臣下、自在にして機偽《きぎ》端《はし》多し。度《ど》を践《ふ》みて能《よ》く行《おこな》いてその形勢《ぎょうせい》を知る。位《くらい》にありて正しからざれば、それがために欺《あざむ》かる。妄《みだ》りに忠良を損《そん》じて天の心に当たらず。臣《しん》はその君《きみ》を欺《あざむ》き、子はその父を欺《あざむ》く。兄弟・夫婦・中外《ちゅうげ》知識、かわるがわる相欺誑《ごおう》す。おのおの貪欲《よんよく》・瞋恚《しんに》・愚痴《ぐち》を懐《いだ》きて自《みずか》ら己《おのれ》を厚《あつ》くせんと欲《おも》えり。多くあることを欲貪《よくとん》す。尊卑《そんぴ》上下、心倶《とも》に同じく然《しか》なり。

家を破り身を亡《もう》じて前後を顧《かえり》みず。親属・内外《ないげ》これに坐して滅《ほろ》ぶ。ある時は室家《しつけ》・知識・郷党《きょうとう》・市里《しり》・愚民《ぐみん》・野人《やにん》、転《うた》た共に事《こと》に従いて更《たが》いに相《あい》利害す。忿《いか》り怨結《おんけつ》と成《な》り、あるに富みて慳惜《けんじゃく》す。肯《あえ》て施与《せよ》せず。愛宝貪重《とんじゅう》にして、心労《しんろう》し身《み》苦しくす。かくのごとくして竟《おわ》りに至りて恃怙《じこ》するところなし。独《ひと》り来《きた》り独《ひと》り去《さ》りて、一《ひとり》も随《したが》う者なけん。善悪・禍福《かふく》、命《いのち》を追いて生ずるところなり。あるいは楽処《らくしょ》にあり、あるいは苦毒に入る。然《しか》るに後に乃《いま》し悔《く》ゆとも当《まさ》にまた何ぞ及《およ》ぶべき。

世間の人民、心愚《しんおろ》かにして智少《な》し。善を見ては憎謗《ぞうほう》し、慕《した》い及ぶことを思わず。但《ただ》し悪を為《な》さんと欲《おも》うて妄《みだ》りに非法《ひさん》を作《な》す。常に盗心《とうしん》を懐《いだ》きて他の利を悕望《けもう》す。消散し糜尽《みじん》してまた求索《ぐさく》す。邪心《じゃしん》にして正しからず。人の色《し》ることあるを懼《おそ》る。予《あらかじ》め思い計らず。事《こと》至りて乃《いま》し悔《く》ゆ。

今世《こんぜ》に現に王法の牢獄《ろうごく》あり。罪に随《したが》いて趣向《しゅこう》してその殃罰《おうばつ》を受く。その前世に道徳を信ぜず、善本《ぜんぽん》を修せざるに因《よ》りて今また悪を為《つく》れば、天神剋識《てんじんこくし》してその名籍《みょうじゃく》を別《わか》つ。寿《いのち》終わり神《たましい》逝《ゆ》きて悪道に下《くだ》り入《い》る。

かるがゆえに自然《じねん》の三途《さんず》無量の苦悩《くのう》あり。その中に展転《てんでん》して世世《せせ》累劫《るいこう》に出《い》ずる期《ご》あることなし。解脱《げだつ》を得難《えがた》し。痛《いた》み言うべからず。

これを二つの大悪、二つの痛《つう》、二つの焼《しょう》とす。勤苦《ごんく》かくのごとし。たとえば大火の、人の身を焚焼《ぼんしょう》するがごとし。

人、能《よ》く中にして心《しん》を一つにし意《い》を制《せい》し、身を端《ただ》しくし行を正しくして、独《ひと》りもろもろの善を作りて衆悪を為《つく》らざれば、身独《ひと》り度脱《どだつ》して、その福徳《ふくとく》、度世《どせ》・上天《じょうてん》・泥洹《ないおん》の道を獲《う》。これを二つの大善とするなり」。

仏言其二悪者、世間人民、父子兄弟　室家夫婦、都無義理、不順法度。奢婬憍縦、各欲快意。任心自恣、更相欺惑。心口各異、言念無実。佞諂不忠、巧言諛媚。嫉賢謗善、陥入怨枉。主上不明、任用臣下。臣下自在、機偽多端。践度能行、知其形勢。在位不正、為其所欺。妄損忠良、不当天心。臣欺其君、子欺其父。兄弟夫婦　中外知識、更相欺誑。各懐貪欲　瞋恚愚痴、欲自厚己。欲貪多有。尊卑上下、心倶同然。破家亡身、不顧前後。親属内外、坐之而滅。或時室家知識　郷党市里　愚民野人、転共従事、更相利害。忿成怨結、富有慳惜。不肯施与。愛宝貪重、心労身苦。如是至竟、無所恃怙。独来独去、無一随者。善悪禍福、追命所生。或在楽処、或入苦毒。然後乃悔、当復何及。世間人民、心愚少智。見善憎謗、不思慕及。但欲為悪、妄作非法。常懐盗心、悕望他利。消散糜尽、而復求索。邪心不正。懼人有色。不予思計。事至乃悔。今世現有　王法牢獄。随罪趣向、受其殃罰。因其前世　不信道徳　不修善本、今復為悪、天神剋識、別其名籍。寿終神逝、下入悪道。故有自然　三塗無量苦悩。展転其中、世世累劫　無有出期。難得解脱。痛不可言。是為二大悪　二痛二焼。勤苦如是。譬如大火　焚焼人身。人能於中、一心制意、端身正行、独作諸善、不為衆悪者、身独度脱、獲其福徳、度世上天　泥洹之道。是為二大善也。

釈尊がいわれる。「第二の悪とはつぎのようなものである。世間の人民、父子、兄弟、室家（家族）、夫婦、すべてには、正しい道理を守ることなく、法規や慣習（「法度」）にしたがうこともない。贅沢は度を超えて（「奢」はおごること、「婬」は行き過ぎの状態）、放逸（「憍縦」）にして、おのおの心の思うに任せて（「おのおの意を快くせんと欲えり」）、したい放題に自分勝手をして（「心に任せて自ら恣に」）、互いに相手をだましあっている（「かわるがわる相欺惑す」）。

思うこと（「心」）と言うこと（「口」）は異なり、言葉（「言」）も、思い（「念」）にも、真実がない。悪計をたくらみ、美しい言葉（「佞」）を用いるが、行いに真実なく（「諂」）、誠実さに欠け（「不忠」）、巧みな言葉で諂う（「巧言諛媚」）。賢者をそねみ、善人をそしり、怨みで罪に陥れる（「怨枉」の「怨」はうらみ、「枉」は罪をおしつけること）。

君主（「主上」）は聡明でなく、臣下に任せきり。臣下は自分の思い通りにして、それを偽るためにからくりを弄する（「機偽」の「機」はからくり、「偽」はからくりを設けて偽ること）。しかも、表面はほどよくふるまい（「度」はほどよさ。「践」は踏み行う）、周囲の状況をよく心得ている（「その形勢を知る」）。君主はその位に相応しくないために、臣下に欺かれる。みだりに忠良の臣下に害を加えて（「妄りに忠良を損じて」）、天神（「天」）の心に背く。

このように、臣下はその君主を欺き、子は父を欺く。兄弟、夫婦、遠近の（「中外」）知り合い（「知識」）は、互いに相手をたぶらかす（「欺誑」）。

それぞれ、「貪欲」「瞋恚」「愚痴」を懐いて、自らの利益を厚くすることだけを欲する（「自ら己を厚くせんと欲えり」）。今もっているもの以上に、多くのものをもちたいと貪る。尊卑上下にかかわらず、その心はみな同じである。そのために家庭を壊し、身を滅ぼして後先をかえりみない（「前後を顧みず」）。親戚も、この禍をこうむって滅びてしまう。

またあるときは、家族（「室家」）や仲間（「知識」）、村（「郷党」）、町や田舎（「市里」）に住む愚かな人間たちが、それからそれへと、共同の事業をおこし（「転た共に事に従いて」）、互いの利益がぶつかって、その怒りは怨みとなる（「忿り怨結と成り」）。

裕福な人間は、物惜しみをし、人に施すことをしない。財宝を愛して（「愛宝」）、貪り集めようとする心のみが重く（「貪重」）、心を労し、身を苦しめることになる。こうして、人生の終わりを迎える（「かくのごとくして竟りに至りて」）のだが、頼みとするものはない（「恃怙するところなし」）。

人は独りで生まれてきて、独りで死んでゆくもので、一つとして、つきしたがうものはない。つきしたがうのは、因果の道理だけで、善悪の結果である禍福が、命を追ってどこまでもついてくる（「善悪・禍福、命を追いて生ずるところなり」）。

そのために、あるものは安楽な世界に生まれ、あるものは苦毒の世界に入る。苦毒の世界に入ったものは、後悔しても後の祭り（「然るに後に乃し悔ゆとも当にまた何ぞ及ぶべき」）。

世間の人間は、愚かで智慧少なく、善人をみては憎み誹り、その人を慕って、同じようになりたいとは思わない（「慕い及ぶことを思わず」）。ただ、悪事をなさんと欲して、妄りに不法のことを行い、常に盗みの心をいだいて、他人の利益をわがものとしたい、と考えている（「他の利を悕望す」）。得た財宝は、使い果たして失い（「消散し糜尽して」の「糜」は消費する）、また手に入れようとする。邪悪で不正の心をもっているから、人に気づかれること（「色ることある」）を恐れている。悪事の結果がどうなるのかをあらかじめ、思いめぐらすことができず、現実になってはじめて後悔する（「事至りて乃し悔ゆ」）。

現世には、国法によって定められた牢獄がある。悪事を起こした者は、罪にしたがって懲罰を受ける。前世において、仏道のもたらす恵みを信ぜず、善行を積まなかったために、現世で、今また罪を重ねたものは、天神がこれを特別に記録にとどめる（「名籍」は、特別の戸籍のこと）。命が終わり、魂が悪道に堕ちてゆく。

こうして因果の必然によって、三途のなかで、無量の苦しみを受ける。そのなかで、転々として移動すること、幾世とも知れず、幾劫にもわたり、そこから出る期限はなく、抜け出すこともできない。その苦痛は、口では言えない。これが第二の大悪であり、第二の「痛」、第二の「焼」である。

この苦しみは、身を大火に焼かれるようなものである。もし、人がこの世で、よく一心に欲望を抑えて、身を正しく保ち、行いを正しくし、自分だけは諸善を実践し、諸悪を行わないならば、自分一人だけは、苦の世界を超えて脱出し、その善行によって幸福を得て、仏の世界へ渡ること、昇天、涅槃への道を得ることができよう。これを第二の大善という」、と。

3 「恣心快意　極身作楽」

仏《ぶつ》の言《のたま》わく、「その三つの悪というは、世間の人民《にんみん》、相因《あいよ》り寄《よ》り生じて共に天地の間《あいだ》に居《こ》す。処年《しょねん》寿命能《よ》く幾何《いくばく》なることなし。上《かみ》に賢明《けんみょう》・長者・尊貴《そんき》・豪富《ごうふ》あり。下《しも》に貧窮《びんぐ》・廝《し》賤《せん》・尫劣《おうれつ》・愚夫《ぐぶ》あり。中に不善の人ありて、常に邪悪《じゃあく》を懐《いだ》けり。但《ただ》し婬泆《いんてつ》を念《おも》いて煩《わずら》い胸の中に満てり。愛欲交乱《きょうらん》して坐起《ざき》安《やす》からず。貪意《よんい》守惜《しゅしゃく》して但《ただ》し唐《いたず》らに得んことを欲《おも》う。細色《さいしき》を眄睞《めんらい》して邪態《じゃたい》外《ほか》に逸《ほしいまま》に、自《みずか》らが妻《さい》を厭《いと》い憎《にく》みて、私《ひそ》かに妄《みだ》りに入出す。家財《けざい》を費損《ひそん》して、事非法《ことひほう》を為《な》す。交結聚会《きょうけつじゅえ》して師《いくさ》を興《おこ》して相伐《あいう》つ。攻劫殺《こうこうせつ》戮《ろく》して強《こわ》く奪《うば》いて不道なり。悪心外《うと》きにありて自《みずか》ら業を修せず。盗竊《とうせつ》して趣《わず》かに得て、事《じ》を繋成《けいじょう》せんと欲《おも》う。恐熱迫憎《くねつはっきょう》して妻子に帰給す。心を恣《ほしいまま》に意を快くす。身を極《きわ》めて楽しみを作《な》す。あるいは親属にして尊卑《そんぴ》を避《さ》らず。家室《けしつ》・中外《ちゅうげ》、患《うれ》えてこれを苦しむ。また王法の禁令《きんりょう》をも畏《おそ》れず。

かくのごときの悪、人鬼《にんき》に著《しる》さる。日月《にちがつ》も照見《しょうけん》し神明記識《じんみょうきし》す。かるがゆえに自然《じねん》の三途《さんず》無量の苦悩あり。その中に展転《てんでん》して世世《せせ》累劫《るいこう》に出《い》ずる期《ご》あることなし。解脱《げだつ》を得《え》難《がた》し。痛《いた》み言うべからず。これを三つの大悪、三つの痛《つう》、三つの焼《しょう》とす。勤苦《ごんく》かくのごとし。たとえば大火の、人の身を焚焼《ぼんしょう》するがごとし。

人、能《よ》く中にして心《しん》を一つにし意《い》を制し、身を端《ただ》しくし行を正しくして、独《ひと》りもろもろの善を作りて衆悪を為《つく》らざれば、身独《ひと》り度脱《どだつ》して、その福徳《ふくとく》、度世《どせ》・上天《じょうてん》・泥洹《ないおん》の道を獲《う》。これを三つの大善とするなり」。

仏言其三悪者、世間人民、相因寄生、共居天地之間。処年寿命、無能幾何。上有賢明長者尊貴豪富。下有貧窮廝賤　尫劣愚夫。中有不善之人、常懐邪悪。但念婬妷、煩満胸中。愛欲交乱、坐起不安。貪意守惜、但欲唐得。眄睞細色、邪態外逸、自妻厭憎、私妄入出。費損家財、事為非法。交結聚会、興師相伐。攻劫殺戮、強奪不道。悪心在外、不自修業。盗竊趣得、欲繫成事。恐熱迫愶、帰給妻子。恣心快意。極身作楽。或於親属、不避尊卑。家室中外、患而苦之。亦復不畏　王法禁令。如是之悪、著於人鬼。日月照見、神明記識。故有自然　三途無量苦悩。展転其中、世世累劫　無有出期。難得解脱。痛不可言。是為三大悪、三痛三焼。勤苦如是。譬如大火　焚焼人身。人能於中、一心制意、端身正行、独作諸善、不為衆悪者、身独度脱、獲其福徳、度世上天　泥洹之道。是為三大善也。

釈尊がいわれる。「その第三の悪とは、つぎのごとし。世間の人民は、互いに互いをたよりとして生活し、共に天地の間に住んでいる。この世にいる時間（「処年」）、寿命はたいして長くはない。上には、賢明なもの、経験を積んだもの（「長者」）、尊貴の地位にある者、金持ちがいるが、下には、貧窮のもの、僕や身分の低い者、病に痩せ衰えたもの（「尩劣」）、無知なものがいる。その中間には、不善の人間がいて、常に邪悪な心を懐く。ひたすら（「但し」）、みだらなこと（「婬泆」）ばかりを思い、煩悶が胸に満ちる。愛欲の思いに心が乱れて（「愛欲交乱」）、坐っていても立っていても心は落ち着かず（「坐起安からず」）、貪り、悋気して（「貪意守惜」）、ひたすら、元手いらずに（「唐らに」）、得んことを欲している。

美人（「細色」）に流し目を使い（「眄睞」）、怪しげな行為（「邪態」）をほしいままにして、自分の妻を厭い憎み、ひそかに他の女のもとに、みだりに出入りする。家財を費やして失い、無法（「非法」）をなす。

さては、仲間を語らって（「交結」）、集会をして（「聚会」）、戦を興し、互いに相手をうち合う。攻め脅かして（「攻劫」）、殺し、その財物を奪うという無道（「不道」）を行う。

その悪心は、他人（「外」）にばかり向けられ、自分の仕事（「業」）に精を出すこともせず、窃盗（「盗竊」）によって簡単に（「趣かに」）、成功すると、味をしめて悪事（「事」）を続行しようとする。恐ろしい勢いで相手を脅かし（「迫愶」）は威力をもって迫ること。なお、

「恐勢迫愶」の「勢」を「熱」にするテキストもある）、奪ったもので妻子を養う（「帰給」は、衣食をもって賑わすこと、養うこと）。

気の向くままに（「心を恣に」）、思う存分のことをし（「意を快くす」）、身の続く限り（「身を極めて」）、楽しみをなそうとする（「楽しみを作す」）。あるときには、血族のなかで、尊属であろうと卑属であろうと関係なく（「尊卑を避らず」）、淫行を試みるので、一族（「家室・中外」）はそれがために苦しむ。もはや、世俗の法を恐れることもない。

このような悪は、人や鬼神の間に知れわたる（「著」は知れわたること）。日月もみそなわし、神もこれを記録する。こうして、因果の必然による、三途での苦しみは無量となり、三途を転々として移動し、幾度生まれ変わっても（「世世」）、劫を重ねるほどに、時間をかけても脱する時期は明らかならず、ついに、三途の世界をのがれて、悟りの世界へ移ることは不可能となる。その苦痛（「痛」）は、口ではあらわせない。これが第三の悪であり、第三の「痛」であり、第三の「焼」である。

その苦しみは、たとえば、身を大火に焼くに似る。もし人が、この世界にあって、よく一心に欲望を抑えて、身を正し、行いを正しくして、自分だけは諸善につとめ、諸悪を行わないならば、自分独りだけは、苦の世界を脱して、その善行によるところの幸福、彼岸へ渡ること、昇天、涅槃への道を、得ることができよう。これを、第三の大善という」、と。

4 「尊貴自大　謂己有道」

仏《ぶつ》の言《のたま》わく、「その四つの悪というは、世間の人民《にんみん》、善を修せんと念《おも》わず。転《うた》た相《あい》教令《きょうりょう》して共に衆悪を為《な》す。両舌《りょうぜつ》・悪口《あっく》・妄言《もうごん》・綺語《きご》・讒賊《ざんぞく》・闘乱《とうらん》す。善人を憎嫉《ぞうしつ》し賢明《げんみょう》を敗壊《はいえ》す。傍《かたわら》にして快喜《けき》して二親《にしん》に孝《きょう》せず。師長《しちょう》を軽慢《きょうまん》し朋友《ほうう》に信なくして誠実《じつ》を得難《えがた》し。尊貴自大《そんきじだい》にして己《おのれ》道ありと謂《おも》えり。横《よこさま》に威勢《いせい》を行じて人を侵易《しんい》す。自《みずか》ら知ること能《あた》わず。悪を為《つく》りて恥《は》ずることなし。自《みずか》ら強健《ごうごん》なるをもって人の敬難《きょうなん》を欲《おも》えり。天・地・神明《しんみょう》・日《にち》・月《がつ》に畏《おそ》れず。肯《あえ》て善を作らず。降化《ごうけ》すべきこと難《かた》し。自《みずか》らもって偃蹇《えんけん》して常に爾《しか》るべしと謂《おも》えり。憂懼《うく》するところなし。常に憍慢《きょうまん》を懐《いだ》けり。

かくのごときの衆悪、天神記識す。その前世に頗《すこぶ》る福徳を作《な》ししに頼《よ》りて、小善扶《ぶ》接《しょう》し営護《ようご》してこれを助く。今世《こんぜ》に悪を為《つく》りて福徳尽滅《じんめつ》しぬれば、もろもろの善鬼神《ぜんきじん》おのおの共にこれを離《はな》る。身独《ひと》り空《むな》しく立ちてまた依《よ》るところなし。寿命終わり尽《つ》きて諸悪の帰するところなり。自然《じねん》に迫促《はくそく》して共にこれに趣《おもむ》き頓《いた》るべし。またその名籍《みょうじゃく》を記《き》して神明《じんみょう》にあり。殃咎《おうく》牽引《けんいん》して当《まさ》に往《ひと》り趣向《しゅこう》すべし。罪報自然《ざいほうじねん》にして捨離《しゃり》する従《ところ》なし。但《ただ》し前《さき》の行《ぎょう》に得《よ》りて火鑊《かかく》に入《い》る。身心摧砕《ざいさい》して精神痛苦《しょうじんつうく》す。この時に当たりて悔《く》ゆともまた何ぞ及《およ》ばん。天道自然《じねん》にして蹉跌《さてつ》を得ず。かるがゆえに自然《じねん》の三塗《さんず》無量の苦悩あり。その中に展転《てんでん》して世世《せせ》累劫《るいこう》に出《い》ずる期《ご》あることなし。解脱《げだつ》を得難《がた》し。痛《いた》み言うべからず。

これを四つの大悪、四つの痛《つう》、四つの焼《しょう》とす。勤苦《ごんく》かくのごとし。たとえば大火の、人の身を焚焼《ぼんしょう》するがごとし。

人、能《よ》く中にして心を一つにし意を制し、身を端《ただ》しくし行を正しくして、独《ひと》りもろもろの善を作りて衆悪を為《つく》らざれば、身独《ひと》り度脱《どだつ》して、その福徳、度世《どせ》・上天《じょうてん》・泥洹《ないおん》の道を獲《う》。これを四つの大善とするなり」。

仏言其四悪者、世間人民、不念修善。転相教令、共為衆悪。両舌悪口　妄言綺語、讒賊闘乱。憎嫉善人、敗壊賢明。於傍快喜、不孝二親。軽慢師長、朋友無信、難得誠実。尊貴自大、謂己有道。横行威勢、侵易於人。不能自知。為悪無恥。自以強健、欲人敬難。不畏天地　神明日月。不肯作善。難可降化。自用偃蹇、謂可常爾。無所憂懼。常懐憍慢。如是衆悪、天神記識。頼其前世　頗作福徳、小善扶接、営護助之。今世為悪、福徳尽滅、諸善鬼神、各共離之。身独空立、無所復依。寿命終尽、諸悪所帰。自然迫促、共趣頓之。又其名籍、記在神明。殃咎牽引、当往趣向。罪報自然、無従捨離。但得前行、入於火鑊。身心摧碎、精神痛苦。当斯之時、悔復何及。天道自然、不得蹉跌。故有自然三塗無量苦悩。展転其中、世世累劫無有出期。難得解脱。痛不可言。是為四大悪、四痛四焼。勤苦如是。譬如大火、焚焼人身。人能於中、一心制意、端身正行、独作諸善、不為衆悪者、身独度脱、獲其福徳、度世上天　泥洹之道。是為四大善也。

釈尊はいわれる。「その第四の悪とはつぎのごとし。世間の人々は、善事をなそうとは思わない。互いにつぎつぎと人をそそのかし（「教令」は悪事をそそのかすこと）、共に諸悪をなす。二枚舌（「両舌」）、悪口、でたらめな話（「妄言」）、飾り立てるが真実のない言葉（「綺語」）、中傷（「讒賊」の「讒」はそしる、あしざまにいう。「賊」は害）を口にして、争いをする（「闘乱」）。

善人を憎み嫉妬し、賢明な人を陥れて（「敗壊」）、傍らにあって痛快がっている（「傍にして快喜して」）。両親に孝行せず、師や目上の人を軽蔑して、友には信義なく、誠実さはどこにもない。

尊大に構えて（「尊貴自大」）、自己のみが道に適っていると自惚れて（「己道ありと謂えり」）、やたらに（「横に」）権勢をふるい、人を侮る（「侵易す」）。自らのことを知ることができないから、悪事をなしながら恥じることもない。自己の強健さを頼んで、人が自分を敬い憚ることを要求する（「人の敬難を欲えり」。「難」はおそれはばかること）。

天地の神々や日月を恐れず、善事をなそうとしないから、こうした人を教化（「降化」）

することは難しい。自ら自分の意見に固執し（「自らもって」）、ふんぞり返り（「偃僂」はおごりたかぶること）、いつまでも今のままでいられると思い（「常に爾るべしと謂えり」）、心配して恐れる（「憂懼」）ことはない。常に憍慢なのである。

このような諸悪は、天神が記録しているのだが、その前世に少々福徳を積んだことがあり、（天神は）その小善をもり立てて、保護を加えて助ける（「小善扶接し営護してこれを助く」）。しかし、この現世で悪事をなしたので、その小善の結果が尽きてしまい、多くの善神たちも（「善鬼神」）、その人間から離れてしまう。

そこで、孤独のままに、なすすべもなく立ちつくし、もはや、よるべきものもない。寿命が尽きると、諸悪の結果が待っている。自然に攻め立てられて（「迫促」）、悪事と一緒に、行くべきところへ向かうことになる。

また、その人間のおかした悪事の記録が天神のもとにあり、かならず、その罪科に引かれて（「牽引」）、どうしても悪道に趣かねばならない。罪の報いは必然であり、離れるすべはない。ただ（「但」）、前世における行為（「前行」）によって、火の釜（「火鑊」）に入れられて、心身ともに打ち砕かれて、心（「精神」）は苦痛にうめく。ここにいたって、後悔してもなんの役にも立たない。

天道は必然で、少しの間違い（「蹉跌」は、踏み間違えること）もない。こうして、因果の必然によって（「自然」）、無量の苦痛が生じるのである。そのなかを転々と移り、その苦しみから世々、劫を重ねても出ることはできない。解放されることはない（ここでの「解脱」は「悟り」の意味ではない）。その苦痛は、言葉では言い表せない。これを第四の大悪、第四の「痛」、第四の「焼」という。

このように苦しむことは、たとえば、身を大火によって焼くに似る。もし人がこのような世界にあって、一心に欲望を抑えて、身を正しくし、行いを正しくして、自分だけは諸善につとめて諸悪を行わないならば、自分独りだけは、苦の世界を超えて、その善行によって、幸福、彼岸に渡ること、昇天、涅槃への道を得ることができよう。これが第四の大善という」、と。

5 「懈堕」

仏《ぶつ》の言《のたま》わく、「その五つの悪というは、世間の人民《にんみん》、徙《し》倚懈惰《いけだ》にして肯《あえ》て善を作らず。身を治《おさ》め業《ぎょう》を修して、家室《けしつ》・眷属《けんぞく》、飢《け》寒《かん》困苦す。父母《ぶも》教誨《きょうけ》して、目を瞋《いか》らし譍《ことば》を怒《いか》らして言令《ごんりょう》和《やわら》かならずして、違《い》戻反逆《れいほんぎゃく》す。たとえば怨家《おんげ》のごとき、子なきには如《し》かず。取与《しゅよ》節《せつ》なくしてすべて共に患《うれ》え厭《いと》う。恩を負《そむ》き義に違《い》して、報償《ほうしょう》の心《しん》あることなし。

貧窮《びんぐ》困乏にしてまた得ること能《あた》わず。辜較縦奪《こかくじゅうだつ》して放恣遊散《ほうしゆさん》す。*しばしば唐《いたず》らに得るに串《なら》いて用《もっ》て自ら賑給《しんきゅう》す。酒に耽《ふけ》り美《うま》きに嗜《たしな》みて、飲食度《おんじきたび》なし。心を肆《ほしいまま》に蕩逸《とういつ》して魯扈《ろこ》抵突《たいとつ》たり。人の情《こころ》を識《し》らず。強《し》いて抑制《おくせい》せんと欲《おも》う。人の善あるを見て憎嫉《ぞうしつ》してこれを悪《にく》む。義なく礼なくして顧難《こなん》するところなし。自《みずか》らもって職当《しきとう》して諫暁《かんきょう》すべからず。六親眷属《けんぞく》の所資《しょし》、有無、憂念《うねん》すること能《あた》わず。父母《ぶも》の恩を惟《おも》わず。師友《しう》の義を存《ぞん》ぜず。心に常に悪を念《おも》い、口に常に悪を言い、身に常に悪を行じて、曾《かつ》て一善なし。先聖《ぜんしょう》・諸仏《しょぶつ》の経法《きょうぼう》を信ぜず。道《どう》を行じて度世《どせ》を得べきことを信ぜず。死して後に神明更《じんみょうかわ》りて生ずと信ぜず。善を作りて善を得《え》、悪を為《つく》りて悪を得と信ぜず。真人《しんにん》を殺《せっ》し衆僧《しょそう》を闘乱《とうらん》せんと欲《おも》い、父母《ぶも》・兄弟・眷属《けんぞく》を害せんと欲《おも》う。六親憎《にく》み悪《にく》みて、それをして死せしめんと願う。かくのごとき世人《せにん》、心・意倶《とも》に然《しか》なり。愚痴《ぐち》矇昧《もうまい》にして自《みずか》ら智慧《ちえ》ありと以《おも》うて、生じて従来するところ、死して趣向《しゅこう》するところを知らず。仁《にん》ならず順《じゅん》ならず。天地に悪逆《あくぎゃく》してその中にして悕望僥倖《けもうぎょうこう》す。長き生《しょう》を求めんと欲《おも》うに、会《かなら》ず当《まさ》に死に帰すべし。慈《じ》心教誨《しんきょうけ》してそれをして善を念ぜしむ。生死《しょうじ》・善悪の趣《おもむ》き自然《じねん》にこれあることを開示すれども、肯《あえ》てこれを信ぜず。苦心に与《とも》に語れども、その人に益《やく》なし。心中閉塞《へいそく》して意開解《こころかいげ》せず。

大命将《だいみようまさ》に終わらんとするに、悔懼《けくまじ》交わり至る。予《あらかじ》め善を修せず。窮《きわ》まるに臨《のぞ》みて方《まさ》に悔《く》ゆ。これを後に悔《く》ゆるに将《まさ》に何ぞ及《およ》ばんや。天地の間に五道分明《ふんみよう》なり。恢廓窈窕《かいかくようちよう》として浩浩茫茫《こうこうもうもう》たり。善悪報応《ほうおう》し禍福相承《かふくあいう》けて、身自《みみずか》らこれを当《う》く。誰《たれ》も代わる者なし。数《ことわ》りの自然《じねん》なるなり。その所行に応《したが》いて殃咎《おうく》命《いのち》を追いて縦捨《じゆうしや》を得ることなし。善人は善を行じて、楽《らく》より楽に入り明《みよう》より明に入る。悪人は悪を行じて、苦より苦に入り冥《みよう》より冥《みよう》に入る。

誰か能《よ》く知れる者。独り仏《ぶつ》のみ知ろしめせりまくのみ。教語《きようご》開示すれども信用する者は少《すく》なし。生死休《しようじや》まず。悪道絶えず。かくのごときの世人《せにん》、具《つぶ》さに尽《つ》くすべきこと難《かた》し。かるがゆえに自然《じねん》の三塗《さんず》無量の苦悩あり。その中に展転《てんでん》して世世累劫《せせるいこう》に出《い》ずる期《ご》あることなし。解脱《げだつ》を得難《えがた》し。痛《いた》み言うべからず。

これを五つの大悪、五つの痛《つう》、五つの焼《しよう》とす。勤苦《ごんく》かくのごとし。たとえば大火の、人の身を焚焼《ぼんしよう》するがごとし。

人、能《よ》く中にして心《こころ》を一つにし意を制し、身を端《ただ》しくし念を正しくし、言行《ごんぎよう》相副《かな》い、作《な》すところ誠《まこと》を至す。語《かた》るところ語《ことば》のごとく、心口《しんく》転ぜずして、独りもろもろの善を作《つく》りて衆悪を為らざれば、身独《ひと》り度脱《どだつ》して、その福徳、度世《どせ》・上天《じようてん》・泥洹《ないおん》の道を獲《う》。

これを五つの大善とするなり」。

仏言其五悪者、世間人民、徙倚懈惰、不肯作善。治身修業、家室眷属、飢寒困苦。父母教誨、瞋目怒譍、言令不和、違戻反逆。譬如怨家、不如無子。取与無節、衆共患厭。負恩違義、無有報償之心。貧窮困乏、不能復得。辜較縦奪、放恣遊散。串数唐得、用自賑給。耽酒嗜美、飲食無度。肆心蕩逸、魯扈牴突。不識人情。強欲抑制。見人有善、憎嫉悪之。無義無礼、無所顧難。自用職当、不可諫暁。六親眷属、所資有無、不能憂念。不惟父母之恩。不存師友之義。心常念悪、口常言悪、身常行悪、曾無一善。不信先聖　諸仏経法。不信行道　可得度世。不信死後　神明更生。不信作善得善　為悪得悪。欲殺真人　闘乱衆僧、欲害父母　兄弟眷属。六親憎悪、願令其死。如是世人、心意倶然。愚痴矇昧、而自以智慧、不知生所従来　死所趣向。不仁不順。悪逆天地、而於其中、悕望僥倖。欲求長生、会当帰死。慈心教誨、令其念善。開示生死　善悪之趣　自然有是、而不肯信之。苦心与語、無益其人。心中閉塞、意不開解。大命将終、悔懼交至。不予修善。臨窮方悔。悔之於後、将何及乎。天地之間、五道分明。恢廓窈窕、浩浩茫茫。善悪報応、禍福相承、身自当之。無誰代者。数之自然。応其所行、殃咎追命、無得縦捨。善人行善、従楽入楽、従明入明。悪人行悪、従苦入苦、従冥入冥。誰能知者。独仏知耳。教語開示、信用者少。生死不休。悪道不絶。如是世人、難可具尽。故有自然　三塗無量苦悩。展転其中、世世累劫　無有出期。難得解脱。痛不可言。是為五大悪、五痛五焼。勤苦如是。譬如大火　焚焼人身。人能於中、一心制意、端身正念、言行相副、所作至誠。所語如語、心口不転、独作諸善、不為衆悪者、身独度脱、獲其福徳、度世上天泥洹之道。是為五大善也。

釈尊はいわれる。「第五の悪とは、つぎのごとし。世間の人は、ふらふらと（「徙倚」）、怠惰な（「懈惰」）暮らしをしていて、積極的に善事をなそうとせず、身を修めて仕事に励もうとしない。

そのために、家族や親族は飢えや寒さに困窮する。父母が教え諭すと、目をいからし、言葉をいからして、親の命令（「言令」）にしたがわずに、逆らい反抗する（「違戻反逆」）。それは、仇敵（「怨家」）同士のようで、これでは、子どもがいない方がましだ、と思われるほどである。

もののやり取りに節度がなく（「取与節なくして」）、ともに心を悩まし厭う。恩に背き義理を欠き、恩を返そうとする（「報償」）こころがなく、貧乏で困っても、助けを得ることができない。利益を独り占めし（「辜較」）、他人のものを横取りして（「縦奪」）、ほしいままに、遊び散じてしまう。

また、たびたび（「数」）働かずして収入を得る（「唐らに得る」）ことに慣れて（「串」は慣れること）、もって（「用」）自分の暮らしの資とする。酒にふけり、美食を好み、飲み食いに節度なく（「度」は節度）、わがままいっぱいに、放蕩三昧に暮らして、愚かで（「魯扈」）ありながら、人に逆らう（「抵突」は、逆らう、つきあたること）。

人の心をしらず、強いて抑えつけようとするし、他人に善行があることを見て、それを妬み、憎む。義もなければ礼もなく、自分を省みようともしない（「顧難」）。自己の能力を誇って、万事を処理し、他人の言を容れないで（「自らもって」）、もっぱら（「職」）、ことに当たり（「当」は担当する）、だれも諫め諭すことができない。

六親眷属の財産の有無を考えず、またそれに心を使うことがない。父母の恩を思わず、師友の義理を欠き、心に常に悪を思い、口に常に悪をいい、身に常に悪を行い、かつて一つの善事をなしたこともない。

古の聖人（「先聖」）や諸仏の教え（「経法」）を信ぜず、仏道（「道」）を実践して、俗世から彼岸へ渡ることができることを信じない。死後、霊魂（「神明」）が別の世界に生まれ変わるということも信じないし、善因善果、悪因悪果の道理を信じない。真実の道を得た人（「真人」）を殺そうとしたり、諸僧を戦わせて混乱に陥れようとする。父母兄弟など六親は、この人間を憎悪して、その早死を願う。

世人の多くは、無智蒙昧でありながら、自分では智慧者だと思っている。命がどこから生まれて死んでどこへ行くか、まったく知るところはない。仁義を知らず、道理にしたがうことを知らず、天地の道に反逆する。しかもそのような中で、偶然の幸運を期待（「悕望僥倖」）し、長生きを願うが、所詮、人は、一度は死ななければならない。

慈悲心から教え諭して、その人間に善を願わせ、生前、死後の善悪の行為に必然の結果があることを説き教えても、どうしても、それを信じようとはしない。苦心して語って聞かせても（「苦心に与に語れども」）、その人間には無益なこと。心は固く閉じて、理解しようとはしない。いよいよ運命が終わりに近づいたとき（「大命」は運命のこと）、はじめて後悔と恐怖が入り混じってあらわれる。前もって善事を行わずに、追い込まれてからはじめて後悔する。だが、それは、もはや遅くて取り返しがつかない。

天地の間には、地獄道をはじめとする「五道」が明白に存在していて、その及ぶ範囲は広大無窮であり、薄暗い彼方にまで達していて、果てしない広がりをもつ（「恢廓窈窕として、浩浩茫茫たり」。「窈」は暗い、「窕」は静かなこと。「浩浩」は水面の広がり、「茫茫」は草原の広大さ）。

善悪には、その報いがあり、禍福があいしたがって、その応報は自分自身が受けるもので、だれも代わってくれるものはいない。それは、自然の道理なのである（「数りの自然」）。人の所行に応じて、懲罰が命につきしたがって、容赦することはない（「縦捨」の「縦」は、自由にさせる、「捨」は放任すること）。善人は善を行い、安楽の世界から安楽の世界へ、明るい世界から明るい世界へと入る。悪人は悪を行い、苦の世界から苦の世界へ、暗い世界（「冥」）から暗い世界へと移る。この事実を知るものは、ただ仏のみ。

いかに教えを説き聞かせても、信用するものは少ない。そのために、生死をくり返す（輪廻）ことがなくならないし、悪道に堕ちるものは絶えない。このような世間の人について、詳しく述べつくすことはできないことである。

このようにして、因果の必然（「自然」）による、三途での無量の苦しみが生じる。そして、そのなかを転々と移り、その苦しみから世々、劫を重ねても出ることはできない。解放されることはない（ここでの「解脱」は「悟り」の意味ではない）。その苦痛は、言葉では言い表せない。これを第五の大悪、第五の「痛」、第五の「焼」という。

このように苦しむことは、たとえば、身を大火によって焼くに似る。もし人がこのような世界にあって、一心に心を制して、身を正しくし、思いを正しくして、言行を一致させるようにして、為すところは誠意を尽くし、語るところはその通りに実行し、心と口とが異ならないようにして、自分だけは諸善につとめて諸悪を行わないならば、自分独りだけは苦の世界を超えて、その善行によって、幸福、彼岸に渡ること、昇天、涅槃への道を得ることができよう。これが第五の大善という」、と。

6　再び「五悪」について

仏、弥勒《みろく》に告《つ》げたまわく、「吾《われ》、汝等《なんだち》に語る。この世の五悪、勤苦《ごんく》かくのごとし。五痛《つう》、五焼《しょう》、展転《てんでん》して相生《あいしょう》ず。但《ただ》し衆悪《しょあく》を作《な》して善本《ぜんぽん》を修せず。みなことごとく自然《じねん》にもろもろの悪趣《あくしゅ》に入《い》る。あるいはその今世《こんぜ》に先《ま》ず殃病《おうびょう》を被《こうぶ》りて、死を求むるに得ず。生《しょう》を求むるに得ず。罪悪の招《まね》くところ、衆に示してこれを見せしむ。身《み》死して行に随《したが》いて三悪道に入《い》りて、苦毒無量なり。自《みずか》ら相燋然《しょうねん》す。

その久しくして後、共に怨結《おんけつ》を作《な》すに至りて、小微《しょうみ》より起こりて遂《つい》に大悪と成る。みな財色《ざいしき》に貪着《とんじゃく》して施恵《せえ》すること能《あた》わざるに由《よ》りてなり。痴欲《ちよく》に迫《せ》められて心に随《したが》いて思想す。煩悩結縛《ぼんのうけつばく》して解《と》け已《おわ》ることあることなし。己《おのれ》を厚《あつ》くし利を諍《あらそ》いて省録《しょうろく》するところなし。富貴栄華《ふきえいが》、時に当たりて意《こころ》を快くす。忍辱《にんにく》すること能《あた》わず。務《つと》めて善を修せず。威勢《いせい》幾《いくば》くもなくして随《したが》いてもって磨滅《まめつ》す。身《み》労苦に坐《ざ》して、久しくして後、大きに劇《はげ》し。天道施張《せちょう》して自然《じねん》に糺挙《きゅうこ》す。綱紀羅網《こうきらもう》上下相応す。煢煢忪忪《けいけいそうそう》として当《まさ》にその中に入《い》るべし。古今《いにしえいま》にもこれあり。痛《いた》ましきかな、傷《いた》むべし」。

仏《ぶつ》、弥勒《みろく》に語りたまわく、「世間かくのごとし。仏みなこれを哀《あわれ》みたまいて、威神力《いじんりき》をもって、衆悪を摧滅《ざいめつ》してことごとく善に就《つ》けしめたまう。所思《しょし》を棄捐《きえん》し経戒《きょうかい》を奉持《ぶじ》し、道法を受行《じゅぎょう》して違失《いしつ》するところなし。終《つい》に度世《どせ》・泥洹《ないおん》の道を得《う》」。

仏告弥勒。吾語汝等。是世五悪、勤苦若此。五痛五焼、展転相生。但作衆悪、不修善本。皆悉自然、入諸悪趣。或其今世、先被殃病、求死不得。求生不得。罪悪所招、示衆見之。

身死随行、入三悪道、苦毒無量。自相燋然。至其久後　共作怨結、従小微起、遂成大悪。皆由貪著財色、不能施恵。痴欲所迫、随心思想。煩悩結縛、無有解已。厚己諍利、無所省録。富貴栄華、当時快意。不能忍辱。不務修善。威勢無幾、随以磨滅。身坐労苦、久後大劇。天道施張、自然糺挙。綱紀羅網、上下相応。焭焭忪忪、当入其中。古今有是。痛哉可傷。仏語弥勒。世間如是。仏皆哀之、以威神力、摧滅衆悪、悉令就善。棄捐所思、奉持経戒、受行道法、無所違失。終得度世　泥洹之道。

釈尊は、弥勒菩薩に告げられた。「私は、今汝らに語ったとおり、この世の人は、五悪に苦しんでいる。五痛、五焼が入れ替わりたち替わり生じてくる。もっぱら（「但し」）、諸悪をなして善本功徳（「善本」の「本」は原因。悟りのもとになる善行の実践）を修めることがなければ、すべて必然的に（「自然」）、もろもろの悪道（「悪趣」）、地獄などの三途の世界）に堕ちる。ときによると、現世（「今世」）で悪病（「殃病」）にとりつかれて、死にたいと思っても死ぬことができず、生きたいと願っても生きることができない。

このように、罪悪の招くところは明白である。身が死ぬと、行いに応じて三悪道に入るが、その苦しみは無量で、わが身を焼き焦がすばかり（「燋然」の「燋」は焼、「然」は燃と同じ）。久しいのちには、再び人と生まれて、怨みを懐き（「怨結を作す」）、些細なこと（「小微」）によって大罪を犯すことになる。

その理由は、財貨や女色に執着して、施しをすることができないことにある。愚かな欲望（「痴欲」）に駆られて、思い迷う（「思想」）。煩悩に縛られて、それを解かない。自分のことばかりはかり（「己を厚くし」）、利益を争い（「利を諍いて」）、その是非を分別することもない（「省録」）。たまたま、富貴栄華の身になっても、その時だけ有頂天になり（「時に当たりて意を快くす」）、自制することができなかったからである（「忍辱すること能わず」）。

こうして、善根を施さなかったために（「務めて善を修せず」）、身分や威勢も続かず、まもなくすり減り、身は労苦のうちに置かれて、久しいのちには、その労苦はいよいよ激しくなる。

天道は、摂理の網を広く張り巡らし（「施張」）、自然に悪人を検挙して罰する（「糺挙」の「糺」は正す、「挙」は「揚」）とともに、下界では、国法による法律があり、上下相応して、悪人を逃すことはない。

悪人は恐れおののきながら（「煢煢忪忪」の「煢」は憂える、あるいはあくせくすること。「忪忪」は心の動揺するさま）、まさしくその網のなかに、とらえられるしかないであろう。古今に例は多い。痛ましいことであり、悲しいことである」、と。

釈尊は、弥勒菩薩に告げられた。「世間の有様は、このとおりである。仏はこれらを哀れんで、その威神力をもって、諸悪を砕き滅ぼし、すべてを善に就かせられる。五悪を作ろうとする心（「所思」）を捨てて（「棄捐」）、経典の威儀を保ち（「経戒を奉持し」）、五善（「道法」）の行をつとめて背くことがなければ（「違失するところなし」）、その人は、ついに迷いの世界を渡って（「度世」）、悟りの世界（「泥洹の道」）に入ることができる」、と。

7 「善」を修めよ

仏《ぶつ》の言《のたま》わく、「汝《なんじ》、いま諸天人民《にんみん》および後世《ごせ》の人、仏《ぶつ》の経語《きょうご》を得て当《まさ》に熟《つらつ》らこれを思いて、能《よ》くその中にして心を端《ただ》しくし行を正しくすべし。主上、善を為《な》してその下《しも》を率化《そっけ》し、転《うた》た相勅令《ちょくりょう》して、おのおの自《みずか》ら端《ただ》しく尊聖《そんしょう》を守りて善を敬《うやま》い、仁慈《にんじ》博愛《はくあい》して、仏語《ぶつご》の教誨《きょうけ》、敢《あえ》て虧負《きふ》することなし。当《まさ》に度世《どせ》を求めて生死《しょうじ》衆悪の本を抜断すべし。当《まさ》に三塗《さんず》無量憂畏《うい》苦痛の道を離るべし。

汝等《なんだち》、ここに広く徳本を植え恩を布《し》き恵を施《ほどこ》して、道禁《どうきん》を犯《おか》すことなかれ。忍辱《にんにく》精進《しょうじん》にして心を一つにし智慧《ちえ》をもって転《うた》た相教化《きょうけ》して、徳を為《な》し善を立てて、心を正しくし意を正しくして、斎戒清浄《さいかいしょうじょう》なること一日一夜すれば、無量寿国《むりょうじゅこく》にありて善を為《な》すこと百歳せんに勝《すぐ》れたり。所以《ゆえ》は何《いか》ん。かの仏国土は無為自然《むいじねん》にして、みなもろもろの善を積《つ》みて毛髪《もうはつ》の悪なければなり。ここにして善を修すること十日十夜せんは、他方の諸仏の国土にして善を為《な》すこと千歳《せんざい》せんには勝《まさ》らん。所以《ゆえ》は何《いか》ん。他方の仏国は善を為《な》す者は多く、悪を為《つく》る者は少なし。福徳自然《じねん》にして造悪の地《ところ》なければなり。

ただこの間に悪多くして、自然《じねん》なることあることなし。勤苦《ごんく》して求欲《ぐよく》す。転《うた》た相欺《ぐ》紿《たい》して、心労《しんろう》し形困《かたちくる》しくして、苦を飲み毒を食《くら》う。かくのごとく悤務《そうむ》して未《いま》だ嘗《むかし》にもむしろ息《や》まず。

吾《われ》、汝等《なんだち》、天・人の類《るい》を哀《あわれ》みて苦心に誨喩《けゆ》して教《おし》えて善を修せしむ。器《うつわもの》に随《したが》いて開導して経法を授与《じゅよ》するに、承用《じょうよう》せざることなし。意《こころ》の所願にありてみな道を得しむ。仏《ぶつ》の遊履《ゆうり》したまうところの国邑丘聚《こくおうくじゅ》、化《け》を蒙《こうぶ》らざるはなし。天下《てんげ》和順《わじゅん》し日月清明《しょうみょう》にして、風雨時《とき》をもってし災厲《さいれい》起こらず。国豊《ゆた》かに民安《やす》し。兵戈《ひょうが》用《もち》いることなし。徳を崇《あが》め仁《にん》を興し、務《まつりごと》礼譲《らいじょう》を修す」。

仏《ぶつ》の言《のたま》わく、「我《われ》、汝等《なんだち》諸天人民《にんみん》を哀愍《あいみん》すること父母《ぶも》の子を念《おも》うよりも甚《はなは》だし。今我《われ》この世間において作仏《さぶつ》して、五悪を降化《ごうけ》し五痛《つう》を消除し五焼《しょう》を絶滅す。善をもって悪を改め、生死《しょうじ》の苦を抜きて五徳を獲《え》、無為《むい》の安《あん》に昇らしめん。

吾《われ》世《せ》を去りて後、経道《きょうどう》漸《ようや》く滅《めつ》し人民諂偽《にんみんてんぎ》ならん。また衆悪を為《つく》らん。五焼《しょう》・五痛《つう》、還《かえ》りて前《さき》の法のごとくならん。久しくして後、転《うた》た劇《はげ》しからん。ことごとく説くべからず。我《われ》但し汝《なんじ》がために略してこれを言うまくのみ」と。

仏《ぶつ》、弥勒《みろく》に語りたまわく、「汝等《なんだち》おのおの善くこれを思いて転《うた》た相教誡《きょうかい》す。仏《ぶつ》の経《きょう》法《ぼう》のごとくして犯《おか》すこと得ることなかれ」と。

ここに弥勒菩薩《みろくぼさつ》、掌《たなごころ》を合《あ》わせて白《もう》して言《もう》さく、「仏の所説甚《はなは》だ苦《ねんごろ》なり。世《せ》人実《にんまこと》に爾《しか》なり。如来《にょらい》、普《あまね》く慈《あわれ》みて哀愍《あいみん》して、ことごとく度脱《どだつ》せしむ。仏の重誨《じゅうけ》を受けて敢《あえ》て違失《いしつ》せざれ」と。

仏言汝今、諸天人民　及後世人、得仏経語、当熟思之、能於其中、端心正行。主上為善、率化其下、転相勅令、各自端守　尊聖敬善、仁慈博愛、仏語教誨、無敢虧負。当求度世、抜断生死　衆悪之本。当離三塗　無量憂畏　苦痛之道。汝等於是、広植徳本、布恩施恵、勿犯道禁。忍辱精進、一心智慧、転相教化、為徳立善、正心正意、斎戒清浄、一日一夜、勝在無量寿国　為善百歳。所以者何。彼仏国土、無為自然、皆積衆善、無毛髪之悪。於此修善、十日十夜、勝於他方　諸仏国土、為善千歳。所以者何。他方仏国、為善者多、為悪者少。福徳自然、無造悪之地。唯此間多悪、無有自然。勤苦求欲、転相欺紿、心労形困、飲苦食毒。如是悤務、未嘗寧息。吾哀汝等　天人之類、苦心誨喩、教令修善。随器開導、授与経法、莫不承用。在意所願、皆令得道。仏所遊履　国邑丘聚、靡不蒙化。天下和順、日月清明、風雨以時、災厲不起。国豊民安。兵戈無用。崇徳興仁、務修礼譲。仏言我哀愍汝等諸天人民、甚於父母念子。今我於此世間作仏、降化五悪、消除五痛、絶滅五焼。以善改悪、抜生死之苦、令獲五徳　昇無為之安。吾去世後、経道漸滅、人民諂偽。復為衆悪。

五焼五痛、還如前法。久後転劇。不可悉説。我但為汝、略言之耳。仏語弥勒。汝等各善思之、転相教誡。如仏経法、無得犯也。於是弥勒菩薩、合掌白言。仏所説甚苦。世人実爾。如来普慈哀愍、悉令度脱。受仏重誨、不敢違失。

釈尊がいわれた。「汝、現世のもろもろの天神、人間、仏滅後の世の人たち（「後世の人」）は、仏の教えと言葉を聞いて、よく合点して考えよ。五悪の世の中で、心を正しくして行いを慎め。君主は善を行い、下の民を導いて教化（「率化」の「率」はひきいる、従える）し、民は互いにつぎつぎと諫めあい、各自が行いを正しくして、聖人を尊び善人を敬い、仁慈でもって博愛につとめ、仏の教えに背くこと（「虧負」の「虧」は損じる、「負」は背く）があってはならない。迷いの世界を渡って、悟りの世界をめざし、生死（をくり返す）の原因、諸悪の根本を抜き去り、断ち切るべきである（「抜断」）。そうすれば、まさに三途の憂い、畏れ、苦痛の道から離れることができよう。

汝らは、五濁の世に（「ここに」）、功徳の本（「六波羅蜜」の行を指すか）を立てて、恩を与え、恵みを施し、仏の禁戒（「道禁」）を犯すことなかれ。忍耐、精進して心を一つにして智慧をもって、つぎつぎとたがいに教化しあい、徳を修めて善行を立て、心を正しく思いを正しくして、「八斎戒」を保って清浄になること一日一夜ならば、阿弥陀仏の国において百年間にわたり、善を行うよりもすぐれている。

その理由は、つぎのとおり。阿弥陀仏の国では、すべてが自ずとおこなわれる（「無為自然」）から、善も自然に積むことができる。髪の毛ひとすじほどの悪も存在しないのだから。現世では、善行を十日十夜の間、修めるならば、阿弥陀仏以外の仏国で、千年間にわたり善を行うよりもすぐれている。その理由は、阿弥陀仏以外の諸仏の国では、善を行うものが多くて、悪を行うものが少なく、善行による幸福が自然に与えられて（「福徳自然」）、悪事をする余地がないからである（「造悪の地なければなり」）。

ただ、この現世だけが悪事多く、自然のままに善を行うことがない。あくせくと苦しみながら、欲望をはたらかす（「勤苦して求欲す」）。つぎつぎと互いに欺きあい、心は労して身は苦しみ、あたかも、苦を飲み毒を食らうような暮らしをする。このようにあわただしく、営みに追われて（「悤務」の「悤」はあわただしいこと）、一日として安らかに休息することもない（「未だ嘗にもむしろ息まず」）。

私は、汝ら天神、人間を哀れみ、懸命に教え諭して、善行を修めるように力を尽くしている。汝らの能力（「器」）に応じて教え導き、教えを授けてきたが、受け入れて用いないものは一人もいなかった（「承用せざることなし」）。それぞれの心の願うところのままに、みな、仏道を得るようにさせることができたのである。仏が遍歴した国や町、村（「国邑丘聚」）では、教化を受けなかったものはいない。そのため、天下は豊かに、穏やかに治まり（「天下和順」）、日月の光はさやけく（「日月晴明」）、風雨はほどよくおとずれ、天災や疫病も起こらず、国は豊かに民は安らけく、兵器を用いることもなく（「兵」は兵士、「戈」は武器）、徳を尊び仁を盛んにし、礼儀に厚く、人に譲る心を養うようになった」、と。

釈尊がいわれる。「私が汝ら、諸天人、人民をあわれむのは、父母が子を思うよりも深い。今、私はこの世で仏となり、五悪を抑えて五痛を消し去り、五焼を絶滅し、善をもって悪を攻め、生死（迷いの世界のこと）の苦を抜き、五徳（五善のこと）を得させて、無為の安らかな世界（「無為の安」。涅槃のこと）に達することができるようにした。私がこの世を去った後、仏道は次第に（「漸く」）滅びて、人は時流におもねり、偽るようになり（「諂偽」）、ふたたび多くの悪を犯すようになるであろう。五焼、五痛がまた以前のようにあらわれて、時がたつにつれて、その苦痛はますます激しくなるだろう。その有様は、いま詳しく説くことはできない。私は今、汝のために、略して世間の五悪を説いたまでである」、と。

釈尊は、弥勒菩薩に語っていわれた。「汝ら、よくよくこれらのことを思って、互いに教え戒めあい、仏の説くところにしたがって、あえて教えに違反することがないように」、と。

そこで弥勒菩薩は、合掌して申し上げた。「仏の説かれたことは、懇切至極（「苦」はねんごろという意味）です。世間の人の有様はまことにおおせの通りです。如来はあまねくこれらの人々を慈しみ、深く哀れみを垂れて、一人残らず、迷いの世界から抜け出ること

（「度脱」）ができるようにされた。仏の鄭重な教え（「重誨」）を受けて、あえて違い、誤ることがない覚悟です」、と。

＊

「私がこの世を去った後、仏道は次第に滅びて、人は時流におもねり、偽るようになり、ふたたび多くの悪を犯すようになるであろう」という一文は、歴史的にゴータマ・ブッダが死去して、人間世界に「仏陀」が不在となる予言といえるが、それだけにとどまらず、およそ、『無量寿経』を手にする人々が、時代のいかんを問わず、直面する精神的、物理的環境を示唆する内容と考えられる。それは、のちに「末法思想」となるが、この予言のもと、大乗仏教の多くの勝れた求道者は、ゴータマ・ブッダの教えた真理を、あらためて求めることになる。

第一〇講　仏の智慧

I　阿難、無量寿仏を見る

仏《ぶつ》、阿難《あなん》に告《つ》げたまわく、「汝《なんじ》、起《た》ちて更《さら》に衣服《えぶく》を整《ととの》え合掌恭敬《がっしょうくぎょう》して、無量寿仏《むりょうじゅぶつ》を礼《らい》したてまつるべし。十方国土の諸仏如来《しょぶつにょらい》、常に共にかの仏の無着無碍《むじゃくむげ》にましますを称揚讃歎《しょうようさんだん》したまう」。

ここに阿難《あなん》起《た》ちて衣服を整《ととの》え、身を正しくし面《おもて》を西にして恭敬《くぎょう》し合掌《がっしょう》して五体を地に投げて、無量寿仏《むりょうじゅぶつ》を礼《らい》したてまつりて白《もう》して言《もう》さく、「世尊《せそん》、願わくは、かの仏・安楽国土《あんらくこくど》およびもろもろの菩薩《ぼさつ》・声聞《しょうもん》大衆を見たてまつらん」と。

この語《ことば》を説き已《おわ》りて、すなわちの時に無量寿仏《むりょうじゅぶつ》、大光明を放《はな》ちて普《あまね》く一切諸仏の世界を照らしたまう。金剛囲山《こんごういせん》・須弥山王《しゅみせんのう》・大小の諸山《せん》、一切所有《しょう》みな同じく一色なり。

たとえば劫水《こうずい》の世界に弥満《みまん》せる、その中の万物《まんもつ》、沈没《ちんもつ》して現ぜず。滉瀁浩汗《こうようこうかん》として、唯《ただ》大水を見るがごとし。かの仏の光明もまたかくのごとし。声聞《しょうもん》・菩薩《ぼさつ》、一切の光明みなことごとく隠蔽《おんぺい》して、唯《ただ》仏の光の明曜顕赫《みょうようけんかく》なるを見たてまつる。

その時に阿難《あなん》、すなわち無量寿仏《むりょうじゅぶつ》の威徳巍巍《いとくぎぎ》として、須弥《しゅみ》山王《せんのう》の高く一切のもろもろの世界の上に出《い》でたるがごとくなるを見たてまつる。相好《そうごう》光明、照曜《しょうよう》せざることなし。この会《え》の四衆、一時にことごとく見たてまつる。彼《かしこ》にしてこの土を見ること、またまたかくのごとし。

仏告阿難。汝起更整衣服、合掌恭敬、礼無量寿仏。十方国土　諸仏如来、常共称揚　讃歎彼仏　無著無礙。於是阿難、起整衣服、正身西面、恭敬合掌、五体投地、礼無量寿仏、白言世尊、願見彼仏　安楽国土　及諸菩薩　声聞大衆。説是語已、即時無量寿仏、放大光明、普照一切　諸仏世界。金剛囲山　須弥山王　大小諸山、一切所有、皆同一色。譬如劫水弥満世界、其中万物、沈没不現。滉瀁浩汗　唯見大水。彼仏光明、亦復如是。声聞菩薩、一切光明、皆悉隠蔽、唯見仏光　明曜顕赫。爾時阿難、即見無量寿仏　威徳巍巍、如須弥山王　高出一切　諸世界上。相好光明、靡不照曜。此会四衆、一時悉見。彼見此土、亦復如是。

釈尊は、阿難にいわれた。「汝、阿難よ。立って袈裟を整えて合掌して、恭しく阿弥陀仏を礼拝せよ。十方の諸仏如来は、常に、執着心を離れて、自在に人々を悟りへ導く様子（「無着無碍」）を讃嘆されている」、と。

そこで、阿難は袈裟を整えて、身を正し、西方に向かって合掌し、五体投地の礼をして、阿弥陀仏を礼拝して釈尊に申し上げた。「世尊よ、願わくば、阿弥陀仏とその国、そこに住する菩薩・声聞の方々を目の前に見せてください」、と。

阿難がこの言葉を言い終えるや、阿弥陀仏が大光明を放って現れ、その光明はあまねく一切の諸仏の国土を照らし、金剛鉄囲山や須弥山、そのほか大小の山々および一切のものは、みな黄金色（「一色」）に輝く。その光明の輝くさまは、世界の終末に起こる大洪水（「劫水」）で水が世界に満ち、一切のものが水中に隠れて現れず、大水が広がり（「滉瀁」）は水が一杯に満ちている様、「浩汗」も同じ）、ただ大水だけを見るに似る。阿弥陀仏の光明も同じこと。声聞・菩薩、一切が光明におおい隠されて、ただ阿弥陀仏の光明だけが光り輝く（「明曜顕赫」）のを見奉るのみ。

その時に、阿難は、阿弥陀仏の威徳が高く勝れていて（「巍巍」）、その様は、須弥山が世界の上に秀でているがごときであることを知る。阿弥陀仏の身体から発せられている光明は、すべてを輝き照らしだしている。霊鷲山に集まっている比丘、比丘尼、信士、信女（「四衆」）たちは、ことごとく阿弥陀仏を見奉ることができたが、阿弥陀仏の国の聖衆も、この霊鷲山の集まりをご覧になったのである（「彼にしてこの土を見る」）。

＊

この一段は、経典のなかでも、もっとも舞台効果が発揮されている箇所といえるが、古いテキストである『大阿弥陀経』では、阿難が阿弥陀仏の名を称えるシーンが加えられている。『無量寿経』では、その場面がカットされているが、この経典の命ともいうべき「称名」という点からは、『大阿弥陀経』の叙述の方が適切に思われるので、あえて引用しておきたい。

・

「仏のたまわく。「汝立ちてさらに袈裟を着て、西に向かいて拝し、日の没する所にあたりて、阿弥陀仏のために、礼をなし、頭脳を以て地につけ、南無阿弥陀三耶三仏檀といえ」。阿難もうさく、「諾」。教えを受けてすなわち起ち、さらに袈裟を着て西に向かいて拝し、日の没する所にあたりて、弥陀仏のために、礼をなし、頭脳を以て地につけて、南無阿弥陀三耶三仏檀という。阿難いまだ起たざるに、阿弥陀仏、すなわち大いに光明を放ちて、威神すなわち八方・上下の諸々の無央数の仏国にあまねし」（『真聖全』一、一七九頁。原漢文。旧仮名の訓は改めた）。

2　本願を疑う者の「往生」

その時に仏《ぶつ》、阿難《あなん》および慈氏菩薩《じしぼさつ》に告げたまわく、「汝《なんじ》、かの国を見るに、地より已上《いじょう》、浄居天《じょうごてん》に至るまで、その中の所有《しょう》、微妙厳浄《みみょうごんじょう》なる自然《じねん》の物、ことごとく見るとやせん、いなや」と。阿難《あなん》、対《こた》えて曰《もう》さく、「唯然《ややしか》なり。すでに見たまえつ」と。「汝《なんじ》むしろまた無量寿仏《むりようじゅぶつ》の大音、一切世界に宣布して衆生を化《け》したまうを聞くや、いなや」と。阿難《あなん》、対《こた》えて曰《もう》さく、「唯然《ややしか》なり。すでに聞きたまえつ」と。「かの国の人民《にんみん》、百千由旬《ゆじゅん》の七宝《しっぽう》の宮殿《くでん》に乗じて障碍《しょうげ》することなく、遍《あまね》く十方に至りて諸仏を供養するを、汝《なんじ》また見るや、いなや」と。対《こた》えて曰《もう》さく、「すでに見たまえつ」と。「かの国の人民《にんみん》、胎生《たいしょう》の者あり。汝《なんじ》また見るや、いなや」と。対《こた》えて曰《もう》さく、「すでに見たまえつ」と。「その胎生《たいしょう》の者の処《しょ》するところの宮殿《くでん》、あるいは百由旬《ゆじゅん》、あるいは五百由旬《ゆじゅん》なり。おのおのその中にしてもろもろの快楽《けらく》を受くること、忉利天上《とうりてんじょう》のごとし。またみな自然《じねん》なり」と。

爾時仏告阿難 及慈氏菩薩。汝見彼国、従地已上、至浄居天、其中所有、微妙厳浄 自然之物、為悉見不。阿難対曰。唯然已見。汝寧復聞無量寿仏大音 宣布一切世界 化衆生不。阿難対曰。唯然已聞。彼国人民、乗百千由旬 七宝宮殿、無有障礙、徧至十方、供養諸仏、汝復見不。対曰已見。彼国人民、有胎生者。汝復見不。対曰已見。其胎生者、所処宮殿、或百由旬、或五百由旬。各於其中、受諸快楽、如忉利天上。亦皆自然。

その時に、釈尊は阿難と弥勒菩薩にいわれた。「汝ら、阿弥陀仏の国を見るに、その国の地上より虚空の浄居天(三界の「色界」の第四禅天のことで、ここには欲望から解放された聖者が生まれるので、「浄居」という)の世界まで、微妙にして清浄な一切の飾り(「厳浄」)を見たか」、と。阿難が答える。「謹んで見奉りました」、と。

釈尊がいわれる。「汝は阿弥陀仏が大音声をもって一切世界の人々に説法し、化導しておられるのを聞いたか」、と。阿難は答えて申しあげた。「たしかに聞きました」、と。

釈尊がいわれる。「阿弥陀仏の国の聖者たちが、百千由旬の七宝の宮殿に乗って、なんの障害もなく、あまねく十方世界にいたって、諸仏に供養される様子を見たか」、と。阿難は答えて申し上げた。「すでに見奉りました」、と。

釈尊は申された。「かの国に「胎生」の人がいるが、汝はそれを見たか」、と。阿難は申し上げた。「すでに見奉りました」、と。

釈尊がいわれる。「胎生のものが住する宮殿は、百由旬、または五百由旬で、そのなかで得る快楽は、欲界の「忉利天」のごときである」、と。

＊

「胎生」の者とは、阿弥陀仏の教えを疑った者が、阿弥陀仏の国に生まれる姿をいう。母の胎内にとどまっている胎児のように、阿弥陀仏の国の蓮華のなかに生まれても、そのまま、蓮華のなかに閉じ込められた状態にある、とする。

それに対して、阿弥陀仏の教えを信じる者は、阿弥陀仏の国に生まれると、ただちに、蓮華の華が開き、阿弥陀仏を見ることができる。それを「化生」という。

なお、「胎生」と「化生」に、「卵生」と「湿生」を加えて、「四生」という。生物の生まれ方の違いの説明である。「胎生」は哺乳動物のように、母の胎内から生まれること。「卵生」は、魚や鳥類のように、卵殻から生まれること。「湿生」は虫類など、じめじめしたところから生まれること。「化生」は、なにもないところから忽然と生まれること。「胎生」の者について、「もろもろの快楽を受くること、忉利天上のごとし」とあるように、「胎生」であっても、帝釈天が住む「忉利天」の快楽と同じ快楽が得られる、としている。

その時に慈氏菩薩《じしぼさつ》、仏《ぶつ》に白《もう》して言《もう》さく、「世尊《せそん》、何の因、何の縁なれば、かの国の人民《にんみん》、胎生化生《たいしょうけしょう》なる」と。

仏《ぶつ》、慈氏《じし》に告げたまわく、「もし衆生ありて、疑惑《ぎわく》の心をもってもろもろの功徳を修して、かの国に生ぜんと願ぜん。仏智《ぶっち》・不思議智《ふしぎち》・不可称智《ふかしょうち》・大乗広智《だいじょうこうち》・無等無倫《むとうむりん》最上勝智《さいじょうしょうち》を了《さと》らずして、この諸智《しょち》において疑惑《ぎわく》して信ぜず。しかるに猶《なお》し罪福《ざいふく》を信じ善本《ぜんぽん》を修習してその国に生ぜんと願ぜん。このもろもろの衆生、かの宮殿《くでん》に生まれて寿《いのち》五百歳、常に仏を見たてまつらず。経法《きょうぼう》を聞かず。菩薩《ぼさつ》・声聞聖衆《しょうもんしょうじゅ》を見ず。このゆえにかの国土においてこれを胎生《たいしょう》と謂《い》う。

もし衆生ありて、明らかに仏智《ぶっち》、乃至《ないし》、勝智《しょうち》を信じて、もろもろの功徳を作《な》して信心回向《えこう》せん。このもろもろの衆生、七宝華《しっぽうけ》の中において自然《じねん》に化生《けしょう》せん。跏趺《かふ》して坐《ざ》せん。須臾《しゅゆ》の頃《あいだ》に身相・光明《こうみょう》・智慧《ちえ》・功徳、もろもろの菩薩《ぼさつ》のごとく具足し成就《じょうじゅ》せん。

爾時慈氏菩薩、白仏言世尊、何因何縁、彼国人民、胎生化生。仏告慈氏。若有衆生、以疑惑心、修諸功徳、願生彼国。不了仏智　不思議智　不可称智　大乗広智　無等無倫最上勝智、於此諸智、疑惑不信。然猶信罪福、修習善本、願生其国。此諸衆生、生彼宮殿、寿五百歳、常不見仏。不聞経法。不見菩薩　声聞聖衆。是故於彼国土、謂之胎生。若有衆生、

明信仏智　乃至勝智、作諸功徳、信心回向。此諸衆生、於七宝華中、自然化生。跏趺而坐
須臾之頃、身相光明　智慧功徳、如諸菩薩、具足成就。

その時に、弥勒菩薩が釈尊に申し上げていう。「世尊よ、いかなる因縁によって、阿弥陀仏の国には、「胎生」と「化生」の人がいるのでしょうか」、と。

釈尊が答えられた。「もし人が疑いをもって、諸々の功徳を修めて、阿弥陀仏の国に生まれたいと願うとしよう。阿弥陀仏の智慧（「仏智」ほか）を信じないが、それでも善因楽果、悪因苦果を信じて、阿弥陀仏の国に生まれたいと念願する。

この人、阿弥陀仏の国に生まれるが、生まれる場所は、かの宮殿で、寿命は五百歳で、常に阿弥陀仏を見奉ることができず、教えを聞くこともできず、菩薩や声聞等の聖衆を見ることもできない。このゆえに阿弥陀仏の国では、これを「胎生」という。

もし、人が明らかに仏智を信じて、諸々の功徳をなして信心を回向するならば、この人は、七宝の蓮華のなかに生じて、自然に華が開いて、阿弥陀仏の国に生まれ、結跏趺坐してたちまち（「須臾の頃」）、身には三十二相がそなわり、光明や智慧などの功徳が浄土の菩薩と同じになるのである」、と。

また次に慈氏《じし》、他方仏国のもろもろの大菩薩《だいぼさつ》、発心《ほっしん》して無量寿仏《むりょうじゅぶつ》を見たてまつり、

およびもろもろの菩薩《ぼさつ》・声聞《しょうもん》の衆を恭敬《くぎょう》し供養《くよう》せんと欲《おも》わん。かの菩薩等《ぼさつとう》、命終《みょうじゅう》して無量寿国《むりょうじゅこく》の七宝華の中に生まるることを得て自然《じねん》に化生《けしょう》せん。

弥勒《みろく》、当《まさ》に知るべし。かの化生《けしょう》の者は智慧《ちえ》勝《すぐ》れたるがゆえに、その胎生《たいしょう》の者はみな智慧《ちえ》なし。五百歳の中にして常に仏を見たてまつらず。経法《きょうぼう》を聞かず。菩薩《ぼさつ》・もろもろの声聞衆《しょうもんしゅ》を見ず。仏を供養《くよう》せんに由《よし》なし。菩薩《ぼさつ》の法式《ほっしき》を知らず。功徳《くどく》を修習することを得ず。当《まさ》に知るべし、この人、宿世の時に智慧《ちえ》あることなくして疑惑《ぎわく》せしが致《いた》すところなるなり」。

仏《ぶつ》、弥勒《みろく》に告《つ》げたまわく、「たとえば転輪聖王《てんりんじょうおう》に別に七宝の宮室《くしつ》ありて、種種に荘《しょう》厳《ごん》し床帳《じょうちょう》を張設《ちょうせつ》して、もろもろの繒幡《ぞうばん》を懸《か》けたらんがごとし。もしもろもろの小王子ありて罪を王に得れば、すなわちかの宮中に内《い》れて繋《つな》ぐに金鎖《こんさ》をもってせん。飲《おん》食《じき》・衣服《えぶく》・床褥《じょうにく》・華香《けこう》・妓楽《ぎらく》を供給《くきゅう》せんこと、転輪王《てんりんのう》のごとくして乏少するところなけん。意《こころ》において云何《いかん》ぞ。このもろもろの王子、むしろかの処《ところ》を楽《ねが》いてんや、いなや」と。対《こた》えて曰《もう》さく、「いななり。但《ただ》種種の方便《ほうべん》をしてもろもろの大力《だいりき》を求めて自《みずか》ら免出《めんしゅつ》せんと欲《おも》う」と。

仏《ぶつ》、弥勒《みろく》に告《つ》げたまわく、「このもろもろの衆生もまたまたかくのごとし。仏智《ぶっち》を疑惑《ぎわく》するをもってのゆえに、かの宮殿《くでん》に生まれて、刑罰《ぎょうばつ》、乃至《ないし》、一念の悪事あることなし。但し五百歳の中《うち》において三宝《さんぼう》を見たてまつらず。もろもろの善本《ぜんぽん》を供養し修することを得ず。これをもって苦《く》とす。余《よ》の楽しみありといえども、猶《なお》しかの処《ところ》を楽《ねが》わず。もしこの衆生、その本《もと》の罪を識《し》りて深く自《みずか》ら悔責《けしゃく》してかの処《ところ》を離《はな》れんと求めば、すなわち意《こころ》のごとくなることを得て、無量寿仏《むりょうじゅぶつ》の所《みもと》に往詣《おうげい》して恭敬供養《くぎょうくよう》せん。また遍《あまね》く無量無数の諸余《しょよ》の仏の所《みもと》に至ることを得て、もろもろの功徳《くどく》を修せん。弥勒《みろく》、当《まさ》に知るべし。それ菩薩《ぼさつ》ありて疑惑《ぎわく》を生ずる者は大利《だいり》を失すとす。このゆえに応当《まさ》に明らかに諸仏無上の智慧《ちえ》を信ずべし」と。

復次慈氏、他方仏国　諸大菩薩、発心欲見無量寿仏、恭敬供養　及諸菩薩　声聞之衆。彼菩薩等、命終得生　無量寿国　於七宝華中、自然化生。弥勒当知。彼化生者、智慧勝故、其胎生者、皆無智慧。於五百歳中、常不見仏。不聞経法。不見菩薩　諸声聞衆。無由供養於仏。不知菩薩法式。不得修習功徳。当知此人、宿世之時、無有智慧、疑惑所致。仏告弥勒。譬如転輪聖王、別有七宝宮室、種種荘厳、張設牀帳、懸諸繒旛。若有諸小王子、得罪於王、輒内彼宮中、繋以金鎖。供給飲食　衣服牀褥　華香妓楽、如転輪王、無所乏少。於意云何。此諸王子、寧楽彼処不。対曰不也。但種種方便、求諸大力、欲自免出。仏告弥勒。此諸衆生、亦復如是。以疑惑仏智故、生彼宮殿、無有刑罰　乃至一念悪事。但於五百歳中、不見三宝。不得供養修諸善本。以此為苦。雖有余楽、猶不楽彼処。若此衆生、識其本罪、深自悔責、求離彼処、即得如意、往詣無量寿仏所、恭敬供養。亦得徧至　無量無数　諸余仏所、修諸功徳。弥勒当知。其有菩薩、生疑惑者、為失大利。是故応当明信　諸仏無上智慧。

「また、弥勒菩薩よ、他方の仏国土にいる多くの菩薩たちは、発心して阿弥陀仏を見奉り、聖衆を敬い、供養したいと欲せば、彼らが命終わると、阿弥陀仏の国に生まれて、七宝の蓮華のなかに、自然に生まれる（「化生」）ことができる。

弥勒よ、まさしく知るべきである。かの化生の者は、智慧勝れているがために、阿弥陀仏を見奉ることができるが、「胎生」の者は智慧がないために、五百年間、華のなかにとどまって、阿弥陀仏を見ることができず、教えを聞かず、菩薩など聖衆を見ず、阿弥陀仏を供養するに手だてがない。菩薩として行うべき儀礼（「法式」）を知らず、功徳を修めることもできない。それはまさしく、この人が前世において智慧暗く、仏を疑ったことによる」、と。

釈尊は、さらに弥勒菩薩にいわれる。「また、転輪聖王（インド神話にあらわれる天下統一の理想的君主）の宮殿のなかに七宝でできた部屋があり、種々立派な飾りがなされており、特別の寝台（「床帳」）が置かれて、種々の天蓋（「繒播」）がかけられている。

もし、王子たちが転輪聖王から罰を受けると、この部屋に入れられて、金の鎖でつながれる。飲み物、食べ物、衣服、寝台、華香、音楽などは転輪聖王と同じように与えられ、なんの不自由もないが、王子は、心ではどのように思っているであろうか。王子は、この部屋に長くとどまりたい、と思うであろうか」、と。

弥勒は、答えていう。「いいえ、王子は種々に手だてを尽くして、また大力のある人を探して、部屋から出ようとするでしょう」、と。

そこで釈尊は、弥勒菩薩にいわれる。「「胎生」の人々も同じこと。彼らは仏の智慧を疑ったがために、かの宮殿に生まれたのであり、刑罰や悪事とは関係がないが、ただ五百年間、三宝を見ることができず、仏に供養して諸々の善をなすことができず、このことをもって苦とするのである。ほかの楽しみがあろうとも、この部屋に生まれることを願わないのである。

もし、この人が仏智を疑ったという根本の罪を知って、深く悔い改めて、かの部屋からの離脱を願うなら、その願いどおりに、阿弥陀仏の所に行って、敬い、供養することができる。また、あまねく無量の諸仏の国に行って、諸々の功徳を修することもできる。

弥勒よ、まさしくよく知れ。菩薩も疑いを生ずれば、大いなる利益を失うのである。だからこそ、まさに諸仏の智慧を信じよ」、と。

3　他方菩薩の往生

弥勒菩薩《みろくぼさつ》、仏《ぶつ》に白《もう》して言《もう》さく、「世尊《せそん》、この世界にして幾所《いくばく》の不退《ふたい》の菩薩《ぼさつ》ありてか、かの仏国に生ぜん」と。仏《ぶつ》、弥勒《みろく》に告《つ》げたまわく、「この世界において六十七億の不《ふ》退《たい》の菩薩《ぼさつ》ありて、かの国に往生《おうじょう》せん。一一の菩薩《ぼさつ》、すでに曾《かつ》て無数の諸仏を供養せるなり。次《つ》いで弥勒《みろく》のごときの者なり。もろもろの小行《しょうぎょう》の菩薩《ぼさつ》、および少功徳を修習せん者、称計すべからざる、みな当《まさ》に往生《おうじょう》すべし」。

仏《ぶつ》、弥勒《みろく》に告《つ》げたまわく、「但し我《わ》が刹《せつ》のもろもろの菩薩等《ぼさつとう》の、かの国に往生《おうじょう》するのみにあらず。他方の仏土もまたかくのごとし。その第一の仏を名づけて遠照《おんしょう》と曰《い》う。彼《かしこ》に百八十億の菩薩《ぼさつ》あり。みな当《まさ》に往生《おうじょう》すべし。その第二の仏を名づけて宝蔵《ほうぞう》と曰《い》う。彼《かしこ》に九十億の菩薩《ぼさつ》あり。みな当《まさ》に往生《おうじょう》すべし。その第三の仏を名づけて無量音と曰《い》う。彼《かしこ》に二百二十億の菩薩《ぼさつ》あり。みな当《まさ》に往生《おうじょう》すべし。その第四の仏を名づけて甘露味《かんろみ》と曰《い》う。彼《かしこ》に二百五十億の菩薩《ぼさつ》あり。みな当《まさ》に往生《おうじょう》すべし。その第五の仏を名づけて龍勝《りゅうしょう》と曰《い》う。彼《かしこ》に十四億の菩薩《ぼさつ》あり。みな当《まさ》に往生《おうじょう》すべし。その第六の仏を名づけて勝力《しょうりき》と曰《い》う。彼《かしこ》に万四千の菩薩《ぼさつ》あり。みな当《まさ》に往生《おうじょう》すべし。その第七の仏を名づけて師子《しし》と曰《い》う。彼《かしこ》に五百億の菩薩《ぼさつ》あり。みな当《まさ》に往生《おうじょう》すべし。その第八の仏を名づけて離垢光《りくこう》と曰《い》う。彼《かしこ》に八十億の菩薩《ぼさつ》あり。みな当《まさ》に往生《おうじょう》すべし。その第九の仏を名づけて徳首《とくしゅ》と曰《い》う。彼《かしこ》に六十億の菩薩《ぼさつ》あり。みな当《まさ》に往生《おうじょう》すべし。その第十の仏を名づけて妙徳山《みょうとくせん》と曰《い》う。彼《かしこ》に六十億の菩薩《ぼさつ》あり。みな当《まさ》に往生《おうじょう》すべし。その第十一の仏を名づけて人王と曰《い》う。彼《かしこ》に十億の菩薩《ぼさつ》あり。みな当《まさ》に往生《おうじょう》すべし。その第十二の仏を名づけて無上華《むじょうけ》と曰《い》う。彼《かしこ》に無数不可称計《ふかしょうけ》のもろもろの菩薩衆《ぼさつしゅ》あり。みな不退転にして智慧勇猛《ちえゆみょう》なり。すでに曾《かつ》て無量の諸仏を供養したてまつりて、七日の中《うち》においてすなわち能《よ》く百千億劫《こう》の大士《だいじ》の所修《しょしゅ》、堅固《けんご》の法を摂取《せっしゅ》せん。これらの菩薩《ぼさつ》、みな当《まさ》に往生《おうじょう》すべし。その第十三の仏を名づけて無畏《むい》と曰《い》う。彼《かしこ》に七百九十億の大菩薩衆《だいぼさつしゅ》、もろもろの小菩薩《しょうぼさつ》および比丘等《びくとう》の称計すべからざるあり。みな当《まさ》に往生《おうじょう》すべし」と。仏《ぶつ》、弥勒《みろく》に語りたまわく、「但しこの十四仏国の中のもろもろの菩薩等《ぼさつとう》の当《まさ》に往生《おうじょう》すべきのみにあらざるなり。十方世界無量の仏国よりその往生《おうじょう》する者、またまたかくのごとし。甚《はなは》だ多く無数なり。我《われ》但し十方諸仏の名号《みょうごう》、および菩薩《ぼさつ》・比丘《びく》のかの国に生ずる者を説かんに、昼夜一劫《いっこう》すとも尚未《なおいま》だ竟《お》うること能《あた》わじ。我《われ》今、汝《なんじ》がために略してこれを説くまくのみ」。

弥勒菩薩、白仏言世尊、於此世界、有幾所不退菩薩、生彼仏国。仏告弥勒。於此世界、有六十七億　不退菩薩、往生彼国。一一菩薩、已曾供養　無数諸仏。次如弥勒者也。諸小行菩薩、及修習少功徳者、不可称計、皆当往生。仏告弥勒。不但我刹　諸菩薩等、往生彼国。他方仏土、亦復如是。其第一仏、名曰遠照。彼有百八十億菩薩。皆当往生。其第二仏、名曰宝蔵。彼有九十億菩薩。皆当往生。其第三仏、名曰無量音。彼有二百二十億菩薩。皆当往生。其第四仏、名曰甘露味。彼有二百五十億菩薩。皆当往生。其第五仏、名曰龍勝。彼有十四億菩薩。皆当往生。其第六仏、名曰勝力。彼有万四千菩薩。皆当往生。其第七仏、名曰師子。彼有五百億菩薩。皆当往生。其第八仏、名曰離垢光。彼有八十億菩薩。皆当往生。其第九仏、名曰徳首。彼有六十億菩薩。皆当往生。其第十仏、名曰妙徳山。彼有六十億菩薩。皆当往生。其第十一仏、名曰人王。彼有十億菩薩。皆当往生。其第十二仏、名曰無上華。彼有無数　不可称計　諸菩薩衆。皆不退転、智慧勇猛。已曾供養　無量諸仏、於七日中、即能摂取　百千億劫　大士所修　堅固之法。斯等菩薩、皆当往生。其第十三仏、名曰無畏。彼有七百九十億　大菩薩衆　諸小菩薩　及比丘等　不可称計。皆当往生。

仏語弥勒。不但此十四仏国中　諸菩薩等　当往生也。十方世界　無量仏国、其往生者、亦復如是。甚多無数。我但説十方　諸仏名号、及菩薩比丘　生彼国者、昼夜一劫、尚未能竟。我今為汝、略説之耳。

弥勒菩薩が釈尊に敬っていう。「世尊よ、この娑婆世界において、どれほどの「不退の菩薩」（もはや迷いの世界に戻ることのない菩薩）がおられて、かの安楽に生まれるのでしょうか」、と。

釈尊が弥勒菩薩にいわれるに、「この娑婆世界には、六十七億の不退の菩薩があって、かの安楽に生まれる。その一人一人は、前世において無数の諸仏を供養したこと、弥勒と同じである。このほかに、いまだ修行の満ちていない菩薩や、少々の功徳しか実践していない者は、数えることができないほど多数だが、すべて阿弥陀仏の国に生まれる」、と。

釈尊は、弥勒菩薩にいわれる。「ただ、わが国の諸菩薩らのみが、阿弥陀仏の国に生まれるのではない。他方の仏国土にいる菩薩たちも同じである。その第一の仏を遠照という。そこには百八十億の菩薩がいて、みなまさしく阿弥陀仏の国に生まれる。その第二の仏は宝蔵という。そこには九十億の菩薩がいて、みなまさしく阿弥陀仏の国に生まれる。その第三の仏は無量音という。そこには二百二十億の菩薩がいる。第四の仏は甘露味といい、そこには二百五十億の菩薩がいる。第五の仏は龍勝といい、そこには十四億の菩薩がいる。第六の仏は勝力といい、万四千の菩薩がいる。第七の仏は師子といい、そこには五百億の菩薩がいる。第八の仏は離垢光といい、そこには八十億の菩薩がいる。これらの菩薩は、すべて阿弥陀仏の国に生まれる。第九の仏は徳首といい、そこには六十億の菩薩がいる。第十の仏は妙徳山といい、そこには六十億の菩薩がいる。第十一の仏は人王といい、そこには十億の菩薩がいる。第十二の仏は無上華といい、そこには計り知れない菩薩たちがいる。みな、不退転にして智慧勇猛である。第十三の仏は無畏といい、そこには七百九十億の大菩薩衆がいて、諸々の小菩薩や比丘の数は計り知れない。これらの菩薩たちは、すべて阿弥陀仏の国に生まれる」、と。

釈尊は、弥勒菩薩にいわれる。「この、十四の仏国土のなかの諸菩薩たちが生まれるだけではない。十方世界の無量の仏国からも、阿弥陀仏の国に生まれるのである。私が、十方の諸仏の名前と、阿弥陀仏の国に生まれる菩薩たちを説くとすると、昼夜かけて一劫するとも終わることがない。今、私は汝らのために略して説いただけである」、と。

第一一講　結語

仏《ぶつ》、弥勒《みろく》に語りたまわく、「それ、かの仏の名号を聞くことを得て、歓喜踊躍《かんぎゆやく》して乃至《ないし》一念することあらん。当《まさ》に知るべし、この人は大利《だいり》を得《う》とす。すなわちこれ無上の功徳《くどく》を具足するなり。このゆえに弥勒《みろく》、たとい大火ありて三千大千世界に充満《じゆうまん》せんに、要《かなら》ず当《まさ》にこれを過ぎてこの経法《きようぼう》を聞きて、歓喜信楽《かんぎしんぎよう》し、受持読誦《どくじゆ》し、説のごとく修行すべし。所以《ゆえ》は何《いか》ん。多く菩薩《ぼさつ》ありてこの経《きよう》を聞かんと欲《おも》えども得ること能《あた》わず。もし衆生ありてこの経《きよう》を聞けば、無上道において終《つい》に退転《たいてん》せず。このゆえに応当《まさ》に専《せん》心《しん》に信受し持誦《じじゆ》し説行《せつぎよう》すべし」。

仏《ぶつ》の言《のたま》わく、「吾《われ》今もろもろの衆生のためにこの経法《きようぼう》を説きて、無量寿仏《むりようじゆぶつ》およびその国土の一切所有《しよう》を見せしむ。当《まさ》に為《な》すべきところの者はみなこれを求むべし。我《わ》が滅度《めつど》の後をもってまた疑惑《ぎわく》を生ずることを得ることなかれ。

当来《とうらい》の世《よ》に経道滅尽《きょうどうめつじん》せんに、我《われ》慈悲《じひ》哀愍《あいみん》をもって特《こと》にこの経を留めて止住すること百歳せん。それ衆生ありてこの経《きょう》に値《あ》う者は、意《こころ》の所願に随《したが》いてみな得度《とくど》すべし」。

仏《ぶつ》、弥勒《みろく》に語りたまわく、「如来《にょらい》の興世《こうせ》、値《あ》い難《がた》く見たてまつり難《がた》し。諸仏《しょぶつ》の経道《きょうどう》、得《え》難《がた》く聞き難《がた》し。菩薩《ぼさつ》の勝法《しょうほう》、諸波羅蜜《しょはらみつ》、聞くことを得ることまた難《かた》し。善知識《ぜんじしき》に遇《あ》い、法を聞きて能《よ》く行ずること、これまた難《かた》しとす。もしこの経《きょう》を聞きて信楽《しんぎょう》受持すること、難《かた》きが中に難《かた》し、これに過ぎて難きことなし。このゆえに我《わ》が法、かくのごとく作《な》し、かくのごとく説き、かくのごとく教う。応当《まさ》に信順《しんじゅん》して法のごとく修行すべし」。

その時に世尊《せそん》、この経法《きょうほう》を説きたまうに、無量の衆生、みな無上正覚の心を発《おこ》しき。万二千那由他《なゆた》の人、清浄法眼《しょうじょうほうげん》を得き。二十二億の諸天人民《にんみん》、阿那含果《あなごんか》を得き。八十万の比丘《びく》、漏尽意《ろじんい》解《さと》り、四十億の菩薩《ぼさつ》、不退転を得《え》、弘誓《ぐぜい》の功徳《くどく》をもって自《みずか》ら荘厳《しょうごん》す。将来世《しょうらいせ》において当《まさ》に正覚を成るべし。その時に三千大千世界、六種に震動《しんどう》す。大光普《あまね》く十方国土を照らす。百千の音楽、自然《じねん》にして作《な》し、無量の妙華《みょうけ》、紛紛《ふんぷん》として降《くだ》る。仏《ぶつ》、経《きょう》を説きたまうこと已《おわ》りたまいしに、弥勒菩薩《みろくぼさつ》および十方来《じっぽうらい》のもろもろの菩薩衆《ぼさつしゅ》、長老阿難《あなん》、諸大声聞《しょだいしょうもん》、一切大衆、仏の所説を聞きたまえて歓喜《かんぎ》せざるはなし。

仏語弥勒。其有得聞　彼仏名号、歓喜踊躍、乃至一念。当知此人　為得大利。則是具足無上功徳。是故弥勒、設有大火、充満三千大千世界、要当過此、聞是経法、歓喜信楽、受持読誦、如説修行。所以者何。多有菩薩、欲聞此経、而不能得。若有衆生、聞此経者、於無上道、終不退転。是故応当　専心信受、持誦説行。仏言吾今、為諸衆生、説此経法、令見無量寿仏　及其国土　一切所有。所当為者、皆可求之。無得以我　滅度之後　復生疑惑。当来之世、経道滅尽、我以慈悲哀愍、特留此経　止住百歳。其有衆生、値斯経者、随意所願、皆可得度。仏語弥勒。如来興世、難値難見。諸仏経道、難得難聞。菩薩勝法、諸波羅蜜、得聞亦難。遇善知識、聞法能行、此亦為難。若聞斯経、信楽受持、難中之難、無過此難。是故我法、如是作、如是説、如是教。応当信順、如法修行。爾時世尊、説此経法、無量衆生、皆発無上正覚之心。万二千那由他人、得清浄法眼。二十二億　諸天人民、得阿那含果。八十万比丘、漏尽意解、四十億菩薩、得不退転、以弘誓功徳、而自荘厳。於将来世、当成正覚。爾時三千大千世界、六種震動。大光普照　十方国土。百千音楽、自然而作、無量妙華、紛紛而降。仏説経已、弥勒菩薩　及十方来　諸菩薩衆、長老阿難、諸大声聞、一切大衆、聞仏所説、靡不歓喜。

釈尊は、弥勒菩薩にいわれる。「人あって、阿弥陀仏の名を聞いて、阿弥陀仏の国に生まれたいと願い、心に法悦を得て、歓喜踊躍して、一生涯の間、念仏を相続するならば、その人は大利を得て、無上の功徳を具えることになろう。

その故に、弥勒よ、たとえ大火が三千大千世界に充満するとも、必ず、そのなかを通り過ぎて、この「無量寿経」という教えを聞き、仏の名を聞き、歓喜し信受して、経典をもち、読み、暗誦して経に説かれている念仏を修めるように。その理由は、多くの菩薩がこの経典を聞きたいと願っても、簡単ではないからだ。

この経典を聞くことができた者は、悟りの過程で「不退転」の位を得ることができる。故に、もっぱら、この経典を信じて、受持し読誦して、教えのように修行するのがよい」、と。

そしてさらに、釈尊はいわれる。「私は今、もろもろの衆生のために、この経典の教えを説き、阿弥陀仏とその国土の一切を見せた。それゆえに、なすべきことを、みな求めよ。私が悟りの世界に入った後にも、仏の智慧を疑ってはならない。来たるべき、末法万年の後の世に、仏教の教えが滅ぶことになっても、私は慈悲をもって汝らを哀れに思い、この経典だけを百年間、留め置くであろう。人がこの経典に出遇うときには、心の願うところにしたがって、みな、悟りの世界に入るであろう」、と。

また釈尊は、弥勒菩薩にいわれる。「仏の出現に遇うことは、めったにないことであり、見奉ることもむつかしい。諸仏の教えは、得難く聞き難い。菩薩の勝れた教えを聞くことも、難しい。よき師匠に出遇って教えを聞き、その教えを実践することもまた、難しい。ましてや、この経典を聞いて、信楽し受持することは、難中の難である。この困難よりも困難なことはない。この故に、私はこのように説き、このように教えたのである。まさに、教えの通りに修行せよ」、と。

そのとき、釈尊がこの経典を説かれるや、ここに集まった人々は、無上の悟りを求める心を起こして、万二千那由他といわれる人々が智慧の眼を得て、二十二億の天人たちは「阿那含果」を得て、八十万の比丘は「阿羅漢」を得て、四十億の菩薩は「不退転」の位に入ることができて、人々を広く済度する願いを起こし、それぞれに、それらを目的として、未来には、必ず仏になるという記別を得たのである。

この時、三千大千世界は感動して六種に響き、大光明はあまねく十方世界を照らして、百千無数の音楽が自然に響き渡り、無数の妙蓮華が紛々として、天より舞い降ってきた。釈尊が経を説き終わられたとき、弥勒菩薩、および十方から来たった諸菩薩たち、長老阿難、諸々の大声聞、一切の衆生、仏の所説を聞き奉って、歓喜せずということはなかった。

*

『無量寿経』は、経典を結ぶにあたって、それまで種々に説いてきた諸行、道徳などの勧めから一転して、「聞彼仏名号」を正面に据える。つまり、「安楽」に生まれるための方法として、「阿弥陀仏の名を聞く」という「聞名」がもっとも有効であることを、あらためて宣言するのである。

私見をいえば、それまでの仏教は、戒律や瞑想、学問、あるいは「六波羅蜜」という諸行の実践によって真理に到達することを教える宗教であったが、『無量寿経』にいたって、いかなる人間でも、「名」によって、真理と共にあることができる道を開示したのである。仏教は「名」の宗教になった、といってもよい。

阿弥陀仏は「名」となっていて、私がその「名」を聞き、称えるときにはじめて、阿弥陀仏は私のなかではたらくのであり、そのはたらきによって、私は真理への道を歩むのである。あるいは、真実のシンボルである阿弥陀仏の「名」を称することによって、私は真実とつながることができる、といってもよい。まことに、「以名接物」（元照律師）といわれる所以が成立したのである。「以名接物」とは、阿弥陀仏は「名」（名号）を以て人々（「物」）を摂取する、ということ。

仏教が「名」の宗教になったことの意義は、きわめて深い。そもそも人は、言葉なしには存在できない。しかも、言葉と現実の間には深い亀裂がある。その亀裂こそが、私たちの苦しみの根本的原因でもある。言葉なしには存在できず、その言葉故に苦しみから逃れることができない私たちにとって、また言葉こそが苦からの解放を約束するのであろう。それが「名」となった阿弥陀仏のはたらきなのである。『無量寿経』は、その意味で「名」の宗教の根本経典ともいえよう。

『無量寿経』は「結語」において、未来に仏教が滅尽することがあっても、「特留此経止住百歳」と宣言する。この経典だけは、特別に「百歳」の間は留めておく、と。「百歳」

の「百」は、一から数えて百にいたるという意味ではなく、完全な数字を意味しているとされ、いつまでも、という意味。なぜそのような特別扱いが約束されているのか。それこそ、「名」の教えだからである。

法然は、「特留此経」とは「特留念仏」だと読み替えた。その詳細は『選択本願念仏集』にあるが、法然は、この経典の本質は「念仏」にある、と喝破したのである。

そして、さらに法然は、つぎのようにものべている。「始皇、五経・毛詩を焼けども、誦を失わず、人口にあるの故に。弥陀の名号を称すること、これに例すべし」(「無量寿経釈」)、と。

「始皇」とは、秦の始皇帝のこと。彼は有名な「焚書坑儒」によって儒学を葬り去ろうとしたが、口伝えで受け継がれてきた儒学の教えまでも滅ぼすことはできなかった。同じように、念仏もいかに仏教が弾圧されることがあっても、滅ぼされることはない、という意味だが、そこには「文字」に依存しない、「言葉」(「名」)の強さが讃嘆されているばかりか、法然自らが経験する念仏弾圧をも予見している。

また法然は、「経道」(経典に説かれている教え)が「滅尽」するのは「当来之世」としか記されていないが、これを「末法万年の後の世」と解釈している。活字が滅び、人々が真理への情熱を失っても、「名」を称する力があるかぎり、人々は「阿弥陀仏の国」に生まれて、真理に目覚めることができるのである。一切の手立てが尽きても、「名」(「南無阿弥陀仏」)があるかぎり、希望がある。それを明確にするために、「末法万年の後の世」と述べたのであろう。

＊

ところで、「結語」において、釈尊は三度、弥勒菩薩によびかけている。一度目は、阿弥陀仏の名がもつ価値の絶大さを説き、二度目は、それ故に、いかなる困難があっても、この経典を後世に流布せよ、と命じる。そして三度目は、仏教との出遇いの難しさをくり返して、だからこそ、この経典の通りに修行せよ、と勧める。

『無量寿経』では、阿難がもっぱら聞き手となって、釈尊の教えを開陳してきた。しかし、本書の目次でいえば、「第七講」のはじまりから、阿難に代わって、弥勒菩薩が聞き手として登場してくる。そして、「結語」にいたっては、釈尊は弥勒菩薩ただ一人に向かって、説法する。

どうして、聞き手が阿難から弥勒に変更されたのであろうか。それは、この経典の流布のためであろう。つまり、『無量寿経』が未来の長きにわたって伝達されてゆくためには、人間として寿命が尽きる阿難ではなく、釈尊に次いで、五十六億七千万年後に、この世に仏として登場する弥勒に託するにこしたことはないからである。この点、異訳の『如来会』では、「阿逸多(弥勒のこと)よ、(中略)今この法門を汝に付嘱す」(『真聖全』、二二二頁）とある。「付嘱」とは、時代を超えて渡し伝えること。弥勒に対する釈尊の最後のよびかけは、仏教との出遇いがいかに難しくとも、それを超えてこの経典にしたがえ、と教えている。

文章でいうと、「仏語弥勒如来興世難値難見」から「難中之難無過此難」までに示されている「四難」（柏原、四二七頁）の指摘と、その克服である。「四難」とは、この経典を聞き、読誦した者が当面する四つの困難という意味である。

一つは、仏に遇うことの難しさ。この場合の仏とは生ける仏陀のこと。二つは、「法」（教え）を聞くことの難しさ。三つは、教えを聞いてもその通りに修行ができないという難しさ、である。この三つは、『無量寿経』以外の経典の場合にもあてはまる困難さであろう。

だが、第四にいう「信楽受持」の難しさは、『無量寿経』に特有の困難だといえる。つまり、『無量寿経』を疑いなく信じることの難しさである。なぜならば、私たちには自己の考えを最優位に置く習性があり、それゆえに、自己を超えた価値にしたがうことは、きわめて難しくなるからだ。だが、経典は、そうした困難を克服して、阿弥陀仏の本願を信じて、その「名」を聞け、と教える。この箇所のゴメスの英訳は、つぎのようになっている。

And it is most difficult of all difficult things to hear this sutra, to believe in, to rejoice in it, and to preserve it. Nothing is more difficult than this.（ゴメス、二二二頁）

また、坪井はつぎのように訳している。「無量寿経の教えを聞いて信じ、法悦を得て、受持することは難儀中のさらに難儀なことである。この困難に過ぎた困難はない」（坪井、三二六頁）、と。

さきに、「阿弥陀仏の国」へは行きやすいはずなのに、行く人が稀だという言葉を読んだ。「易往而無人」である。そして、『無量寿経』は、この言葉にしたがえば、その前半において、「阿弥陀仏の国」に生まれることがいかに容易いことかが説かれ、後半は、にもかかわらず、その国に生まれる人が極めて稀（「無人」）であることを説いているともいえよう。

その理由は、「真実信心の人はありがたきゆえに」（親鸞「尊号真像銘文」）という点にある。では、その「真実信心」は、どうすれば手に入るのか。それは、阿弥陀仏の名を聞く、ということに尽きる。では、どのようにすれば、阿弥陀仏の名を聞くことができるのか。それは、さしずめ、「三毒五悪」段をわが身のこととして、文字通り「体読」することからはじまるのであろう。

法然は、『無量寿経』を読む場合にもっとも大事なことは、「善人」に関する箇所は「善人」にまかせ、「悪人」に関する箇所を、わがこととして読め、と教えている。いわく、「善人をすすめ給えるところをば、善人の分と見、悪人をすすめ給えるところをば、わが分と見て、得分にするなり」（「常に仰せられける御詞」）、と。経典は、どの経典であっても、わがことに引き寄せて読まないかぎり、退屈極まる文字の羅列としか映らない。

＊

また、結語において、この説法を聞くために集まった弟子たちや求道者、菩薩たちが、それぞれに「悟り」に達したと記されている。「それぞれに」と記したのは、集まった人々の境涯に応じて、ということであり、それゆえに、「悟り」の内容も、「清浄法眼」（智慧の眼）や「阿那含果」（南伝仏教の聖者の悟りの一つ）、あるいは「漏尽意解」（「漏」は煩悩、煩悩が尽きて智慧を得ること）といい、菩薩に対しては「不退転」という。

阿弥陀仏の説法は、釈尊一人の声でなされても、それを聞く人々の受け止め方は多様なのであろう。しかし、「悟り」は、「覚醒」であることには変わりはない。なにから目覚めるかは、人によって異なるのである。大事なことは、それぞれがそれぞれに相応しい「覚醒」に到達することであって、画一的な「悟り」や「覚醒」が要求されているわけではない。

それは、ある意味では、多様性の容認ということであろう。私は、『無量寿経』がこうした多様性の確認で閉じられていることに、大きな喜びを感じる。

仏、無量寿経を説きたもう　巻下

仏説無量寿経　巻下

釈尊の説かれた無量寿経を、阿難かくのごとく述べ終わる。

参考文献

＊冒頭に引用文献として紹介したものは除く

福永光司監修『解読浄土論註』真宗大谷派宗務所、発行年代不詳
福永光司『中国の哲学・宗教・芸術』人文書院、一九八八
早島鏡正・大谷光真『浄土論註』仏典講座23、大蔵出版、二〇〇三／一九八七
矢吹慶輝『阿弥陀仏の研究』明治書院、一九三七
藤田宏達『大無量寿経講究』真宗大谷派宗務所出版部、一九九〇
藤田宏達『原始浄土思想の研究』岩波書店、一九七〇
曽我量深『大無量寿経聴記』丁字屋書店、一九五三
松原祐善『無量寿経に聞く』教育新潮社、一九八三／一九六八
真野正順・佐藤密雄『無量寿経講話』現代聖典講座、河出書房、一九五六
早島鏡正『大無量寿経の現代的意義』教学シリーズ№7、一九九〇
荒牧典俊『ブッダのことばから浄土真宗へ』自照社出版、二〇〇八

丘山新『菩薩の願い』ＮＨＫライブラリー、日本放送出版協会、二〇〇七
梶山雄一『空の思想』人文書院、一九八三
梶山雄一『輪廻の思想』人文書院、一九八九
信楽峻麿『浄土三部経』（真宗学シリーズ⑥）法藏館、二〇一一
辛嶋静志「阿弥陀浄土の原風景」『佛教大学総合研究所紀要』第一七号、二〇一〇
丘山新「『大阿弥陀経』の思想史的意義」『東洋文化』第七〇号、一九九〇

（自著）
阿満利麿『中世の真実——親鸞・普遍への道』人文書院、一九八二（のち、『親鸞・普遍への道』ちくま学芸文庫として再刊）
阿満利麿『選択本願念仏集』角川ソフィア文庫、二〇一一／二〇〇七

あとがき

日本人に親しい仏典は、中国で翻訳された漢文体である。しかし、明治以後の「西洋化」の風潮のなかで、仏教研究も、ヨーロッパ発の仏教研究が支配的となってきた。つまり、漢文に翻訳される以前のテキストとされる、パーリー語やサンスクリット文献を対象とするようになり、いきおい、漢訳テキストは軽視される傾向が生まれてきた。

実際、仏教学の最前線は、漢文はもとより、サンスクリットやパーリー語、チベット語、ウイグル語、ガンダーラ語など中央アジアの諸言語、それに英語・フランス語・ドイツ語が駆使されていて、あたかも言語学研究と見まがうばかりの様相を呈している。

たしかに、近年刊行される仏典は、パーリー語やサンスクリットから現代日本語に翻訳されたものが増えていて、読みやすくなっている。しかし、それらから漢訳仏典が与えてきたような深い感動を得ることは、かならずしも多くはない。

この点、思い起こすことがある。それは仏教学の泰斗・長尾雅人先生が、あるとき洩らされた感慨である。先生は、現代の日本語訳仏典（論書をふくむ）が人々に感銘を与え、暮らしのなかに生きるようになるにはまだ百年は必要だろう、といわれたのだ。

先生の感慨を、今、私なりに推測すると、つぎのようになる。語学的には十分に正確な翻訳であっても、それが人々に感銘を与えることができるのは、翻訳者を貫く求道心があってのこと。この点、今の日本には、語学力と求道心がそろった研究者や翻訳者がまだ十分に育っていない、ということではないのか。

たしかに、人間と社会の不条理に煩悶しながら、人間の求める根源的な願いがなんであるのか、を求める人々はいつの時代にもいる。しかし、その人々が「仏典」に向き合うかどうかとなると、またさらに不確定といわねばなるまい。

一方、伝統的な漢訳仏典に関心をもつ研究者も少なくない。だが、残念ながら、その多くは、教団のなかで培われてきた「宗学」に縛られて、自由な研究がおこなわれているとはいいがたい。つまり、ここでも求道心の欠如が問題なのである。

近代仏教学の成果に必ずしも十分な知識をもっているわけでもなく、伝統「宗学」に反発するばかりの私だが、唯一取り柄があるとすれば、仏教に対する問いを持続してきたという点だろう。それなりの求道心といいかえてもよい。本書には、そうした思いがこめられている。読者諸氏が、私の思いをくみ取っていただけるならばまことにうれしい。

なお、最後に私事をのべることをゆるしてほしい。

私の曽祖父・得聞（一八二六―一九〇六）は浄土真宗本願寺派の勧学《かんがく》であったが、慈雲尊者（一七一八―一八〇四）直伝の悉曇《しったん》学をも修めていた。得聞の『無量寿経』に関する著述にも、漢文以外に悉曇（「梵語」ともいう。インド古代の文語）にもとづく解釈が頻繁に使用されている。仏典を翻訳語の漢文だけではなく、原典にさかのぼって正確を期そうという意図のあらわれであったのであろう。悉曇研究は、明治以後のサンスクリットの普及とともに衰えていったが、曽祖父の意図は近代仏教学の先駆けであったといえる。

また私の祖父・得寿（一八七九－一九四〇）は、父・得聞の影響下で、悉曇研究にしたがい、『悉曇阿弥陀経』を公刊しているが、西洋の仏教学の到来とともに、サンスクリット研究に移り、日本で最初のサンスクリットの文法書や、いくつかのサンスクリット仏典の日本語訳を出してもいる。

漢文や悉曇文字は縦書きだが、サンスクリットやパーリー語は横書きである。曽祖父や祖父は、仏教研究が縦書きから横書きにかわる境目を生きた人たちでもあった。

曽祖父や祖父が研究した、同じ領域の仏典を、こうして今、刊行できることにいささかの感慨をおぼえる。

なお、本書が生まれるにあたって、筑摩書房編集部の三人の方にお世話になった。一人は、本書を企画提案してくださった藤岡泰介さんである。藤岡さんは、私の「『無量寿経』を読む会」にも出席してくださり、貴重なご意見をいただいた。また、田所健太郎さんには、初稿以来、懇切で、的確なご指摘をいただいた。また、増田健史さんには、書名をはじめ本書の目指す方向のことなど、有益なご意見を頂戴した。記して感謝の意を表したい。
なお、英語文献が読める方には、本書に紹介している、ルイス・O・ゴメス氏の英訳をぜひ参照されることをおすすめする。漢訳『無量寿経』の英訳としては正確で、また理解しやすい名訳となっている。

二〇一五年一二月八日　成道会の日に

阿満利麿

本書は「ちくま学芸文庫」のために新たに書き下ろされた。

旧約聖書の誕生　加藤隆
旧約聖書は多様な見解を持つ文書を寄せ集めて作られた書物である。各文書が成立した歴史的事情から旧約を読み解く。現代日本人のための入門書。

神道　トーマス・カスーリス　衣笠正晃訳　守屋友江監訳
日本人の精神構造に大きな影響を与え、国の運命をも変えてしまった「カミ」の複雑な歴史を、米比較宗教学界の権威が鮮やかに描き出す。

空海コレクション1　空海　宮坂宥勝監修
主著『十住心論』の精髄を略述した『秘蔵宝鑰』、及び顕密を比較対照して密教の特色を明らかにした『弁顕密二教論』の二篇を収録。（立川武蔵）

空海コレクション2　空海　宮坂宥勝監修
真言密教の根本思想『即身成仏義』『声字実相義』『吽字義』及び密教独自の解釈による『般若心経秘鍵』と『請来目録』を収録。（立川武蔵）

空海コレクション3
秘密曼荼羅十住心論（上）　福田亮成校訂・訳
日本仏教史上最も雄大な思想書。無明の世界から抜け出すための光明の道を、心の十の発展段階（十住心）として展開する。上巻は第五住心までを収録。

空海コレクション4
秘密曼荼羅十住心論（下）　福田亮成校訂・訳
下巻は、大乗仏教から密教へ。第六住心の唯識、第七中観、第八天台、第九華厳を経て、第十の法身大日如来の真実をさとる真言密教の奥義までを収録。

鎌倉仏教　佐藤弘夫
宗教とは何か。それは信念をいかに生きるかということだ。法然・親鸞・道元・日蓮らの足跡をたどり、鎌倉仏教を「生きた宗教」として鮮やかに捉える。

観無量寿経　佐藤春夫訳・注　石田充之解説
我が子に命狙われる「王舎城の悲劇」で有名な浄土仏教の根本経典。思い通りに生きることのできない我々を救う究極の教えを、名訳で読む。（阿満利麿）

増補 日蓮入門　末木文美士
多面的な思想家、日蓮。権力に挑む宗教家、内省的な理論家、大らかな夢想家など、人柄に触れつつ遺文を読解き、思想世界を探る。（花野充道）

ちくま学芸文庫

無量寿経《むりょうじゅきょう》

二〇一六年二月十日　第一刷発行

注解者　阿満利麿（あま・としまろ）
発行者　山野浩一
発行所　株式会社　筑摩書房
東京都台東区蔵前二―五―三　〒一一一―八七五五
振替〇〇一六〇―八―四一二三
装幀者　安野光雅
印刷所　株式会社加藤文明社
製本所　加藤製本株式会社

乱丁・落丁本の場合は、左記宛にご送付下さい。
送料小社負担でお取り替えいたします。
ご注文・お問い合わせも左記へお願いします。
筑摩書房サービスセンター
埼玉県さいたま市北区櫛引町二―六〇四　〒三三一―八五〇七
電話番号　〇四八―六五一―〇〇五三

ISBN978-4-480-09713-2 C0115